IDÉOLOGIES
AU CANADA FRANÇAIS
1940-1976

« **HISTOIRE ET SOCIOLOGIE DE LA CULTURE** »

Collection dirigée par Fernand Dumont et Pierre Savard

1. *Idéologies au Canada français (1850-1900)*. Ouvrage collectif publié sous la direction de Fernand Dumont, Jean-Paul Montminy et Jean Hamelin, 1971.
2. *Savoir et Pouvoir. Philosophie thomiste et politique cléricale au XIXe siècle*, par Pierre Thibault, 1972.
3. *Les Religions populaires. Colloque international 1970*. Textes présentés par Benoît Lacroix et Pietro Boglioni, 1972.
4. *Le Merveilleux. Deuxième colloque sur les religions populaires 1971*. Textes présentés par Fernand Dumont, Jean-Paul Montminy et Michel Stein, 1973.
5. *Idéologies au Canada français (1900-1929)*. Ouvrage collectif publié sous la direction de Fernand Dumont, Jean Hamelin, Fernand Harvey et Jean-Paul Montminy, 1974.
6. *Les Manuels d'histoire du Canada au Québec et en Ontario, de 1867 à 1914*, par Geneviève Laloux-Jain, 1974.
7. *L'Apolitisme des idéologies québécoises. Le grand tournant 1934-1936*, par André-J. Bélanger, 1974.
8. *La Religion au Canada. Bibliographie annotée des travaux en sciences humaines des religions (1945-1970) / Religion in Canada. Annotated Inventory of Scientific Studies of Religion (1945-1972)*, par Stewart Crysdale et Jean-Paul Montminy, 1974.
9. *L'Idéologie de* l'Action catholique *(1917-1939)*, par Richard Jones, 1974.
10. *L'Acadie du discours*, par Jean-Paul Hautecœur, 1975.
11. *Idéologies au Canada français (1930-1939)*. Ouvrage collectif publié sous la direction de Fernand Dumont, Jean Hamelin et Jean-Paul Montminy, 1978.
12. *Idéologies au Canada français (1940-1976)*. Ouvrage collectif publié sous la direction de Fernand Dumont, Jean Hamelin et Jean-Paul Montminy, 1981.
    Tome Ier : *La Presse — La Littérature*.
    Tome II : *Les Mouvements sociaux — Les Syndicats*.
    Tome III : *Les Partis politiques — L'Église*.

IDÉOLOGIES AU CANADA FRANÇAIS

1940-1976

Tome II
Les Mouvements sociaux — Les Syndicats

Sous la direction de Fernand DUMONT, Jean HAMELIN, Jean-Paul MONTMINY

HISTOIRE ET SOCIOLOGIE DE LA CULTURE

12

LES PRESSES DE L'UNIVERSITÉ LAVAL

Québec, 1981

TABLE DES MATIÈRES

LES MOUVEMENTS SOCIAUX

LA PAROLE DES FEMMES

LES REVUES FÉMININES, 1938-1968

UN CHAMP EN FRICHE

L E PRÉSENT ARTICLE est consacré à l'analyse de quelques revues féminines québécoises. Dans le cadre de la série *Idéologies au Canada français*, c'est une première. La parole des femmes est donc enfin admise au sein du panorama des idéologies qui ont marqué et caractérisé le Québec. Mais cette idéologie y accède dans des conditions bien spéciales.

Tout d'abord, elle est amputée de sa genèse, *i.e.* de ces courants de pensée qui, de 1890 à 1940, ont suscité associations et publications autour d'une question principale, le suffrage féminin et, dans un cadre plus global, le féminisme chrétien. C'est dire qu'en 1940, après l'obtention du droit de vote pour les femmes, l'idéologie féministe se retrouve soudainement sans cause à défendre. Ce vacuum sera difficile à saisir sans références explicites à la période précédente. Chose certaine, des associations féminines ont milité au Québec et certaines d'entre elles ont mobilisé des milliers de femmes, notamment dans les milieux ruraux. On en compte au moins quatre en 1940[1] et il est possible d'en analyser l'idéologie à travers leurs revues respectives.

Mais n'examiner que cette attitude d'engagement fausserait la réalité. Pour être complète, l'analyse de l'idéologie féminine doit être examinée sous un autre aspect, celui d'un marché à alimenter en lectures, en rêveries et en réflexions. En effet, il est intéressant d'observer que, dès l'apparition des femmes aux pages dites féminines des quotidiens[2] et à la direction des revues destinées spécifiquement aux femmes, des promoteurs ont pressenti l'étendue de ce nouveau marché qui s'ouvrait et ils se sont hâtés de le dominer en aspirant les publications existantes et en engageant des femmes-journalistes pour diriger leurs propres publications[3]. La coexistence des revues féministes et des revues féminines est une donnée essentielle pour comprendre ce milieu idéologique, car la parole féminine, aussi peu agressive qu'elle ait été, s'est trouvée, de ce fait, neutralisée et marginalisée. Double analyse à conduire donc, et qui n'a rien pour nous simplifier la tâche.

Enfin, cette double analyse doit porter sur un très grand nombre de publications dont la durée couvre souvent plusieurs décennies. Cet ensemble présente un large éventail de positions, d'intérêts et de principes qui se précisent de plus en plus à mesure qu'on progresse dans la période et dont la description nous est indispensable pour saisir le caractère polyphonique de la parole des femmes. Une analyse aussi détaillée que celle que l'on conduit pour le nationalisme ou le syndicalisme serait certes indispensable mais les préoccupations collectives de la petite confrérie des spécialistes en sciences sociales n'en sont pas encore là. Il faudra donc se contenter de synthèse avant même que les analyses n'aient été conduites !

Car, finalement, l'idéologie concernant les femmes, féminine ou féministe, s'est manifestée partout : dans les revues, dans les pages féminines des quotidiens, dans les chansons[4], dans les films[5], dans les manuels scolaires[6], dans les livres[7], dans les associations féminines. Je pourrais allonger indéfiniment cette liste : réactions québécoises aux livres féministes en France et aux États-Unis v. g. Beauvoir, Friedan, Greer, etc.; participation des femmes à la littérature; émissions radiophoniques; émissions de télévision; courriers du cœur; regroupements féminins à l'intérieur des associations masculines, v. g. femmes journalistes, femmes libérales, femmes diplômées des universités, etc. On aura compris le sens de mon propos : l'étude de la parole des femmes déborde largement le cadre du présent article.

C'est dire quelles ont été les difficultés méthodologiques pour cerner le corpus même de la présente analyse. Fallait-il entrer carrément dans le vif du sujet, avec l'année 1940, en souhaitant que le lecteur cherche lui-même les raccords indispensables avec l'époque précédente ? Fallait-il tenter de décrire toutes les positions discernables sous les étiquettes féministe et féminine ou ne privilégier que les plus importantes ? Ce faisant, au nom de quoi pourrait-on affirmer que tel courant est plus important que les autres ? Quels critères seraient retenus pour déterminer, dans l'ensemble du matériel, ce qui servirait de base au contenu de l'analyse ? Enfin, fallait-il choisir entre les deux adjectifs, féministe et féminin ?

Du mot féminin au mot féministe la différence morphologique n'est pas grande. Sur le plan sémantique, cette différence est complexe parce que le suffixe « iste » recouvre plusieurs courants de pensée qui n'ont pas tous le même rapport idéologique avec le radical « fémin ».

Le *Robert* donne du mot féminisme une définition qui convient à un ensemble de mouvements sociaux qui ont en commun l'objectif de procurer à la femme des droits et un rôle plus étendus. Ce féminisme a pris plusieurs visages. Il s'est nommé féminisme social pour désigner un mouvement qu préconise l'action directe des femmes (riches) dans l'organisation de la charité publique et le relèvement de la morale. On l'a qualifié de féminisme réformiste pour décrire le mouvement qui réclame l'obtention de droits politiques et juridiques pour les femmes afin de leur permettre de jouer le rôle essentiel dévolu à la femme dans la société. Ce mouvement réformiste s'est nommé féminisme chrétien, en France, en opposition au féminisme plus radical des socialistes qui contestaient l'ordre social. Il a été emprunté au Québec par les premières féministes, pour se distinguer des anglophones protestantes[8].

La spécificité naturelle de la sphère féminine, telle qu'elle a été posée par les premières théoriciennes du féminisme, permet de constater à quel point la définition officielle de cette idéologie est le reflet du discours dominant qui ne conteste ni l'ordre social, ni l'ordre sexuel. Cette définition, toutefois, ne convient plus aux mouvements actuels qui se qualifient de féministes, lesquels posent comme préalable soit la lutte des classes sociales, soit l'oppression du masculin sur le féminin et contestent, par conséquent, l'exercice traditionnel du pouvoir. Ce féminisme qu'on pourrait qualifier d'essentiel dénonce une conception culturelle du féminin présentée comme naturelle. Son militantisme a donc un rapport existentiel avec le radical « fémin » et non plus un simple rapport qualitatif.

Ces différentes formes de féminisme ont-elles existé au Québec ? Comment ces courants d'idées se sont-ils exprimés, à travers quels médiums et dans quels groupes sociaux ? Quelle définition culturelle du féminin a prévalu ? L'idéologie au Québec est-elle féminine ou féministe ?

Afin de proposer des réponses à ces questions, il sera possible, tout au plus, de situer un cadre historique à l'expression de la parole des femmes. Ce cadre historique permettra de justifier le corpus de l'analyse : matériel choisi et périodisation. On pourra ensuite discerner les différentes étapes qui ont marqué cette période et situer cette évolution dans le cadre global de la société québécoise. Ce faisant nous pourrons discerner, s'il y a lieu, la genèse d'un discours autonome pour les femmes.

Ce simple déblayage, car c'en est un, pourra servir de point de départ à des recherches ultérieures. Car, le moins qu'on puisse dire, c'est que ni la parole féminine ni la condition féminine n'ont été l'objet de beaucoup d'attentions. *Le Manuel de la parole*[9] n'a retenu que trois textes émanant d'un groupement féminin. Les bibliographies les plus récentes sont également avares de références concernant l'idéologie ou la condition féminine[10]. Les ouvrages consacrés à l'étude des idéologies ignorent le féminisme, sauf de rarissimes mentions d'opposition[11].

Les quelques ouvrages publiés par des femmes ont certes abordé cette question, mais de manière fort insatisfaisante pour notre propos. Ces ouvrages concernent soit la parole des hommes[12], soit les faits qui ont affecté la condition féminine[13], soit des présentations de textes variés couvrant toute la période 1900-1970[14]. Chacun de ces ouvrages nous aidera à mieux situer le cadre historique de la parole des femmes.

À vrai dire, un seul article a été écrit sur les revues féminines. Il s'agit de « La presse féminine et le rôle social de la femme » publié dans *Recherches sociographiques* en 1967[15] par Jocelyne Valois, article où elle affirme que la presse féminine a « évolué entre 1919 et 1965 pour refléter une dualité des rôles plus grande, mais qu'elle n'offrait, somme toute, que des modèles de comportements bourgeois comme mode de participation sociale[16] ». Toutefois, cet article a analysé un trop mince échantillon de la presse féminine pour être vraiment significatif car la parole des femmes, on le verra, s'est écrite au pluriel.

L'OBJET DE L'ÉTUDE : LES REVUES FÉMININES DE 1938 À 1968*

Afin d'éviter tout quiproquo, précisons immédiatement que l'objectif de la présente recherche est d'explorer plus à fond l'idéologie féministe (nine) à travers un corpus bien spécifique : des textes écrits par des femmes dans des revues québécoises destinées aux femmes, sur la condition féminine. Des textes écrits par des femmes d'abord, puisqu'une telle analyse n'a jamais été conduite et qu'au contraire on s'est complu à disséquer la pensée des clercs ou des magistrats sur le rôle de la femme. Ensuite, des textes publiés dans des revues destinées aux femmes. La presse féminine est une réalité historique au Québec depuis plus d'un siècle, à travers tous les médias (quotidiens, hebdos, revues, émissions de radio, émissions de télévision). Les revues forment, dans cet ensemble, un matériel plus stable, relié directement à certaines associations militantes et, par conséquent, un meilleur indicateur des courants d'idées qui ont marqué la période. Ces revues sont, dans la plupart des cas, des mensuels, présentant, de plus, des textes écrits sur la condition féminine. On n'aurait que faire, en

* Le dépouillement de toutes les revues mentionnées dans cet article n'aurait pas été possible sans la collaboration de Louise Beaulieu, Jean-Yves Dion, Denise Rioux et Suzanne Blache, auxiliaires de recherche. Je les en remercie.

effet, d'articles portant sur la danse, sur les vedettes de la radio ou sur Paris, articles qui abondent dans un certain type de revues féminines. Enfin, ce sont des revues québécoises. Il serait certes intéressant d'aborder les idées véhiculées par les revues françaises (*v. g. Elle, Marie-Claire*), américaines *(v. g. Good Housekeeping, Seventeen)*, ou canadiennes *(v. g. les Filles d'Isabelle)*, qui ont une diffusion impressionnante au Québec, mais on conviendra aisément que cette entreprise était impossible.

Le tableau **1**, illustrant la variété et l'évolution des revues féminines au Québec entre 1890 et 1978, permet de mieux évaluer l'étendue de cette documentation.

Quand on considère que la plupart de ces revues se caractérisent par des tirages imposants durant la période 1938-1968, et que ce tableau n'a retenu aucune publication spécialisée, soit syndicale, *v. g. la Petite Feuille*, organe des **Institutrices rurales**; soit professionnelle, *v. g. Bulletin des Infirmières catholiques du Canada*; soit estudiantine, *v. g. l'Équipe*, journal du Collège du Sacré-Cœur de Sherbrooke[17]; soit religieuse, *v. g. Annales de la bonne Sainte-Anne*; soit rattachée à un mouvement d'action catholique, *v. g. Claire*, il devient évident qu'il fallait procéder à un échantillon.

Tableau 1

Principales revues féministes(nines) au Québec (1890-1980)

Types de revues

Entreprises individuelles

Le Coin du feu [De Joséphine Marchand Dandurand (1893-1896)].
Le Journal de Françoise [De Robertine Barry (1902-1913)].
Pour vous mesdames [De Gaétane De Montreuil (1913-1915)].
Mon Magazine [De Gaétane de Montreuil (1925-1932)].
Paysana [De Françoise Gaudet-Smet (1938-1949)].
Idéal féminin, Réaliser [De Irénée Tremblay et Jacqueline Lemay (1952-1974)].
L'Autre Parole [De Monique Dumais].

REVUES D'ASSOCIATIONS FÉMININES

La Bonne Parole [De la Fédération nationale Saint-Jean-Baptiste (1913-1957)].
La Bonne Fermière, Revue des fermières [Des Cercles de fermières (1920-1931). La dernière année la revue se nomme *la Bonne Fermière et la Bonne Ménagère*].
La Sphère féminine [De l'Alliance canadienne pour le vote des femmes du Québec. Idola Saint-Jean (1933-1945)].
La Terre et le Foyer, Terre et Foyer, La Revue des fermières [Des Cercles des fermières. En 1941 : *Revue des fermières;* en 1945 : *la Terre et le Foyer;* en 1963 : *Terre et Foyer;* la revue cesse en 1970 et reprend en 1974 sous le titre *la Revue des fermières*, avec l'équipe de direction de *Réaliser (Idéal féminin)*].
L'U. C. F. en marche, Femmes rurales, L'A. F. E. A. S., Femmes d'ici [De l'Union catholique des fermières, association rivale des Cercles de fermières fondée en 1944; en 1950 : *l'U. C. F. en marche;* en 1959 : *Femmes rurales.* L'Association se fusionne en 1966 avec les Cercles d'économie domestique et devient l'A.F.E.A.S. dont la revue se nomme *Femmes d'ici* depuis 1977].
L'Essor [Des Cercles d'économie domestique (1959-1966)].
Bulletin de la F. F. Q. [De la Fédération des femmes du Québec. (Depuis 1969)].

REVUES FÉMINISTES

Québécoises deboute [Du Mouvement de libération des femmes du Québec (1971-1974)].
R. A. I. F. [Du Réseau d'action et d'information des femmes. (Marcelle Dolment; depuis 1973)].
Têtes de pioche [D'un collectif (1976-1979)].
Pluri-elles [(Des groupes autonomes de femmes. (Depuis 1978). Nouveau titre : *Des rives et des luttes de femmes*].

ENTREPRISES COMMERCIALES

La Revue populaire [(De la Cie de Publication Poirier et Bessette, qui publie également *le Samedi* et *le Film*. (1907-1963)].
La Revue moderne [De Madeleine Huguenin qui dirige un Conseil d'administration (de 1919 à 1929). Après cette date, la revue appartient à des éditeurs. Lanoue en 1929. Authier en 1942].
Châtelaine [(De la Cie de Publication Maclean-Hunter. (Depuis 1960)].

L'année 1938 a été choisie comme point de départ : c'est le début de la première revue féminine rurale, *Paysana*. L'analyse s'arrêtera en 1968. Cette année-là, la Commission royale d'enquête sur le statut de la femme au Canada commence ses audiences et suscite un grand nombre de mémoires. Cette année-là aussi, le féminisme resurgit aux États-Unis et son influence fait boule de neige dans les pays occidentaux. Cette année-là, enfin, est la dernière avant la naissance officielle du **Front de libération des femmes du Québec** qui allait inaugurer les mouvements féministes contemporains. 1938-1968, c'est une période qui offre toutes les apparences de l'homogénéité. Mais c'est aussi une période qui se caractérise par des divergences subtiles et des affrontements insolites.

Les revues choisies se regroupent autour de trois types. D'abord, les revues reliées à une association féminine, soit d'orientation féministe : *la Bonne Parole* et *la Sphère féminine*; soit d'orientation rurale : le groupe *la Revue des Fermières, la Terre et le Foyer* et *Terre et Foyer* et le groupe *l'U. C. F. en marche, Femmes rurales, l'A. F. E. A. S.*[18]. Ensuite, les revues dues à des entreprises individuelles, *Paysana* et *Idéal féminin — Réaliser*. Enfin, les revues commerciales à grand tirage, *la Revue populaire, la Revue moderne* et *Châtelaine*[19]. La seule description de ce matériel pourrait occuper un espace considérable. Dans les limites de cet article, cette description sera globale plus qu'analytique. Toutefois, je tenterai d'illustrer par des citations pertinentes les courants les plus caractéristiques — tout en proposant quelques interprétations, valables au niveau exclusif du discours.

UN CHŒUR À PLUSIEURS VOIX

La parole des femmes de 1938 à 1968 a un caractère polyphonique. Aussi, avant d'entendre les différents accords qui la caractérisent durant ces trente années, doit-on procéder à l'analyse des différentes lignes mélodiques qui se font entendre.

Le féminisme réformiste

Les années 40 et 50 se caractérisent, dans de nombreux pays, par un ressac prononcé face aux aspirations des femmes. Le féminisme réformiste du début du XXᵉ siècle n'avait remis en question ni l'ordre social ni les rôles sociaux attribués aux hommes et aux femmes. Les réclamations féministes se concentraient autour de l'égalité de présence dans les différents secteurs de l'organisation sociale tout en affirmant hautement la spécificité de la sphère féminine. Au Québec, c'est la **Fédération nationale Saint-Jean-Baptiste** qui avait mobilisé les énergies féministes, pour des revendications très modérées[20], en 1907.

Après l'échec de la campagne pour le droit de vote au Québec en 1922[21], cette association se distingue par un conservatisme de bon aloi. Par ailleurs, les deux groupuscules qui militent par la suite pour le droit de vote des femmes, **la Ligue des droits de la femme** et **l'Alliance canadienne pour le vote des femmes du Québec**, ne recrutent des membres que dans les couches privilégiées de la population[22].

Ces trois associations s'étaient heurtées à l'opposition systématique de l'Église et de l'État et seules quelques femmes avaient maintenu la lutte sur certains fronts : six mémoires présentés à la Commission Dorion[23], deux mémoires présentés à la Commission Rowell-Sirois[24], « pèlerinages » annuels à l'Assemblée législative pour obtenir le droit de vote[25], propagande polie sur les ondes de la radio[26] et publication de deux revues à tirage limité, *la Sphère féminine* par Idola Saint-Jean de 1933 à 1946[27] et *la Bonne Parole* qui, à vrai dire, n'a de féministe que ses origines.

Lorsque la *mystique féminine* réintroduit en force les impératifs domestiques et maternels pour les femmes à la fin de la seconde guerre mondiale[28], un ralentissement notoire se produit presque dans tous les domaines, notamment aux États-Unis et au Canada. Au Québec, on ne peut vraiment parler de ralentissement, compte tenu du petit nombre d'adeptes que mobilisaient **la Ligue des droits de la femme** et **l'Alliance canadienne pour le vote des femmes du Québec** et du petit nombre de transformations sociales qui s'étaient effectivement produites. Mais cette *mystique féminine* se retrouve aux manchettes des principales revues, dans les débats suscités par le travail féminin et les allocations familiales. Il n'y a pas lieu d'insister ici puisque l'ensemble des propos ont été tenus par des hommes[30].

En 1938, si on peut parler de féminisme, c'est d'un féminisme bien dissimulé. Les pionnières, Marie Lacoste, Yvonne Le Tellier, Joséphine Marchand, s'étaient enthousiasmées pour le féminisme chrétien et cette idéologie avait fini par édulcorer et occulter toute forme de contestation féminine. Recevant leur directives de l'**Union internationale des ligues féminines catholiques**, les militantes de la **Fédération nationale Saint-Jean-Baptiste** étudient des thèmes comme « La mère au foyer, ouvrière du progrès humain » (1937)[31], « L'Action sociale de la femme » (1938)[32]. De leur côté, les associations suffragistes mobilisent surtout des anglophones[33]. Enfin la **Fédération nationale Saint-Jean-Baptiste** conservera dans les années 40 et 50, les membres du noyau d'origine et sa revue, *la Bonne Parole*, nous permet d'assister à la lente agonie d'une association qui s'est réfugiée dans les lieux communs et que ne mobilise plus aucun objectif précis[34].

Dans *la Bonne Parole*, en effet, on assiste à des variations sur un seul thème : les femmes exigent l'égalité des droits pour mieux protéger la famille. Au lendemain de la victoire d'avril 1940, c'est l'essentiel du message de la présidente : « Si leur influence s'étend au delà de la famille, elle continuera à s'exercer pour le bien-être de la famille, et c'est là son meilleur garant d'équité[35]. » Les femmes étudient certes. Et parfois les parents « ont le tort de ne (les) orienter que vers les sciences, (les) laissant ignorer tout ce qui est la part de travail de la femme ici bas[36] ». Mais nous les femmes, « même sans y avoir été initiées, nous trouvons au moment voulu les gestes qu'il faut pour bâtir notre nid, organiser notre intérieur[37], etc. ». Parfois certes, la nécessité pousse les femmes hors du foyer — mais heureusement plusieurs choisissent l'enseignement, « la profession la plus « féminine », la plus maternelle, aussi et assurément la plus adéquate à la constitution même de la femme[38] ».

On fait même semblant de croire que tout est réglé : « Les protestations se sont apaisées, la presse a changé de ton et la génération des jeunes filles d'aujourd'hui ignore même qu'il y eut une époque où la femme vivait autrement qu'elle ne le fait présentement[39]. » Mais la **Fédération** ne modifie pas jamais son mot d'ordre : « Le féminisme de la **Fédération** ne s'est jamais écarté de (son) programme d'action familiale[40]. » Tous les regroupements féminins « ont à leur base la famille et la société[41] ». « Il semble désirable que la législation sociale et industrielle, en tenant compte du travail féminin, ne tende pas à établir l'absolue égalité de la femme et de l'homme dans le champ du travail mais vise plutôt à délimiter les sphères où la femme et l'homme peuvent normalement exercer leur activité propre[42]. » Car, « la mère canadienne ne changera pas[43] ».

C'est pourquoi, la **Fédération** reste fidèle à ses objectifs quand elle répond au **Comité consultatif de la restauration de l'après-guerre** qu'elle veut : 1. favoriser avant tout le retour au foyer de la femme mariée; 2. cesser le système de garderies instauré durant la guerre; 3. augmenter le salaire des aides-ménagères; 4. rendre la vie rurale plus attrayante pour les femmes[44]. L'idée même de revendication est neutralisée car « la longue expérience qu'a acquise la **Fédération** dans le domaine de l'action sociale l'a convaincue que les femmes résoudront leurs problèmes particuliers plus raisonnablement que quiconque (...). Elle préconise donc une saine considération du problème féminin dans son ensemble, mettant en garde les différentes classes contre les revendications illusoires ou des exigences arbitraires[45]. »

La Sphère féminine, journal annuel de l'**Alliance canadienne pour le vote des femmes du Québec** ne fait pas entendre des propos différents. Son objectif est « l'obtention pour les femmes de la province de droits politiques et civils égaux à ceux des hommes », objectif qui devient « droits égaux », sans qualificatifs, après l'obtention du suffrage féminin[46]. L'association présente surtout des demandes ponctuelles, exemptions fiscales plus élevées, abolition de la taxe de vente municipale, demande d'une enquête générale sur le travail féminin au Canada[47] qui témoignent du caractère bourgeois de ses membres.

Retournant comme un gant les propos antiféministes de Henri Bourassa, Idola Saint-Jean proclame que « la société n'est rien d'autre que la famille agrandie et qu'elle réclame, pour fonctionner normalement, l'influence de deux facteurs humains, l'homme et la femme. « Sans la femme, la famille n'a pas de vie ou elle n'a plus qu'une vie incomplète incohérente », dit M. Bourassa. N'est-ce pas l'état du monde d'aujourd'hui ? Vie incohérente certes, où ne règne *(sic)* que la haine et la tuerie. Que tous se rassurent, la femme ne sera jamais détournée de son rôle d'épouse et de mère parce qu'il lui sera permis de participer aux lois qui affectent le foyer, la santé publique, l'éducation des enfants, problème *(sic)* qu'elle comprendra toujours infiniment mieux que l'homme grâce aux facultés maternelles dont Dieu l'a douée[48]. »

Dans cette perspective, il était normal pour ces féministes de considérer le travail féminin comme une nécessité pour soutenir une famille et que c'est dans le but de protéger le travail féminin qu'il fallait légiférer. Comme il était normal de conseiller aux femmes « d'acquérir la connaissance pratique de certaines notions pratiques de droit » plutôt que de contester les prescriptions du Code civil. « Si vous le voulez bien Mesdames, prenons nos lois telles qu'elles sont[49] ! »

L'ambiguïté de cette position dite féministe est entière : droits égaux mais sphères séparées entre les sexes; la situation est changée mais la mère ne changera pas; action à poursuivre mais absence d'objectifs précis; assimilation de la société à la famille mais responsabilité exclusive de la femme dans la vie familiale. Ambiguïté également dans la vision du corps social considéré comme un ensemble monolithique générant des conditions identiques pour toutes les femmes.

Cette ambiguïté est flagrante durant toutes les années 40. Après 1950, l'ambiguïté elle-même disparaît. *La Sphère féminine* cesse de paraître en 1945 et les sommaires de *la Bonne Parole*, dont la parution devient irrégulière, font place à un ensemble hétéroclite d'articles : 19 articles religieux, 11 articles littéraires, 2 articles médicaux l'emportent de beaucoup sur les dix articles féminins, d'ailleurs exclusivement consacrés à la famille et à l'action sociale. Quand *la Bonne Parole* publie son numéro du cinquantenaire en 1957, c'est à une mort honorable qu'elle nous fait assister.

En fait, l'idéologie féministe durant la période 1938-1968 joue en sourdine. Elle est même officiellement silencieuse de 1946 à 1969. Le plus étonnant, c'est qu'elle ait mis tant de temps à refaire surface; c'est aussi le silence des héritières des premières féministes. Aucune association ne les regroupe, si ce n'est la **Ligue des femmes du Québec** fondée en 1958 qui mobilise un petit nombre de militantes d'allégeance communiste. Pire, les comités féminins des différentes associations se sabordent[50].

Il faudra, en 1965, le vingt-cinquième anniversaire du droit de vote pour les femmes pour que, dans l'effervescence de la Révolution tranquille, on songe à remplacer la moribonde **Fédération nationale Saint-Jean-Baptiste**. Ces héritières, sous le patronage de la seule féministe qui avait survécu au ressac des années 40, Thérèse Casgrain, fondaient la **Fédération des femmes du Québec** en 1966[51]. Comme la **Fédération** ne publie son *Bulletin* qu'à partir de 1969, c'est donc en dehors des associations féministes qu'il faudra rechercher les échos de cette renaissance.

Le féminisme rural

De 1938 à 1968, contrairement à ce qui s'était produit avec les associations féministes, c'est l'ensemble des milieux québécois qui est touché par les mouvements d'origine rurale et non plus seulement un petit groupe de Montréalaises privilégiées. En effet, en 1938, un grand nombre de femmes se regroupent dans les **Cercles de fermières**, organisme créé en 1915 par le ministère de l'Agriculture[52]. De 1935 à 1940, le nombre de cercles passe de 273 à 718 et le nombre de membres de 11 830 à près de 30 000. L'association est sans revue depuis 1931[53]. mais, dès 1941, un élan significatif est donné : création d'un ensemble de fédérations coiffé d'un conseil provincial, publication d'une revue : *la Revue des fermières* et tenue de congrès annuels. En 1944, près de 49 000 femmes, réunies en 23 fédérations, s'occupent principalement d'économie domestique, d'artisanat mais également de problèmes de santé, d'hygiène, d'éducation; se font créatrices de bibliothèques, de cours de perfectionnement domestique, d'expositions d'artisanat, etc. Cette organisation complexe et hiérarchisée échappe à la direction de l'Église à l'heure même où s'implantent les différents mouvements d'action catholique et où éclate le cadre organisationnel paroissial devant les structures diocésaines et nationales.

1944 est l'année où les Québécoises sont appelées pour la première fois à voter. Coïncidence ou conjoncture ? La question reste insoluble jusqu'ici, mais il se produit alors une crise qui déchire tout le milieu rural. À l'invitation des évêques, un groupe de fermières quittent leur association pour créer de toutes pièces une association rivale : l'**Union catholique des fermières**[54], sur le modèle d'un regroupement du diocèse de Rimouski : les **Dames de l'U. C. C.** Les promoteurs veulent, ce faisant, rallier les femmes dans un organisme féminin parallèle à l'**Union catholique des cultivateurs** de type syndicat professionnel, qui recevrait ses directives de l'Église et non plus de l'État. Dix mille femmes rurales obéissent à l'« invitation » des évêques. Toutefois, les **Cercles de fermières** se maintiennent dans certains diocèses, notamment dans les milieux semi-ruraux. Un nouvel organisme est alors suscité par l'Église, les **Cercles d'économie domestique**, en 1952, pour mobiliser les femmes des « gros bourgs et des villages » cette fois sur le modèle d'un regroupement du diocèse de Chicoutimi, le **Cercle Mgr-Lamarche**. En 1947, une première tentative avait échoué : celle de constituer des **Syndicats d'économie domestique**[55].

En 1957, l'**U. C. F.** modifie sa charte et son nom devient l'**Union catholique des femmes rurales**. Elle regroupe alors 13 000 membres. C'est la fusion, en 1966, de l'**U. C. F. R.** et des **C. E. D.** qui donnera naissance à l'**Association féminine d'éducation et d'action sociale**, l'**A. F. E. A. S.** Les **Cercles de fermières**, approchés dès 1963 pour participer à cette fusion des organismes féminins, se sont toutefois désistés[56].

L'opposition structurelle entre les **Cercles de fermières** et les organismes rivaux (**U. C. F.,   U. C. F. R.,   C. E. D.,**

A. F. E. A. S.) a été vivace dans les faits[57] mais invisible dans leurs écrits publics respectifs. Cette opposition, qui n'a généré au début aucune différence d'objectifs ou de préoccupations, ainsi qu'on le verra, finira toutefois par séparer les femmes en deux factions plus nettement différenciées quant aux orientations idéologiques, après la fondation de l'**A. F. E. A. S.** en 1966.

Dans les diverses revues qui ont marqué la vie de ces associations, on retrouve l'essentiel des discussions qui ont caractérisé l'évolution d'un féminisme qu'on pourrait qualifier de rural. Toutefois, la première publication qui rejoint les **Cercles de fermières** est une entreprise individuelle, celle de *Paysana*, fondée en 1938 par Françoise Gaudet-Smet[58].

Revue « d'Arts ménagers et d'éducation familiale rurale » devenue en 1944 « Revue d'arts domestiques et de service social rural », *Paysana* vise la clientèle des **Cercles de fermières**. Elle représente une voix particulière mais qui dut recevoir beaucoup d'écho puisqu'elle atteignait, après 1945, plus de 50 000 abonnées. Son orientation idéologique est nettement celle de sa directrice qui signe tous les éditoriaux et fait rarement appel à d'autres femmes pour les articles de fond[59]. Par contre, ses pages sont accueillantes pour les poètes[60] et certaines voix masculines[61]. L'ensemble forme un tout très cohérent mais on se bornera ici à examiner les éditoriaux. À côté de cette publication où abondent les prises de positions variées, *la Revue des fermières*, publiée par le Ministère de l'Agriculture de 1941 à 1944, fait plutôt figure du bulletin utilitaire servant essentiellement à la vie interne des **Cercles de fermières** et à la préparation annuelle des expositions d'artisanat. *Paysana* représente donc le volet idéologique de cette importante association.

Paysana se définit ouvertement par son exaltation de la vie rurale. Toutefois, l'analyse de la revue permet de signaler, au fil des ans, quelques combats féminins. Le premier est dirigé contre le suffrage féminin. Françoise Gaudet-Smet est contre l'entrée de la femme dans la politique. « J'ai confiance, écrit-elle, que beaucoup de femmes feraient dans ce domaine beaucoup mieux que beaucoup d'hommes. Mais dans l'état actuel de notre démocratie où règne en maîtresse la dictature de Maître Argent et de Sire Alcool, le vote populaire est une immense blague et la liberté un vain mot[62]. » Et citant l'exemple des femmes d'œuvres du Québec, elle continue : « Je pense que tout est à faire en dehors de la politique. Oui. Au-dessus de la politique. Oui, mais pas dedans. Pour être des femmes libérales, des femmes conservatrices (...), des femmes rouges, des femmes bleues, des femmes cailles ! Si c'est pas triste... quand il faudrait des femmes, des femmes tout court[63]. »

Cet apolitisme est toutefois bien mince. La rédactrice n'hésite pas à écrire en 1939 : « Si j'ai de l'admiration pour les gens de tête et de volonté qui font quelque chose, passent à travers les obstacles, Dieu sait que j'en ai pas plus qu'il ne faut pour les dictateurs à grosse voix et à bras de fer qui terrorisent tout autour d'eux. Donnons cependant à Hitler ce bon point d'avoir depuis longtemps compris la grande force de l'influence féminine, de travailler à l'éduquer et à la canaliser pour le progrès de la Nation. » Et citant Hitler elle poursuit : « À bien y réfléchir quoi trouver de mieux comme principe d'éducation ! Enseigner aux femmes leurs devoirs voilà qui vaut mieux que d'essayer à les convaincre par tous les haut-parleurs et de toutes les tribunes, qu'elles ont des droits, que de leur faire croire qu'avec un bulletin de vote qu'elles iront porter aux urnes une fois pour toutes les quatre années de suffrage, elles pourront révolutionner le monde, remodeler tous les codes légaux, épurer tous les mœurs[64]. » Elle renchérit en citant le code mussolinien de l'épouse fasciste, en invoquant l'exemple des femmes portugaises, dotées du droit de vote depuis 1910 et qui s'en abstiennent, non par indifférence mais parce qu'elles « comprennent que le vote ne veut à peu près rien dire et qu'une femme au grand cœur sert mieux son pays en élevant bien ses enfants et en jouant son rôle d'inspiratrice et de créatrice d'énergie[65] ».

Curieusement, ce sujet ne revient plus après 1940 et on ne trouve aucune incitation à l'abstentionnisme[66]. Fait à noter, c'est le seul combat d'opposition de *Paysana* qui est plutôt une revue vouée aux combats positifs. Tous ces combats s'articulent progressivement autour d'une idée centrale : les femmes de la campagne sont membres d'une profession.

Françoise Gaudet-Smet soutient la « solidarité professionnelle des institutrices rurales » face aux « mesquineries des commissaires d'école et aux exigences des parents » mais surtout parce qu'elles veulent que « l'atmosphère de l'école soit rurale, strictement rurale ». Il ne faut pas lésiner pour « apprendre aux ruraux à devenir fiers d'eux-mêmes[67] ». Elle se fait la championne de l'artisanat, lance « la marche des laines[68] », la campagne du lin, n'hésitant pas à citer en exemple, en 1940, la Pologne qui consomme son lin au lieu de l'exporter[69] ! Elle explique comment la colonisation, la coopération, la récupération ont besoin de femmes « spécialisées dans une profession[70] ». Elle appuie la fondation d'écoles professionnelles spéciales pour les jeunes ruraux[71]. Elle invoque la solidarité féminine face à la maternité « d'une femme à l'autre, chacune offrant de son cœur pour avoir aussi droit au cœur des autres, secours mutuels, perpétuelles heures d'amour[72] ». Le ton poétique mais revendicateur des premières années fait bientôt place à une affirmation péremptoire. La rurale « étant une professionnelle, rivée à la profession de son mari » doit connaître « tout ce qu'il faut en agriculture, en aviculture, en horticulture, en apiculture, comme en artisanat et en arts domestiques (...) Elle doit contribuer à ce que l'agriculture, prenne son rang dans le reste de l'économie mondiale[73]. » Elle doit exiger, en retour, des conditions de travail : électricité, eau courante, appareils ménagers, écoles, revenus, loisirs[74].

La rédactrice exige de placer au premier rang, le « labeur d'attention, de soin, de science et d'amour » de la cuisinière[75]. Elle vend des patrons en français « parce que le meilleur ouvrier a besoin de bons outils[76] ». Les rurales doivent obtenir un marché pour écouler leurs produits[77]. Elle répète aux femmes pour les encourager à produire : « Vous êtes des professionnelles[78]. » Mais le texte le plus éloquent reste ce petit catéchisme à l'usage des fermières :

Qu'est-ce qu'une profession ?
C'est un état de vie; un emploi demandant de la part de celui qui l'occupe des connaissances spéciales.

L'épouse du cultivateur a-t-elle une profession !
Oui, parce que l'agriculture est une entreprise « familiale » en ce sens qu'elle mobilise le père, la mère, les grands et petits enfants. Toute la famille participe à la profession.

Comment l'épouse du cultivateur participe-t-elle à la profession de son mari ?
Par la part active qu'elle prend à l'horticulture l'aviculture, l'apiculture, la vente des produits (Marché), l'artisanat où elle transforme des matières premières produites sur sa ferme ou sur d'autres fermes, la comptabilité.

Cela suffit-il vraiment à en faire une professionnelle, c'est-à-dire une personne qui a une activité bien précise que ne partagent pas toutes les personnes de son sexe ?
Oui, car c'est en plus de ce qu'elle doit savoir pour être à la hauteur de sa tâche d'épouse et de mère, qu'elle doit posséder des connaissances techniques sur la ferme, la culture, l'élevage, l'artisanat, et c'est ce qui en fait une professionnelle.

Peut-on dire autant de la femme du médecin, de l'avocat, du notaire, du comptable ?
Généralement, non. Car ces femmes ne sont pas appelées à seconder immédiatement leur époux dans son travail strictement professionnel. Tandis que l'épouse du marchand qui passe la moitié de sa vie derrière un comptoir participe à la profession de son mari. Il en est ainsi de la femme du cultivateur.

Quels sont les autres terrains d'activité de la femme d'habitant ?
Ce sont les activités proprement féminines de la maison : bonheur familial et conjugal (la femme est la gardienne); alimentation rationnelle; éducation : tâche qu'elle partage avec son mari; hygiène et confort de la maison[79].

Cette déclaration classait ouvertement *Paysana* dans le camp l'**Union catholique des fermières** et dut vraisemblablement jouer un rôle dans le schisme qui divisa les fermières après 1945. Le syndicalisme, tel qu'il était défini par la doctrine sociale de l'Église, était en effet l'argument utilisé par l'épiscopat pour inciter les Fermières à changer d'association[80].

Toutefois, l'influence de *Paysana* devait cesser. Pendant trois ans, la fondatrice tente de rejoindre les deux camps de fermières. À partir de 1948, la revue n'est plus qu'un recueil de patrons d'artisanat : on n'y trouve plus aucun article de fond. Privée de subventions, *Paysana* cesse de paraître en mars 1949.

La relève est alors assurée par *la Terre et le Foyer*. La chute du gouvernement Godbout avait entraîné la disparition de *la Revue des fermières*, en 1944. Contemporaine du schisme des fermières, cette interruption avait contribué au désarroi des membres. Mais, dès juillet 1945, les **Cercles des fermières** obtenaient leur revue avec comme directrices deux écrivains, Medjé Vézina puis Adrienne Choquette. Muette sur le débat qui divise alors les femmes de chaque diocèse, *la Terre et le Foyer* se fait un point d'honneur de proclamer sa soumission aux directives des évêques : elle publie un cours d'action catholique[81], elle apporte son appui à la campagne des évêques contre l'immoralité et propose à ses lectrices un forum (sujet de discussion) pour leurs réunions mensuelles. L'objectif principal de l'association et de la revue reste l'artisanat mais ces sujets de discussion permettent de percevoir l'orientation idéologique des dirigeantes.

Voici le programme de discussion pour 1947 : « 1. La femme et le travail. 2. La femme et la maternité. 3. La femme et l'éducation des enfants. 4. La femme et les soins du ménage. 5. La femme aide de l'homme dans sa profession. 6. La femme à la campagne. 7. La femme et la vocation religieuse. 8. La femme et le célibat. 9. La femme et le travail hors du foyer. 10. La femme et le repos[82]. »

Le peu d'espace alloué chaque mois à ces sujets laisse entendre que ces discussions n'enthousiasment pas les membres. À l'analyse, on constate d'ailleurs que ces thèmes sont très orientés et dictés, en haut lieu, par un anonyme membre du clergé : « — le travail est une conséquence du péché originel; — Dieu souhaite des familles nombreuses; — il faut être saint pour être père et mère d'un enfant de Dieu; — la nature destine les femmes aux ouvrages domestiques; — heureux le mari qui possède une femme pieuse au cœur d'or; — l'âme n'est-elle pas heureuse dans la grande nature de Dieu ? — le travail hors du foyer entraîne des maux nombreux[83] ».

La revue revient à la charge en 1950 avec des sujets moins généraux et elle offre de publier les réponses de ses membres. En voici deux exemples : « Si votre mari s'occupe un peu trop, dans une réunion, d'une cousine jolie, jolie, que feriez-vous ? » « Je prendrais la chose en riant », répondent les fermières[84]. « Y a-t-il place au foyer pour une amie de cœur ? » — « Non », ont répondu les fermières[85]. Ces réponses spontanées, publiées par la revue, illustrent à quel point les femmes endossent les stéréotypes sexuels : monsieur peut flirter impunément, « cela le garde de bonne humeur[84] »; mais madame doit renoncer à avoir une amie car « le mari doit passer avant tout et tous[85] ».

À partir de 1954 et jusqu'en 1968, les **Cercles de fermières** adoptent la formule d'un thème annuel de discussion, thème alimenté par quelques articles durant l'année. Voic la liste des thèmes étudiés de 1954 à 1968 : 1954 — La coopération. 1955 — La culture de l'esprit rural dans la famille. 1956 — Le sens des responsabilités dans la vie rurale. 1957 — L'instruction dans la famille pour un meilleur sens des valeurs. 1958 — La femme et le bonheur familial. 1959 — La femme et le bonheur familial. 1960 — Les parents en face des problèmes d'éducation dans la vie moderne. 1961 — La femme rurale dans la société actuelle. Son rôle, ses devoirs, ses droits. 1962 — Pour la terre et le foyer. 1963 — Instruction et culture pour tous. 1964 — Famille, cœur du monde. 1965 — L'éducation économique de la famille. 1966 — Évolution féminine et vie moderne. 1967 — La femme et la paix. 1968 — Nouveaux visages de la famille[86]. Les thèmes, on le constate, ne varient guère : la famille, l'éducation, la vie rurale, le rôle de la femme. Au demeurant, l'artisanat reste l'objectif qui mobilise les femmes dans cette association plus que le cercle d'études. Le tableau n° 2 illustre très clairement cette affirmation.

On doit constater que l'idée centrale qui sous-tendait les thèmes de *Paysana*, la fermière professionnelle, a été complètement délogée au profit de préoccupations plus concrètes : techniques d'artisanat et création de comptoirs de vente pour les produits d'artisanat. Au fond, l'artisanat est le fil conducteur qui unit *Paysana* à *la Terre et le Foyer*.

Au contraire, dans l'**Union catholique des fermières** on s'oriente, dès le début, vers une vie interne basée essentiellement

Tableau 2

Articles publiés dans *la Terre et le Foyer* de 1945 à 1959

Sujet	Nombre	%
Artisanat	577	60
Éducation	175	18,5
Cuisine	127	13,5
Maternité	24	2
Loisirs	24	2
Participation à la vie politique	15	1,5
Ménage	14	1,5
Collaboration avec le mari	9	0,9
Total	*965*	*100*

sur le Cercle d'études. Le syndicalisme féminin est le premier thème à être abordé, ce qui explique que l'**U. C. F.** ait été réservée exclusivement aux femmes de cultivateurs. Précisons tout de suite que ce projet de syndicalisme féminin sera abandonné en 1950, sur l'avis défavorable de Mgr Desranleau[87].

Au début l'association n'a pas de revue mais une lettre circulaire qui expose les sujets d'études qui sont : étude morale, étude sociale, étude économique, étude technique. À partir de septembre 1949, ces sujets sont rassemblés dans le *Guide de l'U. C. F.* qui devient, en 1950, l'*U. C. F. en marche*. Cette publication miméographiée ne fait certes pas le poids à côté de *la Terre et le Foyer*. Mais les sujets discutés occupent une bonne partie de l'espace rédactionnel. Les permanentes provinciales assument la rédaction de ces textes et les complètent avec les conseils d'organisation interne : propagande, réunions, congrès, résolutions. À partir de février 1959, la revue est imprimée et se nomme *Femmes rurales*. Dans toutes ces revues, la partie technique, l'artisanat, fait figure de parent pauvre. La liste des sujets annuels de discussion proposés aux membres, de 1955 à 1967, est la suivante : 1955-56 — L'épouse. 1956-57 — L'école et la famille. 1957-58 — L'argent. 1958-59 — Le travail. 1959-60 — L'épanouissement de la femme. 1960-61 — L'épanouissement de la femme. 1961-62 — Les problèmes de la famille rurale. 1962-63 — La vie affective. 1963-64 — Les jeunes. 1964-65 — Présence de la femme dans la société. 1965-66 — L'éducation réalité sociale. 1966-67 — Sécurité familiale et sociale[88].

À première vue, ces thèmes sont fort semblables à ceux qui ont été proposés aux **Cercles de fermières**. Mais, en plus de constituer la base de la revue, les textes publiés nous permettent de diagnostiquer des différences dans le discours. J'en prendrai pour exemple les années 1958-1960 alors que les **Cercles des fermières** étudient « La femme et le bonheur familial » et l'**Union catholique des femmes rurales** étudie « L'épanouissement de la femme » deux années consécutives.

La Terre et le Foyer accorde 5 pour 100 de son espace rédactionnel au thème, à savoir : 4 éditoriaux, 1 article sur « L'alcoolisme, mal familial », 1 extrait du *Livre des proverbes*, 1 déclaration de Pie XII sur les familles nombreuses, 1 conférence sur « La femme et le bonheur familial », 1 article sur « La dignité des tâches ménagères » et 1 article sur « Les travaux ménagers : mission de la femme »[89].

Femmes rurales accorde 25 pour 100 de son espace rédactionnel au thème, à savoir, un ou deux textes de 2 à 3 pages chacun, dans 19 de ses 22 numéros, qui abordent successivement les idées suivantes : — épanouissement du corps; — épanouissement de la sensibilité; — épanouissement de l'intelligence; — épanouissement de la volonté; — épanouissement de fidélité; — épanouissement par l'amour physique; — épanouissement par la grossesse; — épanouissement par mes enfants; — épanouissement par la mode; — épanouissement par nos relations familiales; — épanouissement par les besognes ménagères; — épanouissement par le sens social; — épanouissement par le civisme[90].

L'analyse des idées proposées laisse croire à une identité d'objectifs. La devise des deux associations n'est-elle pas « Pour la terre et le foyer » (**C. F.**) et « Pour la terre et la famille » (**U. C. F. R.**) ? Les propos de Pie XII ne sont-ils pas cités dans les deux revues ? Ne magnifie-t-on pas de part et d'autre « la profession de la femme au foyer », « les familles nombreuses », la « dignité des tâches ménagères » ?

Mais la différence matérielle de l'importance accordée au sujet d'étude que l'on note dans les deux revues doit être complétée par les observations suivantes : le ton, la concertation planifiée, la précision des exemples (*v. g.* la difficulté des maternités nombreuses, l'ignorance face à l'amour physique), l'utilisation fréquente des possessifs (*mes* enfants, *mon* travail, *mon* mari, *nous* les femmes) témoignent d'attitudes différentes face à la question discutée.

Cette différence entre les deux associations devient encore plus flagrante après la création de l'**A. F. E. A. S.** en 1966. En 1967-68 et en 1968-69, l'**A. F. E. A. S.** propose à ses membres des réflexions sociales variées. On trouve parmi ces sujets : — L'éducation des adultes (septembre 67). — La valeur économique du travail féminin (février 68). — À quoi servent les impôts (avril 68). — La planification familiale (mai 68). — La discipline dans les régionales (septembre 68). — La drogue au niveau scolaire (octobre 68)[91]. De plus en plus près de l'actualité québécoise, ces sujets de réflexion plongent 35 000 femmes dans l'éducation et l'action sociale.

Il semble donc que, contrairement aux associations féministes qui tombent littéralement en léthargie, les associations issues des **Cercles de fermières** aient suscité passablement d'animation et de discussion au Québec entre 1938 et 1968. Leur large diffusion ne doit cependant pas leurrer. Contemporain de l'urbanisation définitive du Québec, ce militantisme rural n'a pu avoir l'impact que laisserait croire l'ensemble de leurs revues.

Les revues féminines commerciales

C'est du côté des revues commerciales qu'on peut trouver les courants d'idées les plus susceptibles de rejoindre la majorité des Québécoises. Parmi toutes les revues qui circulent, deux surtout attirent l'attention par l'importance de leur diffusion et la durée de la publication : *la Revue populaire* (fondée en 1907 et dirigée par le cartel Poirier et Bessette) et *la Revue moderne* (fondée en 1919 par Madeleine Huguenin et rachetée dès 1929 par un éditeur[92]).

Le menu de ces deux revues ne varie guère : un roman complet, signé Magali, Max du Veuzit ou autres romanciers de même farine; des chroniques dites féminines : cuisine, mode, décoration; et quelques reportages. Le tableau 3 donne une bonne idée des lectures proposées aux femmes.

De 1938 à 1960, les sommaires ne changent pas et on n'y trouve que des échos indistincts de la réalité politique et sociale comme de la condition féminine. On pourra consulter au tableau 4 la liste exhaustive de tous les articles concernant la condition féminine trouvés dans *la Revue populaire*, de 1938 à 1959.

En 21 ans, cette revue n'a publié que 25 articles, soit un peu plus de un par année, et cet ensemble d'articles se superpose très bien à une conception réformiste et élitiste du féminisme : les femmes désirent des droits égaux à ceux des hommes et peuvent exercer certaines professions qui leur conviennent. *La Revue moderne*, semble-t-il, est encore plus réticente à aborder des sujets concernant la condition féminine[93].

Par comparaison, l'importance accordée au roman mensuel est considérable. D'autre part, la seule énumération des titres est significative du type de lectures qui est proposé aux femmes. Le tableau 5 en fait foi.

L'importance accordée à des sujets exotiques est un autre indice de la volonté de dépaysement que semblent poursuivre ces revues. À titre d'exemple, signalons que *la Revue populaire* a publié pas moins de 114 reportages sur Paris de 1946 à 1956[94], soit 10 par année en moyenne.

En 1960, toutefois, un virage important se produit. *La Revue moderne* est achetée par Maclean-Hunter et devient *Châtelaine*. Sous la direction de Fernande St-Martin, la nouvelle revue adopte un ton nouveau et des préoccupations davantage orientées vers la condition féminine.

Tableau 3

LA REVUE Populaire

41e ANNEE No 1   MONTREAL, JANVIER 1948

NOTRE COUVERTURE : Photo Harold M. Lambert.

A B O N N E M E N T S

Canada		Etats-Unis	
1 an	$1.50	1 an	$2.00
2 ans	2.50	2 ans	3.50

AU NUMERO : 20 CENTS

LES PUBLICATIONS POIRIER, BESSETTE & CIE, LTEE

Membres de l'A. B. C., et de l'Association des Editeurs de Magazines
du Canada

LE SAMEDI — LA REVUE POPULAIRE — LE FILM

975-985, rue de Bullion, Montréal 18, P.Q., Can. — Tél. : PL. 9638-x

FRED POIRIER — GEORGES POIRIER   JEAN CHAUVIN
Présidents conjoints   Directeur

Entered March 23rd 1908, at the Post Office of St-Albans, Vt., U.S.A.
as second class matter under the Act of March 3rd 1879.

Autorisé comme envoi postal de la deuxième classe,
Ministère des Postes, Ottawa.

La Revue Moderne

VOL. 36, NO 10
MONTREAL, FEVRIER 1955

ABC

HON. HECTOR AUTHIER: président
LEO CADIEUX: directeur-gérant
R.-J. BROWN: vice-président
JEAN LE MOYNE: rédacteur en chef
GERTRUDE LE MOYNE:
secrétaire de la rédaction
JEHANE BENOIT: pages culinaires

Sommaire

Les manuscrits fournis aux éditeurs
reçoivent toute la considération possible, mais avec la restriction qu'ils
restent aux risques de l'auteur et
sans que les éditeurs s'engagent à
les accepter ou à les publier. LA
REVUE MODERNE laisse à ses collaborateurs l'entière responsabilité de
leurs écrits.

TARIF DE L'ABONNEMENT:
Canada: un an $1.50 — 2 ans $2.00
— 3 ans $3.00 — Etats-Unis et étranger: un an $2.00. Faire toutes remises par mandat postal, bon de
poste ou chèque certifié à La Revue
Moderne, 5225, avenue de Gaspé,
Montréal, Canada.

LA REVUE MODERNE est membre de l'Association des Editeurs de
Magazines du Canada Autorisée
comme envoi postal de la deuxième
classe. Ministère des Postes. Ottawa.

LA REVUE MODERNE est publiée
mensuellement par la Revue Moderne Inc., à ses bureaux et ateliers,
5225, De Gaspé, à Montréal — TAlon
7245. — Directeur de la publicité.
R.-J. Brown, Bureau de Toronto,
73 Adelaide Street West, Room 342,
Toronto, Ont. Tel.: EMpire 3-4179.
Imprimé au Canada.

Tableau 4

**Articles concernant la condition féminine parus dans *la Revue populaire*
de 1938 à 1959**

1.	Qui donne le plus dans le mariage ? L'homme ou la femme ?	Septembre 1938
2.	Les droits de la Canadienne*.	Janvier 1939
3.	Les carrières libérales ouvertes à la femme.	Février 1939
4.	Jeunes filles qui gagnent leur vie.	Juin 1939
5.	La femme et le professorat (universitaire).	Juillet 1939
6.	Le travail des sténos n'est pas facile.	Septembre 1939
7.	La femme mariée a-t-elle le droit de travailler ?	Février 1940
8.	Les artisans du suffrage féminin.	Août 1940
9.	La femme dans le journalisme.	Octobre 1942
10.	Une carrière nouvelle pour la femme.	Juin 1945
11.	Le code civil est-il immuable* ?	Septembre 1945
12.	Autour de la femme*.	Mars 1946
13.	Droits et devoirs de la Canadienne*.	Juin 1946
14.	La femme de demain.	Octobre 1946
15.	Il faut trouver une solution (travail domestique)*.	Novembre 1946
16.	La femme au micro.	Avril 1948
17.	Pour la Terre et le Foyer (35ᵉ Anniversaire des *Cercles de fermières*).	Mars 1950
18.	Une nouvelle carrière féminine (diététique).	Janvier 1951
19.	Le rôle de la femme à la télévision.	Janvier 1953
20.	Le code civil et la femme.	Janvier 1955
21.	La pharmacienne.	Mars 1955
22.	La journaliste.	Avril 1955
23.	L'avocate.	Mai 1955
24.	Le sexe fort n'est pas celui qu'on pense.	Mai 1956
25.	La femme d'hier. La femme d'aujourd'hui.	Octobre 1957

* Article de Thérèse Casgrain.

De son côté, *la Revue populaire* entreprend le même tournant avec l'arrivée de Francine Monpetit en avril 1960. Pendant deux ans, cette dernière tente de « féminiser[95] » la revue, publie des reportages-chocs dont le plus important et sans contredit un article de Renée Rowan, « La régulation des naissances : la joie d'avoir un enfant quand nous l'avons voulu », en septembre 1962. Cet

Tableau 5

Exemples de romans publiés par les revues féminines

La Revue moderne (1951)		% de pages
Toi que j'aimais.	Suzanne Mercey	26
La duchesse aux jasmins.	Magali	37
Le droit au bonheur.	Marguerite Rivoire	27
À la conquête du bonheur.	C. et L. Droze	45
En cherchant l'oubli.	A. P. Hot	30
L'amoureuse cantilène.	Maurice Danyl	30
L'amour en exil.	Claude Langel	51
Le val aux fées.	Claude Virmonne	50
Tendre imposture.	Mireille Brocey	47
Son sourire.	Léo Dartey	42
La gardienne.	Suzanne Mercey	30
	Moyenne	38

La Revue populaire (1954)		% de pages
Son trop jeune papa.	Nancy Assy	40
L'ennemie.	Alix André	51
Saison sèche.	Daniel Gray	50
Un seul amour.	Ruby M. Ayres	55
Le maître de Floreya.	Claude Virmonne	50
L'amour sans fard.	Louis Derthral	50
La haine aux yeux tendres.	Magda Contiro	51
Chérie.	Magali	55
Les loups hurlent.	Alix André	55
Le sacrifice de Sylvetti.	Guy de Novel	57
La nuit qui chante.	Magda Contiro	53
	Moyenne	52

article suscite un courrier sans précédent[96]. Curieusement, en novembre 1962, Francine Monpetit est congédiée. Elle est remplacée par Françoise Gaudet-Smet ! En difficultés financières depuis l'apparition de *Châtelaine, la Revue populaire* cesse de paraître en octobre 1963, avec, symboliquement, un article condamnant « les garderies comme inacceptables » et les taxant de « solution extrême[97] ».

De toute évidence, jusqu'en 1960, la presse féminine était vue par ses propriétaires comme un produit de consommation qui devait se tenir à l'écart de tout débat idéologique et ne rien contester de l'ordre social. L'apparition de *Châtelaine*, qui modifie cette règle du jeu, élimine *la Revue populaire* et inaugure une nouvelle presse féminine.

Châtelaine, à l'origine, est une revue « canadian ». Sa publication en français oblige les rédactrices à accepter un certain nombre de traductions. Mais, même en ne considérant que les articles écrits par des francophones (des femmes à 95 pour 100), le contraste avec son prédécesseur et *la Revue populaire* est saisissant.

Sur le simple plan quantitatif, on compte, de janvier 1961 à décembre 1968, 37 éditoriaux et 72 reportages, consacrés à différents aspects de la condition féminine et ce, en excluant les interviews de femmes, les biographies, les articles consacrées à des femmes non québécoises (musulmanes, esquimaudes, etc.), et la chronique mensuelle de Claire Kirkland-Casgrain : « Ce que j'en pense ». Cela donne une moyenne de 1,5 article par numéro, plus de 14 articles par année, soit onze fois plus que dans *la Revue populaire* de 1938 à 1959.

L'examen des sujets abordés est également intéressant : — la condition féminine en général (19 articles); — la maternité (19); — le mariage (13); — la politique (12); — le travail féminin (12); — l'éducation des filles (11); — les images collectives de la femme (10); — le code civil (6); — les associations féminines (4); — la santé des femmes (3).

L'analyse de ces éditoriaux et de ces reportages exigerait à elle seule une étude particulière. Car ces articles, contrairement à ceux que l'on trouve dans les revues d'associations féministes ou dans les associations rurales, décrivent des situations concrètes, se situent au cœur même de la vie que vivent un nombre de plus en plus grand de femmes. Il s'en dégage une bonne idée de la condition féminine, du moins l'idée que s'en font un certain nombre de femmes, toutes celles qui, après 1960, étudient plus longtemps, décident d'avoir moins d'enfants et entreprennent de conjuguer carrière et famille[98]. L'éclairage idéologique de cet ensemble d'articles, de reportages, d'interviews, etc., reste à faire. Il déborde nettement les cadres du présent travail. Toutefois, *Châtelaine*, dont le tirage s'est maintenu autour de 250 000, est un bon indicateur pour témoigner que les femmes, à l'instar de la société québécoise, ont entrepris leur révolution tranquille.

L'ÉVOLUTION DE LA PAROLE DES FEMMES

Entre la conjoncture de 1938 et celle de 1968, une rupture significative se produit dans les revues féminines québécoises. Mil neuf cent trente-huit : c'est l'unanimité collective autour de la conception traditionnelle du féminin; la seule voix discordante étant celle des militantes suffragistes qui réclament le droit de vote pour les femmes mais uniquement pour mieux exercer leur rôle familial. D'un autre côté, les revues rurales entonnent la louange de la vie rurale à l'heure où se produit l'urbanisation définitive de la société québécoise pendant que les revues populaires, elles, entretiennent les femmes dans une douce euphorie qui les coupe du milieu social ambiant[99]. La dissociation du discours d'avec la réalité vécue par la majorité des femmes est flagrante.

Par contre, en 1968, tout est en place pour que soit remise en question la spécificité culturelle attribuée au féminin. L'action concertée n'est pas encore en place; les mouvements radicaux ne sont pas encore apparus. Mais les transformations sociales qui se sont produites durant la génération précédente sont omniprésentes dans les revues féminines : elles sont décrites et racontées dans *Châtelaine*; étudiées et analysées dans *l'A. F. E. A. S.* reconnues bien que contestées dans *Terre et Foyer*. On ne peut plus parler de dissociation entre le discours et le vécu. De plus, la conception du rôle des femmes, tout en maintenant certaines ressemblances avec le modèle traditionnel, est singulièrement transformée : la planification des naissances, le travail de la femme mariée, l'implication des femmes dans la structure politique sont maintenant acceptés, voire valorisés[110].

Comment s'est produite cette rupture ? Le mouvement des idées a-t-il précédé ou suivi les transformations sociales ? Comment se sont articulées entre elles les différentes voix féminines qui viennent d'être analysées ?

1938-1945 : le réveil rural

De 1938 à 1945, on ne peut compter pour significative, sur le plan de la conscience collective féminine, ni la voix féministe qui circule en vase clos, ni celle des revues féminines qui maintient ses lectrices dans l'aimable vision d'héroïnes à la poursuite du bonheur. Par contre, le milieu rural est le lieu d'un réveil significatif : la revue *Paysana* et l'organisation structurée des **Cercles de fermières** invitent mensuellement les femmes à sortir de leur maison, à échanger entre elles au sujet de leurs difficultés quotidiennes (enfants, — maison, — travaux) et à apprendre de nouvelles techniques domestiques. Il est significatif de noter qu'à l'origine les **Cercles de fermières**, se sont développés principalement dans les régions isolées[101]. Une solidarité féminine était créée par l'échange des expériences de chacune. Pour ces femmes, la prose passionnée de Françoise Gaudet-Smet était un rappel à sortir de la médiocrité et de la routine; les « cours » des techniciennes des **Cercles de fermières**, un appel inédit à la créativité et à l'expression personnelle. Un objectif nouveau était proposé aux femmes : l'artisanat. À l'aube de la civilisation des loisirs, cet objectif avait son importance et sa signification.

Ce mouvement se trouvait également à coïncider idéologiquement avec les grands courants de la pensée québécoise de cette période : corporatisme, coopératisme, agriculturisme et nationalisme, avec même, à l'occasion, des emprunts à l'idéologie fasciste. Par contre, les événements majeurs de la période : crise, guerre, crise de la conscription en sont remarquablement absents. Dans ce contexte, il est explicable que l'obtention du suffrage féminin ait eu l'effet d'un pavé dans la mare.

1945-1960 : les Sœurs ennemies

La querelle provoquée, en 1944, par l'Épiscopat allait créer artificiellement une lutte « fratricide[102] » entre ces femmes[103]. Dans ce conflit, les **Cercles de fermières** se sont trouvés incompréhensiblement dans l'opposition, privés de l'appui officiel de l'Église. D'un autre côté l'**Union catholique des fermières** a dû se chercher une spécificité pour se distinguer de l'association rivale. Il en est résulté, pour chaque association, une polarisation idéologique assez subtile.

Les **Cercles de fermières**, dans leur désir d'obtenir la caution épiscopale, ont endossé avec véhémence les propositions du discours clérical sur la mission sacrée de la femme. De là cette insistance, dans *la Terre et le Foyer*, à publier des variations sur la maternité, le ménage, la famille et les valeurs chrétiennes. Mais, on l'a vu, cette publication accordait plus de 50 pour 100 de ses chroniques à l'artisanat. L'artisanat, avec tous ses aspects positifs, représentait la véritable attraction de l'association. Mais un discours idéologique, traditionnel, dicté en quelque sorte par l'Église, était maintenu en place pour la réputation et la caution morale de l'organisme. De la même manière, à la même période, les enseignants ont dû maintenir officiellement un discours soumis aux prescriptions de l'Église, pour se faire pardonner, entre autres, la grève des enseignants montréalais de 1949 et la syndicalisation progressive de leur profession[104].

Dans l'**Union catholique des fermières** (qui allait devenir l'**Union catholique des femmes rurales** en 1957), on tenta d'abord d'explorer les avenues du syndicalisme féminin, et il n'est pas possible, pour le moment, de savoir pourquoi cette option fut abandonnée[105]. L'association ne pouvait non plus se distinguer par l'artisanat puisque l'un des arguments de l'Église était que les associations professionnelles doivent être indépendantes de l'État; elle se privait donc, par principe, des subventions et des services gouvernementaux essentiels à la promotion et à la pratique de l'artisanat. L'U. C. F. trouva alors sa spécificité dans le *Cercle d'étude*. Ses revues, ses congrès, ses directives se sont vite polarisés autour de thèmes à étudier. L'influence cléricale sur ceux-ci a été prépondérante mais, dès la fin des années cinquante, le discours féminin y prenait une tonalité différente. Surtout, les thèmes étudiés devinrent de plus en plus concrets, de plus en plus reliés aux transformations sociales qui s'opéraient au Québec, notamment après 1957.

C'est par le biais de cette association qu'une conscience féminine collective a pu continuer à se développer au Québec durant la période 1945-1960. Sa tonalité traditionnelle peut leurrer. En réalité, cette implication sociale progressive des femmes, par le biais du *Cercle d'étude*, a dû jouer un rôle décisif dans la mutation de la société québécoise. Ce n'est certes pas le silence des revues féministes ou le caquetage des revues féminines qui a pu entamer le bloc monolithique des opinions reçues sur la condition féminine. Par contre, les discussions concrètes suscitées par les sujets d'études proposées par l'**U. C. F.** ont modifié un grand nombre d'habitudes sociales, et ce, parmi les membres d'un milieu traditionnellement conservateur. Les femmes, soudainement, ont eu des opinions et les ont affirmées publiquement. Cela ne doit pas être négligé.

Toutefois, il faut préciser ici que c'est durant cette période que s'est produite l'invasion du marché québécois par des revues françaises ou américaines. L'influence de ces revues a pu être déterminante, influence qui a dû, par ailleurs, conjuguer ses effets à l'apparition de la télévision.

Il peut être intéressant de noter également que la seule revue québécoise qui tente de faire le contrepoids à cette invasion étrangère se nomme *Idéal féminin*[107], publiée de 1952 à 1974. Cette revue, sous des allures modernes, est un véritable anachronisme. Elle a pour objectif la promotion de la modestie féminine et de la culture générale. Destinée vraisemblablement aux élèves des multiples couvents, elle rejoint, entre autres, les **Messagères-de-Notre-Dame**[108]. L'idéologie d'*Idéal féminin* n'est pas facile à situer; elle semble une ultime tentative de l'Église pour maintenir en place certaines valeurs traditionnelles. Il est remarquable d'ailleurs

que les articles de fond, tels « La Personne de la femme[109] » ou
« La destinée sociale de la femme[110] », y soient signés par des
hommes, le directeur laissant aux rédactrices de vains combats
contre les bas sans couture, les robes sans manches et les mini-
jupes... ! Si on en juge par les comportements vestimentaires des
jeunes filles après 1950, son influence dut être négligeable !

La période 1945-1960 se caractérise au Québec par les premiers
« effritements du monolithisme traditionnel[112] ». Les femmes ne
sont pas absentes de ces mouvements d'idées. Elles signent le
Refus global[113]; elles écrivent dans *Cité libre*[114] et sont aux premières lignes des mouvements d'Action catholique[115] et même
dans les centrales syndicales[116]. Mais le thème de la condition féminine est absent du *Refus global*. Mais la conception du travail
féminin est vue à travers une optique protectionniste dans les syndicats[117]. Mais le thème même de la condition féminine est absent
des préoccupations de l'Action catholique[118]. Mais le seul numéro
de *Cité libre* consacré à la condition féminine[119] est un indice que
les contestataires cité-libristes étaient loin de considérer ce sujet
comme majeur dans leurs préoccupations.

La conscience collective féminine a pu être influencée par ces
couplets minoritaires. Les discussions suscitées dans les associations féminines ont dû jouer un rôle plus déterminant.

1960-1968 : la genèse d'un nouveau féminisme

À partir de 1960, les revues féminines n'ont plus le même impact qu'elles pouvaient avoir durant les années précédentes. La
courte période 1960-1968 est nettement une période d'attente que
confirment plusieurs indices. D'abord, l'absence de revues féministes, réformistes ou radicales. Ensuite, la disparition des deux
revues féminines, *la Revue moderne* et *la Revue populaire*, qui
rejoignaient les femmes depuis les années 20. Enfin, la revue *Terre
et Foyer* où les textes poétiques font place à des reportages et à des
articles d'information plus nombreux tout en accordant, comme
toujours, la meilleure part à l'artisanat et à la promotion de la vie
rurale[120]. Les **Cercles de fermières**, pourtant, sont devenus majo-

ritairement urbains. Or, en 1968, 45 pour 100 des 40 000 membres choisissent en très large majorité de conserver leur nom de *Fermières* ce qui dénote une singulière dissociation d'avec la réalité[121]. Leur exécutif ne propose plus de sujet d'étude et la revue, qui se nomme *Terre et Foyer* depuis 1963, se relève difficilement du départ de sa directrice, Adrienne Choquette, en mars 1969[122].

Cette attente, toutefois, n'est pas stérile. Les reportages de *Châtelaine* et les actions de *l'A. F. E. A. S.* sont de bons indices que la conscience collective des femmes est, au contraire, en pleine ébullition[123]. En fait, la dichotomie idéologique qui se dégage après 1960 est évidente : d'une part, une volonté de changement pour et par les femmes, volonté symbolisée par la fondation de la **Fédération des femmes du Québec** en 1966. D'autre part, une confortable sécurité dans le modèle féminin moderne mais traditionnel. En 1966, *Terre et Foyer* entreprend une enquête : « Être femme en 1966 », dont les réponses traduisent bien cette attitude : « améliorations des conditions de vie (...), accès à la culture et au divertissement (...), stimulants de la création (...), libération des familles nombreuses (...), libération de gagner sa vie[124] ». Il ne sera pas loin le temps où l'on écrira : « Malheureusement pour les féministes, je suis heureuse[125] ! »

En 1968, (qui est une date arbitraire, bien sûr), le discours féminin semble double : pour ou contre le changement dans les conditions qui affectent la vie des femmes. L'apparition des mouvements féministes radicaux et de leurs revues fera éclater cette dualité en un éventail complet de positions idéologiques très diversifiées. Je laisse à d'autres le soin d'analyser cette transformation.

*   *

*

L'analyse du discours féminin permet de poser de manière très particulière le problème de la fonction idéologique, à savoir de déterminer lequel, du discours idéologique ou de l'activité sociale, est à l'origine de l'autre[126]. D'un côté, il semble facile d'avancer que, tant qu'elle a été définie par les hommes, la conception idéologique du féminin a été essentiellement « une manœuvre de séduction » des hommes pour « faire intérioriser aux femmes des modèles de valeurs, de croyances et de comportements qui (leur) permettent le libre exercice de leur volonté de puissance et la satisfaction de leurs intérêts matériels et symboliques[127] ». Comme les femmes elles-mêmes ont répété les données de base du discours masculin sur les femmes (ce qui a été le substrat du féminin culturel et la caractéristique des premières idéologies féministes), on peut penser que la parole des femmes n'a eu aucune autonomie conceptuelle et qu'elle est restée prisonnière de concepts culturels qu'elle a perçus comme naturels. Dans un premier temps, l'idéologie aurait sécrété la réalité sociale.

D'un autre côté, il semble bien évident que les transformations concrètes entraînées par le processus global du changement social ont fini par faire éclater les illusions de ce halo idéologique et que c'est en se confrontant à des réalités différentes de celles du discours culturel que les femmes ont remis en question le caractère naturel du féminin et découvert progressivement la spécificité d'un discours différent, encore à la recherche de sa cohérence conceptuelle, mais autonome. Dans un second temps, la réalité sociale aurait sécrété une nouvelle idéologie féminine : celle des mouvements féministes actuels.

Au Québec, la période 1938-1968 représenterait, pour les femmes, cet affrontement progressif entre le pensé et le vécu. Cet affrontement aurait-il été le même si les femmes n'avaient pas eu accès à la parole ? Cet affrontement ne représente-t-il pas un événement majeur dans la transformation de la société québécoise ?

Micheline DUMONT-JOHNSON.

Notes

[1] La **Fédération nationale Saint-Jean-Baptiste** existe depuis 1907; les **Cercles de fermières**, depuis 1915; la **Ligue des droits de la femme**, depuis 1928 (elle existait sous un nom différent depuis 1922); l'**Alliance canadienne pour le vote des femmes du Québec**, depuis 1927.

[2] Françoise est à *la Patrie* dès 1981; Gaétane de Montreuil, à *la Presse,* dès 1898; Fadette (Henriette Dessaules) est au *Devoir* dès 1910. Voir A. BOIVIN et K. LANDRY, « Françoise et Madeleine, pionnières du journalism *(sic)* féminin au Québec », *Atlantis*, vol. 4, n⁰ 1 (Fall 1978), pp. 63-74.

[3] Voir Réginald HAMEL, *Gaétane de Montreuil*, Montréal, L'Aurore, 1976.

[4] La série des dix albums de *la Bonne Chanson* de l'abbé Gadbois date de cette période.

[5] CONSEIL DU STATUT DE LA FEMME, *les Québécoises*, Guide bibliographique suivi d'une Filmographie, Québec, Éditeur officiel du Québec, 1976. On compte 19 films québécois portant sur la condition féminine entre 1960 et 1970; 12 films depuis 1970.

[6] Je pense en particulier aux manuels et aux bibliothèques des instituts familiaux (écoles ménagères).

[7] Le marché québécois est envahi, après la guerre, par les ouvrages de Gertrude Von LeFort, Gina Lombroso, Madeleine Daniélou, Paula Hoesl, Berthe Bernage, etc.

[8] Voir « Les débuts du mouvement des femmes » par Yolande PINARD, dans LAVIGNE et PINARD, *les Femmes dans la société québécoise*, Montréal, Boréal-Express, 1977, pp. 61-87.

[9] *Le Manuel de la parole*, Manifestes québécois recueillis et présentés par Daniel LATOUCHE et Diane POLIQUIN, Montréal, Le Boréal-Express, Tome I, 1976; Tome II, 1978; Tome III, 1979. Voir Documents 58, 118 et 130.

[10] À titre d'exemples : Philippe GARRIGUE, *Bibliographie du Québec* (27 titres sur 2 270); DUROCHER et LINTEAU, *Histoire du Québec : Bibliographie sélective* (15 titres sur 1897); MONIÈRE et VACHET, *les Idéologies au Québec* (8 titres sur 1 008); HARVEY et HOULE, *les Classes sociales au Canada et au Québec, Bibliographie annotée* (9 titres sur 843). Il existe deux bibliographies féminines, pourtant bien incomplètes : Ghislaine HOULE, *la Femme au Québec*, Montréal, B. N. Q., 1975 (1 380 titres); CONSEIL DU STATUT DE LA FEMME, *les Québécoises, op. cit.* (1 062 titres).

[11] Voir la présente série, *Idéologies au Canada français*, et l'ouvrage de Denis MONIÈRE, *le Développement des idéologies au Québec*, Montréal, Éditions Québec-Amérique, 1977.

[12] Voir Mona-Josée GAGNON, *les Femmes vues par le Québec des hommes, 30 ans d'histoire des idéologies*, Montréal, Les Éditions du Jour, 1974, 160 pages. Comme l'indique le titre, l'auteur se concentre sur les opinions masculines concernant les femmes. Elle offre un paragraphe sur les revues féminines et un bref chapitre sur les regroupements féminins tout en précisant que l'étude de l'idéologie des associations féminines reste à faire.

[13] C'est le cas, entre autres, des principaux articles de l'ouvrage de Francine BARRY, *le Travail de la femme au Québec, l'évolution de 1940 à 1970*, Collection « Histoire des travailleurs Québécois », Montréal, P. U. Q., 1977, 82 p. On y trouve un chapitre sur « l'attitude de la société face au travail de la

femme » dans lequel il n'est fait principalement mention que d'opinions masculines; aucune revue féminine n'est citée.

[14] Michelle JEAN, *Québécoises du 20e siècle*, Montréal, Les Éditions du Jour, 1974, 303 p.

[15] Jocelyne VALOIS, « La presse féminine et le rôle social de la femme », dans *Recherches sociographiques*, vol. 8, n° 3 (1967), 351-375.

[16] *Idem*, p. 375.

[17] La discussion permanente, dans ces journaux, sur la pertinence des études classiques pour les femmes et l'analyse des projets de carrière des étudiantes serait un sujet fascinant à étudier.

[18] J'ai éliminé *l'Essor*, des **Cercles d'économie domestique**, petite revue de 12 cm × 18 cm qui paraît sur 12 pages, de 1959 à 1966, et qui double en quelque sorte *Femmes rurales*.

[19] *La Revue populaire* tire à 80 000 exemplaire en 1949; *la Revue moderne* à 70 000 en 1944; *Châtelaine* environ à 250 000 depuis 1960.

[20] Voir Marie LAVIGNE, Yolande PINARD et Jennifer STODDART, « La Fédération nationale Saint-Jean-Baptiste et les revendications féministes au début du 20e siècle », dans *les Femmes dans la société québécoise*, *op. cit.*, pp. 91-108.

[21] Voir Luigi TRIFIRO, « La Crise de 1922 dans la lutte pour le suffrage féminin au Québec », Université de Sherbrooke, thèse de maîtrise, 1976.

[22] Catherine CLEVERDON, *The Women Suffrage in Canada*, Toronto, University of Toronto Press, 1974, pp. 214-264.

[23] Jennifer STODDART, « La Commission Dorion », Communication présentée à Saskatoon, juin 1979.

[24] C. CLEVERDON, *op. cit.*, pp. 250 ss.

[25] Micheline D. JOHNSON, *Histoire de la condition de la femme dans la Province de Québec*, Ottawa, 1971, p. 46.

[26] « Archives de la Ligue des droits de la femme », Série F, Bibliothèque Municipale de Montréal.

[27] La collection compte 11 numéros de 30 à 60 pages chacun. Elle comprend une section en langue anglaise et près de la moitié des pages est constituée de publicité. Elle a paru de 1933 à 1946.

[28] Betty FRIEDAN, *The Feminine Mystique*, New York, Norton, 1963.

[29] Margaret GILBERT, « The sea horse society », dans *McGill journal of Education*, vol. X, n° 2 (Spring 1975), pp. 40-48.

[30] Voir Mona-Josée GAGNON, *op. cit.*

[31] *La Bonne parole*, avril 1937.

[32] *Ibidem*, juin 1938.

[33] Voir CLEVERDON, *op. cit.*

[34] On trouve, presque à chaque numéro de *la Bonne Parole*, un « In Memoriam » rappelant la mort d'une militante de la **Fédération**.

[35] « Notre champ d'action s'élargit », par Yvonne LETELLIER DE SAINT-JUST, *la Bonne Parole*, mai 1940.

[36] « À quoi servent les études ? » par I. HOUBEAU, *la Bonne Parole*, mai 1942.

[37] « La femme et le foyer », *ibidem*.

[38] « L'enseignement », par L. DE LILLE, *la Bonne Parole*, février 1942.

[39] « La femme et son devoir social », par Yvonne LETELLIER DE SAINT-JUST, *la Bonne Parole*, janvier 1943.

[40] « Notre mot d'ordre », par Sœur Marie GÉRIN-LAJOIE, *la Bonne Parole*, mars 1943.

[41] « Sous les étoiles », causerie donnée à l'Association des employées de magasin par Rose LÉTOURNEAU-LASALLE, *la Bonne Parole*, avril 1943.

[42] « Le travail féminin et les lois » par Yvonne LETELLIER DE SAINT-JUST, *la Bonne Parole*, mai 1943.

[43] « La mère Canadienne », par Yvonne LETELLIER DE SAINT-JUST, *la Bonne Parole*, juin 1943.

[44] *La Bonne Parole*, novembre 1943.

[45] « La Fédération nationale Saint-Jean-Baptiste poursuit sa tâche », par Yvonne LETELLIER DE SAINT-JUST, *la Bonne Parole*, juillet-août 1944.

[46] Constitution de l'**Alliance canadienne pour le vote des femmes du Québec**.

[47] *La Sphère féminine*, 1939-1940.

[48] « Notes de la Rédaction », par Idola ST-JEAN, *la Sphère féminine*, 1942-1943.

[49] « Les femmes et le Code Civil », par Henriette BOURQUE, *la Sphère féminine*, 1939-1940.

[50] C'est le cas, entre autres, des comités féminins des syndicats et des différents mouvements d'action catholique.

[51] Michelle JEAN, « Le vingt-cinquième anniversaire du droit de vote », *Bulletin de la F. F. Q.*, vol. 6, n° 4, pp. 1-5.

[52] Mme C. GAGNÉ, *Cinquantenaire des Cercles de fermières*, Québec, 1965, pp. 5-8.

[53] *La Bonne Fermière* a paru de 1920 à 1930. En 1931 elle devint *la Bonne Fermière et la Bonne Ménagère*, mais la crise économique interrompt la publication.

[54] L'histoire de cette rupture des **Fermières** en deux associations rivales ne peut être analysée ici. Je prépare une « Note de recherche » sur ce sujet précis.

[55] Archives des **Cercles d'économie domestique** : « Bref historique des Syndicats d'économie domestique », par Gérard BOUCHARD.

[56] Azilda MARCHAND, « Historique de la fusion », *l'A. F. E. A. S.*, août 1976, pp. 8-12.

[57] Cette « affaire » est à vrai dire un sujet tabou dans les deux associations, encore aujourd'hui (en 1979).

[58] *Paysana* a absorbé *Horizons*, revue de Clément Marchand et Raymond Douville, en janvier 1940.

[59] Ces femmes sont Gremaine Guèvrement, Fadette (Henriette Dessaules) et Marthe Beaudry.

[60] On compte, durant les deux premières années, 82 textes poétiques de 20 femmes écrivains qu'il serait trop long d'énumérer. Voir à ce sujet l'excellent article de Corine BOLLA et Lucie ROBERT, « La poésie féminine de 1920 à 1940 : une nouvelle approche », *Atlantis, op. cit.*, pp. 55-74.

[61] Parmi les vedettes : Victor Barbeau, Clément Marchand, Claude-Henri Grignon et principalement Albert Tessier.

[62] « Gestes de femmes », *Paysana*, mai 1939.

[63] *Ibidem*.

[64] « Le bon féminisme », *idem*, avril 1939.

[65] *Ibidem*.

[66] Cela devient moins curieux quand on constate que le Ministère de l'Agriculture publie régulièrement un « reportage » subventionné à chaque numéro de juin 1940 à septembre 1944, que la Directrice réussit à recouvrer en 1945 après le changement de gouvernement, dédoublant ainsi les publications destinées aux fermières.

[67] « Solidarité professionnelle », *idem*, septembre 1938.

[68] *Idem*, octobre 1938.

[69] « Lin », *idem*, novembre 1940.

[70] *Idem*, avril 1939.

[71] *Idem*, avril 1945, et « Science domestique », février 1946.

[72] « Secours mutuels », *idem*, janvier 1944.

[73] « Ce que l'agriculture attend de la femme », *idem*, janvier 1946.

[74] « Ce que la femme attend de l'agriculture », *ibidem*.

[75] « Amour, bonheur et gloire », *idem*, janvier 1947.

[76] « Propos de saison », *idem*, décembre 1941. En fait cette expression revient comme un leitmotiv dans la revue pour promouvoir la vente des *Patrons Paysana* qui offre un service postal.

[77] « Gestes de femmes », *idem*, mai 1939.

[78] « Pour que la lumière soit », *idem*, avril 1946.

[79] « Cercle d'étude des fermières de S. Sylvère », *idem*, avril 1945.

[80] Voir Léon LEBEL, *l'État et les associations professionnelles*, brochure distribuée en 1944 par l'**U. C. C.**

[81] *La Terre et le Foyer*, vol. 1, n⁰ 1, juillet-août 1945.

[82] *Idem*; chacun des numéros de 1947 aborde un sujet.

[83] *Idem*.

[84] *Idem*, février 1950.

[85] *Idem*, mars 1950.

[86] *Idem*, 1954-1962; *Terre et Foyer*, 1963-1968.

[87] M. Gérard Bouchard à Mᵐᵉ J. A. Savard, 31 janvier 1951 : « D'autre part, les données du syndicalisme professionnel proprement dit ne s'appliquent pas tellement aux femmes mariées. Sur ce plan, elles épousent plutôt la profession

de leur mari. » (Archives des **Cercles d'économie domestique**, A. F. E. A. S.)

[88] *L'U. C. F. en marche*, 1955-1959; *Femmes rurales*, 1959-1967.

[89] *La Terre et le Foyer*, 1958 et 1959.

[90] *Femmes rurales*, 1959 et 1960.

[91] *L'A. F. E. A. S.* 1967, 1968.

[92] En 1938, *la Revue moderne* appartient à Hector Authier. « La » journaliste de service est Gertrude Lemoyne.

[93] Voir Mona-Josée GAGNON, *op. cit.*, pp. 93-94.

[94] *La Revue populaire*, 1946 à 1956. Quelques exemples : « L'air de Paris » (mai 1946); « Amoureux et bouquinistes de Paris » (mars 1948); « Le théâtre à Paris » (janvier 1949); « La chanson de Paris » (avril 1950); etc.

[95] Francine MONPETIT, « Éditorial », *la Revue populaire*, octobre 1960.

[96] Voir Rita BREAULT, *les idées nouvelles viennent de la base*, Ottawa, Serena Canada; voir Annexe IV.

[97] « Pour ou contre les garderies », *la Revue populaire*, octobre 1963.

[98] Voir, entre autres, l'ouvrage déjà cité de Francine BARRY.

[99] Un personnage de roman, *La grosse femme d'à côté est enceinte*, de Michel Tremblay, semble bien typique pour illustrer cette affirmation.

[100] Voir de nouveau les ouvrages cités de Francine BARRY, sur le travail féminin, et de Rita BREAULT, sur la planification des naissances; celui de la FÉDÉRA-TION DES FEMMES DU QUÉBEC, *la Participation politique des femmes du Québec*, Ottawa, Études préparées pour la C. R. E. S. F. C., n° 10, 1971.

[101] Mme Charles A. GAGNÉ, *op. cit.*

[102] Notre langage sexiste n'a pas de mot pour désigner une lutte entre sœurs.

[103] Voir note 54.

[104] Voir Rodrigue JOHNSON, « Les attitudes professionnelles des instituteurs de Montréal », thèse de doctorat 3e cycle, La Sorbonne, 1967. En particulier le chapitre IV : « La conception de l'instituteur québécois », pp. 102-140.

[105] L'Association n'a pas de revue de 1945 à 1949.

[106] Voir Léon LEBEL, *le Syndicalisme féminin dans nos centres ruraux*, Montréal, U. C. C., 1944, 30 pages.

[107] Cette revue est l'œuvre d'un capucin, le père Irénée Tremblay. Son titre devient *Réaliser* en 1969. Tirage approximatif de quelques mille. Elle publie 6 numéros annuels.

[108] Association fondée également par le père Irénée Tremblay. Il n'a pas été possible de connaître le nombre de membres.

[109] Du chanoine Tiberghien. *Idéal féminin*, 1958-1959 (de septembre 1958 à juin 1959).

[110] Du père Irénée Tremblay. *Idéal féminin*, 1962-1963 (de janvier 1962 à juin 1963).

[111] *V. g.* Magdeleine OUELLET, « Femmes, votre dignité », *Idéal féminin*, juillet-août 1955; « La révolte contre la mini-jupe », *ibidem*, novembre 1967.

[112] L'expression est de Denis Monière.

[113] Madeleine Arbour et Thérèse Renaud.

[114] Alize Poznanska, Adèle Lauzon, Thérèse Gouin-Décarie entre autres.

[115] Entre autres, Alex Leduc, Rita Racette, qui sera la première présidente de la **Fédération des Femmes du Québec**.

[116] Voir Mona-Josée GAGNON, « Les femmes dans le mouvement syndical québécois », dans LAVIGNE et PINARD, *op. cit.*, pp. 145-168.

[117] *Ibidem.*

[118] Mentionnons, entre autres, le *Manifeste de la L. O. C.* (1948), promoteur des valeurs traditionnelles de la famille; les *Cours de préparation au mariage*; les programmes de la J. E. C., muets sur les questions féminines.

[119] Voir Mona-Josée GAGNON, *les Femmes vues par le Québec des hommes, op. cit.*, pp. 94-95.

[120] On note la présence, à *Terre et Foyer*, de Marthe B.-Hogue, naguère de *Paysana*, qui propose des reportages variés, exclusivement consacrés à la vie rurale.

[121] *Terre et Foyer*, septembre-octobre 1968. Elles décideront la même chose dans une proportion encore plus grande, en 1974.

[122] La revue cesse momentanément de paraître en mars 1969. Elle reprend en novembre 1969 sous la direction de Benoît Roy qui la transforme en revue d'agriculture. Elle disparaît définitivement en juillet 1970. Les **Cercles de fermières** mettent sur pied leur propre revue en 1974 avec l'équipe de *Réaliser* sous la direction de Pierrette Paré-Walsh : *la Revue des fermières*. En 1979, son tirage est de 80 000.

[123] Martine Lanctot prépare une thèse de maîtrise sur cette question : « Genèse du mouvement de libération des femmes au Québec : spécificité et évolution : 1969-1976 », à l'U.Q.A.M.

[124] *Terre et Foyer*, janvier 1966 et numéros suivants.

[125] Marie DESPRÉS, « J'en ai assez du baratin de nos libératrices », dans *Réaliser*, janvier-février 1972. Ce numéro est le premier qui inaugure la collaboration **Cercles des fermières**, *Idéal féminin*.

[126] Voir Colette MOREUX, *la Conviction idéologique*, Montréal, P. U. Q., 1978, notamment la seconde partie.

[127] *Idem*, p. 39.

LES IDÉOLOGIES DES PROFESSIONS LIBÉRALES AU QUÉBEC, 1940-1975

L ES PROFESSIONS libérales, jusqu'à tout récemment au Québec, ont intéressé les sociologues surtout en raison de l'importance de la place que leurs membres occupaient parmi les élites. Depuis la dernière guerre mondiale, toutefois, les élites canadiennes-françaises se sont diversifiées[1] et le rôle des membres des professions libérales, ceux du droit et de la médecine en particulier, s'en est trouvé réduit au profit des hommes d'affaires, des syndicalistes, des universitaires, des hauts fonctionnaires, des journalistes et autres.

Depuis 1940, les corporations professionnelles ont, en fait, subi de profondes mutations qui ont eu, entre autres effets, celui d'accroître chez leurs membres la conscience de la fragilité de leur statut social. Conséquemment, leur discours idéologique a accordé proportionnellement plus d'importance à des questions liées à l'exercice des activités de leurs membres et au maintien de leur statut qu'aux grands problèmes politiques de l'heure. C'est cette constatation qui nous incite, ici, à étudier leurs idéologies en privilégiant l'analyse du discours que les professions libérales ont dû élaborer en réponse aux exigences nouvelles d'une société en mutation. Ce choix nous est inspiré par la démarche de Bernard Blishen dans son étude de l'idéologie de la profession médicale au Canada[2].

Tout le discours des professions libérales est en effet marqué par la nécessité pour elles de résoudre le problème de fond qu'elles ont à affronter de façon permanente, celui de la légitimation. C'est ce que Fernand Dumont a déjà indiqué, ajoutant d'ailleurs qu'une pratique professionnelle, pour l'essentiel, « se ramène à la construction et à la défense d'un terrain social original[3] ». Ce point de vue est partagé par plusieurs auteurs qui, plutôt que de voir dans le professionnalisme un ensemble d'attributs (formation universitaire, idéal de service, autonomie reconnue par l'État, etc.) propres à une catégorie d'emplois donnée, estiment qu'il est avant tout une forme de contrôle social de l'utilisation d'un savoir[4]. Ce contrôle doit d'abord être acquis et surtout, par la suite, maintenu — les professions souhaitent évidemment l'accroître aussi —, d'où la permanence du problème de la légitimation.

Nous proposons donc d'aborder les idéologies des professions libérales en les analysant dans leurs structures internes « comme un système de pensée, dans (leur) fonction de représentation et de justification par rapport à un contexte socio-historique[5] ». Nous avons choisi d'étudier les idéologies de cinq d'entre elles, soit trois du domaine de la santé : la médecine, la pharmacie et la dentisterie, et deux professions juridiques : le droit et le notariat. Nous tenterons de caractériser le discours formel de ces groupes, tel qu'on le retrouve exprimé dans les mémoires des corporations, syndicats et autres organismes professionnels présentés à des commissions d'enquête, à des commissions parlementaires ou à d'autres instances gouvernementales[6]; dans les revues[7] qui constituent le moyen d'expression principal des membres des professions en cause et aussi le lien le plus important qui les tient en contact les uns avec les autres; enfin dans les études et rapports portant sur certains de ces groupes[8].

Nous avons dépouillé ces sources pour la période 1940-1975 et le matériel ainsi recensé va nous servir à reconstruire le discours à travers lequel les membres des professions libérales se définissent, précisent ce qu'ils disent être leur fonction sociale et légitiment le pouvoir qu'ils revendiquent. Dans un premier temps, nous allons présenter ces changements qui ont considérablement transformé les professions libérales et le contexte dans lequel elles évoluent depuis la guerre. Ensuite nous étudierons leur discours idéologique proprement dit, en essayant d'abord de déterminer les principaux éléments de leur structure puis en examinant comment ces groupes ont cherché à assurer la défense de leur « terrain social » à travers leurs efforts pour contrer les envahissements de professions concurrentes toujours plus nombreuses ainsi que dans le cadre de leurs rapports avec l'État, dont l'accroissement du rôle, à partir de la fin des années 1950, a porté atteinte de façon importante à leur pouvoir.

I. — DES PROFESSIONS EN MUTATION

Les cinq professions étudiées ont été formées en corporations autonomes et ont obtenu le contrôle de leurs domaines respectifs dans la seconde moitié du XIXe siècle[9]. Les bases de leur contrôle de certaines activités n'ont pas toutes la même solidité; ainsi, les pharmaciens et les chirurgiens-dentistes doivent combattre l'hégémonie des médecins, et les notaires, de leur côté, ne peuvent empêcher qu'une partie de leur champ soit occupée par les professions nouvelles de la comptabilité et de l'administration. Malgré des écarts de statut, les cinq groupes ont plusieurs traits communs : professions presque exclusivement masculines, peu de spécialisation, origines sociales relativement homogènes, socialisation uniforme. Jusque vers 1940, ces traits changèrent peu; depuis, toutefois, ces professions ont subi des mutations en profondeur qui les ont obligées à ajuster leur discours à un contexte nouveau.

Dans le domaine de la médecine, le rythme du développement des connaissances s'est accéléré de façon radicale, engendrant, du coup, une forte poussée de spécialisation. Dans les vingt années qui suivent la guerre, le mouvement vers les spécialités est presque brutal chez les médecins; plus de 60 pour 100 d'entre eux se répartissent désormais entre plus d'une trentaine de spécialités[10]. Par ailleurs, environ soixante-quinze professions nouvelles sont apparues dans le champ de la santé là où on ne retrouvait guère que le médecin, le chirurgien-dentiste, le pharmacien, l'optométriste et l'infirmière avant la guerre. La pharmacie et la dentisterie sont moins touchées par la spécialisation, mais l'évolution scientifique en transforme aussi l'exercice de fond en comble. Le pharmacien voit son rôle de préparateur rendu caduc par la mise en marché des produits de synthèses fabriqués sur une base industrielle; il doit chercher à se redéfinir, ce qu'il fait en valorisant son rôle de conseiller du médecin et d'informateur du client. Les techniques et équipements chirurgicaux et anesthésiques changent à vive allure en dentisterie et exigent de la part des praticiens des ajustements répétés; cela pose à la profession le difficile problème du maintien de la compétence de ses membres.

Ce phénomène est accompagné d'un autre dont il est encore difficile de mesurer toutes les implications : la production du savoir médical échappe de plus en plus à ceux qui en font l'utilisation. Ce sont maintenant les biologistes, chimistes, physiciens, épidémiologues, statisticiens, psychologues et sociologues même qui, plus que les médecins, dentistes ou pharmaciens, en contrôlent l'essentiel. On peut présumer que cela a pour effet de réduire ou du moins de rendre plus fragile le pouvoir des professions de la santé.

Du côté des professions juridiques, c'est l'extension du rôle de l'État, la multiplication de ses interventions dans des domaines jusque-là délaissés, comme les secteurs du travail, de l'habitation ou de la consommation, qui est le phénomène de changement dominant. Avocats et notaires voient leur champ de pratique changer rapidement; même si leurs corporations ne reconnaissent pas formellement des spécialités, dans les faits, ces professionnels doivent se spécialiser. Désormais aussi, la concurrence des comptables, administrateurs, financiers et fonctionnaires est une réalité quotidienne.

L'accroissement du rôle de l'État, que nous venons d'évoquer, a modifié considérablement le contexte dans lequel évolue chacune des professions. La prise en charge des frais médicaux et hospitaliers, la création de nombreux tribunaux administratifs, de programmes d'assistance juridique et d'assurance-automobile, la réforme de l'organisation professionnelle elle-même, voilà autant d'exemples d'interventions gouvernementales qui ont transformé le cadre libéral de la pratique des professions. Jusqu'au début de la décennie 1960-1970, l'État s'était contenté de déléguer des fonctions de service public à des corporations professionnelles auxquelles il ne demandait jamais de comptes sur leur façon de s'acquitter de ces responsabilités. Depuis, il a entrepris de récupérer ou du moins de contrôler le pouvoir ainsi délégué, ce qui a été reçu par les intéressés comme une atteinte à leurs droits acquis.

Enfin, les professions libérales ont connu récemment une évolution démographique qui a bouleversé leur composition. Les effectifs de chacune se sont accrus de façon accélérée depuis qu'une réforme de l'enseignement secondaire a multiplié les possibilités d'accès à l'université[11]. On observe, depuis, une importante féminisation des professions (jusqu'à 25 pour 100 en droit et en médecine) ainsi qu'une diversification des origines sociales de leurs membres; les moyennes d'âge se sont aussi abaissées et un clivage assez net s'est établi entre ceux qui ont été scolarisés à l'ancienne mode (cours classique, petits groupes à l'université) et ceux qui sont les produits de la réforme de l'éducation.

Ainsi, là où des professions formaient naguère des entités très homogènes, on retrouve maintenant de nombreux sous-groupes dont les intérêts ont de plus en plus de difficulté à coïncider : spécialistes et omnipraticiens, salariés et autonomes, jeunes et vieux, hommes et femmes, etc. Également, et presque par voie de conséquence, le syndicalisme s'est développé chez les professionnels, ceux de la santé avec plus de succès, et a obligé les corporations à reconstruire leurs idéologies pour intégrer ce nouveau mécanisme de regroupement de leurs membres, tenu par elles, jusque-là, comme incompatible avec le véritable professionnalisme. On constate enfin que le discours traditionnel des professions, qui avait tendance à être unanimiste, a été remis en question par ce pluralisme nouveau.

II. — L'IDÉOLOGIE DES PROFESSIONS LIBÉRALES

Le problème des professions libérales est donc de maintenir leur statut d'occupation avec le privilège du monopole de certaines activités. La résolution de ce problème passe, en bonne partie, par la mise à jour des justifications de leur existence en tant que corporations autonomes. Bien que le discours de nos cinq professions ne soit pas uniforme, il apparaît que les rationalisations autour desquelles s'élaborent leurs idéologies respectives se rejoignent dans l'ensemble et forment ainsi une sorte de « doctrine des professions », selon l'expression de Gyarmati[12]. Le contexte particulier de l'exercice de chacune de ces professions commande bien des adaptations de cette doctrine, mais la structure fondamentale des discours reste la même. C'est cette structure que nous voulons repérer, dans un premier temps.

La doctrine des professions

La profession est le regroupement des individus habiles, en raison de leur formation supérieure, à répondre à certains besoins sociaux prioritaires; du fait qu'ils sont les seuls à être ainsi préparés, la société doit accepter de leur confier en exclusivité la prise en charge des activités reliées à la satisfaction de ces besoins. Cette fonction — conservation et recouvrement de la santé, maintien du droit et de la justice, ici — est à ce point critique pour la société qu'elle relève, en plus de l'art et de la science, de la « mission[13] ».

On retrouve donc comme fondements de la doctrine des professions la nécessité de la fonction que remplissent leurs membres et surtout le caractère exclusif de leur capacité à l'exercer : « Depuis quatre mille ans, le pharmacien tient une place de premier plan dans la vie, même dans la survie des peuples civilisés[14]. » « En réalité, chaque famille devrait avoir son dossier dans une étude de notaire. On peut avec un peu de chance n'avoir pas à recourir aux services de l'avocat. On ne peut pas, dans des conditions normales, se passer des services d'un notaire[15]. » Un autre auteur conclut, après avoir fait la démonstration que l'avocat est le premier gardien de la paix sociale, que « la société ne peut se passer de l'Ordre des avocats[16] ».

Le membre d'une profession libérale, tout en subvenant à des besoins individuels, participe à une mission sociale, voire nationale. Les notaires et les avocats rappellent souvent que, en perpétuant le droit français, c'est la survie même de la nation qu'ils ont assurée[17], car « le droit, c'est une vérité bien connue, est un des éléments de la nationalité[18] ».

Les fonctions sociales critiques peuvent être confiées aux membres des professions libérales parce qu'ils possèdent les qualités requises; et, parce qu'eux seuls possèdent ces qualités, la société doit leur reconnaître certains privilèges, dont le principal est le monopole d'exercice, en retour de quoi ils s'engagent à se rendre dignes de la mission qu'ils prennent à leur compte.

L'homme de profession libérale est donc d'abord « celui qui sait » : la compétence que sa formation universitaire lui a permis d'acquérir le rend apte à affronter des situations devant lesquelles le profane reste démuni. Cette préparation, ajoutée aux autres normes d'admission aux corporations (stage pratique, examens de la corporation), est une garantie que celui qui a obtenu le permis d'exercer a la compétence requise. Le passage par l'université et l'admission à une corporation sont les seules garanties acceptables : l'apprentissage sur le tas ou des dispositions naturelles exceptionnelles ne peuvent s'y substituer valablement. Quiconque ne s'est pas soumis à ces exigences et prétend offrir le même service ne peut être qu'un charlatan.

Cependant, le membre d'une profession libérale n'est pas qu'un technicien désincarné : il doit avoir en plus la vocation, car son métier est un sacerdoce, sa pratique quotidienne, un ministère[19]. Même si ce langage parareligieux est moins employé depuis une quinzaine d'années, il illustre bien un caractère important de la spécificité en cause : un engagement à servir. Si de nos jours on parle plus volontiers de compétence scientifique que de vocation — cela étant plus compatible avec la pratique du syndicalisme par les membres des professions libérales — l'affirmation du dévouement de la profession au service de la société et de la primauté du bien du client dans la hiérarchie des valeurs de ses membres reste, elle, constante. Mieux, les intérêts de ces derniers et ceux de la société sont définis comme associés et complémentaires. En témoignent ces propos : « En fait, personne ne pourra m'enlever de l'esprit qu'il existe une étroite interdépendance et une compénétration quotidienne entre les intérêts des membres d'une part et ceux du public, ou de la société d'autre part[20]. »

Son échelle de valeurs distingue le membre d'une profession libérale du commerçant; en fait, le premier se définit par opposition au second. L'accusation de « mercantilisme » est la pire qui puisse lui être faite et il s'est trouvé, tout au long de la période que nous étudions et dans chaque profession, des auteurs pour s'élever contre certains confrères peu scrupuleux, enclins à commercialiser leurs activités et qui portent ainsi atteinte au prestige de toute la profession[21].

Le cas des pharmaciens est spécialement intéressant à cet égard. Le pharmacien, en plus d'offrir un service, vend un bien, ce qui risque de l'assimiler à l'homme d'affaires; celui qui est propriétaire d'une officine est presque en conflit d'intérêts permanent. Il n'est pas étonnant que le débat qui occupe les pharmaciens depuis trente ans soit celui qui oppose les partisans de la pharmacie commerciale à ceux de la pharmacie professionnelle. Les dirigeants de la corporation ont traditionnellement pris parti en faveur de la décommercialisation de la pharmacie, mais avec un succès plutôt mitigé, puisqu'ils ont continuellement dû renouveler leurs exhortations en faveur d'une pratique pharmaceutique axée sur la seule fonction de conseiller. Un groupe de pharmaciens salariés, excédés par cette incapacité de leur corporation à éliminer le mercantilisme, a conclu à la mauvaise foi de ses dirigeants et en a tout simplement réclamé l'abolition[22]; ce qui est vraisemblablement sans précédent dans le monde des professions.

Une autre qualité du membre d'une profession libérale est sa capacité de pratiquer l'autodiscipline et d'assumer la responsabilité de ses actes. C'est ce qui lui permet de justifier sa revendication d'autonomie et de solliciter la confiance de ses clients. Malheureusement, répète-t-on, le public ne connaît pas suffisamment ces qualités qui justifient son statut et ses privilèges; son image est souvent ternie par la perception erronée qu'on en a. Ainsi l'avocat est-il désavantagé par la nature même de son activité : « Cette défaveur que nous subissons est aisément explicable. Le client qui vient avouer dans notre bureau certaines actions peu reluisantes, de petites vilenies qu'il a commises, demeure humilié de s'être ainsi trouvé devant nous en mauvaise posture... Il n'est pas étonnant qu'on nous mesure sa gratitude[23]... » Chaque groupe, à un moment ou l'autre, déplore cette mauvaise image qu'on se fait de lui et invite ses membres à faire l'éducation de leurs clients afin de la réhabiliter[24].

Signalons, enfin, qu'avant la réforme du système d'enseignement, dont l'un des objectifs principaux était de favoriser l'accès aux études supérieures, on présentait souvent le membre d'une profession libérale comme une sorte d'élu qui avait la chance de pratiquer la plus belle des professions. « Il n'y a pas eu, nous en sommes convaincus, de profession remplissant plus beau rôle dans la société que celle de l'avocat comme collaborateur de la justice et défenseur de la liberté de son semblable[25]. » « ... Avec les développements de la science pharmaceutique, (avec) les récentes découvertes faites en ce domaine, il nous semble que le pharmacien devrait s'enorgueillir d'appartenir à une profession, la plus belle et la plus nécessaire qui existe à l'heure actuelle[26]. » Des propos de ce genre avaient leur importance pour renforcer l'adhésion des individus au groupe et raffermir leur solidarité, prérequis essentiel à une défense efficace du champ professionnel.

À un autre niveau, enfin, la doctrine des professions privilégie l'attachement des membres à leur « autonomie ». Étant donné la compétence spécifique reliée à leur pratique, les membres estiment que leurs actes ne peuvent être évalués que par des pairs[27]. La corporation professionnelle est donc pour eux cette institution qui permet à la fois d'offrir à la société l'assurance que l'exercice de la profession est surveillé et de garantir à ceux qui l'exercent leur autonomie. C'est la corporation, en effet, qui formule les règles de conduite — inscrites dans un code de déontologie que chacun de ses membres s'engage à respecter en prêtant un serment solennel — qui guident quotidiennement le praticien; c'est elle aussi qui assume la responsabilité de sanctionner les manquements à la discipline et à l'éthique. Elle est la gardienne de l'autonomie de ses membres, mais, en retour de ses privilèges d'autogestion, elle engage la responsabilité de la profession dans la dispensation de services compétents à une clientèle dont elle privilégie le bien-être[28]. Elle estime même de son devoir de faire la lutte aux charlatans et imposteurs qui s'aviseraient d'offrir des services sans s'être soumis aux règles de la profession. D'où les nombreuses revendications des corporations auprès des gouvernements, afin d'obtenir des pouvoirs légaux accrus pour mener à bonne fin cette mission d'élimination des usurpateurs.

La doctrine des professions sert donc à montrer en quoi leurs membres se distinguent des autres travailleurs : compétence exclusive qui permet de rendre des services essentiels, primauté du dévouement au client et soumission aux règles de conduite formulées par la communauté des pairs. La corporation à laquelle ils appartiennent assume la responsabilité d'une mission sociale importante et les privilèges dont elle bénéficie contribuent à la réussite de cette mission et en sont même une condition nécessaire. Citons en conclusion les propos d'un notaire, à titre d'illustration : « Un professionnel se distingue d'un homme de métier, d'un marchand, d'un entrepreneur. Mais où réside cette différence ? Ce n'est pas l'habit, l'ameublement, l'équipement de bureau, les heures de travail, ni même le revenu qui constituent les bornes et marquent les frontières entre les occupations. La profession suppose tout d'abord des études spécialisées, ajoutées à une culture préalablement acquise, puis sans cesse développée. La profession se caractérise aussi par une stricte organisation de ses cadres, et une discipline particulière chez ses membres. Chaque professionnel tend de plus par divers moyens à écarter les inaptes et à réglementer l'admission de ses adeptes. La profession se distingue aussi par le fait remarquable que ce n'est pas une marchandise qui est offerte, mais les talents d'un homme qui directement rendent des services à la société et permettent à cet homme de gagner sa vie. D'autres métiers rendent des services, mais chez le professionnel, un élément essentiellement personnel intervient. Le professionnel acquiert la confiance et l'estime de ses clients en sa personne même[29]. »

La défense du territoire professionnel

Bien que les professions libérales aient acquis de longue date un pouvoir important, elles doivent consacrer une bonne part de leurs activités idéologiques à prévenir et à contrer les invasions du terrain social qu'elles estiment le leur. Pendant la période qui nous intéresse, les menaces sont principalement venues de la concurrence d'autres professions et, après 1960 surtout, des nombreuses interventions de l'État pour tantôt réglementer les activités des membres des professions libérales, tantôt leur retirer le contrôle d'actes qui jusque-là leur étaient réservés. C'est à ce niveau, donc, que la doctrine des professions trouve sa fonction la plus cruciale, la défense du territoire professionnel.

Les membres des professions libérales et leurs concurrents. Par la loi qui les a constitués en corporations, les membres des professions libérales se sont fait octroyer le monopole de certains actes et le contrôle d'un champ d'exercice donné. La loi, cependant, ne peut parvenir à préciser la nomenclature exacte des actes spécifiquement réservés aux membres d'une corporation pas plus qu'elle ne peut prévoir l'évolution d'une discipline. Ce qui crée un problème quasi permanent de frontières. Aussi longtemps que les professions que nous étudions ont été seules, dans leurs secteurs respectifs, à offrir des services, le problème de l'interprétation des limites de leur monopole était relativement facile à résoudre. Dans le domaine de la santé, les empiétements venaient des « empiriques » (guérisseurs, rebouteurs, etc.) qu'on ne pouvait pas toujours facilement combattre, mais qu'on pouvait aisément identifier comme usurpateurs. Du côté du droit, la compétition des comptables et des spécialistes de l'administration commençait à poser le problème de la définition de l'acte juridique. Depuis quarante ans, c'est l'accroissement du nombre de professions nouvelles qui crée une situation où les limites des champs professionnels sont constamment remises en cause.

Chaque groupe constitue un cas particulier. Ainsi, pour les médecins, dont on peut dire qu'ils ont le pouvoir le plus solidement établi, les années 1940 à 1970 ont été l'occasion d'une lutte incessante contre les « extramédicaux », c'est-à-dire tous ceux qui offrent des soins sans se conformer aux canons de l'orthodoxie médicale; furent l'objet de cette lutte certains guérisseurs de grande réputation et surtout les chiropraticiens. Une campagne systématique a été organisée pour empêcher la reconnaissance de ces derniers[30], question qui fut l'objet d'une enquête gouvernementale en 1964 (Commission royale d'enquête sur la chiropraxie et l'ostéopathie). Pour le Collège des médecins, « si la religion est une et vraie, la médecine (...) doit, elle aussi, être une et vraie[31] » et les chiropraticiens qui ne sont que « des gens qui font du massage[32] » sont des hérétiques qui doivent être rigoureusement combattus. Par ailleurs, la médecine doit aussi contenir ceux qu'elle appelle les « paramédicaux » dans leur rôle de collaborateurs et d'auxiliaires. Les pressions sont grandes, en effet, venant des nouvelles professions de la santé, dont les membres ont souvent une formation universitaire, ainsi que des professions établies comme la pharmacie, la dentisterie et l'optométrie, afin d'accroître leur autonomie, ce qui ne peut se faire qu'aux dépens des médecins.

Les pharmaciens, eux, craignent la concurrence que leur font des « demi-pharmaciens », tous des anciens commis de « grande expérience[33] » que des collègues plus soucieux d'économie que de solidarité embauchent et chargent de la vente de médicaments. Le Collège des pharmaciens a eu fort à faire aussi pour empêcher toutes sortes de groupes — épiciers, colporteurs, grands magasins à succursales — d'obtenir le droit de vendre des produits pharmaceutiques. D'autre part, les pharmaciens subissent comme une négation de leur compétence spécifique le pouvoir absolu de prescrire que détient le médecin et ils insistent pour obtenir le contrôle exclusif du médicament.

Chez les chirurgiens-dentistes, on retrouve également cette volonté d'égalité avec la médecine dont on craint l'impérialisme[34]. Mais c'est plutôt du côté de la fabrication des prothèses dentaires qu'on voit les plus grandes menaces; on y retrouve, d'une part, des techniciens dentaires, officiellement reconnus, dont les dentistes cherchent à contrôler l'activité et, d'autre part, des fabricants clandestins, en grand nombre, qui occupent une part importante du marché de la prothèse[35]. Une loi créant une Corporation des denturologistes est venue, en 1973, mettre un terme à l'illégalité de la pratique de ces fabricants de prothèses, et ce, en dépit de l'opposition unanime des organismes dentaires. Depuis quelques années, la profession s'emploie à contrôler les hygiénistes dentaires et à prévenir la création d'une nouvelle catégorie de thérapeutes, les infirmières dentaires, que des projets gouvernementaux voulaient insérer dans le système de distribution de soins et auxquelles on aurait confié des tâches aujourd'hui assumées par les dentistes.

Du côté du droit et du notariat, le contrôle des auxiliaires ou des charlatans est une question qui ne se pose à peu près pas. Ce sont des professions organisées, comme les comptables pour les questions de fiscalité et de succession, les courtiers, agents d'immeubles et sociétés de fiducie dans le domaine immobilier, les conseillers en relations industrielles dans le secteur des relations du travail, les évaluateurs, les diplômés en administration, etc., qui font le plus concurrence aux juristes.

Essayons maintenant de voir comment, au niveau de leur discours, les diverses professions organisent la protection de leur territoire. On peut identifier deux arguments principaux autour desquels est construite leur défense : le caractère unique de leur compétence — donc l'incompétence des autres — et leur responsabilité de protection du public. Par exemple, un porte-parole de l'Association des médecins de langue française du Canada disait au sujet de la lutte à la chiropraxie : « Il faut de toute nécessité que l'on comprenne que la lutte n'en est pas une d'individus contre individus, mais qu'elle se situe dans la perspective d'une discipline, d'un art, d'une science dont l'objet, la mission sont de protéger la santé et de la faire recouvrer. Nous sommes les disciples de cette institution et nous avons à dénoncer tout procédé ou toute entreprise qui ne concourt pas à cette fin. Voilà notre attitude à l'égard de la chiropratique ou de toute autre méthode similaire, charlatanesque, abusive, exploitant la bonne foi et la superstition[36]. » Le Collège des médecins précisait, quant à lui, devant la Commission Lacroix sur la chiropraxie, « qu'il n'entend partager aucunement, ni devant le peuple, ni devant l'histoire, la responsabilité d'une reconnaissance légale de la chiropratique au Québec[37] ».

En dentisterie, tout au long du débat, presque épique, sur la denturologie, toutes les associations de dentistes se sont objectées à reconnaître à « des techniciens sans préparation scientifique adéquate[38] » le droit de transiger directement avec le public, sans se soumettre au contrôle du dentiste.

En droit, on trouve le même genre d'attitude dans les propos d'un bâtonnier qui s'adressait à ses collègues en ces termes : « N'avons-nous pas trop vite abandonné, entre autres, aux comptables, aux conseillers en relations industrielles et aux évaluateurs un rôle juridique que les avocats, à mon point de vue, sont généralement mieux préparés à jouer que les membres d'autres disciplines[39] ? »

C'est un devoir des corporations, en raison de leur fonction de protection du public, de réagir à ces empiétements et de réprimer l'exercice illégal. Le Collège des médecins est souvent cité en exemple dans les autres corporations pour sa vigilance particulière à ce niveau.

Le meilleur moyen de défense réside dans les garanties légales : les professions libérales sont très attentives à l'amélioration des lois qui les régissent et surtout à celles qui concernent leurs concurrents. Les médecins, qui n'hésitent pas à dire que les paramédicaux leur sont des collaborateurs précieux, estiment que l'équipe de santé doit être formée du médecin qui exerce le leadership et des autres travailleurs de la santé qui sont ses auxiliaires[40]. Chez eux, le mécanisme de l'ordonnance par lequel ils prescrivent médicaments et traitements est presque sacralisé puisqu'il constitue le lien juridique qui leur subordonne les paramédicaux. Ils s'opposent, en particulier, au droit de ces derniers à l'interprétation des ordonnances médicales (par exemple, droit pour les pharmaciens de substituer un médicament à un autre estimé équivalent) puisqu'ils peuvent, seuls, assumer la responsabilité de l'acte médical[41].

Si les paramédicaux doivent être des collaborateurs soumis, il n'en va pas autrement des extramédicaux auxquels une seule option est offerte, « celle de se soumettre à la réglementation déjà en vigueur pour les paramédicaux, tout en reconnaissant qu'ils ne peuvent être que des aides médicaux ou des techniciens sans responsabilité[42].

Chez les pharmaciens et les dentistes, le premier volet de leur stratégie est l'affermissement de leur statut par rapport à la médecine. On reconnaît comme nécessaire la collaboration avec les médecins, mais, selon eux, elle doit s'établir entre égaux, chacun respectant le territoire de l'autre[43]. On prône une sorte de coexistence pacifique[44], mais prudente, comme le souhaitait un dentiste : « Rapprochons-nous de la médecine, sans nous jeter dans son estomac. Collaborons avec la médecine, en apportant dans notre collaboration une culture qui fasse de nous des hommes de science égaux en valeur aux médecins les plus réputés[45]. » En somme, ils veulent qu'on sache bien qu'ils ne sont pas des « paras[46] » et qu'ils méritent d'être traités sur le même pied que les médecins.

Dans leurs rapports avec les auxiliaires et les « illégaux », leurs attitudes coïncident avec celles de la profession médicale. En dentisterie, on cherche à contrôler les techniciens, notamment par le mécanisme de l'accréditation[47]. On insiste aussi sur la nécessité de surveiller la formation des hygiénistes[48] auxquelles le Collège des chirurgiens-dentistes propose d'ailleurs « sa très libérale protection[49] ». Quant aux denturologistes, qui sont aux dentistes ce que furent les chiropraticiens aux médecins, la seule stratégie acceptable est leur répression, stratégie qui dans l'un et l'autre cas n'a pas abouti.

Pour les professionnels du droit, la situation particulière de leur marché commande des réactions différentes. On a, un temps, mis de l'avant une solution aux empiétements qui consistait à réserver certaines fonctions à des juristes[50]. Bien qu'il y ait encore des partisans de cette formule, existe maintenant une conscience nouvelle de la nécessité de quitter les sentiers battus du droit, de se spécialiser et de récupérer le terrain perdu en offrant des services plus compétents que ceux des concurrents. Le bâtonnier Prévost reconnaissait là le type de stratégie qui avait permis aux avocats de récupérer en partie le champ des relations du travail : « ... J'observe avec satisfaction que nous avons partiellement reconquis le secteur des relations de travail d'où nous avions pratiquement été évincés, il y a plusieurs années. Grâce à des confrères bien préparés qui ont affirmé plus de science, de connaissance, de compétence, d'expérience, d'habileté, d'adresse et de succès, les avocats ont, par leur valeur professionnelle et leur efficacité, réoccupé en partie le champ d'action. C'est là une preuve, parmi bien d'autres, de leur nécessité et de leur « irremplaçabilité » dans la société, à la condition qu'ils dominent par la qualité en rendant de véritables services[51]. »

Chez les notaires aussi, on est conscient que la profession est à une croisée de chemins et que la résistance au changement mène à l'impasse : « L'existence d'une profession ne se justifie pas par ses services passés, si éminents soient-ils, mais uniquement par la démonstration concrète de l'avantage qu'elle procure aux citoyens et aux institutions dans la société actuelle. Voilà le véritable défi auquel doit faire face le notariat aujourd'hui[52]. » Pour le relever, le notaire doit redéfinir son rôle, accroître sa compétence, notamment par la spécialisation et la formation continue, et montrer qu'il peut occuper avec plus de compétence que les autres le champ qu'il estime relever de sa juridiction[53].

Ce genre de discours, qui valorise l'adaptation au contexte social plutôt que la seule répression, est nouveau au sein des diverses professions (on le retrouve également dans le secteur de la santé). Il s'agit d'un ajustement récent rendu nécessaire, pour une bonne part, par la volonté qu'a exprimée l'État de soumettre la doctrine des professions à l'épreuve des faits. Le fait que les consommateurs de services professionnels, eux aussi, réclament de plus en plus de preuves que le mécanisme d'autogestion est aussi efficace que le disent les membres des professions libérales n'est pas étranger à l'émergence de ce nouveau discours.

Les professionnels et l'État. Les gouvernements qui se sont succédé de la fin du XIXᵉ siècle jusqu'à la seconde guerre mondiale ont adhéré, dans l'ensemble, aux grands principes du libéralisme économique. Les années 1930 à 1945, de plus, ont été l'occasion d'une importante poussée d'idéologies promouvant le corporatisme social. De telle sorte que les professions libérales ont pu profiter d'un tel mouvement d'idées, qui dévalorisait les interventions de l'État dans la vie sociale, pour affirmer leur autorité sur leurs territoires respectifs. Cette situation avantageuse était bien temporaire, nous le savons maintenant.

La crise économique, qui a sévi au Québec à partir de 1930-1931, a commencé à mettre en évidence la nécessité pour les gouvernements de prendre la relève de l'initiative privée dans des domaines comme la santé et le bien-être. En 1933, une commission d'enquête, dite Commission des assurances sociales, présidée par Édouard Montpetit, préconise l'idée d'un régime d'assurance-maladie. Quand un projet plus formel sera proposé par le gouvernement fédéral en 1944, la profession médicale verra pour la première fois la pratique libérale de la médecine mise en cause et amorcera une longue lutte pour sa défense. Les débats sur cette question précise seront très longs, d'autant plus que s'y entremêlent des querelles de juridiction entre les gouvernements fédéral et provincial; finalement, le régime commence à être instauré par étapes en 1966 et ne voit le jour, sous sa forme complète, qu'en 1970[54]. L'ensemble des soins médicaux sont assurés depuis, alors qu'une partie seulement des soins dentaires et des services pharmaceutiques le sont. C'est une régie d'État qui sert d'intermédiaire, à titre de tiers-payant, entre le médecin et le patient; les médecins doivent dorénavant négocier avec l'État les modalités de leur participation au régime, eux qui avaient toujours vu dans l'entente directe médecin-patient, à propos des honoraires, une des bases essentielles de leur pratique libérale. Rappellons aussi que, dès la mise en place de l'assurance-maladie, le système public de distribution de soins a fait l'objet d'une réforme en profondeur (projet de loi 65).

Le secteur du droit, qui a été moins inquiété par l'État jusqu'en 1970, a depuis été l'objet d'interventions successives : création d'un programme d'assistance juridique qui, bien que théoriquement ouvert à tous les avocats, exclut dans les faits les avocats de pratique privée; création d'un tribunal dit des « petites créances » qui entend les causes civiles impliquant des réclamations inférieures à 500$, où les parties ne sont pas représentées par un avocat afin d'accélérer les procédures; formation de nombreux tribunaux administratifs (plus d'une trentaine) qui sont des organismes exerçant des fonctions judiciaires ou quasi judiciaires et où siègent des spécialistes de toutes disciplines devant lesquels peut plaider toute personne — avocat ou non — désignée par les requérants; enfin, tout récemment, mise en place d'un régime d'assurance-automobile « sans égard à la faute » couvrant les frais des blessures corporelles, qui élimine les poursuites à ce niveau.

En 1973, d'autre part, la législature adoptait un *Code des professions*[55] qui réorganise l'ensemble du corporatisme professionnel au Québec et qui lie, de façon explicite, les privilèges d'autogestion des corporations à leur fonction de protection du public. Ce code crée un Office des professions, chargé de la mise en marche de la réforme, qui a aussi pour tâche de surveiller les corporations dans l'accomplissement des devoirs de protection du public que leur prescrit la loi. Au total, les quinze dernières années ont été fertiles en interventions de l'État dans le champ réservé des professions libérales et ces dernières ont été obligées de s'ajuster à ce nouveau rôle de l'État dans notre société.

À l'époque où les politiques gouvernementales aujourd'hui en vigueur n'étaient qu'à l'état d'hypothèses ou de projets, le discours des diverses professions libérales, tout en reconnaissant volontiers le bien-fondé de mesures favorisant l'accès aux soins médicaux ou aux services juridiques, définissait l'intervention étatique en ces matières comme fondamentalement à éviter[56]. L'ingérence de l'État, la « socialisation » ne pouvaient qu'entraîner une fonctionnarisation des activités professionnelles et perturber les rapports avec les clients. Ce qu'on craint le plus, c'est le risque que les membres d'une profession soient soumis au contrôle de non-professionnels, ce qui est parfaitement incompatible avec la doctrine des professions. Ainsi le rappelait un médecin : « L'acte médical, accompli selon les normes de la loi morale, conforme aux prescriptions religieuses et en accord avec la législation civile, appuyé sur des bases scientifiques et posé avec la prudence nécessaire par un esprit convaincu de ses responsabilités, ne peut être analysé, évalué, critiqué ou jugé que par les seuls médecins[57]. »

Pour les membres des professions libérales, le rôle de l'État ne peut être que supplétif, c'est-à-dire compléter les initiatives privées et non s'y substituer. Les corporations professionnelles suggèrent elles-mêmes des mesures permettant d'accroître l'accès aux services de leurs membres (assurance-médicaments[58], régime privé d'assurance-santé[59], coopératisme médical[60], bureau d'assistance juridique du Barreau[61]), pour éviter les intrusions étatiques dans leurs affaires. Leurs propositions n'ont pas su convaincre les gouvernements de s'abstenir de formuler des politiques d'ensemble et les corporations professionnelles ont dû se rendre à l'évidence d'une certaine socialisation de leurs activités. Devant ce fait, leur réaction fut de demander qu'on leur confie la direction des réformes ou du moins qu'elles ne se fassent pas sans leur collaboration étroite. Par exemple, à propos du programme d'assurance-hospitalisation, un éditorialiste d'une revue médicale écrivait : « Le médecin qui s'est donné pour mission la santé de ses concitoyens et qui a reçu à cette fin une longue et soigneuse préparation, se doit non seulement de collaborer à ce programme, mais il est aussi de son devoir, il est de son droit d'en diriger les progrès constants. Il est le seul à pouvoir le faire avec l'assurance du succès[62]. » Les vœux des membres des professions libérales ne furent pas toujours exaucés, loin de là, puisque les dénonciations de l'absence de consultation de la part des gouvernements ne se comptent plus.

Dans ce contexte, les professions libérales cherchent à préserver l'essentiel qui, pour elles, est leur autonomie et celle de leurs membres dans leur pratique quotidienne. Ce sont les notions de « libre choix » et de « secret professionnel » qui incarnent le mieux cette autonomie. Le droit du client et du praticien de se choisir librement et la protection du caractère privé de leur relation sont considérés comme sacrés; ils sont présentés comme le rempart de la liberté du consultant et la garantie d'une protection efficace du client : « la protection du public ne sera véritablement assurée que si la confidentialité des dossiers du professionnel est respectée; ce dernier n'est comptable qu'à sa corporation professionnelle des services qu'il rend[63] ». Quant au libre choix, les associations médicales et le Barreau du Québec en particulier en font un véritable symbole de la pratique libérale[64], ce qui n'empêche pas un syndicat d'avocats de l'aide juridique de n'y voir qu'une notion bien théorique, si ce n'est « une illusion savamment et brillamment entretenue[65] ».

Plus près de nous, le projet de code des professions a été rejeté par tous les groupes, sauf les notaires, comme n'assurant pas suffisamment l'autonomie professionnelle. L'existence d'un organisme de surveillance, la présence de représentants du public dans les bureaux d'administration, par exemple, sont considérées comme des atteintes majeures à la liberté des professions de s'autogérer.

Il ne faut pas croire, cependant, que l'État est toujours perçu comme l'ennemi. Il peut aussi être un allié de taille puisque c'est lui qui, en dernière instance, détermine le pouvoir réel des professions et cela, plusieurs groupes l'ont perçu. Ainsi les pharmaciens ont-ils vu dans l'instauration du régime d'assurance-maladie et la réforme des professions l'occasion pour eux d'obtenir l'exclusivité de la distribution du médicament. Tous les groupes représentant des pharmaciens ont été unanimes à réclamer que le pouvoir absolu de prescrire du médecin soit limité de façon à permettre la substitution et que soient abolis des privilèges de vente de médicaments par des non-pharmaciens[66]. Aux dentistes ces réformes ont permis de renouveler leurs demandes d'être considérés sur le même pied que les médecins[67]. Cette volonté d'améliorer leur statut est sous-jacente à la demande du Collège des chirurgiens-dentistes qui voulait que le *Code des professions* les reconnaissent comme spécialistes, non plus en art dentaire, mais bien en médecine dentaire[68]. Chez les médecins, la venue de l'assurance-maladie a permis à une catégorie d'entre eux, les omnipraticiens, de revaloriser leur statut dans la profession, en négociant à leur avantage leur participation au régime gouvernemental, pendant que les spécialistes s'y opposaient farouchement jusqu'à la dernière minute, allant même jusqu'à faire la grève pendant dix jours, en 1970[69]. Les avocats et notaires, nous l'avons signalé plus haut, ont souvent demandé que des fonctions dans l'administration gouvernementale soient réservées d'office, leur permettant ainsi de surveiller l'élaboration et l'administration du droit et, accessoirement, de contrôler un marché d'emplois.

Dans leurs rapports avec l'État, les professions ont toujours agi de façon à protéger ou à consolider leur pouvoir. Elles y sont de plus en plus difficilement parvenues, à cause de leur incapacité de concilier les intérêts divergents des sous-groupes qui dorénavant les constituent. Le syndicalisme a contribué largement à l'éclosion de ces sous-groupes, notamment chez les professionnels de la santé. Malgré les nombreux appels à la solidarité, les corporations ne parviennent plus à élaborer un discours qui rallie tous leurs membres. Rappelons les « dissidences » de la Fédération des médecins-omnipraticiens du Québec (F. M. O. Q.) sur la question de l'assurance-maladie, de l'Association professionnelle des pharmaciens salariés du Québec (A. P. P. S. Q.) sur le projet de code des professions ou celle du Syndicat des avocats du bureau d'assistance juridique du Barreau de Montréal sur le programme d'aide juridique, comme autant d'illustrations des répercussions du phénomène de segmentation des professions libérales depuis 1940, au niveau idéologique.

Ainsi les idéologies professionnelles, après avoir longtemps et presque unanimement défini comme indésirable la présence de l'État sur leur territoire, ont dû apprendre à composer avec lui. Aujourd'hui, les attitudes varient beaucoup d'une profession à l'autre, de même qu'à l'intérieur de chacune d'entre elles, allant du rejet total des interventions étatiques jusqu'au souhait de leur multiplication.

*   *

*

Nous avons donc vu que les professions libérales formulent leurs discours idéologique à partir d'une doctrine qui fournit les rationalisations et justifications nécessaires au soutien de leur statut social. Même si les fondements de la doctrine restent inchangés, la cohérence qu'ils donnent aux idéologies est toujours à refaire, puisque le contexte dans lequel les professions évoluent le leur impose continuellement. Tantôt ce sont les professions concurrentes qui prétendent à une égale ou plus grande compétence, tantôt c'est l'État qui vient récupérer la gestion de services dont la responsabilité fut jadis déléguée aux corporations. Le phénomène dominant des années 1940 à 1975, dans le monde des professions, reste, selon nous, l'incapacité nouvelle des groupes professionnels de présenter un front uni face aux problèmes qui les confrontent, ce qu'ils étaient parvenus à faire jusque-là. L'unanimité qui a longtemps caractérisé le discours des professions libérales est définitivement rompue et rien ne laisse prévoir, bien au contraire, qu'elle puisse un jour être refaite.

Gilles DUSSAULT.

Notes

[1] Jean-Charles FALARDEAU, « Des élites traditionnelles aux élites nouvelles », *Recherches sociographiques*, vol. VII, 2, 1966, 131-145.

[2] Blishen définit l'idéologie professionnelle comme « a set of ideas, values and beliefs concerning the nature of the professional role, its relationship to other social roles and to the society; (it) attempts to resolve the conflicting demands and strains facing the professional in a changing society ». (Bernard BLISHEN, *Doctors and Doctrines : the Ideology of Medical Care in Canada*, Toronto, University of Toronto Press, 1969, p. 32.)

[3] Fernand DUMONT, *les Idéologies*, Paris, Presses universitaires de France, 1974, p. 80.

[4] Voir par exemple : Terence J. JOHNSON, *Professions and Power*, London, MacMillan, 1972, 96 p.; Eliot FREIDSON, *Professional Dominance*, New York, Atherton Press, 1970, 242 p.

[5] Vincent ROSS, « La structure idéologique des manuels de pédagogie québécois », *Recherches sociographiques*, vol. X, 2-3, 1969, 171-172. Ross ajoute : « l'idéologie est alors analysée dans la structure et les transformations internes qu'elle manifeste à travers sa propre histoire ».

⁶ Les principales furent les commissions provinciales d'enquête sur les problèmes constitutionnels (Tremblay, 1954), sur l'enseignement (Parent, 1961), sur la santé et le bien-être social (Castonguay-Nepveu, 1966); la commission fédérale d'enquête sur les services de santé (Hall, 1961); les commissions parlementaires sur la réforme des services de santé (1971), sur le projet de code des professions (1972), sur l'assistance juridique (1972); le comité d'étude sur l'assurance-automobile (1974). Signalons que les avocats et médecins sont particulièrement prolifiques, lorsqu'il est question de production de mémoires. Nous avons dénombré, pour la période allant jusqu'en septembre 1977, 161 mémoires rédigés par des organismes représentant des avocats, la majorité par le Barreau. Les mémoires d'associations médicales dépassent, aussi, largement la centaine.

⁷ Les revues dépouillées sont *le Pharmacien*, la *Revue de pharmacie*, le *Journal de l'Association dentaire canadienne*, le *Journal dentaire du Québec*, la *Revue du Notariat*, la *Revue du barreau*, le *Médecin du Québec*, le *Bulletin du Collège des médecins et chirurgiens du Québec* et *l'Union médicale du Canada*. Lorsque nous nous y référons, nous les désignerons par leur sigle : *le Ph., R. de Ph., J. A. D. C., J. D. Q., R. du N., R. du B., M. Q., B. C. M.* et *U. M. C.*

⁸ Marcel AYOTTE, *la Culture politique du Barreau*, Québec, université Laval, Laboratoire d'études administratives et politiques, 1976, 183 p.; CADRES PROFESSIONNELS INC., *les Avocats du Québec : étude socio-économique*, Montréal, 1968, 206 p.; Gilles DUSSAULT, *la Profession médicale au Québec, 1941-1971*, Québec, Université Laval, Cahiers de l'I. S. S. H., collection « Études sur le Québec », n° 2, 1974, 133 p.; Andrée LAJOIE et Claude PARIZEAU, « La place du juriste dans la société québécoise », *Revue juridique Thémis*, vol. 11, 3, juin 1976, numéro spécial; André VACHON, *Histoire du notariat canadien*, Québec, Presses de l'université Laval, 1962, 209 p.; *le Notariat québécois entre hier et demain* (rapport final de la commission d'étude sur le notariat), Montréal, Chambre des notaires du Québec, 1972, 248 p.

⁹ Le Collège des médecins et chirurgiens et la Chambre des notaires en 1847, le Barreau en 1849, le Collège des chirurgiens-dentistes en 1869, et le Collège des pharmaciens en 1870. Sur l'évolution du corporatisme professionnel au Québec, voir Gilles DUSSAULT, « L'évolution du professionnalisme au Québec », *Relations industrielles — Industrial Relations*, vol. 33, 3, 1978, 428-469.

¹⁰ Luciano BOZZINI et André-P. CONTANDRIOPOULOS, « La pratique médicale au Québec : mythes et réalités », *Sociologie et Sociétés*, vol. 9, n° 1, avril 1977, 33-54.

¹¹ De 1945 à 1975, les médecins voient leurs effectifs passer de 3 162 (1941) à 10 184, les dentistes de 1 014 à environ 1 900 et les avocats de 1 500 à 5 725.

[12] Gabriel M. GYARMATI, « La doctrine des professions : fondement d'un pouvoir », Revue internationale des sciences sociales, vol. XXVII, 4, 1975, 673-699.

[13] Étant donné l'abondance de la documentation et afin de ne pas surcharger inutilement les notes, nous n'avons retenu, pour illustrer nos propos, qu'un ou deux exemples significatifs, à chaque fois, même si plusieurs pouvaient être cités. Voir Jean-Paul LACHAPELLE, « Discours du président du Collège des Chirurgiens-Dentistes de la Province de Québec », J. A. D. C., vol. 26, 8, août 1960, 521; B. BISSONNETTE, « Noblesse de la profession d'avocat », R. du B., vol. VIII, 1, janvier 1948, 6.

[14] « Le rôle du pharmacien enfin expliqué au public », R. de Ph., vol. 5, 6, février 1954, 139. (Propos du président du Collège des pharmaciens dans le cadre d'une série d'émissions radiophoniques visant à mieux faire connaître le pharmacien.)

[15] Ignace DESLAURIERS, « Causerie au dîner annuel du Notariat de Montréal », R. du N., 67, 7, février 1965, 346; voir aussi Jacques LAGASSÉ, « Le notaire face au monde moderne », R. du N., vol. 74, 6, janvier 1972, 288-295.

[16] Antoine RIVARD, « Allocution au 4ᵉ Congrès du Barreau », R. du B., vol. VI, 7, septembre 1946, 307.

[17] Chambre des notaires du Québec, Mémoire à la commission royale d'enquête sur les problèmes constitutionnels, Montréal, avril 1954, p. 2; Magella BOLDUC, « Commentaires sur le notariat et la socialisation », R. du N., vol. 75, 8, mars 1973, 470; Antoine RIVARD, 1946, op. cit., p. 305.

[18] Antonio TALBOT, « Causerie au 27ᵉ Congrès du Barreau rural », R. du B., vol. XV, 9, septembre 1955, 418.

[19] CHAMBRE DES NOTAIRES DU QUÉBEC, Mémoire à la commission royale d'enquête sur l'enseignement, Montréal, 1962, p. 16; Édouard DESJARDINS, « Les leçons d'un centenaire », U. M. C., tome 76, 9, septembre 1947, 1034; Ernest CHARRON, « Être dentiste », J. A. D. C., vol. 18, 4, avril 1952, 236.

[20] Propos du bâtonnier (Moisan) du Barreau du Québec, rapportés par Barreau '76, mai 1976, p. 16, cités par Marcel AYOTTE, op. cit., p. 56; voir aussi Émile CODERRE, « Notes de déontologie », R. de Ph., vol. 6, 5, janvier 1955, 115; Jean-Guy CARDINAL, « La pratique moderne du Notariat », R. du N., vol. 60, 8, mars 1958, 336.

[21] Paul DAVID, « Face au scandale », U. M. C., tome 90, 6, juin 1961, 553-556; Yves PRÉVOST, « Les avocats, les notaires et la question sociale », R. du N., vol. 43, 9, avril 1941, 389.

[22] « L'A. P. P. S. Q. (Association professionnelle des pharmaciens salariés du Québec) affirme que le Collège est inutile et doit disparaître. » (Le Ph., vol. 45, I, janvier 1971, 6).

[23] Antoine RIVARD, 1946, op. cit., p. 305.

[24] C. E. FARMER, « Savoir faire et faire savoir », R. du Ph., vol. 3, 12, août 1952, 225; Édouard DESJARDINS, « La médecine face à l'opinion publique »,

U. M. C., tome 90, 5 mai 1961, 451-454; Jean MARTINEAU, « Allocution au Congrès du Barreau rural », *R. du B.*, vol. XIII, 10, décembre 1953, 457-463.

[25] A. POUPART, « L'orientation de la profession d'avocat », *R. du B.*, vol. IV, 9, novembre 1944, 451.

[26] « Notre profession et son importance », *le Ph.*, vol. 14, 10, octobre 1944, 1.

[27] Édouard DESJARDINS, « La médecine aux médecins », *U. M. C.*, tome 87, 1, janvier 1958, 1.

[28] Jean-Paul LACHAPELLE, 1960, *op. cit.*, p. 521; Antoine RIVARD, « Causerie au 9e Congrès du Barreau », *R. du B.*, vol. XV, 4, avril 1955, 178.

[29] Jean-Guy CARDINAL, 1958, *op. cit.*, p. 336.

[30] Voir Collège des Médecins et Chirurgiens de la province de Québec, *L'homme, cette échine inconnue ou la chiropratique*, Montréal, 1940, 18 p.

[31] COLLÈGE DES MÉDECINS ET CHIRURGIENS DE LA PROVINCE DE QUÉBEC, *la Médecine : ses disciplines, ses contempteurs, ses fidèles, ses schismatiques, ses athées*, Montréal, s. d. (vers 1941), p. 5.

[32] J. E. DESROCHERS, « La chiropratique dans la province de Québec ? » *U.M.C.*, tome 70, décembre 1941, 1290.

[33] Jean G. RICHARD, « Perspectives de la Pharmacie en 1952 », *R. de Ph.*, vol. 3, 4, décembre 1951, 65.

[34] « Cent ans d'histoire nous ont enseigné que chaque fois que la dentisterie a tenté de s'allier à la médecine, il en est résulté une perte pour la dentisterie. » (« L'Association dentaire canadienne et l'assurance-santé », *J. A. D. C.*, vol. 9, 9, septembre 1943, 437.)

[35] Un éditorialiste demandait une enquête gouvernementale à ce sujet, en 1953; Gérard DE MONTIGNY, « L'exercice illégal », *J. A. D. C.*, vol. 19, 2, février 1953, 115-116.

[36] Roma AMYOT, « Nous aussi sur la chiropratique », *U. M. C.*, tome 82, 8, août 1953, 844.

[37] COLLÈGE DES MÉDECINS ET CHIRURGIENS DE LA PROVINCE DE QUÉBEC, *Mémoire* (à la commission d'enquête sur la chiropraxie et l'ostéopathie), Montréal, 1963, p. 49.

[38] ASSOCIATION DES SPÉCIALISTES EN CHIRURGIE BUCCALE DU QUÉBEC, *Commentaires* (sur le projet de loi 266 sur la déontologie), Québec, février 1972, p. 2.

[39] Michel ROBERT, « Discours au congrès annuel du Barreau, 1975 », dans Marcel AYOTTE, *op. cit.*, p. 74.

[40] Georges-A. BERGERON, « Les relations interprofessionnelles dans l'équipe de santé », *Laval médical*, vol. 40, 2, février 1969, 161-166.

[41] « Soulignons également que l'ordonnance est signée par le médecin qui, de ce fait, est responsable vis-à-vis du malade des effets du médicament prescrit. La responsabilité du médecin étant ainsi directement engagée, nous considérons qu'aucune substitution ne doit être effectuée sans l'autorisation du médecin et

ce, dans l'intérêt premier du malade. » (FÉDÉRATION DES MÉDECINS OMNI-PRATICIENS DU QUÉBEC, *Mémoire relatif au bill 250 — Code des Professions; bill 252 — Loi médicale; bill 255 — Loi sur la pharmacie*, Montréal, février 1972, p. 43.)

[42] ASSOCIATION DES MÉDECINS DE LANGUE FRANÇAISE DU CANADA (section Québec), *Mémoire à la Commission d'enquête sur la santé et le bien-être social*, Québec, avril 1967, p. 16.

[43] « Pharmacie et assurance-santé », *le Ph.*, vol. 37, 7, juillet 1963, 24.

[44] « Rémi Belle mène le bon combat. Son slogan : La pharmacie au pharmacien, la médecine au médecin », *le Ph.*, vol. 33, 5, mai 1959, 22-23.

[45] Alcide THIBAUDEAU, « Les dentistes de demain », *J. A. D. C.*, vol. 8, 9, septembre 1941, 469.

[46] Gérard DE MONTIGNY, « Nous ne sommes pas des paras », *J. D. Q.*, vol. 4, 1, janvier-février 1967, 3-4.

[47] « L'accréditation des techniciens dentaires », *J. A. D. C.*, vol. 24, 2, janvier 1958, 55-56.

[48] « Commentaires de la Société Dentaire de Québec » (sur le rapport de la commission Hall), *J. D. Q.*, vol. 2, 1, janvier-février 1965, 1, 22-23.

[49] COLLÈGE DES CHIRURGIENS-DENTISTES DE LA PROVINCE DE QUÉBEC, *Mémoire sur le projet de loi 250 — Code des Professions*, Québec, février 1972, p. 3.

[50] Jean LEBRUN, « Le sort des jeunes avocats », *R. du B.*, vol. 4, 3, mars 1944, 140-141; voir aussi les propos du bâtonnier Robert, dans Marcel AYOTTE, *op. cit.*, p. 74 : « Les fonctions quasi-judiciaires doivent être confiées, en grande majorité, sinon en totalité, à des juristes. Le travail de coroner, par exemple, n'est pas un travail médical et, à ce que je sache, on ne demande pas aux avocats de pratiquer des interventions chirurgicales. »

[51] Yves PRÉVOST, « Le rôle social du Barreau », *R. du B.*, vol. 26, 2, février 1966, 65.

[52] CHAMBRE DES NOTAIRES DU QUÉBEC, *Le Notariat québécois entre hier et demain*, Rapport final de la commission d'étude sur le notariat, Montréal, 1972, p. 49.

[53] *Ibidem*, pp. 227-228.

[54] Entre-temps, un régime d'assurance-hospitalisation a été instauré en 1961.

[55] *L. Q.*, 1973, chap. 43.

[56] Roma AMYOT, « Sur le plan d'assurance-santé devant être institué par le gouvernement du Canada », *U. M. C.*, tome 73, 2, février 1944, 140-142; Lomer LEMIEUX, « L'indépendance et les droits de la profession en regard du fonctionnarisme et de la socialisation de la dentisterie », *J. A. D. C.*, vol. 27, 10, octobre 1961, 688-693.

[57] Édouard DESJARDINS, 1958, *op. cit.*, p. 1.

[58] « Pharmacie et assurance-santé », *le Ph.*, vol. 37, 7, juillet 1963, pp. 21-22.

[59] J. LÉGER, « Réflexions sur l'assurance-maladie », *U. M. C.*, tome 91, 1, janvier 1962, 72-75.

60 J. TREMBLAY, « La médecine et la société », *U. M. C.*, tome 70, 7, juillet 1941, 760-766.

61 Yves PRÉVOST, « L'évolution de la profession face à l'évolution de la société », *R. du B.*, vol. XXVI, 1, janvier 1966, 1-6.

62 Eugène ROBILLARD, « L'assurance-hospitalisation dans le plan général de la garantie-santé », *U. M. C.*, tome 90, 3, mars 1961, 268; voir aussi « L'association dentaire canadienne et l'assurance-santé », *J. A. D. C.*, vol. 9, 9, septembre 1943, 437-438; ASSOCIATION PROFESSIONNELLE DES PHARMACIENS DU QUÉBEC, *Mémoire* (au comité conjoint de l'Assemblée législative et du Conseil législatif), Québec, mars 1966, 7 p.

63 BARREAU DU QUÉBEC, *Mémoire sur l'aide juridique*, Montréal, avril 1972, p. 9.

64 Voir par exemple la position du Collège des médecins dans Victor GOLD-BLOOM, « La liberté dans les rapports entre patient et médecin dans un système de médecine socialitée », *Laval médical*, vol. 37, 8, octobre 1966, 904-908.

65 SYNDICAT DES AVOCATS DU BUREAU D'ASSISTANCE JURIDIQUE DU BARREAU DE MONTRÉAL, *Mémoire concernant le projet de loi de l'aide juridique (bill 10)*, Montréal, 1972, p. 8.

66 Voir COLLÈGE DES PHARMACIENS DE LA PROVINCE DE QUÉBEC, *Mémoire sur l'assurance-maladie*, Québec, 1967, p. 7.

67 COLLÈGE DES CHIRURGIENS-DENTISTES DE LA PROVINCE DE QUÉBEC, *Mémoire à la commission d'enquête sur la santé et le bien-être social*, Montréal, mars 1967, p. 3.

68 COLLÈGE DES CHIRURGIENS-DENTISTES DE LA PROVINCE DE QUÉBEC, *Mémoire au sujet du projet de loi 254* (présenté à la commission parlementaire spéciale sur les corporations professionnelles), Montréal, février 1972, p. 8.

69 Voir Gilles DUSSAULT, « Les médecins du Québec, 1940-1970 », *Recherches sociographiques*, vol. XVI, 1, janvier-avril 1975, 69-84.

LA COOPÉRATION AGRICOLE AU QUÉBEC, 1938-1953

L A COOPÉRATION agricole québécoise date du dernier quart du
XIXe siècle, moment où notre agriculture a commencé à s'indus-
trialiser et à s'intégrer à l'économie de marché. Rappelons que, à
cette époque, l'industrie laitière, secteur le plus important de l'agriculture québécoise et domaine où la coopération est particulièrement présente, établit ses bases. Il faudra toutefois attendre le
XXe siècle pour voir les coopératives agricoles prendre leur essor
et non seulement accompagner l'industrialisation de l'agriculture,
mais aussi y participer activement, surtout à partir des années 40.

Le développement de la coopération agricole s'est fait à travers
de nombreuses difficultés venant tant de l'intérieur que de l'extérieur. Les initiateurs furent beaucoup plus des prêtres, des agronomes, des membres de professions libérales et quelquefois des
hommes politiques que des agriculteurs de la base. Ces derniers
mirent d'ailleurs un certain temps à adhérer, à sentir le besoin de
l'action collective, eux dont la mentalité portait encore les traces
d'une longue période d'autarcie. Ils considéraient les coopéraives
avec beaucoup de scepticisme et, même lorsqu'ils en étaient devenus membres, leur loyauté était loin d'être indéfectible. Ces
difficultés ne faisaient qu'amplifier les problèmes de gestion que
rencontraient de nombreuses coopératives. Ainsi, en 1930, seulement 109 des 410 coopératives locales fondées depuis les débuts
étaient encore en activité.

Les difficultés extérieures venaient d'abord de l'environnement
capitaliste et, d'une façon plus précise, des entreprises engagées

dans l'approvisionnement des agriculteurs en biens d'utilité professionnelle ou encore dans l'écoulement des produits de la ferme. De plus, de 1922 à 1930, le ministère québécois de l'Agriculture a exercé sur les coopératives agricoles et surtout sur leur fédération, la Coopérative fédérée, une tutelle qui a terni pour longtemps leur image. Les coopératives étaient considérées comme des créatures gouvernementales. Cette situation ne fut pas étrangère à la fondation, en 1924, de l'Union catholique des cultivateurs. Aussitôt se sont instaurées des relations tendues entre la coopération et le syndicalisme agricoles, relations qui ne réussirent jamais à devenir vraiment bonnes, même pas de nos jours.

La présente étude couvrira les années 1938 à 1953, ces deux dates indiquant la durée d'une entente entre la Coopérative fédérée et l'Union catholique des cultivateurs, entente vouée à l'amélioration des relations entre les deux organismes. Le second abandonnait ses activités coopératives établies en 1929. De plus, les deux organismes procédaient à un échange de directeurs, trois membres de chaque conseil d'administration étant nommés par l'autre groupe. Les résultats escomptés ne furent pas obtenus et une nouvelle entente fut signée en 1953 : il y aurait rencontre des deux conseils d'administration au moins deux fois par année.

Notre étude de l'idéologie est basée sur les textes publiés hebdomadairement par la Coopérative fédérée dans la page qu'elle retenait dans *la Terre de chez nous*, propriété de l'Union catholique des cultivateurs[1]. Les rédacteurs étaient pour la plupart des salariés de haut rang, directeur général, secrétaire général responsable de l'éducation, ayant été nommés à ces postes par le conseil d'administration. Ils avaient à peu près tous reçu une formation en agronomie.

Nous avons procédé à une analyse de contenu qualitative de ces textes et les passages cités n'ont qu'un caractère exemplaire, d'autres auraient aussi bien pu être retenus. La formule coopérative y est présentée comme un moyen de combler le fossé existant entre la réalité observée et l'idéal souhaité. Nous sommes donc en présence de trois éléments, situation existante, situation souhaitée et moyen pour y parvenir. Ils serviront de base à notre analyse en constituant autant de niveaux. Nous reviendrons en conclusion sur les tensions entre la coopération et le syndicalisme agricoles en jetant un bref coup d'œil sur la perception que ce dernier avait de la coopération.

I. — LA SOCIÉTÉ OBSERVÉE

Le monde rural ne constitue plus, pour les rédacteurs, une société fermée, mais au contraire il est de plus en plus ouvert sur une société qui s'industrialise et s'urbanise rapidement et qui fait peser sur lui de nombreuses contraintes. Nous verrons d'abord, en retenant les principaux thèmes, comment est décrite la société globale et nous nous arrêterons ensuite à la position de l'agriculture et de la vie rurale à l'intérieur de cette société.

L'économie

L'économie est un thème qui revient souvent et c'est largement autour de ce thème que s'organise la vision de la société. Cela se comprend d'autant plus que les coopératives affrontent quotidiennement les réalités économiques. Cette expérience confirme à leurs yeux la domination, peu contestée d'ailleurs, qu'exerce sur l'ensemble de la société le système capitaliste. « Nous vivons dans un pays où la vieille doctrine du profit illimité et sacro-saint a pénétré jusqu'à la moelle de la population[2]. »

Le profit est l'essence du capitalisme. Les arguments utilisés par les adversaires de la coopération montrent que « le principe fondamental du commerce a toujours été et sera toujours le motif profit sans aucun égard pour le service[3] ». Le capitalisme est « un moyen de s'enrichir en écrasant le voisin[4] ». On ne le déclare pas pour autant foncièrement mauvais et on s'en prend plutôt aux nombreux abus qu'il permet.

La période de la deuxième guerre mondiale et des quelques années subséquentes a été particulièrement fertile en abus. Ainsi, devant la forte demande, certains ont mis en marché des produits de qualité douteuse sans en tenir compte au moment de la fixation des prix. La pratique du marché noir a aussi été lucrative pour plusieurs. Dans d'autres cas, on a créé une rareté artificielle des produits, ce qui a permis une augmentation tout aussi artificielle des prix[5].

Les rédacteurs sont toutefois davantage préoccupés par les transformations qu'a fait subir à l'économie et par le fait même à la société dans son ensemble l'évolution du capitalisme.

Le capitalisme a peut-être favorisé une plus grande création de richesses, mais il en a aussi facilité une concentration de plus en plus marquée. Et comme résultat : « À mesure que les riches devenaient plus riches, les pauvres sont devenus plus pauvres. La puissance des uns s'est accrue; la faiblesse des autres s'est augmentée. S'il est apparemment permis à n'importe qui de se livrer à tel ou tel travail, il est pratiquement impossible de mener à bonne fin toute entreprise d'une certaine envergure à moins de la soumettre au tribut prélevé par ceux qui possèdent les industries de base. Il en est résulté des déficits énormes, un gaspillage incroyable de capitaux et de travail. Au lieu de sauvegarder les salaires, on a protégé les dividendes. D'où chômage, secours direct et dépréciation morale, physique et intellectuelle du capital humain devenu le serviteur sinon l'esclave du capital argent[6]. »

Un autre résultat de la concentration de l'économie, c'est la diminution de la concurrence, même si elle est présentée comme un des principaux éléments du système par les défenseurs du capitalisme. Les grandes organisations nées de la concentration « finissent par influencer, à leur gré ou à peu près, l'économie générale et aboutissent très souvent à ce que l'on appelle des trusts, grandes entreprises financières qui, en fait, exercent sur le cours des valeurs ou sur le prix des marchandises un contrôle plus ou moins complet[7] ».

La centralisation de l'activité économique en quelques points du territoire est un autre changement provoqué par l'évolution du capitalisme. Beaucoup de petites industries existant autrefois dans les campagnes ont été regroupées dans les villes. Le commerce est devenu un phénomène largement urbain. Cela est particulièrement grave pour l'agriculture et le milieu rural qui voient ainsi leurs revenus en partie drainés vers les villes et y favoriser le développement de l'industrie, du commerce et de la finance sans pour autant en percevoir des retombées. « Cette exportation de capitaux, sous forme de profits prélevés par des entreprises extérieures, appauvrit les villages, les petits centres, les petites villes, et tend à accumuler des réserves de capitaux dans les grandes villes... le progrès des petites localités s'en ressent. Les affaires sont plutôt tranquilles, les usines s'établissent rarement dans ces endroits et les gens qui ne peuvent trouver d'occupation émigrent vers les centres pour y gagner leur vie. Ils s'y entassent et, lorsque l'industrie et le commerce sont au ralenti, ces populations connaissent le chômage, la misère et le secours direct. Cette concentration de l'industrie, du commerce ou de la finance offre indiscutablement des avantages, mais il nous semble qu'elle a été poussée à un degré tel que les inconvénients qu'elle entraîne sont encore plus grands[8]. » Certains endroits plus difficiles d'accès ou offrant un potentiel de bénéfices peu élevé sont même complètement ignorés de l'entreprise capitaliste[9].

Parmi les autres traits de cette économie industrielle et urbaine, on en relève deux qui affectent le monde rural, les salaires et les honoraires de travail. Ainsi, durant la guerre, les agriculteurs auraient besoin de main-d'œuvre supplémentaire, mais ils sont incapables d'offrir des salaires aussi élevés que l'industrie ou le commerce. Ces branches de l'économie ont aussi instauré un régime d'horaires de travail réguliers qui ne peut pas être appliqué en agriculture. Il faut tenir compte du climat. Certaines périodes de l'année sont nécessairement plus chargées que d'autres et certaines tâches doivent être accomplies tous les jours de la semaine. Cependant, pour prendre un exemple, « on essaie d'imposer à certains groupes de coopératives rurales les mêmes conditions de travail qui prévalent dans les villes[10] ». Cela surprend d'autant plus les rédacteurs qu'on demande alors à l'agriculture de produire le plus possible.

L'industrialisation a de plus fait apparaître le phénomène de la grève. On y est peu sympathique, surtout lorsque les agriculteurs s'en trouvent affectés, comme lors de la grève des abattoirs en 1947 : « Les grèves recommencent pour de bon et c'est toujours la même course qui se continue entre salaire et coût de la vie... Les ouvriers d'un secteur quelconque prétendent que leurs salaires ne sont plus en proportion du coût de la vie; survient la grève solutionnée par une augmentation de salaires. Les patrons constatant que le prix de vente de leurs produits ne laisse plus une marge suffisante avec le prix de revient, c'est l'augmentation des prix... Où peut-on aller avec un tel système ? Si l'ouvrier comprenait davantage que l'union n'est pas seulement un échelon conduisant aux augmentations de salaires, s'il comprenait mieux les biens immatériels et éloignés qu'il pourrait retirer de l'union, s'il n'attachait pas autant d'importance au besoin immédiat et passager qu'il peut ressentir, il y aurait certainement moyen de trouver le remède permettant d'améliorer l'ouvrier après avoir amélioré ses conditions de travail, d'en faire un chaînon solide de la société après avoir stabilisé sa situation économique. L'ouvrier doit lui aussi viser à relever non seulement son niveau économique mais aussi son niveau social[11]. » Au delà de la grève, de sa raison d'être et des résultats qu'elle engendre, c'est tout un système de valeurs qui est ici remis en question. Nous aurons d'ailleurs à y revenir à plusieurs reprises au cours des pages qui vont suivre.

La ville

L'industrialisation du Québec a été accompagnée d'un important mouvement d'urbanisation. Les rédacteurs sont d'autant plus sensibles au fait que la majorité de la population habite les villes qu'elle manifeste souvent peu de compréhension pour les agriculteurs.

Ils rapportent que les urbains protestent beaucoup contre le prix des produits agricoles. C'est, pour eux, oublier bien vite que, lorsque les urbains obtiennent des salaires plus élevés, ils se rendent eux aussi responsables de l'augmentation du prix de nombreux biens de consommation. Il est temps aussi qu'ils sachent que les agriculteurs ne produisent pas pour rien. Ces derniers doivent s'approvisionner en biens d'utilité professionnelle souvent dispendieux et ce qu'ils obtiennent de la vente de leurs produits constitue leur seul revenu.

On prétend que le revenu des agriculteurs est trop élevé. Pourtant, ils sont loin d'obtenir leur juste part, même durant les périodes qui leur sont les plus favorables. En 1946, par exemple, les agriculteurs du Canada ont touché 13 pour 100 du revenu national alors que la population rurale représentait 27,4 pour 100 de l'ensemble de la population du pays[12].

Les urbains oublient aussi rapidement qu'ils ont trop longtemps profité d'une situation désastreuse pour les agriculteurs. « Avant la guerre, le consommateur avait été habitué à se nourrir de denrées ou à acheter le plus grand nombre des produits de notre agriculture à leur prix de revient ou en bas... Avant la guerre, le consommateur urbain « mangeait » littéralement le « bien » de l'habitant. Ce dernier travaillait pour rien, ou à peu près, il n'avait pas les moyens de maintenir son outillage ou ses bâtiments en bon état[13]. »

Si les urbains se méprennent sur la situation réelle des ruraux, l'inverse est aussi vrai. De nombreux ruraux idéalisent trop aisément la vie urbaine, comme si tout n'y était que facilité et plaisir. La réalité est bien différente et la ville doit plutôt être considérée comme « cette mangeuse d'hommes qui n'a à leur offrir que la chaleur suffocante de ses rues et ruelles, sa poussière et sa fumée, ses misères à tous les coins, dans tous les parcs, ses horizons fermés, son atmosphère, ses saletés. De loin, on ne voit pas cela; il faut y vivre pour le voir. La ville, direz-vous, ne présente pas que cela ! Admettons. Il y a les concerts, les sports, les théâtres. Mais il ne faut pas s'imaginer que les citoyens d'une ville peuvent tous se payer ces divertissements. Loin de là ! D'un autre côté, doit-on organiser sa propre vie en regard des loisirs et amusements ? je ne le crois pas. Il y a les salaires, direz-vous. Peut-être, mais que faites-vous alors des dépenses ordinaires et extraordinaires : logement, vêtement, nourriture, transport, taxes, impôt[14] ? »

Les ruraux ne doivent pas se laisser prendre par les illusions de la ville, mais ils ne doivent pas nécessairement la considérer comme une ennemie. Ils peuvent en effet en tirer avantage. Si son industrie et son commerce fonctionnent bien, le pouvoir d'achat de ses citoyens augmentera et deviendra un élément de prospérité plus grande pour les centres ruraux[15].

La politique

La politique est souvent abordée par le biais de ses relations avec l'économie. Les rédacteurs dénoncent autant l'influence qu'exerce le système capitaliste sur l'activité politique que l'immixtion trop facile de la politique dans la vie économique.

Les capitalistes ne manquent pas de défenseurs chez les hommes politiques, puisque beaucoup sortent de leurs rangs. Pour s'assurer de la permanence de leurs bonnes dispositions, ils fournissent à la caisse électorale qui ne serait d'ailleurs qu'une « simple création de l'imagination populaire[16] ». De plus, ils exercent de nombreuses pressions afin que leurs intérêts soient toujours bien protégés. On a pu mesurer l'efficacité de ces actions lorsque fut discutée, en particulier à partir de 1945, la question de la taxation des coopératives et que les capitalistes ont obtenu gain de cause. « Sans vouloir tirer de conclusion, nous nous demandons si, en matière d'impôt comme en beaucoup d'autres domaines, l'argent n'est pas l'argument le plus convaincant[17]. »

Si les gouvernements sont prompts à satisfaire les exigences des plus fortunés, ils mettent moins d'empressement à répondre aux demandes des classes laborieuses. Les agriculteurs en savent d'ailleurs quelque chose. Ainsi, les politiques laitières se font souvent attendre, ce qui jette les producteurs dans l'incertitude. La même situation se répète dans les autres domaines de la production agricole, Par exemple en aviculture : « L'industrie avicole mérite ou ne mérite pas d'être protégée. Si elle mérite d'être protégée, pourquoi avoir attendu six semaines après la fin de notre contrat avec la Grande-Bretagne pour dire ce qu'on avait l'intention de faire. Nous ne pouvons croire que la décision de la Grande-

Bretagne de ne plus acheter d'œufs du Canada n'était pas connue depuis quelque temps. Pourquoi, en définitive, avoir laissé les prix descendre si bas si ce n'est pour se donner le mérite de paraître les relever[18] ? »

Nous devons souligner ici une certaine ambivalence dans la position des rédacteurs. En effet, si d'une part ils souhaitent une intervention gouvernementale dès qu'un problème se pose, par exemple au niveau des prix ou du transport des produits agricoles, d'autre part ils n'y comptent pas trop et de plus ils n'apprécient pas les États qui s'immiscent trop dans le domaine économique. L'économie est une « affaire trop compliquée[19] » et une telle orientation peut conduire à l'étatisme, « la menace la plus grave pour la personne humaine[20] ».

L'expérience récente des coopératives invite aussi les agriculteurs à se méfier de la politique, facteur de division davantage que de véritable progrès. Lors d'une assemblée générale de la Coopérative fédérée, le président déclare : « Les idées étaient tellement brouillées par des gens qui avaient intérêt à le faire, que plus d'une fois j'ai vu des hommes s'affronter, se combattre, alors qu'au fond ils voulaient et désiraient la même chose. Ce n'est pas relever *(sic)* un secret que dire que la politique nous a nui énormément, non pas que les principaux coopérateurs en eussent mis dans leurs affaires, mais parce qu'elle s'introduisait malgré eux dans leurs sociétés et parce que des gens de l'extérieur les combattaient au nom de la coopération pour mieux atteindre des fins d'intérêt politique[21]. »

Au clivage économique entre bien-nantis et gens ordinaires, la politique nationale ajoute, dans le cas de l'agriculture, un clivage géographique. On trouve en effet que les agriculteurs de l'Ouest canadien sont souvent plus favorisés que ceux de l'Est. À certains moments, ces derniers trouvent difficilement à s'approvisionner en grains alors que le gouvernement met tout en œuvre pour acheminer vers l'Europe les grains de l'Ouest[22]. À d'autres moments, le gouvernement laisse monter indûment le prix des grains et pourtant « le commerce des grains d'alimentation n'est pas un commerce libre. Il est fait sous l'autorité d'une commission relevant de l'État[23]. »

La période de la guerre invite les rédacteurs à prendre position sur certains problèmes reliés au conflit. Nous savons d'abord jusqu'à quel point le plébiscite d'avril 1942 a mobilisé le Québec. Les coopératives et les autres associations agricoles ayant obtenu que les fils d'agriculteurs et les ouvriers agricoles indispensables aux travaux de la ferme soient exemptés du service militaire, on insiste peu sur l'orientation à donner au vote lors du plébiscite[24]. On revient par contre souvent sur la nécessité de gagner la guerre et sur le fait que le travail agricole constitue, dans les circonstances, un véritable service militaire, puisqu'il faut non seulement nourrir la population locale mais aussi les troupes et les nations alliées directement engagées dans le conflit.

Il faut d'autant plus gagner cette guerre que l'enjeu est d'une grande importance pour la survie des valeurs les plus fondamentales de la société. Le nazisme et le fascisme constituent une grave menace. « Du côté religieux, le néant, ou pire : une force du mal agissante. Plus de Dieu ! Hitler Lui substitue la race. Mussolini Le remplace par l'idée de la patrie. La force devient le droit. La famille n'est qu'une entreprise d'élevage au bénéfice de l'État qui accapare les enfants pour les former d'après des concepts qui rappellent ce que nous connaissons des mœurs de l'homme des cavernes. L'individu n'est plus que poussière. Il ne peut pas être lui-même. Il est devenu la pièce d'un mécanisme, pièce dont on s'occupe aussi longtemps qu'elle remplit son rôle... La vie individuelle, la vie familiale, la vie privée, la vie publique sont dirigées, réglementées à un degré inconnu jusqu'ici, avec un mépris absolu de la personnalité humaine. L'exercice des métiers, des professions, de toutes les activités, est soumis à une réglementation minutieuse qui devait donner une prospérité qui n'a jamais existé d'une façon appréciable et durable, tant chez les nazistes que chez les fascistes... On peut déplorer les imperfections du régime démocratique. On peut les critiquer. Mais la vie que nous fait ce régime est un paradis comparé à celle qui serait la nôtre sous une dictature allemande et italienne[25]. »

Si les rédacteurs insistent, c'est qu'il y a encore trop de gens ici qui pensent que « l'hitlérisme n'est pas tellement dangereux... Que nous nous en trouverions peut-être bien au pays... Que la dictature vaut mieux que la démocratie[26]... » La dictature n'est pourtant pas mauvaise en soi et le Portugal de Salazar est considéré comme une « oasis de paix[27] ».

L'agriculture

L'agriculture et la vie rurale sont au centre des préoccupations des rédacteurs et nous nous y arrêterons maintenant d'une façon particulière. Il faut d'abord souligner que la perception qu'ils en ont est fortement influencée par la guerre. Le souvenir des effets de la première guerre mondiale est encore présent et on se rappelle que de nombreux agriculteurs « ont dû payer cher les embardées d'alors[28] ». Dès le début des hostilités apparaissent des mises en garde souvent répétées : « Après la guerre, il y aura l'après-guerre, c'est-à-dire la période de réajustement. Elle amènera avec elle la misère. Il importe d'y penser dès maintenant et de ne pas croire que la prospérité factice qui s'annonce sera permanente... L'histoire de toutes les guerres, même en remontant jusqu'à celles de Napoléon, démontre qu'elles ont toujours été suivies de périodes de dépression qui frappèrent durement les producteurs agricoles[29]. »

Si les rédacteurs renouvellent souvent un tel avertissement, c'est qu'ils trouvent dangereux certains comportements des agriculteurs. Ces derniers, voyant augmenter leur revenu, se livrent trop facilement à l'achat de biens de consommation plus ou moins utiles au lieu d'économiser les sommes ainsi dépensées en prévision de jours plus difficiles ou encore de les employer pour améliorer leurs entreprises. On constate aussi que plusieurs agriculteurs acquièrent, en utilisant largement le crédit, des instruments aratoires coûteux, sans toujours se demander s'ils pourront rembourser leur dette.

Les événements des années d'après-guerre confirment les rédacteurs dans leur appréhension. Une période d'incertitude s'ouvre pour les agriculteurs. « Le temps où l'on pouvait à n'importe quel prix ou au prix fixé trouver preneur pour n'importe quoi semble devoir prendre fin[30]. » « On ne saurait croire combien, dans les grandes villes et sur les grands marchés, les consommateurs sont exigeants[31]. » De plus la demande pour les produits agricoles est moins forte, d'une part parce que l'agriculture des pays directement affectés par la guerre commence à se réorganiser, d'autre part parce que l'économie d'ici connaît un certain ralentissement et que, du coup, les consommateurs ont moins d'argent.

Pendant la guerre, le revenu des agriculteurs était relativement bon, même si le prix des produits agricoles, fixé alors par l'État, n'augmentait pas toujours aussi vite que le coût des biens d'utilité professionnelle, comme par exemple le coût des grains de l'Ouest[32]. Par la suite, leur revenu se dégrade, car le coût des biens d'utilité professionnelle augmente tandis que le prix des produits agricoles stagne ou diminue[33].

Non seulement le revenu des agriculteurs du Québec diminue après la guerre, mais l'économie agricole est de plus menacée par une éventuelle législation de la vente de la margarine. Les rédacteurs participent intensivement à la campagne lancée pour lui faire obstacle car « l'industrie laitière craint la venue de la margarine sur notre marché parce que cette venue va contribuer à détruire l'industrie du beurre. Si cette production subit une dure atteinte, comme elle est la partie de base de notre industrie laitière, c'est toute notre industrie laitière qui sera affectée[34]. » Étant donné que l'industrie laitière constitue le secteur le plus important de l'agriculture québécoise, le danger est encore plus grand. Permettre la vente de la margarine, ce serait aussi, pour les rédacteurs, augmenter notre dépendance de l'étranger, puisque l'huile servant à sa fabrication est importée[35]. « Heureusement, le gouvernement de la province s'est rendu compte de l'importance de notre industrie laitière et a mis le ban sur la fabrication, l'importation, la distribution de la margarine[36]. »

Les problèmes signalés plus haut sont propres à l'agriculture moderne. L'industrialisation et l'urbanisation de la société ont en effet entraîné une transformation de l'agriculture qui a rendu l'agriculteur dépendant. En passant d'une agriculture d'autosubsistance à une agriculture de marché, il n'a conservé que « la tâche de travailler le sol et d'élever des animaux. Il s'est emprisonné sur sa ferme. Il livre ses produits à des gens qui les vendent pour lui et qui ont comme premier soin de faire de l'argent à ses dépens. Ce qu'il achète de l'extérieur lui parvient par d'autres qui sont animés du même souci, et l'habitant sur sa ferme paye les uns et les autres[37]. »

Au delà de la situation économique des agriculteurs, le statut de ces derniers dans l'ensemble de la société laisse les rédacteurs songeurs. Même pendant la guerre, alors qu'on exige d'eux une production abondante, les agriculteurs ne reçoivent pas du reste de la société tout l'égard qu'ils seraient en droit d'en attendre. « Ils réclament la même considération que celle qui est accordée aux fabricants d'engins de guerre et à tous ceux qui sont employés par les industries de guerre. Il n'y a là rien d'exagéré[38]. »

Un autre problème, contenu durant la guerre, réapparaît avec la fin des hostilités. Il s'agit de l'exode rural, surtout chez les jeunes. Est-ce que la fascination de la ville est si grande ? « Je crois que l'attrait des villes n'est pas une raison, mais un prétexte, un paravent qui cache certaines autres causes plus intimes, plus cruelles, plus puissantes et plus déterminantes. Nos jeunes ne trouvent pas chez eux cette ambiance qui leur permettait de s'attacher solidement à la terre. Ce n'est pas tout de faire un travail qu'on aime, il faut aimer faire ce travail. Nos jeunes l'aimeront s'ils y trouvent une certaine satisfaction, s'ils y trouvent de bonnes conditions, s'ils ont l'occasion d'y attacher une certaine responsabilité, d'y exercer un minimum d'initiative et d'en retirer un profit moral et matériel. Nos jeunes aimeront la ferme quand le père et la mère cesseront de maugréer contre leur profession. Et quand ces derniers décideront d'intéresser leurs jeunes à l'organisation familiale... Les désertions rurales trouvent une autre explication dans une déficience d'instruction... Nos jeunes donneront certainement un meilleur rendement, et avec joie, à condition que la vie familiale soit intensément vécue, qu'elle offre les facilités matérielles cherchées ailleurs, qu'elle réponde pleinement au pourquoi de leur vie, qu'elle leur offre le minimum de bien-être absolument nécessaire à la pratique de la vertu... Nos jeunes ne semblent pas trouver chez eux ce qu'ils sont en droit d'y attendre. Les loisirs organisés, en général, sont inexistants[39]... » Cette longue citation résume bien les raisons généralement invoquées pour expliquer l'exode rural. Les rédacteurs ajoutent que, étant donée la mécanisation de l'agriculture, un certain exode est inévitable[40].

La pratique coopérative

Les coopératives agricoles se développent et affichent chaque année des résultats économiques intéressants. On n'en juge pas moins qu'il y a encore beaucoup de chemin à parcourir et de nombreux obstacles à franchir.

Il y a d'abord les difficultés créées « par tous les commerçants ou les industriels qui craignent que leurs affaires, et partant leurs profits, ne soient progressivement réduits[41] ». Ces derniers n'hésitent pas, par exemple, à semer le doute sur le fonctionnement des coopératives en affirmant qu'elles ne peuvent conduire qu'à des opérations déficitaires, ou encore des commerçants vendent parfois des biens d'utilité professionnelle en bas du prix coûtant, espérant ainsi acculer certaines coopératives à la faillite.

Selon les rédacteurs, les principaux obstacles viennent toutefois des coopérateurs eux-mêmes. Ces derniers ont souvent des comportements qui dénotent des attitudes peu coopératives. La coopération exige en effet un sens de l'action collective qui dans bien des cas fait place à un individualisme profond[42]. « Il est étonnant de constater qu'un grand nombre de gens attendent tout des autres et songent plus à retirer des avantages et des bénéfices immédiats qu'ils se soucient de faire leur part[43]. » Ces gens manifestent un esprit davantage capitaliste que coopératif[44].

On explique ainsi le fait que plusieurs membres veulent se répartir, sous forme de ristourne individuelle, les bénéfices faits par leurs coopératives avec des non-membres[45]. De plus, il arrive assez souvent que les membres, faisant fi du principe de la porte ouverte selon lequel un individu ne peut se voir refuser l'adhésion à une coopérative sans raisons sérieuses, n'accordent pas aux non-membres le droit de devenir membres. Non seulement cette façon d'agir découle-t-elle d'un esprit capitaliste, puisqu'elle permet aux premiers de continuer de bénéficier de l'apport économique des seconds, mais elle n'est pas charitable et « pendant ce temps, tous ceux qui continuent de vivre aux dépens de la classe agricole rient sous cape[46] ». On parle même à plusieurs reprises d'esprit de vengeance à l'endroit des non-membres : « On entend dire parfois, par des directeurs de coopératives, ou par de vieux coopérateurs, que certains cultivateurs ont refusé ou négligé d'aider financièrement la coopérative à ses débuts, c'est-à-dire au cours des périodes difficiles. Et voici qu'aujourd'hui ces mêmes cultivateurs désirent faire partie de la coopérative parce que les années semblent meilleures et que cette même entreprise a commencé à payer des ristournes, ou peut-être tout simplement parce qu'ils comprennent mieux aujourd'hui... C'est alors qu'on peut entendre certaines suggestions qui ont pour but évident de mettre à l'amende, pour ainsi dire, ces nouveaux membres, soit en établissant pour eux des différences de prix, soit en leur refusant des ristournes, soit encore en leur refusant complètement l'admission dans la coopérative[47]. »

Un autre trait de l'agriculteur retient l'attention des rédacteurs, à savoir ce mélange de confiance pour « l'étranger ou l'inconnu » et de méfiance à l'endroit « de ses proches ou de ceux qui travaillent sincèrement à l'amélioration du sort de la classe agricole[48] ». « Dans la pratique, on est souvent porté à accorder aux étrangers à la coopération plus de confiance qu'on en accorde à sa propre coopérative. C'est une faiblesse que les adversaires du mouvement exploitent pour eux-mêmes[49]. »

À cela s'ajoute le problème plus large de la loyauté des membres envers leurs coopératives sur lequel les rédacteurs reviennent régulièrement. Ce problème, il n'est pas seulement le fait des membres individuels envers les coopératives locales, mais aussi celui de ces dernières envers la Coopérative fédérée : « L'attitude de plusieurs coopératives affiliées ressemble comme un frère jumeau à celle prise par certains membres de sociétés locales. Les unes paraissent empressées de sacrifier des bénéfices réels, mais moins évidents, à ce qu'elles croient être un avantage immédiat, même si cet avantage momentané est obtenu par des actes qui ne s'inspirent pas de la vraie loyauté... D'autres manquent de loyauté parce qu'elles ont ou croient avoir des raisons de n'être pas satisfaites et même de montrer du mécontentement. Aucune entreprise n'est parfaite et chacun le sait... Il y en a enfin dont la loyauté est mise en échec par les efforts — pouvant aller jusqu'à l'exagération — fournis par ceux que la coopérative oblige à se contenter de profits moindres ou dont elle prend la place[50]. »

Le manque de loyauté ne se retrouve pas seulement chez les simples membres. « Bien que cela puisse paraître étrange, il se rencontre fréquemment parmi les directeurs d'une coopérative des gens qui ne sont pas les usagers réguliers de leur coopérative. Parfois même on rencontrera parmi les directeurs des gens qui sont les clients réguliers d'entreprises non coopératives situées dans l'arrondissement[51]. » Tout cela n'est pas sans affecter la situation financière des coopératives. Dans bien des cas, cette dernière pourrait être améliorée si moins de membres désiraient se partager immédiatement sous forme de ristourne les surplus d'opération[52]. On signale aussi « la négligence de trop de coopérateurs à régler leurs comptes avec la coopérative dont ils font partie[53] ». Ce dernier point retient beaucoup l'attention des rédacteurs.

La participation des membres à l'orientation et au contrôle de leurs coopératives, par exemple lors de l'assemblée générale annuelle, laisse beaucoup à désirer. Les revendications qui devraient y être faites ne le sont pas, les questions qui devraient être posées ne le sont pas davantage; de trop nombreux membres utilisant plutôt les racontars en dehors de l'assemblée générale, de sorte qu'il se crée un climat malsain et que les conseils d'administration ne savent pas ce que veulent les membres[54]. Un tel comportement des membres conduit « les administrateurs à croire qu'ils peuvent tout faire. Ils en viennent à considérer la société comme leur propriété. Cette attitude, fort explicable, est cause de frictions. Lorsqu'elles se produisent, les mécontents changent de directeurs. Il s'ensuit des froissements et une certaine rancune[55]. »

Si la participation des membres n'est pas plus forte, il ne faut pas en chercher la cause seulement du côté des simples membres, mais aussi du côté des conseils d'administration. Dans trop de cas, selon les rédacteurs, les directeurs, pourtant élus pour cela, s'intéressent peu aux activités de la coopérative et ne tiennent que quelques réunions par année, de sorte qu'il leur est difficile de renseigner les membres et de les associer davantage[56].

Le manque de formation coopérative est toutefois perçu comme la cause principale des problèmes soulevés plus haut. Cela revient comme un refrain au cours de la période étudiée. Beaucoup de membres ne connaissent pas la nature de la coopération et les exigences qui en découlent, pas plus qu'ils ne perçoivent les nombreux avantages qu'ils pourraient en retirer. Comme le souligne un rédacteur, on a formé des coopératives avant de former des coopérateurs[57].

II. — LA SOCIÉTÉ SOUHAITÉE

L'étude de la société observée par les rédacteurs nous a déjà laissé entrevoir qu'ils procèdent en ayant à l'esprit un certain idéal. Nous constatons en effet qu'ils souhaitent un type de société où le milieu rural occupera une place importante et où l'agriculture constituera une activité économique intéressante. Nous verrons d'abord comment est justifié ce point de vue pour ensuite nous arrêter à la société souhaitée elle-même.

Les justifications de l'importance du milieu rural et de l'agriculture

Parmi les différents types de justifications, il y en a d'abord d'ordre économique. L'agriculture est à la base de l'activité économique, c'est elle qui entraîne les autres branches de l'économie et aucun peuple ne peut s'en passer; au Canada comme au Québec, l'agriculture est d'ailleurs au premier plan de l'économie[58]. On invoque à l'occasion l'autorité politique : « M. Duplessis a tenu à rappeler que l'agriculture a toujours été le fondement de la prospérité et de la stabilité de l'économie d'un pays. C'est une vérité fondamentale qu'on est porté à oublier[59]. » Pendant la guerre, on a toutefois pu constater jusqu'à quel point une agriculture forte était nécessaire[60].

On insiste sur le fait que les habitants de la campagne sont davantage propriétaires que ceux de la ville. « Le maintien d'un pourcentage élevé de propriétaires est désirable à tout point de vue[61]. » Il y a là une source de stabilité pour la société. « La survivance d'un groupement ethnique est pratiquement assurée aussi longtemps qu'il détient la propriété du sol. Nos cultivateurs-propriétaires constituent notre meilleure garantie au triple point de vue de la race, de la langue et de la religion[62]. »

L'histoire aussi fournit de nombreux exemples de l'importance de l'agriculture et de la vie rurale. « Une paysannerie forte fait les peuples indestructibles... L'histoire universelle démontre que l'affaiblissement de leur agriculture a toujours été la cause principale de la décadence des empires et des pays les plus puissants[63]. »

De même, c'est l'agriculture qui a permis au Québec de demeurer fidèle à sa vocation. On souligne avec émotion la présence d'Édouard Montpetit à la vingt-cinquième assemblée générale de la Coopérative fédérée. Il « est venu donner... un hommage indiscutable à notre classe rurale, à sa ténacité, à sa largeur de vues. Il a rendu hommage à la ferme, source de consolation et de foi durables, canal transmettant de génération en génération les plus belles traditions de la culture française[64]. » Ces traditions sont la langue française, la religion catholique et l'agriculture. « Si la race française en Amérique a grandi et prospéré, elle le doit à sa fidélité à la croix et à la charrue[65]. »

La présence d'une agriculture forte se justifie encore sur le plan moral. Elle est une garantie de stabilité pour la société, elle la met à l'abri des troubles sociaux; les agriculteurs sont indifférents à « tous les ismes — qu'ils soient de communisme, de socialisme, de facisme ou autre... », « en un mot, la ferme produit un meilleur citoyen[66] ». C'est là d'ailleurs l'opinion de l'autorité religieuse et on cite par exemple le cardinal Villeneuve qui écrit : « Ce qui reste de meilleur dans la civilisation moderne, c'est-à-dire de moins mécanique et de plus humain, est encore basé sur la culture rurale, la plus proche de la nature et la moins artificielle. L'homme y est moins assujetti à la machine, la famille y a encore plus d'air, plus d'espace, plus d'autonomie, plus de liberté. Les plaisirs factices y occupent moins la vie. L'allure y est moins accélérée, la trépidation y fait moins de victimes. Tout état de civilisation qui laisse sa vie rurale se détériorer, et c'est bien le péché de notre siècle, est une civilisation qui déchoit. Aussi bien la valeur fondamentale de la vie rurale doit-elle être reconnue comme source et plénitude de toute l'organisation sociale[67]... »

L'idéal pour le Québec

Les rédacteurs souhaitent une société où l'ordre régnerait, où les transformations se feraient sans bouleversements et où les valeurs morales pourraient s'épanouir. Un milieu rural intéressant et une économie agricole forte leur semblent être les meilleurs moyens d'y parvenir.

Comme nous l'avons déjà vu, ces dernières conditions sont loin d'être complètement réalisées. Des améliorations sensibles sont jugées nécessaires à au moins trois niveaux, soit la considération de l'ensemble de la société pour la vie rurale et l'agriculture, la qualité de la vie à la campagne et le revenu des agriculteurs.

On juge que la population urbaine méconnaît les ruraux. Ces derniers devraient recevoir plus de compréhension et leur travail devrait être considéré. Mais il faudrait surtout que les hommes politiques se préoccupent davantage du sort des ruraux et en particulier de celui des agriculteurs. Les tergiversations gouvernementales jettent trop souvent les agriculteurs dans l'incertitude. Il faudrait par exemple intervenir plus rapidement au niveau des prix des produits agricoles ou au niveau de l'approvisionnement en grains de l'Ouest[68]. Ou encore, il faudrait, à certains moments, réglementer l'entrée de produits agricoles étrangers[69].

Une nette amélioration des conditions de vie à la campagne s'impose. Beaucoup de maisons devraient être retouchées, recevoir l'eau courante et l'électricité. Les services de santé devraient être disponibles aussi facilement à la campagne qu'à la ville. Les jeunes devraient pouvoir acquérir un niveau d'instruction plus élevé et avoir accès à certaines activités de loisir sans être obligés de se déplacer vers les centres urbains[70]. Cela contribuerait à rendre plus intéressante l'existence des ruraux et les rendrait moins vulnérables à l'attrait des villes. Les agriculteurs ne s'opposent pas à ces améliorations, dont plusieurs toutefois nécessiteraient de leur part des dépenses supérieures à leurs moyens. Aussi insiste-t-on régulièrement sur la nécessité pour les agriculteurs d'obtenir davantage de leur travail, surtout après la guerre, alors que les circonstances leur sont beaucoup moins favorables.

Les rédacteurs proposent diverses façons d'élever et de stabiliser le revenu des agriculteurs. Il y aurait d'abord l'augmentation du prix des produits de la ferme, au moins pour qu'il soit en rapport avec les coûts de production[71]. Cela ne saurait toutefois suffire. « On ne peut raisonnablement escompter que le consommateur, sous forme de prix plus élevés, ou l'État, sous forme de subvention, continueront indéfiniment à maintenir dans leur profession des gens qui n'auront pas su réduire leur prix de revient à un niveau compétitif[72]. » Il y a donc place pour des progrès sur les fermes, comme par exemple l'amélioration des troupeaux ou l'utilisation de meilleures façons culturales. La mécanisation de l'agriculture n'est par contre pas envisagée sans réticence : « Nous ne croyons pas plus au régime d'agriculture vivrière des temps anciens qu'en l'orientation de notre agriculture moderne vers la mécanisation inconsidérée. Chez nous, c'est la petite et la moyenne propriété qui apportent à notre agriculture ses meilleurs éléments de force, de sécurité et de stabilité... Le système de la grande propriété conduit inévitablement à l'affermage ou à la servitude... ça revient au même. Or, il n'y a rien qui puisse contribuer plus efficacement à l'avènement des grands propriétaires-fermiers que la mécanisation et la motorisation excessives[73]... Cette position fait ressortir la préférence qu'on accorde à la ferme familiale :

« Grâce à Dieu, la ferme, chez nous, est encore généralement une entreprise familiale. Nos chefs de famille ruraux cultivent et améliorent constamment avec l'aide de leurs enfants ce qu'ils appellent si justement le bien de famille[74]. »

L'agriculteur moderne est soumis à de nombreux intermédiaires, tant au niveau de l'approvisionnement en biens d'utilité professionnelle qu'au niveau de l'écoulement de ses produits. Les intermédiaires prélèvent sous forme de profit des montants d'argent qui pourraient augmenter le revenu des agriculteurs si ces derniers s'organisaient pour remplir eux-mêmes ces fonctions d'approvisionnement et d'écoulement[75]. Sur ce plan, la formule coopérative pourrait être d'un grand secours. Pour les rédacteurs, non seulement la coopération pourrait aider à améliorer le sort des agriculteurs, mais elle pourrait encore transformer pour le mieux la société qui fonctionne selon « la vieille formule individualiste que l'école et la vie de nos jours ont fait pénétrer partout[76] ».

III. — LA COOPÉRATION

En proposant la formule coopérative aux agriculteurs, les rédacteurs rappellent d'abord qu'elle a fait ses preuves ailleurs. Depuis plus d'un siècle les classes laborieuses, tant urbaines que rurales, l'ont utilisée pour améliorer leurs conditions de vie. Les exemples viennent surtout d'Europe, dont à peu près tous les pays sont cités à un moment ou l'autre, et parfois du reste du Canada ou des États-Unis. Il s'agit toujours d'évocations rapides. Il en est de même lorsqu'on aborde l'histoire de la pensée coopérative. Ici, la tradition née de Rochdale est nettement privilégiée et souvent rappelée comme telle[77]. Les éléments de doctrine coopérative diffusés par les rédacteurs s'en inspirent d'ailleurs beaucoup.

Définitions et buts

Lorsque nous abordons l'étude des définitions de la coopération, nous constatons qu'il y a deux niveaux de réalité, selon que les rédacteurs parlent de la coopération au sens précis de formule coopérative ou encore dans un sens plus large comme, par exemple, union ou collaboration.

Au sens précis, nous retrouvons toujours les deux éléments classiquues de la coopérative, l'association et l'entreprise. Ainsi une coopérative agricole est une « association de producteurs travaillant en commun à la satisfaction d'un ou plusieurs besoins à l'aide d'une entreprise qu'ils dirigent et contrôlent et dont ils sont à la fois propriétaires et usagers[78] ».

Nous savons que les auteurs ayant traité de la doctrine coopérative ne s'entendent pas sur l'élément prioritaire; pour certains c'est l'association, pour d'autres l'entreprise. La position des rédacteurs est claire, les personnes comptent d'abord : « Une coopérative n'est vraiment une coopérative que si elle subordonne ses affaires aux besoins et au perfectionnement de ses membres, tout en transigeant à meilleur compte que ses concurrents[79]. » « Une coopérative, on l'a dit et répété, et on ne le répétera jamais trop, c'est d'abord et avant tout une association de personnes. Ce n'est pas un tas d'argent non plus qu'un tas de produits que quelqu'un se charge d'utiliser, de transformer et de vendre sans se soucier de ceux qui ont fourni cet argent et ces produits[80]. » Les coopérateurs pensent que le capital est nécessaire mais ils « ne croient pas que le capital doive tout conduire. Au contraire. Ils le relèguent au deuxième plan. Ils considèrent l'argent, non comme un maître, mais comme un serviteur[81]. »

Au sens large, les coopératives sont présentées comme des instruments pouvant permettre à leurs membres non seulement d'obtenir un meilleur revenu, mais aussi de se perfectionner sur les plans tant professionnel que civil ou religieux. Sur le plan professionnel, elles permettent aux agriculteurs d'améliorer leur compétence technique, par exemple, en leur offrant des conférences, de la littérature spécialisée, des conseils individualisés sur la ferme même ou encore en leur remettant un rapport sur la qualité de leurs produits.

De plus, « tout en restant une école de perfectionnement individuel dans le domaine économique et technique, la coopération doit aussi être une école de perfectionnement social[82] ». Cela est possible parce que « la doctrine coopérative est une doctrine de paix, de justice et d'honnêteté. Elle impose une discipline qui rend le cultivateur et l'ouvrier meilleurs[83]. » La coopération favorise aussi de nombreuses vertus civiques comme la collaboration, la bonne entente, le respect d'autrui, la loyauté, l'initiative, la tolérance et l'idéal démocratique qui, pour les rédacteurs, se confond avec l'idéal coopératif[84].

La coopération peut aussi contribuer à l'édification d'une société plus chrétienne, surtout à une époque au cours de laquelle les conditions de vie ont affaibli l'esprit chrétien des masses[85]. « La coopération c'est la grande formule de la charité et de la justice retrouvée ailleurs que sur des lèvres ou du papier[86]. »

Certains ennemis de la coopération la déclarent subversive, l'identifiant au communisme ou au socialisme. Les rédacteurs, qui ne font pas de distinction entre ces deux doctrines, les jugent tout à fait opposées à la coopération : « Ceux qui croient au coopératisme et qui le mettent en pratique sincèrement, loyalement, sont des gens qui marchent dans les droits sentiers et qui n'ont pas à craindre l'avenir. Car la pratique du coopératisme suppose une certaine hauteur d'âme, certaines attitudes d'esprit qui le situent dans la ligne même du perfectionnement moral et spirituel. Il est une manière efficace de fonder les relations sociales non pas sur l'égoïsme des individus et des classes, mais sur la justice s'épanouissant elle-même dans la charité... On ne trouvera rien de tel dans aucune des théories ou idéologies qui voudraient parvenir à un monde planifié, égalisé... à condition qu'il continue d'exister une certaine domination sur cette masse confondue. Faute d'autorité hiérarchique, il faut au moins l'autocratie... Le socialisme, le communisme ne sont-ils pas des formes d'esclavage ? Au contraire, le coopératisme n'est-il pas essentiellement une forme de libération[87] ?

La coopération n'est pas un mouvement de classe mais elle s'adresse à l'ensemble de la société[88]. Elle est une protection contre le socialisme et le communisme[89]. Le changement dont la société a besoin, « la coopération peut le faire doucement, sans révolution. Elle n'interrompt pas le cours actuel des choses. On les prend comme elles sont, on substitue lentement du neuf au vieux sans arrêter la vie normale[90]. »

Les coopératives sont pour le progrès dans l'ordre et la paix, c'est pourquoi elles opèrent dans les cadres établis[91]. Aussi prônent-elles le respect de l'autorité : « Pour nous, l'Église et l'État représentent l'autorité. Nous nous soumettons à l'autorité et nous croyons qu'il est de notre devoir de collaborer dans l'exécution de toutes les mesures qui nous paraissent bienfaisantes[92]. »

D'une façon plus immédiate, les coopératives agricoles existent pour permettre à leurs membres de tirer un meilleur revenu de leurs exploitations « d'abord en lui permettant de se procurer les outils et les matériaux nécessaires à la production agricole à un prix se rapprochant le plus du prix de gros, et ensuite en lui permettant de distribuer à bon compte ses produits agricoles et en obtenir un prix se rapprochant le plus du prix de détail. Et ces opérations, souvent effectuées par le même organisme (le sont) toujours sans léser la justice envers des citoyens pour qui le soleil doit briller d'un égal reflet[93]. » Cela apporte sécurité et stabilité aux agriculteurs.

Si la coopération veut permettre aux agriculteurs de résoudre leurs problèmes, son action n'est pas pour autant dirigée contre d'autres personnes ou d'autres groupes[94] : « La coopération agricole ne vient en concurrence avec personne et elle n'a pris la place de personne. Par la coopération, les agriculteurs ont tout simplement pris la place qui leur revenait en s'unissant pour faire eux-mêmes leurs achats et pour effectuer en commun la vente de leurs produits[95]. »

Il nous faut souligner encore ici une certaine forme d'ambivalence. En effet, on propose d'une part une démarche qui affecte au moins les commerçants, tant ceux qui approvisionnent les agriculteurs que ceux qui écoulent les produits de la ferme, et on affirme d'autre part que les coopératives ne veulent prendre la place de personne. Il s'agit là d'une situation qui se retrouve souvent dans l'idéologie coopérative québécoise. Nous ne faisons que la souligner ici mais nous avons l'intention de l'élucider dans un travail en préparation.

Rappelons enfin que, dans tous les textes que nous avons étudiés, il est question d'utiliser la formule coopérative pour remplir les fonctions situées en amont et en aval de la production agricole comme telle. Même si la production agricole peut aussi se faire sous forme coopérative en partie ou complètement, cela pouvant aller par exemple de la mise en commun du matériel agricole à une intégration totale des exploitations, les rédacteurs ne suggèrent pas cette possibilité. Pour eux, nous l'avons vu plus haut, la ferme familiale doit prédominer et la coopérative agricole est le prolongement de la ferme, un moyen de s'insérer avantageusement dans l'économie de marché[96].

Les principes

Les principes coopératifs sont évoqués régulièrement au cours de la période étudiée. Nous constatons que les rédacteurs sont assez fidèles à la tradition de Rochdale reprise par l'Alliance coopérative internationale et très largement adoptée par le Conseil supérieur de la coopération[97].

On rappelle d'abord que les coopératives sont des associations volontaires, que nul n'est tenu d'y adhérer, mais que ce sont aussi des associations libres, que tous ceux qui remplissent les conditions requises, par exemple être agriculteur dans le cas d'une coopérative agricole, peuvent en devenir membres ou cesser de l'être lorsqu'ils le désirent[98]. On insiste surtout sur le fait que les membres ne peuvent normalement pas refuser à d'autres le droit de devenir membres à leur tour, étant donné, comme nous l'avons déjà vu, que cela se produit.

Si la coopération est à l'opposé du socialisme et du communisme, elle ne doit pas pour autant être identifiée au capitalisme. Au contraire, elle s'en différencie radicalement. Dans le capitalisme, c'est l'argent qui prime, tandis que dans la coopération, c'est l'homme[99]. Cette différence se vérifie principalement au niveau du contrôle démocratique, de la ristourne au prorata des transactions et de l'intérêt limité sur le capital social.

Le contrôle démocratique s'exprime par le fait que, dans une coopérative, chaque membre n'a droit qu'à un vote, quel que soit le nombre de parts sociales possédées, tandis que, dans l'entreprise capitaliste, le nombre de votes est fonction du nombre d'actions détenues[100]. « Dans toute institution coopérative, ce sont les hommes qui mènent et non l'argent[101]. » Si on devient membre d'une coopérative, ce n'est pas pour y faire un placement, mais pour en utiliser les divers services; de la sorte la coopérative est dirigée par des proppriétaires qui en sont aussi les usagers, ce qui est rarement le cas dans l'entreprise capitaliste[102].

Dans une coopérative, c'est l'utilisation que les membres en font qui est rétribuée d'abord et non pas le capital investi[103]. Les coopératives ne sont que les mandataires de leurs membres, elles achètent pour eux les biens d'utilité professionnelle et vendent pour eux les produits de la ferme; aussi, selon les rédacteurs, les coopératives ne font pas de profit et c'est en s'appuyant sur ces considérations qu'ils affirment qu'elles ne devraient pas payer l'impôt[104]. Les trop-perçus des opérations faites avec les membres appartiennent à ces derniers et non à la coopérative, qu'ils soient redistribués sous forme de ristournes ou conservés dans un fonds commun pour auto-financer des développements futurs ou en fonction de moments difficiles.

Quant aux surplus faits avec les non-membres, les rédacteurs affirment qu'ils ne peuvent être redistribués aux membres individuels, mais qu'ils doivent demeurer un bien collectif ou encore être en partie offerts aux non-membres pour les aider à le devenir, puisqu'ils pourraient ainsi payer partiellement, sinon en totalité, leurs parts sociales[105]. Nous savons déjà que ce dernier point n'est pas facilement accepté par tous les membres.

Comme les coopératives accordent la première place aux hommes et non à l'argent, le capital investi sous forme de parts sociales, quoique nécessaire, ne saurait être rétribué comme le capital placé sous forme d'actions dans des entreprises capitalistes. Lorsqu'il y a un intérêt de payé sur le capital, il ne doit jamais dépasser le taux d'intérêt courant[106]. Il n'est même pas nécessaire de verser un intérêt sur le capital[107].

La nécessité de la neutralité politique des coopératives est soulignée à plusieurs reprises; les prises de position politiques semant nécessairement la division chez les membres, sans compter que les gouvernements sont rarement les amis des coopératives[108]. L'action politique directe est aussi à éviter et on n'est pas d'accord avec l'existence, en Angleterre, d'un parti qui « a troublé la paix chez les coopérateurs anglais, surtout parce qu'il est affilié au Labor Party[109] ».

Sur le plan religieux, on parle plutôt de non-confessionnalité, sans définir davantage ce principe[110]. Mais il ne s'agit certainement pas, pour les rédacteurs, de laisser complètement de côté la dimension religieuse, comme nous l'avons vu en particulier lorsque nous avons examiné la définition de la coopération au sens large[111].

On aborde aussi à quelques occasions la question de la vente au comptant comme principe[112], mais dans l'ensemble des textes étudiés on insiste beaucoup plus sur le fait que les agriculteurs devraient rembourser le plus tôt possible les dettes contractées envers leurs coopératives.

Les rédacteurs se rendent bien compte que la conception de la coopération qu'ils proposent est loin d'être partagée par tous les membres. Ils voient d'ailleurs dans ce fait les principales raisons des difficultés rencontrées par les coopératives. Aussi insistent-ils souvent sur la nécessité de l'éducation coopérative[113].

*   *

*

L'analyse de notre matériel ne nous a pas fait apparaître de transformations au cours de la période étudiée. Nous sommes en face d'un espace idéologique homogène. Par contre, si nous comparons cette période à la période de 1900-1930 que nous avons analysée antérieurement[114], nous constatons certaines modifications au niveau du contenu de l'idéologie.

C'est ainsi que, au cours de la première période, la société souhaitée était largement axée sur l'idée que le Québec avait avant tout une vocation agricole et qu'il fallait la préserver à tout prix. Ici, si les rédacteurs espèrent une agriculture forte dans un milieu rural intéressant, s'ils pensent que l'agriculture joue un rôle très important dans l'économie d'un pays, s'ils jugent la vie à la campagne plus saine que celle de la ville, ils n'affirment pas que l'agriculture doive occuper une place prépondérante dans la société.

Une autre différence nous est apparue sur le plan de la pensée coopérative. Elle nous semble beaucoup plus structurée au cours de la seconde période. Il faut y voir ici l'influence du Conseil supérieur de la coopération qui s'était justement donné comme une de ses principales fonctions celle de préciser la doctrine coopérative au Québec.

Rappelons aussi que les rédacteurs des textes que nous venons d'analyser étaient presque exclusivement des agronomes, alors que, parmi ceux de la première période, on comptait en particulier plusieurs membres du clergé et un avocat en plus de quelques agronomes.

Nous avons noté au début de ce texte l'existence de tensions entre la coopération et le syndicalisme agricoles. Ces tensions n'ont évidemment pas une cause unique. Nous ne ferons toutefois que souligner ici comment le palier idéologique peut fournir certains éléments d'explication à ce phénomène, en nous en tenant à la période que nous venons d'étudier.

La coopération agricole affirme que ses relations avec le syndicalisme agricole doivent être les meilleures possible mais que chaque institution doit être indépendante de l'autre, parce que chacune joue un rôle différent. Le syndicalisme vise à la sauvegarde des intérêts généraux de l'agriculture tandis que la coopération protège les intérêts économiques de ses membres et aussi, jusqu'à un certain point, ceux de l'ensemble des agriculteurs[115].

Du côté du syndicalisme agricole, on parle aussi de la nécessité de relations cordiales avec les coopératives. Par contre, la situation est moins claire en ce qui a trait à l'autonomie réciproque de la coopération et du syndicalisme. Dans certains cas, elle est proclamée, mais c'est surtout l'idée d'une hiérarchie avec le syndicalisme agricole au sommet qui retient l'attention. On s'appuie sur le corporatisme qui recrute alors beaucoup d'adeptes dans le milieu syndical agricole.

Dans le cours à domicile de l'U. C. C. de 1951-1952 portant sur *la coopération en regard de la doctrine sociale de l'Église*, l'auteur écrit : « L'U. C. C. poursuit directement le BIEN COMMUN de la profession agricole... Au contraire les coopératives poursuivent des fins particulières, limitées : l'amélioration des conditions économiques des cultivateurs, et certaines fins sociales déterminées... Or, peut-on logiquement mettre sur un même pied d'égalité une association (l'association professionnelle), qui a pour but la défense du bien commun, c'est-à-dire de *tous les intérêts* de l'agriculture, et une autre (l'association coopérative) qui de par sa nature même n'en protège qu'*une partie*. Le tout n'est-il pas plus grand que les parties ?... Il s'ensuit donc que l'association professionnelle qui a charge des intérêts communs des cultivateurs a, dans l'ordre des valeurs, la primauté sur la coopération agricole... Démontrer que l'association professionnelle est l'organe central, le moteur de toute la vie professionnelle agricole, et que les coopératives agricoles ne sont que des organes ou instruments économiques, c'est réaffirmer la primauté du syndicalisme sur la coopération. Bien plus, ceci évoque immédiatement un certain rapport de dépendance entre les deux[116]. »

En fait, ce que préconise à l'époque le syndicalisme agricole, c'est « la corporation de l'agriculture » dont il assumerait la direction d'ensemble[117]. On s'inspirait en particulier de l'encyclique *Quadragesimo Anno*, de la lettre pastorale des archevêques et évêques du Québec publiée en 1937 et ayant pour titre *le Problème rural en regard de la doctrine sociale de l'Église*, ou encore des écrits de certains auteurs d'ici ou d'ailleurs. Soulignons que Marcel Clément, un des défenseurs du corporatisme en France, fait de nombreux séjours au Québec à la fin des années 40 et au début des années 50 et qu'il a ses entrées à l'U. C. C. Une telle position ne pouvait être approuvée par la coopération agricole. Au surplus, elle n'était pas de nature à améliorer les relations de cette dernière avec le syndicalisme agricole.

Nous nous demandons toutefois si les rédacteurs des textes que nous avons étudiés n'ont pas été influencés par cette position, surtout par la vision de la société qu'elle véhiculait, d'autant plus qu'elle était forte de l'appui de nombreux membres de l'élite traditionnelle, tant clercs que laïcs. Peut-être jugeaient-ils imprudent de s'en éloigner. C'est là une hypothèse que nous entendons vérifier dans l'ouvrage d'ensemble que nous avons entrepris sur la coopération agricole au Québec.

Claude BEAUCHAMP.

Notes

[1] Nous avons aussi consulté la revue *Ensemble* du Conseil de la Coopération du Québec et *le Coopérateur agricole* publié par la Coopérative fédérée à partir de 1948. Nous avons constaté que ces deux publications n'ajoutaient rien, concernant l'idéologie de la coopération agricole, aux textes publiés dans *la Terre de chez nous*. Les textex étaient d'ailleurs assez souvent les mêmes.

[2] *T. C. N.*, 13 septembre 1939, p. 11.

[3] *T. C. N.*, 14 juillet 1948, p. 4.

[4] *T. C. N.*, 16 juillet 1941, p. 4.

[5] *T. C. N.*, 22 juillet 1942, p. 4; 8 mai 1946, p. 4; 10 mars 1948, p..4; 5 janvier 1949, p. 4.

[6] *T. C. N.*, 28 février 1940, p. 5.

[7] *T. C. N.*, 27 janvier 1943, p. 4.

[8] *T. C. N.*, 28 juin 1939, p. 9.

[9] *T. C. N.*, 1er mars 1944, p. 4.

[10] *T. C. N.*, 23 octobre 1946, p. 6.

[11] *T. C. N.*, 24 septembre 1947, p. 4.

[12] *T. C. N.*, 8 juin 1949, p. 4.

[13] *T. C. N.*, 13 octobre 1943, p. 8.

[14] *T. C. N.*, 1er octobre 1947, p. 4.

[15] *T. C. N.*, 3 mars 1943, p. 4.

[16] *T. C. N.*, 5 février 1947, p. 4.

[17] *T. C. N.*, 12 février 1947, p. 4.

[18] *T. C. N.*, 1er février 1950, p. 4.

[19] *T. C. N.*, 28 février 1940, p. 5.

[20] *T. C. N.*, 9 juillet 1952, p. 6.

[21] *T. C. N.*, 31 janvier 1940, p. 2.

[22] *T. C. N.*, 8 octobre 1947, p. 4.

[23] *T. C. N.*, 14 juin 1950, p. 4.

[24] Ajoutons toutefois que la Coopérative fédérée s'est indirectement prononcée pour le NON, puisque trois de ses représentants siégeaient alors au conseil d'administration de l'Union catholique des cultivateurs et que cette dernière a participé à la campagne du NON.

[25] *T. C. N.*, 19 juin 1940, p. 4.

[26] *T. C. N.*, 1er janvier 1941, p. 6.

[27] *T. C. N.*, 10 juillet 1940, p. 4.

[28] *T. C. N.*, 29 juillet 1942, p. 4.

[29] *T. C. N.*, 20 septembre 1939, p. 11.

[30] *T. C. N.*, 9 mars 1949, p. 21.

[31] *T. C. N.*, 13 juillet 1949, p. 4.

[32] *T. C. N.*, 24 février 1943, p. 4.

[33] *T. C. N.*, 19 novembre 1947, p. 4; 28 juin 1950, p. 4.

[34] *T. C. N.*, 10 décembre 1947, p. 4.

[35] *T. C. N.*, 21 avril 1948, p. 4; 10 mai 1950, p. 4.

[36] *T. C. N.*, 25 octobre 1950, p. 4.

[37] *T. C. N.*, 28 février 1940, p. 5.

[38] *T. C. N.*, 31 décembre 1941, p. 4.

[39] *T. C. N.*, 1er octobre 1947, p. 4.

[40] *T. C. N.*, 28 novembre 1951, p. 4.

[41] *T. C. N.*, 17 juillet 1940, p. 4.

[42] *T. C. N.*, 1er juillet 1942, p. 4; 23 avril 1947, p. 4.

[43] *T. C. N.*, 27 décembre 1944, p. 4.

[44] *T. C. N.*, 29 juin 1938, p. 11; 14 juin 1939, p. 11.

[45] *T. C. N.*, 26 juillet 1939, p. 9.

[46] *T. C. N.*, 24 janvier 1940, p. 5.

[47] *T. C. N.*, 5 janvier 1949, p. 4.

[48] *T. C. N.*, 31 janvier 1945, p. 4.

[49] *T. C. N.*, 5 mars 1947, p. 4.

[50] *T. C. N.*, 22 juillet 1942, p. 4.

[51] *T. C. N.*, 7 avril 1948, p. 4.

[52] *T. C. N.*, 20 octobre 1940, p. 4; 29 juillet 1942, p. 4;

[53] *T. C. N.*, 8 mai 1946, p. 4.

[54] *T. C. N.*, 12 et 19 avril 1950, p. 4.

[55] *T. C. N.*, 10 décembre 1941, p. 4.

[56] *T. C. N.*, 30 juin 1943, p. 4.

[57] *T. C. N.*, 22 mai 1946, p. 4.

[58] *T. C. N.*, 15 septembre 1948, p. 4; 30 janvier 1952, p. 4.

[59] *T. C. N.*, 24 octobre 1951, p. 27.

[60] *T. C. N.*, 26 novembre 1947, p. 4.

[61] *T. C. N.*, 7 mai 1947, p. 4.

[62] *T. C. N.*, 19 juin 1940, p. 8.

[63] *T. C. N.*, 28 juin 1939, p. 9.

[64] *T. C. N.*, 25 février 1948, p. 4.

[65] *T. C. N.*, 25 juin 1952, p. 4.

[66] *T. C. N.*, 29 septembre 1943, p. 4; 23 janvier 1952, p. 4.

[67] *T. C. N.*, 23 août 1944, p. 4.

[68] *T. C. N.*, 2 avril 1947, p. 4; 4 janvier 1950, p. 4; 1er février 1950, p. 4.

[69] *T. C. N.*, 9 et 16 avril 1952, p. 4.

[70] *T. C. N.*, 29 septembre 1943, p. 4; 1er octobre 1947, p. 4.

[71] *T. C. N.*, 9 octobre 1946, p. 4; 24 janvier 1951, p. 4; 2 juillet 1952, p. 4.

[72] *T. C. N.*, 20 mars 1946, p. 4.

[73] *T. C. N.*, 16 mai 1951, p. 4.

[74] *T. C. N.*, 14 mai 1952, p. 4.

[75] *T. C. N.*, 8 novembre 1939, p. 5; 2 mai 1945, p. 4; 5 novembre 1947, p. 4.

[76] *T. C. N.*, 17 mai 1944, p. 4.

[77] Rappelons que c'était aussi la position du Conseil supérieur de la coopération, fondé en 1939, et qui deviendra plus tard le Conseil de la coopération du Québec. La plupart des rédacteurs dont nous étudions ici les textes participaient étroitement aux activités du Conseil. L'orientation donnée à la pensée coopérative par l'expérience de Rochdale a été largement reprise par l'Alliance coopérative internationale.

[78] *T. C. N.*, 1er juillet 1942, p. 4.

[79] *T. C. N.*, 5 février 1941, p. 4.

[80] *T. C. N.*, 30 juin 1943, p. 4.

[81] *T. C. N.*, 24 avril 1940, p. 4.

[82] *T. C. N.*, 8 janvier 1947, p. 4.

[83] *T. C. N.*, 17 août 1938, p. 11.

[84] *T. C. N.*, 29 juin 1938, p. 11; 1er février 1939, p. 10; 1er mars 1939, p. 10; 30 juin 1943, p. 4; 17 mai 1944, p. 4; 14 juillet 1948, p. 4.

[85] *T. C. N.*, 9 mars 1949, p. 21.

[86] *T. C. N.*, 24 mai 1950, p. 4.

[87] *T. C. N.*, 3 janvier 1951, p. 4.

[88] *T. C. N.*, 5 avril 1939, p. 10.

[89] *T. C. N.*, 1er mars 1939, p. 10.

[90] *T. C. N.*, 16 septembre 1942, p. 4.

[91] *T. C. N.*, 1er mars 1944, p. 4.

[92] *T. C. N.*, 15 mars 1944, p. 4.

[93] *T. C. N.*, 12 janvier 1949, p. 4.

[94] *T. C. N.*, 24 mars 1943, p. 4.

[95] *T. C. N.*, 12 juillet 1950, p. 4.

[96] *T. C. N.*, 24 septembre 1947, p. 4; 12 juillet 1950, p. 4.

[97] Après le congrès de l'A. C. I. de 1930, une commission fut formée pour étudier la question des principes coopératifs. Elle en retint sept : (1) adhésion libre; (2) contrôle démocratique; (3) ristourne au prorata des achats; (4) intérêt limité sur le capital; (5) neutralité politique et religieuse; (6) vente au comptant; (7) développement de l'éducation. Le congrès de 1937 considéra comme coopératives les associations se conformant aux principes de Rochdale et plus particulièrement aux principes de l'adhésion volontaire, du contrôle démocratique, de la répartition des excédents aux membres au prorata de leurs transactions et de l'intérêt limité sur le capital. (*Cf.* Paul LAMBERT, *la Doctrine coopérative*, Bruxelles, Les propagateurs de la Coopération, 1959, pp. 76-77, et « Manifeste du Conseil supérieur de la coopération », *Ensemble*, vol. 1, n⁰ 5, mai 1940, 3-6.)

[98] *T. C. N.*, 5 avril 1939, p. 10; 12 avril 1939, p. 12; 2 août 1939, p. 9; 10 avril 1940, p. 4; 15 décembre 1943, p. 4; 30 avril 1947, p. 4; 10 mars 1948, p. 4; 5 janvier 1949, p. 4.

[99] *T. C. N.*, 16 juillet 1941, p. 4; 5 août 1942, p. 4; 27 janvier 1943, p. 4; 26 mars 1947, p. 4; 21 juillet 1948, p. 4; 25 janvier 1950, p. 4; 18 juin 1952, p. 4.

[100] *T. C. N.*, 24 août 1938, p. 11; 3 et 10 mai 1939, p. 11; 20 et 27 août 1941, p. 4; 25 mars 1952, p. 4; 15 décembre 1943, p. 4; 30 avril 1947, p. 4; 10 mars 1948, p. 4; 25 janvier 1950, p. 4; 29 novembre 1950, p. 4.

[101] *T. C. N.*, 25 mars 1942, p. 4.

[102] *T. C. N.*, 10 mars 1948, p. 4; 25 janvier 1950, p. 4.

[103] *T. C. N.*, 15 juin 1938, p. 11; 14 juin 1939, p. 11; 21 juin 1939, p. 9; 24 janvier 1940, p. 5; 10 avril 1940, p. 4; 3 décembre 1941, p. 4; 14 janvier 1942, p. 4; 15 décembre 1943, p. 4; 30 avril 1947, p. 4; 10 mars 1948, p. 4; 29 novembre 1950, p. 4.

[104] *T. C. N.*, 5 juin 1946, p. 4 À partir de 1945, de nombreux textes sont consacrés à ce problème de l'assujettissement des coopératives à l'impôt.

[105] *T. C. N.*, 29 juin 1938, p. 11; 26 juillet 1939, p. 9; 24 janvier 1940, p. 5; 10 avril 1940, p. 4.

[106] *T. C. N.*, 28 juin 1939, p. 9; 14 juillet 1939, p. 9; 14 janvier 1942, p. 4; 15 décembre 1943, p. 4; 30 avril 1947, p. 4; 10 mars 1948, p. 4; 14 janvier 1953, p. 6.

[107] *T. C. N.*, 24 avril 1940, p. 4.

[108] *T. C. N.*, 19 avril 1939, p. 10; 6 septembre 1939, p. 11; 15 décembre 1943, p. 4; 30 avril 1947, p. 4; 10 mars 1948, p. 4.

[109] *T. C. N.*, 19 avril 1939, p. 10.

[110] *T. C. N.*, 15 décembre 1943, p. 4; 15 mars 1944, p. 4; 30 avril 1947, p. 4.

[111] La distinction entre neutralité et non-confessionnalité des coopératives se retrouve dans plusieurs textes du Conseil supérieur de la coopération et en particulier dans le fameux article du père G.-H. LÉVESQUE, « La non-confessionnalité des coopératives », *Ensemble*, vol. VI, n⁰ 10, décembre 1945, p. 2-5. Il y définit la neutralité comme « la non-acceptation tant intérieure qu'extérieure de la foi », la confessionnalité comme « l'acceptation intérieure et extérieure de la foi » et la non-confessionnalité comme « l'acceptation intérieure de la foi mais sans sa manifestation extérieure ». Pour lui, « lorsque nous parlons de non-confessionnalité des coopératives, nous ne visons que l'affichage officiel de la foi, nous ne nions pas, au contraire, l'obligation réelle qu'une coopérative a, comme toute institution d'ailleurs, de s'inspirer des principes chrétiens comme aussi d'orienter son action vers Dieu ».

[112] *T. C. N.*, 5 avril 1939, p. 10; 12 avril 1939, p. 12; 16 janvier 1946, p. 4.

[113] *T. C. N.*, 11 janvier 1939, p. 10; 29 novembre 1939, p. 5; 7 février 1940, p. 4; 13 août 1941, p. 4; 9 décembre 1942, p. 4; 15 décembre 1943, p. 4; 31 janvier 1945, p. 4; 8 janvier 1947, p. 4; 16 avril 1947, p. 4; 17 mai 1950, p. 4.

[114] Claude BEAUCHAMP, « Coopération et Syndicalisme agricoles au Québec (1900-1930) », Thèse de doctorat de 3ᵉ cycle en sociologie, Paris, E. P. H. E., 1975, 281 p.

[115] *T. C. N.*, 31 janvier 1940, p. 2.

[116] *T. C. N.*, 9 janvier 1952, p. 15.

[117] Nous rencontrons aussi ce phénomène dans l'histoire agricole de la France où il fit son apparition cependant un peu plus tôt qu'au Québec. On pourra consulter à ce sujet *les Agrariens français de Méline à Pisani* de Pierre BARRAL, Paris, Armand Colin, 1968, 386 p. (Coll. Cahiers de la Fondation nationale des sciences politiques, 164) et *Histoire de la France rurale*, tome 4, *1914 à nos jours*, sous la direction de Georges Duby et Armand Wallon, Paris, Seuil, 1976, 672 p.

LES IDÉOLOGIES ÉTUDIANTES AU QUÉBEC*

INTRODUCTION

Il n'est pas sans intérêt de faire remarquer que le mouvement étudiant, en tant que champ spécifiquement identifié, est relativement récent dans l'histoire de la sociologie, même si la mobilisation étudiante date par ailleurs de plusieurs décennies. Tributaires d'une sociologie de l'éducation (dont les racines remontent jusqu'à Durkheim), ou encore d'une sociologie de la jeunesse, parfois même d'une sociologie du mouvement ouvrier, les pratiques politiques et idéologiques étudiantes ne pouvaient être identifiées que dans la mesure où divers changements sociaux donnaient lieu à la constitution progressive de cette nouvelle catégorie d'acteur social. On a d'ailleurs maintes fois relevé une telle explication : modifications dans les rapports de classe sociale au Québec, adaptation de l'institution scolaire aux demandes de modernisation du système économique, définition du pouvoir politique et de l'État comme instance privilégiée de mises en œuvre des réformes sociales dont la réforme scolaire, création d'institutions scolaires nouvelles — v. g. les cegeps —, redéfinition du rôle de l'université[1], etc.

Les idéologies étudiantes sont en relation de dépendance ou d'autonomie relatives avec de tels changements structuraux; elles

---

* Ce texte n'aurait jamais vu le jour sans l'invitation de Paul R. Bélanger, du département de sociologie de l'université Laval, à participer, il y a quelques années, à son équipe de recherche sur le mouvement étudiant. J'ai trouvé là l'occasion d'un premier apprentissage à la recherche, ainsi que le milieu propice à l'étude du sujet dont traite cet article.

constituent, par ailleurs, un objet de recherche assez récent. Ainsi, dans la mesure où l'on recherche les racines socio-historiques de telles idéologies, il faut faire appel à la fois à une théorie du changement social, certes, mais aussi à une sorte de rétrospective *a posteriori* dont la signification est à toutes fins utiles de nature ethnocentrique, puisqu'il est évident qu'un tel objet n'avait aucun sens au début du siècle !

Pour diverses raisons fondamentales, qui ne constituent pas le sujet de ce texte, je suis ainsi d'avis que les idéologies étudiantes proprement dites coïncident avec une période typique de la société québécoise — appelons-la phase de « modernisation » — dont la recherche des causes structurelles permettrait de mieux en étayer les données et les frontières historiques. Au niveau des idéologies étudiantes, cette période a produit une idéologie qui sera définie comme « libérale », laquelle se fractionnera par la suite en diverses idéologies dont il faudrait encore une fois chercher les causes dans de nouveaux changements structuraux.

Avant de procéder à une description monographique de cette idéologie étudiante libérale, puis des idéologies fractionnées qui l'ont suivie, on peut faire une brève rétrospective de ses antécédents, étant entendu qu'en ce cas le concept d'idéologie étudiante ne peut être utilisé que par analogie avec son acception actuelle, mais qu'il peut servir de lecture *a posteriori* des premières formes socio-historiques qu'il a connues.

Rappelons que sur le plan méthodologique cet essai se limite à une interprétation des résultats de l'analyse de contenu qui a été menée auprès d'un certain nombre de numéros du *Carabin* (journal des étudiants de l'université Laval). À cela, nous avons ajouté quelques informations ayant trait `des événements relativement très récents[2]. À la lumière de cette précision, les limites du texte ressortent clairement. Nous ne traiterons pas de l'ensemble des pratiques idéologiques des étudiants québécois, mais d'une sorte de cas d'espèce, *i.e.* ce qu'on peut observer chez les étudiants de l'université Laval, et uniquement à partir des écrits journalistiques.

L'intérêt de l'étude n'en est pas diminué pour autant, puisque les thèmes idéologiques les plus importants qui seront dégagés sont sans doute les témoins de la pensée étudiante, en quelques-unes de ses phases typiques, notamment en ce qui concerne l'étagement du discours, les catégories de pensée les plus décisives, l'articulation d'ensemble, l'unité interne implicite.

L'idéologie étudiante traditionnelle

À toutes fins utiles, l'idéologie étudiante dite traditionnelle constitue la reprise de la pensée des idéologues de l'époque. Cette observation implique d'ailleurs que l'étudiant, en tant qu'acteur, se définit en référence à la classe des élites traditionnelles, dont il partage déjà les normes et les valeurs.

Une problématique métasociale. Le discours étudiant sur la société est en grande partie fondé sur le sacré et les garants métasociaux comme principe d'organisation. L'identité et les finalités de la société sont d'ordre surnaturel, tout comme la réalité « temporelle » doit s'inspirer de fondements théoriques instaurant la partition entre le Bien et le Mal, le Vrai et le Faux, etc. Une abondante littérature théologique avait d'ailleurs développé ces propos, et les étudiants s'en sont abondamment nourris : on lira ainsi de nombreuses pages des journaux étudiants affirmant l'attachement des étudiants à la religion catholique, reprenant discours et sermons des autorités, parlant des cieux et de l'enfer, reproduisant nombre d'images religieuses, ou de slogans de même nature. Tout cela était conforme à la pensée religieuse de l'époque et relève d'une interprétation sociologique classique des sociétés fondées sur des garants métasociaux.

Quant à la structure interne de la société traditionnelle, on s'y réfère fondamentalement en termes d'un « ordre naturel », voulu des dieux, mais constamment aux prises avec les agents du mal. À ce niveau, le discours est fortement alarmiste, et s'acharne à dénoncer à l'excès tous ces maux déferlant sur le monde : « Regardez, les nations et les individus gémissent dans un ignoble bouclier d'où ils ne songent pas à s'arracher. Tout chancelle désespérément[3]. » « Lucifer doit être déchaîné 50 ou 60 ans avant l'an 2000 du Christ (...). Rappelons-nous Fatima, les visions mariales de Pie XII[4]. »

L'organisation sociale est à son tour typique des sociétés traditionnelles. Les assises de l'édifice social ainsi constitué sont bien connues : d'abord la famille, « cellule naturelle » de la société, dont les droits sont inaliénables, qui a pour double fonction de contribuer au rayonnement du christianisme et de perpétuer la race; l'école, perçue moins comme une institution éducative que comme « le prolongement du foyer chrétien », l'auxiliaire de l'Église et de la paroisse : « Il ne saurait y avoir de cloison étanche entre l'enseignement de la langue, des nombres, de l'histoire, et l'enseignement de la religion, formation morale de l'enfant[5]. » Enfin, la paroisse, milieu où prend forme une vie communautaire sommairement organisée, caractérisée par la proximité des relations sociales et l'immédiateté d'un pouvoir assumé par les clercs et les petits notables.

La société est ainsi aménagée sur une base de décentralisation, d'autarcie économique, avec l'identification du clergé, des pouvoirs politiques, des notables professionnels, de l'agriculteur et du père de famille comme acteurs principaux, le tout sous l'autorité de l'Église. Selon un tel modèle, les différences sociales ou les inégalités économiques sont naturelles et voulues de Dieu. Les conflits sociaux sont récusés péremptoirement — on est par exemple contre le droit de grève — puisqu'étant soit engendrés par les agents du mal (capitalisme, matérialisme, mercantilisme, etc.), soit contraires à la paix sociale.

Le rôle de l'université. Le discours sur l'université ne constitue à toutes fins utiles que la spécification de cette problématique métasociale. En premier lieu, l'université a une mission spirituelle : assurer le développement de la pensée catholique, aider l'Église à accomplir ses fonctions surnaturelles, etc. La théologie constitue à cet égard le savoir premier dont doivent s'inspirer toutes les sciences. L'université est considérée comme la gardienne de l'orthodoxie catholique : « Seule la lumière de la foi permet à l'homme d'atteindre cette sagesse chrétienne qui forme la clef de voûte de la culture dispensée par l'université[6]. » Mais l'université a aussi des fonctions « séculières », « temporelles », dont les trois principales que rapportent les étudiants ont trait à la recherche de la vérité — par-delà les savoirs particuliers, à la constitution d'un lieu par excellence où sont vécues et défendues les valeurs chrétiennes, et enfin à la sauvegarde des traditions et des institutions.

Le rôle de l'étudiant. L'étudiant, pour sa part, se définit donc comme appartenant de fait à la classe des élites et des élus. Il se consacre non seulement à manifester son adhésion inconditionnelle à l'idéologie traditionnelle, mais aussi il célèbre et magnifie l'université, lieu de son accession à la classe dirigeante. Il est même choisi, assure-t-il, en vertu d'une sorte de décret providentiel : « C'est une élection mystérieuse dont la Providence connaît seule la raison[7]. »

Son rôle est d'abord religieux, tel vivre l'idéal catholique, dénoncer les théories malsaines, etc. Il doit en plus se consacrer à la recherche de la Vérité, devenir un homme éclairé, imprégné de culture, de sagesse et de connaissances. Faisant preuve de dévouement et de docilité, il doit évidemment se pénétrer de son rôle futur d'élite de la société.

Mais l'étudiant est aussi un jeune, encore fruste, au pas hésitant, dont on accepte de bon cœur les escapades et les frivolités passagères. Étant en période probatoire, pourrait-on dire, quelques incartades valent bien la « générosité », l'« ardeur », la « franchise », etc., toutes vertus de la jeunesse dont l'étudiant se voit pourvu.

L'idéologie libérale réformiste

Après la deuxième guerre, et surtout à partir des années 1950-1955, apparaissent un certain nombre de textes qui appellent l'autonomie étudiante, face aux dirigeants et à leur idéologie, et face aux définitions traditionnelles de l'étudiant : « Comme jeunes universitaires, nous devons posséder le droit à nos opinions en n'engageant personne d'autre que nous-mêmes. (...) Les opinions émises dans ce journal engagent les seuls signataires et ne reflètent pas les vues de l'Université Laval ni de l'AGEL[8]. » « C'est pourquoi l'Association générale des étudiants de l'Université Laval de sa seule initiative organise pour le 23 octobre à 9 heures 30 du matin une manifestation publique sur la colline parlementaire pour souligner les besoins pressants de l'éducation supérieure au pays et particulièrement dans la province de Québec[9]. »

De tels propos coexisteront longtemps avec d'autres sur la littérature malsaine ou la fidélité religieuse ! Mais ils sont l'indice de l'introduction de l'étudiant comme nouvel acteur social, qui se reconnaît comme tel et veut être reconnu par les autres acteurs. Cette affirmation de l'autonomie étudiante s'inscrit d'ailleurs de manière cohérente avec l'articulation d'un nouveau modèle idéologique par lequel sont pensés différemment la société, ses dynamismes internes, les acteurs, ainsi que l'université elle-même. Nous avons appelé ce modèle l'« idéologie libérale réformiste ».

Le modèle libéral de société. En vertu d'un processus dont il ne nous appartient pas de traiter, un changement radical marque l'idéologie libérale, soit celui de l'abandon des définitions de la société par des garants métasociaux, au profit d'une « explication » qui fait appel aux dynamismes internes à la société.

Le modèle de société est typiquement libéral. La société est définie non pas par son essence, ou par quelque finalité externe, mais par sa structure interne : elle est le produit de ses composantes internes, dont l'énumération fait appel aux corps intermédiaires, à l'État, aux mouvements sociaux et aux groupes d'intérêt; il y a une nette identification des acteurs en tant qu'agents dynamiques constitutifs et fonctionnels; la société est le produit de ses composantes. De plus, une problématique du changement social est introduite, en tant que résultat de l'articulation des rapports entre les divers groupes sociaux. Les pratiques économiques, l'expérience sociale, y sont, en s'en doute, nettement identifiées : « Toute société, par suite de l'évolution historique accomplie ou qui aurait dû s'accomplir, doit non seulement faire une place, mais encore accepter comme unités générales composantes et partant comme expression dernière des biens particuliers dans ses rapports avec le bien commun, les groupes d'intérêts et non plus les classes. La fonction de l'État à l'égard de ces groupes et son devoir est de les écouter et de les maintenir dans les limites du bien commun[10].» Ainsi, la société, ordonnée en groupements divers, n'a d'autre finalité que celles qui résulteront de leurs rapports, étant entendu que tous tendent naturellement vers le bien commun de tous.

Quant à l'État, sa fonction est presque toujours de nature supplétive; ou encore il doit assurer l'harmonie entre les groupes, définir les rapports juridico-politiques qui doivent les régir, régler les problèmes dysfonctionnels temporaires, etc. Tout au cours de cette période on observe un chassé-croisé de perspectives, allant du libéralisme « modernisateur » à l'intervention la plus rigide. L'État est légitimé en tant qu'instance privilégiée par qui la réforme sociale sera entreprise (modernisation économique, réforme de l'éducation, par exemple), ou par qui passeront la justice distributive, l'égalité sociale, la fin de l'exploitation économique (variante de type dit socialiste). On écrira qu'il lui revient de participer, par exemple, à la réforme de l'éducation dans la mesure de l'enjeu énorme pour la justice et l'égalité sociale que l'on a attaché à cette réforme. Ainsi, lors de l'occupation de l'antichambre de M. Duplessis, en 1958, on fit la grève « pour forcer le seul organisme capable de réaliser ces mesures, l'autorité politique, à faire le nécessaire[11] ». Cette attention au politique est également remarquable dans la ferveur du *Carabin* pour l'un ou l'autre parti politique : P. S. D., R. I. N., P. Q.[12], etc.

Tout cela se traduit encore par une ouverture manifeste aux questions sociales, une plus grande sensibilité aux problèmes socio-économiques, par une attention plus grande aux conflits et aux changements. Les prolongements de cette pensée se retrouvent aussi dans les appels aux réformes sociales, contre une société « en retard », dans les dénonciations de l'université traditionnelle, et aussi dans la volonté des étudiants de s'organiser en vue de promouvoir les changements souhaités : « En Amérique du Sud les étudiants descendent fréquemment dans la rue. Ils sont une force avec laquelle il faut compter. (...) En Espagne tout récemment ils ont donné quelques cauchemars à ce saint homme de Franco. (...) Mais si de telles conduites ne s'imposent pas, nous pourrions par contre nous donner les plus valables des attitudes qui les soustendent. C'est-à-dire s'ouvrir à la réalité ambiante et la passer au crible des justes normes, se solidariser avec d'autres dans cette prise de conscience, prendre position et l'indiquer par des actes concrets, donner l'impact le plus efficace à cette prise de position. Qu'ont fait les étudiants de Laval pour la correction de notre société[13] ? »

L'organisation syndicale étudiante. Si la société est composée de groupements divers, et si les étudiants forment un de ces groupements, personne n'hésitera à leur donner un rôle dans « l'élaboration dynamique de la société globale ». Les étudiants sont des travailleurs intellectuels qui ont en commun des problèmes multiples; ils forment une communauté de travail, d'intérêt, de préoccupation. Ils reconnaissent leur identité dans un processus de production; c'est tout cela à la fois qui servira de justification à la fonction sociale que les étudiants se donneront dans la société : « Il faut fixer de façon définitive le rôle du mouvement étudiant dans la construction de la société. L'élaboration d'une « charte de l'étudiant » établirait notre statut, définirait nos tâches et nos revendications. Le problème de notre intégration dans l'université et dans la société serait posé en termes clairs. »

La citation a été allongée parce qu'elle traduit le type de rapports que les étudiants veulent entretenir avec la société : des rapports formalisés, réglementés, institutionnalisés. Plus tard, *le Carabin* de 1966 ne dira pas mieux lorsqu'il réclamera la professionnalisation de l'A. G. E. L. (permanents, gros budgets, président à temps plein) : « Peut-être en arrivera-t-on un jour à la conclusion que l'exécutif de l'AGEL devrait être élu pour deux ans au lieu d'un, que le président devrait être à plein temps, et que l'association devrait disposer de moyens financiers permettant de mettre en œuvre une action efficace et conforme aux intérêts de l'ensemble des étudiants[15]. »

La logique même appelait donc les étudiants à s'organiser en syndicat, à se tailler une place parmi les composantes de la société, s'y fixer par un mécanisme d'intégration (charte, professionnalisation, etc.). Toute cette phase est marquée par la promotion et la valorisation de l'organisation syndicale des étudiants, suite à l'idéologie voulant que pour former un groupe dynamique, *un groupe de pression*, il faut s'organiser, devenir une de ces composantes de la société : « L'évolution des dernières années pose d'une façon urgente l'adoption du syndicalisme étudiant chez nous. Le phénomène est normal et nécessaire, dénué de toute utopie et correspond pleinement à la réalité[16]. »

Pour cette idéologie syndicale, le principe d'identité des étudiants consiste ainsi en leur définition comme groupe de pression institutionnalisé, s'inscrivant en opposition, ou en alliance avec d'autres groupes sociaux (surtout les travailleurs) pour l'avènement de la justice et l'égalité. Que l'analyse se fasse en termes de « groupes d'intérêts » ou de « classe étudiante » la représentation globale d'une action collective proprement syndicale ne changera pas : « Grossièrement on peut définir un syndicat comme le serviteur de ses membres et de la société. Serviteur de ses membres par l'instauration de tous les services académiques et para-académiques pouvant améliorer la vie universitaire. Serviteur de la société par la poursuite de l'information et l'éducation de ses membres sur les problèmes politiques et sociaux, pour en venir à une action concrète à titre de citoyens à part entière[17]. »

L'université libérale. Tout comme le modèle de la société, l'université est définie non pas à partir de son « essence », mais à partir de sa situation dans la structure sociale et de sa fonction dans l'activité socio-économique. Elle a « une place de premier choix » en ce sens qu'elle constitue une importante composante du bien commun, une organisation indispensable pour servir la justice, l'égalité sociale et la croissance : « L'université devient un super corps intermédiaire qui est appelé à exercer un rôle social incontestable[18]. » Unité composante de la société, corps intermédiaire, deux expressions qui traduisent une même pensée idéologique, selon laquelle l'accent doit être mis sur la situation sociale de l'université et sa fonction socio-économique.

C'est ce qui donne tout son sens aux énergies étudiantes dépensées pour ce qu'on a appelé la « démocratisation de l'université », qui signifiera, dans toute l'étendue du terme, adaptation de l'université à une nouvelle fonction que l'on voudra lui voir assumer dans une société désormais industrialisée, fonction instrumentale s'il en est une, et qui remplace la fonction culturelle qu'on lui assignait jadis. Démocratisation sera donc synonyme d'accessibilité générale à la connaissance scientifique et technique, indépendamment des ressources économiques de chacun, perméabilité du système d'éducation à toutes les classes de la société (et non pas aux seules élites de naguère). Cela amenait des revendications, d'ordre économique principalement : bourses d'État généreuses et nombreuses, gratuité universitaire, octrois gouvernementaux statutaires pour les universités : « La première raison de notre non-savoir vient du fait que, par la valeur dominante attachée au seul concept d'élite, on croit, dans bien des milieux, et sans s'en cacher, que l'éducation poussée n'est le lot, et strictement, que d'une classe privilégiée qui s'appelle l'élite. C'est contre cela que nous nous élevons en faux parce que, selon nous, cela vient d'une survivance archaïque, d'une espèce d'esprit féodaliste. C'est pourquoi, afin que tous les individus soient sur le même pied au point de départ, nous réclamons la gratuité universitaire. *La valeur individuelle fera les frais de la différenciation ultérieure* [19]. » Les seuls critères de différenciation sociale sont ainsi ramenés à des considérations psychologiques que les techniques d'admission peuvent aisément régler.

L'étudiant et l'université. La définition que les étudiants donnent d'eux-mêmes s'avère cohérente avec leur modèle de société. Constituant un groupe d'intérêt ou de pression — dont l'organisation syndicale est l'exemple privilégié — les rapports de l'étudiant à l'université sont de quelques ordres spécifiques.

Tout d'abord, il n'y a pas à proprement parler d'enjeu social ou politique à l'intérieur de l'université, mais à l'extérieur, autour de sa fonction sociale, autour de sa position dans le système social (d'où cette difficulté à lier action politique et action au sein de l'université). On parle sans doute parfois des problèmes pédagogiques au niveau des départements, on critique la valeur de certains cours, mais sans que le rapport social liant le professeur et l'étudiant ne soit vraiment reconsidéré. Les étudiants se voient plutôt comme un groupe de pression qui s'attaque à l'administration de l'université, l'orientation du système universitaire, les politiques gouvernementales, mais rarement au tissu pédagogique dans lequel ils vivent.

C'est pourquoi un débat important sera notamment entretenu par les étudiants eux-mêmes quant à leur « participation » à l'institution universitaire, mais celle-ci renverra en pratique à la représentation des étudiants auprès de certaines instances de décision. Dès 1957, à l'université Laval, on proposait la présence d'étudiants au conseil universitaire et aux conseils de faculté[20], mais dans le sens d'une participation officielle et structurée à l'administration et aux décisions de l'université.

Un autre aspect du rapport de l'étudiant à l'université a trait au savoir lui-même. Tel que déjà signalé, les étudiants ne remettent pas fondamentalement en cause les rapports pédagogiques eux-mêmes, mais militent plutôt pour la reconnaissance de leur statut, en tant que partie vitale de l'université; l'étudiant affirme constituer la « matière première » de l'université, celui par qui passera la connaissance spécialisée dont le Québec a un si urgent besoin pour sa modernisation : « Mais l'université, ce n'est pas qu'un personnel, une autorité, une administration; c'est un organisme dont les étudiants forment sûrement la partie vitale[21]. »

Au fond, l'étudiant se justifie en tant qu'acteur par son accès progressif au savoir scientifique et technique, que seule l'université peut lui transmettre et qu'il a donc tout intérêt à valoriser. L'idéologie étudiante de cette époque est une idéologie d'intégration à un système social qu'elle veut « modernisateur ».

La nation. Les étudiants des années 1955 sont fédéralistes, se méfient du nationalisme traditionnel dont M. Duplessis leur laisse l'image, et portent leurs préoccupations sur le domaine socio-économique : système d'éducation, sensibilité aux inégalités sociales, etc. Il fallait rejeter la forme de nationalisme traditionnel pour promouvoir l'accession du Québec à l'industrialisation; il fallait abandonner cette forme d'idéologie nationale pour porter le combat sur le terrain social. Les étudiants ne cessent pas cependant leurs appels à la responsabilité collective, à la promotion des Canadiens français, pour la prise en charge de leur avenir, etc. La chose la plus dénoncée sera l'emprise des capitaux étrangers sur le Québec, et le concubinage des dirigeants politiques provinciaux : « La gravité de la crise vient du fait que les Canadiens français ne sont pas responsables de l'évolution dont leur province est l'objet. L'impulsion vient de l'extérieur. Les hommes d'affaires anglais et américains font figure d'envahisseurs à nos yeux[22]. »

Les étudiants s'opposaient ainsi au nationalisme traditionnel, et se situaient à l'intérieur d'un modèle politique de type fédéral, puisqu'il apparaissait à leur yeux comme la seule solution valable à un nationalisme conservateur, la seule voie vers un redressement économique et culturel. Beaucoup d'entre eux, aujourd'hui hommes politiques ou hommes d'affaires, y ont puisé leur idéologie fédéraliste, à l'origine, à la fois négative — contre « l'autonomie provinciale » à la M. Duplessis — et modernisatrice.

Toutefois, pour des raisons qu'il n'est pas de notre ressort de traiter ici, un des termes de la dialectique national — social sera modifié peu à peu. Tout en restant de plus en plus ouverts à la réforme des fondements de la société, les étudiants rejetteront bientôt le fédéralisme de rechange par lequel ils avaient combattu le nationalisme d'antan, et se tourneront vers un néo-nationalisme qui fera appel à l'indépendance du Québec, à son autonomie tant politique qu'économique. Mais rarement l'élément national ne sera isolé; un Québec libre sera aussi plus juste ou il ne sera pas : « La voie royale du nationalisme passe par la construction d'un Québec socialiste[23]. »

On incline même à penser la question nationale comme une question de temps; aucun texte du *Carabin* des dernières années de

sa parution ne doute de l'imminence du moment où le Québec
deviendra indépendant.

Le fractionnement idéologique actuel

L'idéologie étudiante libérale est remarquablement bien sturctu-
rée, et fort cohérente. Elle sous-tend la pratique politique et sociale
des étudiants à l'époque de la modernisation du Québec, du syndicalisme étudiant à son apogée, et des transformations que connaît
l'institution universitaire. Mais, à l'instar de l'idéologie traditionnelle, des changements fondamentaux s'observent dans la structure
et le contenu de la pensée des étudiants, à tel point qu'il devient
nécessaire de parler d'une nouvelle phase de l'idéologie étudiante,
d'une nouvelle articulation idéologique.

Dans la mesure où l'analyse se concentre sur cette seule instance
de l'idéologie (et non pas, par exemple, sur les facteurs socio-
historiques qui l'ont transformée), on peut discerner quelques
points majeurs de rupture, par où le fractionnement idéologique
actuel est passé...

Les points de rupture. Dans la conception libérale de la société,
les étudiants ne sont pas des adversaires mais des partenaires sociaux. Ils ne cherchent pas à formuler un projet d'anti-société ou
de contre-culture, mais bien plutôt à participer activement aux valeurs de développement économique, de progrès, de justice sociale. Or la critique du Québec, quand elle s'est effectuée à l'intérieur d'un tel modèle libéral, a progressivement conduit les étudiants à l'expression d'un décalage profond entre une société présente, en retard, périmée, etc., et leur idéal social réformiste. La
distance est ainsi rapportée en termes de retards, de décalage, de
« déphasage » : « Pour ceux qui n'auraient pas compris, voici nos
thèses : primo, les éléments sociaux composants du milieu sont
déphasés par rapport au milieu dans lequel ils vivent; secundo, le
déphasage les rend aveugles face aux problèmes du milieu[24]. »

Au moment où le décalage apparaîtra trop profond pour disparaître à moyen terme, quand nulle issue ne sera entrevue pour les
changements sociaux auxquels aspirent les étudiants, quand l'écart

sera considéré comme irréductible, alors quelques idéologues étudiants se réfugieront dans cette rupture même, renonceront à tout projet de réforme. L'idéologie libérale, quand elle se cantonne dans un tel modèle de société, aboutit ainsi, dans sa critique, à la marginalité pure et simple.

Un autre point de rupture se portera vers le rejet de l'organisation syndicale étudiante. La dissolution de l'Union générale des étudiants, en février 1969, a constitué un épisode important de cette phase[25]. Or un tel rejet s'appuiera sur l'idée que l'étudiant ne constitue pas un acteur si dynamique qu'il le laisse entendre et que, bien souvent, loin de participer aux changements sociaux, il en est un frein, quand il ne se révèle pas franchement conservateur : « Le milieu étudiant est un milieu social décevant; les étudiants représentent un groupe politique instable, amateur et peu sérieux. Somme toute, aucun progrès n'est possible dans le monde étudiant[26]. » « Le syndicalisme étudiant en tant que tentative de politiser les étudiants, de développer chez eux une conscience sociale et de les amener à une participation active au changement, au progrès de la société québécoise s'est avéré un échec[27]. » Une telle conception a conduit peu à peu à délaisser un modèle de société fondé sur l'articulation institutionnelle des groupements sociaux (avec évidemment, l'abandon de l'idée de « majorité »), dont la conséquence logique était le rejet de l'action syndicale étudiante. On tendra plutôt vers la valorisation de l'action militante des groupuscules, nés au hasard des conflits et des luttes, débarrassés des appareils bureaucratiques (on parlera, par exemple, des « minorités agissantes »).

Un autre point de rupture concerne cette fois la critique de l'université elle-même. À cet égard, l'idéologie libérale réformiste sera vite débordée : l'université contribue au maintien des privilèges et des injustices, elle est un des principaux lieux de reproduction des classes sociales privilégiées, etc. Or le refus latent de l'université libérale implique inévitablement le rejet de son mode d'intégration institutionnelle, *i.e.* de sa place et de son rôle dans la société, et par conséquent le modèle même de société qui supporte une telle définition de l'université : « Les structures universitaires reflètent les rapports socio-économiques d'une société bourgeoise et capitaliste[28]. »

Marginalisation de l'étudiant, abandon d'un modèle de changement social fondé sur l'articulation juridico-politique des groupes sociaux, rejet de l'université-institution, tels sont, à notre avis, trois des principaux points de rupture à la source des nouvelles tendances idéologiques actuelles. Non pas que l'idéologie libérale soit abandonnée, bien au contraire, elle subsiste encore, sans doute chez les étudiants des facultés dites professionnelles, dans les sciences administratives ou dans les facultés de génie, par exemple.

Le modèle de société. L'image que nous laisse l'idéologie étudiante actuelle est celle d'une société conflictuelle, en permanentes tensions, déchirée par les luttes idéologiques et les conflits de pouvoir, ne s'appuyant jamais plus sur une quelconque idée de majorité ou de représentativité. Mais c'est aussi une société dont le changement est à ce prix, qui avance ou recule à coup d'actions collectives, de coalitions temporaires et même de manifestations massives dans la rue, une société qui s'en remet à ses acteurs sociaux, qu'elle reconnaît comme étant doués d'immenses ressources d'imagination et de créativité, pour définir ses propres orientations de changement.

À la limite, la société est en changement continu grâce à l'interaction des divers mouvements sociaux qui la composent. Les composantes de la société ne sont donc plus des groupes d'intérêts ou même les classes, mais des minorités actives. Telle est, nous semble-t-il, cette vision politico-culturelle de la société. Celle-ci est perçue comme l'ensemble des relations de tensions qui s'établissent entre divers mouvements sociaux dans une lutte pour l'accès au changement social et aux décisions collectives; la société est perçue comme l'articulation de son dynamisme interne.

Dès lors, l'idéologie tend à se cantonner d'emblée au niveau sociétal et à y développer des projets culturels qui tendent visiblement à la définition de valeurs nouvelles, indépendamment de leurs possibilités d'insertion à court terme dans le système social actuel. Nous assistons progressivement à la construction d'une culture parallèle qui est la négation et le refus des valeurs actuelles de notre société : « Il est une société à définir dans ses objectifs et dans les moyens qu'elle prendra pour y atteindre, et chacun doit participer à la définition et l'élaboration de ces objectifs et de ces moyens[29]. »

La culture doit donc être refaite, reconstruite. Mais ce processus de re-création est l'œuvre de tous et chacun. Tout homme peut y participer; tout individu a accès directement au changement culturel : « La culture, c'est la vie; ce ne sont pas nécessairement les connaissances que l'école te donne; c'est bien plus qu'est-ce que tu apprends avec tout le monde. Chacun se la construit[30]. »

Tel est bien, en son sens le plus profond, ce qu'on a désigné sous l'expression « révolte culturelle » : participation immédiate et sans intermédiaire de l'individu à la culture, abolition symbolique de la distance entre le niveau de la personnalité et celui de la culture en vue de dégager progressivement de nouvelles valeurs sociales qui s'opposeront, en une sorte de contre-projet global, aux fondements culturels de la société actuelle.

Ainsi, la pensée étudiante représentative de cette tendance est amenée à exprimer un projet de culture parallèle, un projet d'une culture *autre*, dont le contenu fait appel à ces mythes éternels de l'espèce humaine, à ces « valeurs » de tous les temps, que sont l'amour, la liberté, la justice.

La culture étudiante. En conformité avec ce modèle « culturel » de société, une autre tendance de l'idéologie étudiante valorise fortement le développement d'une culture spécifiquement étudiante : auto-gestion absolue, mise en commun des ressources financières, prise en charge de l'ensemble de la vie humaine par le groupe (soins des enfants, sexualité, loisirs, subsistance), etc. Cela a même donné lieu à la création de diverses « communes ».

La conception de l'étudiant en tant qu'acteur social à part pleine et entière est ici achevée : reconnaissance de son identité culturelle, revendication d'attributs de dynamisme, d'imagination et de créativité, exigences d'autonomie totale. À travers un milieu social qui lui sert de références, l'étudiant cherche à inscrire ses propres modèles culturels, et, en toute logique, à construire sa propre culture. « Il ne s'agit ni d'un refus de l'organisation, ni d'un écœurement stérile mais plutôt de l'émergence d'un nouveau courant, d'une nouvelle attitude qui ne s'identifie plus fondamentalement aux projets et aux méthodes d'organisation et de lutte des groupes existants; d'un nouveau type de lutte politique, économique et culturelle axé moins sur la confrontation systématique avec l'ordre établi que sur l'implantation d'une société parallèle, une espèce de désertion politique, de conspiration de la liberté, une révolte culturelle au sens le plus politique du mot[31]. »

Certes cette « culture » est fragile, et même minoritaire. Elle ne signifie pas que l'étudiant cherche à défendre une culture déjà achevée et construite. Un tel thème, nettement présent dans les verbalisations étudiantes actuelles, se réfère plutôt à une sorte de projet culturel pour lequel l'étudiant se reconnaît une légitimité pleine et entière.

L'université : de l'utopie aux rapports de pouvoir. Le refus, dans sa forme libérale, n'est pas sans engendrer quelques contradictions dans la pensée étudiante : faut-il quitter l'université, puisque s'y intégrer revient à accepter les contraintes institutionnelles, la suprématie du corps professoral et de l'administration, l'accès aux classes dites bourgeoises ? Faut-il tenter de la « réformer », mais comment éviter la « récupération » par les structures en place ?

Une des tendances idéologiques actuelles est nettement libertaire en regard de l'institution universitaire ou collégiale : elle parle de dissoudre en quelque sorte l'université dans le système social : « Positivement c'est rendre possible à tout individu où qu'il soit et à tout moment de sa vie, de s'équiper, d'apprendre, de devenir plus conscient, de vivre, de travailler, de créer, de communiquer, de s'amuser, et tout cela en même temps. Décompartimenter complètement la vie et la société. Fondre en un seul et même

« lieu » l'école, l'usine, le bureau, le parlement, le centre d'amusement et la maison[32]. »

Mais cette utopie culturelle n'occupe certes pas tout le champ idéologique. Une autre tendance fait de l'université — plutôt que de l'organisation syndicale — le nouveau centre de définition de l'étudiant, ainsi que le lieu de conflits spécifiques. À ce propos, de nombreuses variations sont possibles. Ainsi, prosaïquement, certains étudiants voudront faire porter la lutte globale contre la société au niveau même des cours et de leur contenu. D'autres, fidèles à la conception de la minorité agissante, voudront former des cellules de contestation d'où qu'elles puissent surgir, à l'intérieur ou à l'extérieur de l'université.

C'est peut-être cependant la question des rapports de pouvoir entre professeurs et étudiants qui devient l'enjeu le plus important. La structure des relations pédagogiques est cette fois, remise en cause. Encore ici, la pensée étudiante oscillera entre divers pôles : de l'abolition pure et simple du professeur, à l'autogestion dans l'apprentissage des connaissances, et à l'accès au savoir à travers des supports pédagogiques égalitaires, voire hiérarchiques.

Or cela est notamment fonction du type de rapports au savoir dans lequel l'étudiant est inscrit : par exemple, apprentissage de connaissances spécialisées donnant accès à une pratique professionnelle presque exclusive — et, en ce cas, des rapports hiérarchiques d'autorité impliquent un minimum de contrôle institutionnel; accès à des connaissances générales ou de nature fondamentale — et, en ce cas, l'identification aux orientations de l'université est souvent plus forte et donne naissance à des mouvements antitechnocratiques plus accentués, etc.

De manière générale, on peut sans doute dire que l'institution universitaire ou collégiale sert souvent de médiation pour la définition que l'étudiant donne de lui-même, ainsi que de ses rapports à la culture et à la société. Que la tendance soit utopique ou libertaire, qu'elle identifie des projets culturels, que les enjeux portent sur le marché du travail ou sur la connaissance scientifique, l'étudiant fait inéluctablement référence au milieu universitaire pour en traiter, même si l'institution elle-même n'est pas approchée selon les mêmes fonctions, et même si la définition qui en est donnée relève de plus d'un modèle idéologique.

La question nationale. L'idéologie nationaliste demeure latente et diffuse; parfois elle identifie un projet national qui reprend à toutes fins utiles les propositions du Parti québécois; et puisque l'indépendance politique est considérée comme historiquement inéluctable, on n'hésitera pas devant certaines alliances tactiques à court terme (dont un support massif au Parti québécois), par delà d'autres projets utopiques ou contre-culturels.

Mais quand les étudiants tentent de préciser leur projet de société, après l'indépendance, c'est d'abord pour dire que les problèmes sociaux ne seront certes pas résolus du seul fait que la question nationale est réglée. Puis, de par les tendances contre-culturelles qu'elle véhicule, l'idéologie étudiante se met parfois à rêver d'autogestion dans les entreprises, de communautés de base, etc.

*   *

*

La description qui vient d'être faite des diverses idéologies étudiantes permet de rendre compte de beaucoup de situations conjoncturelles. Par exemple, qu'il existe plusieurs modèles idéologiques et même des fractions d'idéologie, chez les étudiants, cela est indiscutable; ce qui importe, et c'est souvent le plus difficile, c'est de tenter de relier des pratiques concrètes aux modèles de société qu'elles sous-tendent. Ainsi, les revendications à propos de la situation économique des étudiants (*v. g.* la question des prêts-bourses), et qui ont pris naissance à l'apogée de l'idéologie syndicale, demeurent encore présentes, mais parfois en parallèle avec une critique libertaire du cegep ou de l'université. Ou encore le refus étudiant de « participation » à certaines instances consultatives, voire décisionnelles, s'appuie implicitement sur le rejet de l'université libérale, dont les modes de gestion tendent à reproduire les classes sociales, et aussi, sur une définition de l'étu-

diant, non pas en tant que partenaire institutionnel de modernisation ou de changement, mais en tant que force sociale minoritaire.
En outre, tel que déjà signalé, la définition implicite qui est donnée
à l'université, selon le type de rapports au savoir dans lequel l'étudiant est inscrit, a comme contrepartie l'observation de modèles
idéologiques différents selon les facultés universitaires ou selon les
options collégiales. On peut encore rappeler l'exemple des projets
culturels étudiants, lesquels, bien plus que les ébats joyeux sur
lesquels on a trop insisté, font appel à des modes de vie radicalement différents, visant un nouvel aménagement des valeurs et des
institutions.

Il est difficile de ne pas évoquer un certain sentiment de désarticulation, dans l'idéologie étudiante actuelle, à la fois de par la
coexistence de modèles idéologiques différents, et de par la sollicitation par des modèles extérieurs (*v. g.* idéologies technocrati-
ques, idéologies néo-marxistes, mouvements écologiques). Il est à
se demander si les étudiants produiront un jour leur propre modèle
de société, autrement que par des emprunts à des idéologies hors
de leur milieu, autrement que par la reprise des idéologies des
dirigeants ou des intellectuels, ou que par un faible écho des idéologies dominantes.

Les étudiants sont pour eux-mêmes des porte-parole démunis.
Une socio-histoire de leurs idéologies illustre que la plupart du
temps ce qu'ils disaient d'eux-mêmes leur venait d'ailleurs. Mais
en plus, il est incontestable qu'ils ont souligné des enjeux importants, fait surgir les contradictions ou les conflits, milité pour des
questions stratégiques — réforme scolaire, développement économique, justice sociale, démocratisation de l'université, changements politiques, etc., à la manière d'acteurs sociaux marginaux,
souvent peu légitimés dans leur accès à la parole.

L'étudiant est peut-être une espèce en voie de disparition. Les
mass médias rognent déjà sur la fonction éducative de l'université,
certaines universités comptent déjà une part importante d'étudiants
à temps partiel, *i.e.* qui se définissent d'abord par d'autres rôles
sociaux que ceux de l'école. Et ce qu'on appelle l'éducation per-

manente tend à élargir considérablement la notion d'« étudiant ». On peut ajouter que de nombreux étudiants ont parfois tendance à se définir soit par des références extérieures à leur milieu — *v. g.* profession future, marché de travail — soit comme acteur provisoire et passager.

Sollicités par divers modèles idéologiques, menacés dans leur rôle et leur statut, les étudiants auront-ils un jour leur propre identité culturelle ?

Gilles PRONOVOST.

Notes

[1] À ce sujet, voir l'article de Paul R. BÉLANGER et de Louis MAHEU, dans le vol. XIII, n° 3, 1972, de *Recherches sociographiques*

[2] Pour la méthodologie, nous renvoyons à notre thèse sur le même thème (1971, p. 13.)

[3] *Le Carabin*, université Laval, 1958-1959, n° 9, p. 1.

[4] *Idem*, 1952-1953, n° 12, p. 5. À moins d'indication contraire, les notes 5 à 28 qui suivent renvoient toutes au *Carabin*.

[5] 1941-1942, n° 7, p. 2.

[6] 1952-1953, n° 1, p. 3.

[7] 1952-1953, n° 1, p. 5.

[8] 1949-1950, n° 4, p. 1.

[9] 1956-1957, n° 7, p. 1.

[10] 1957-1959, n° 21, p. 2.

[11] 1957-1958, n° 21, p. 1.

[12] Par exemple, 1957-1958, n° 4, p. 12; 1966-1967, n° 6, p. 5.

[13] 1955-1956, n° 20, p. 6.

[14] 1957-1958, n° 24, p. 2.

[15] 1966-1967, n° 49, p. 4.

[16] 1957-1958, n° 24, p. 2.

[17] 1966-1967, S. N., p. 12.

[18] 1966-1967, n° 47, p. 3.

[19] 1957-1958, n° 12, p. 2.

[20] 1957-1958, n° 10, p. 8.

[21] 1958-1959, n° 17, p. 11.

[22] 1957-1958, n° 1, p. 4.

[23] 1966-1967, n° 25, p. 3.

[24] 1968-1969, n° 29, p. 4-5.

[25] Voir sur ce sujet précis l'analyse détaillée qu'en a faite François BÉLAND, dans *Recherches sociographiques*, XIII, 3, 1972, 381 ss.

[26] *Le Carabin*, 1966-1967, n° 50, p. 7.

[27] 1966-1967, n° 20, p. 4.

[28] 1968-1969, n° 14, p. 12.

[29] *Le Quartier latin*, Université de Montréal, 1969-1970, n° 6, p. 15.

[30] *Idem*, 1969-1970, n° 4, p. 14.

[31] *Idem*, 1969-1970, n° 14, p. 17.

[32] *Idem*, 1969-1970, n° 1, p. 34.

LES IDÉOLOGIES DU LOISIR AU QUÉBEC
1945-1977

INTRODUCTION

R ENDRE COMPTE des idéologies du loisir, des acteurs qui les supportent, de leur dialectique conflictuelle, pour une période aussi étendue (trente ans) dans le cadre d'un article restreint relève du défi, sinon de la témérité. En effet parler du loisir, c'est aussi parler de la société globale, mais à partir d'un point de vue particulier. Pour mener à terme cette entreprise ambitieuse nous devrons emprunter certains raccourcis tant au niveau du choix des acteurs sociaux qui ont formulé un discours sur le loisir que sur le plan méthodologique dans le choix des matériaux.

En ce qui concerne la méthodologie, nous avons sélectionné d'une façon arbitraire parmi des matériaux très diversifiés et disponibles (monographies, articles de journaux ou de revues, rapports gouvernementaux, livres blancs et verts, etc.) les documents que nous avons jugés les plus représentatifs des représentations sociales sur le loisir pendant la période retenue.

Quant au choix des acteurs, nous avons retenu les deux acteurs qui ont dominé la scène québécoise pendant cette période : le clergé avant les années 60 et l'État québécois après les années 60. Nous n'avons pas tenu compte pour l'instant de certains acteurs, tels les associations volontaires ou mouvements de loisir qui ont joué un rôle secondaire mais non négligeable dans les orientations du loisir au sein de notre société. Ils ont exercé leur action en large partie dans le giron soit de l'Église soit de l'État.

La dominance de ces deux acteurs en loisir comme dans les autres secteurs de la vie sociale s'explique par un trait particulier et fondamental de notre société : sa dépendance. L'étude de la société québécoise relève en large partie de la problématique générale des sociétés dépendantes. C'est pourquoi poser la question du loisir au Québec, c'est aussi poser la question de la dépendance culturelle et des projets des acteurs nationaux pour sortir de la logique de la dépendance. Nous faisons l'hypothèse générale que le loisir, sur le plan de ses représentations sociales, assume, dans ses contradictions et conflits, la problématique générale de la dépendance de notre société. Rappelons brièvement quelques éléments fondamentaux, d'ailleurs déjà connus, qui justifient la définition de la société québécoise en tant que société industrielle dépendante. Ces quelques considérations vont également servir d'éclairage au déploiement des idéologies du loisir au Québec.

Signalons d'abord que la « modernisation » du Québec, c'est-à-dire le passage d'une société traditionnelle de type paysan à une société industrielle avancée, n'a pas été amorcée, déclenchée de l'intérieur par les éléments internes de la société québécoise mais de l'extérieur, par le capitalisme anglo-canadien et américain. Ce mode de développement n'a pas atteint uniquement l'infrastructure économique mais aussi la « superstructure » culturelle. En effet l'économie américaine tout comme la culture américaine ont grandement contribué à façonner la société québécoise d'aujourd'hui. Sur le plan culturel, la plupart des industries culturelles au Québec, telles les industries du disque, du film, du livre, des émissions radiophoniques et télévisées, subissent la pénétration et la domination étrangère. Ce développement externe du Québec exprime la dépendance, la désarticulation des rapports sociaux, l'existence d'une double structure de classes : d'un côté une classe dirigeante extérieure qui commande les rapports de production; de l'autre des classes dominantes internes qui gèrent la reproduction sociale, qu'il s'agisse de la conservation et de la protection de l'identité culturelle traditionnelle par le clergé, ou du maintien de l'ordre social par les « classes politiques » traditionnelles. Cette dissociation extrême entre les rapports de production externes et les rapports de production internes empêche la constitution d'une véritable société nationale. Cette situation correspond, dans les grandes lignes, à la situation québécoise des années antérieures à 1960.

Devant une telle « désarticulation » de la société, le rôle du clergé et des élites a été de « réarticuler » la société à partir des idéologies. « Exilées depuis fort longtemps dans l'univers des idéologies, nous dit F. Dumont, notre société ne pouvait envisager d'en sortir qu'à partir de cet univers. » En d'autres termes, nos élites traditionnelles ont commencé à briser cette dissociation de notre société, à casser sa dépendance par la formulation d'une définition d'ensemble d'elle-même. La fonction de l'idéologie consiste alors à penser et à recréer par la force du discours, de l'imaginaire, une société nationale unifiée, que la dépendance a dissociée. Moins une société a d'emprise sur l'économique et le politique et plus le discours idéologique occupe de l'espace pour combler l'immense vide produit par la dépendance.

Mais c'est seulement quand une société a pu se donner une représentation d'elle-même relativement consistante, du moins telle est notre hypothèse, qu'une société peut envisager sortir de la dépendance. Le politique vient se superposer au culturel et aux idéologies comme nouveau champ d'action en vue de rompre, même partiellement, le lien de la dépendance. Telle est la signification fondamentale de la « révolution tranquille ». Cette dernière ne signifie pas seulement la revalorisation du politique comme nouveau champ de pratiques sociales et lieu d'élaboration de nouvelles idéologies, mais également endroit d'édification d'un État national considéré comme un instrument collectif et premier fondement de la constitution d'une société nationale et d'une culture nationale au sein d'une nation moderne. Le politique devient le deuxième niveau ou le deuxième espace d'action en vue de « réarticuler » la société québécoise. Notons toutefois que l'État québécois n'est pas (encore) un véritable État national mais un État régional incorporé au sein de l'État fédéral canadien. Ainsi la dépendance économique se double d'une dépendance politique. C'est pourquoi l'État québécois se situera constamment dans une dialectique conflictuelle avec le capitalisme étranger et l'État *Canadian* dans un projet de réappropriation nationale de l'économique et du politique.

Si nous voulons simplifier au maximum, nous pouvons avancer que deux acteurs dominent dans le Québec d'aujourd'hui : le capitalisme étranger et l'État national. Dans un tel contexte, les classes nationales deviennent de plus en plus des acteurs subalternes. Elles se constituent non d'une façon autonome mais à partir de leurs rapports à l'État. Ainsi l'État devient l'enjeu de « classes politiques » qui ne sont pas nécessairement homogènes. La nature et la forme des rapports de classes dépendent du type d'action de l'État. Depuis une quinzaine d'années, l'État québécois est « écartelé » entre deux orientations majeures, correspondant à des appuis de classes distincts. D'un côté, l'État libéral, c'est-à-dire l'État conçu comme agent d'intégration de la société québécoise traditionnelle aux sociétés industrielles avancées. Nous retrouvons ici la problématique du retard de la société québécoise par rapport à la société canadienne et américaine et de l'intervention de l'État comme principal instrument de rattrapage. L'émergence de l'État libéral a contribué au renforcement d'une petite bourgeoisie d'affaires et de services ainsi qu'au projet de la formation d'une bourgeoisie nationale et son intégration au plus large capitalisme. De l'autre côté, l'« État nationaliste », c'est-à-dire l'État agent de libération nationale et de constitution d'une société nationale relativement autonome et développée. Il s'agit ici de la problématique de la participation des Québécois à leur développement et de l'utilisation de l'État comme principal instrument collectif de développement interne. Nous retrouvons dans ce cas-ci l'appui d'une fraction importante des intellectuels ainsi que des nouveaux techniciens et technocrates des appareils d'État.

Si nous acceptons la problématique d'une société québécoise dépendante, où s'affirment à la fois une domination externe et l'émergence d'un État national, certains thèmes idéologiques s'imposeront comme allant de soi. Trois thèmes dominent le discours idéologique des acteurs sociaux au sein d'une société dépendante : la nation, la domination étrangère et la modernisation ou le développement[2]. La combinaison particulière de ces trois thèmes idéologiques appliqués au loisir a donné naissance, au Québec, à trois idéologies spécifiques : le loisir-œuvre, le droit au loisir et le loisir comme élément du développement culturel. Présentons brièvement l'articulation de ces trois idéologies en ne perdant pas de vue que ce sont des représentations officielles formulées par les acteurs sociaux dominants au sein de la société québécoise.

I. — LE CLERGÉ ET LE LOISIR-ŒUVRE

Le loisir-œuvre constitue la réponse du clergé québécois — classe culturelle dominante du milieu du XIXe au milieu du XXe siècle — aux conséquences de la « modernisation » de la société québécoise par le capitalisme industriel étranger (domination) en vue de protéger et de conserver les valeurs traditionnelles du Canada français comme nation.

Le thème central de cette première idéologie en matière de loisir s'articule autour de la dimension nationale. Mais la nation est surtout présentée dans son aspect négatif, défensif, faisant appel au retrait, à la communauté traditionnelle contre le type de modernisation du Canada français comme on disait à l'époque, que proposa le capitalisme industrialisateur anglo-canadien et américain. Le loisir-œuvre a fait son apparition au sein de notre société après la première guerre mondiale, mais a connu son apogée, s'est imposé comme idéologie dominante pendant les décennies 40 et 50. Reprenons chacun des thèmes idéologiques (nation, domination, modernisation) en rapport avec le loisir.

Loisir et nation

Le loisir, au niveau de l'idéologie loisir-œuvre, est défini comme un lieu privilégié de protection et de conservation des valeurs traditionnelles du Canada français, à savoir sa langue, sa foi, son identité nationale. La dissociation entre le loisir et le travail, provoquée par l'industrialisation capitaliste, a posé le problème de l'occupation du temps libre dans un premier temps des jeunes, puis des adultes. Pour apporter une réponse à ce problème, l'Église a mis sur pied l'œuvre des terrains de jeux (O. T. J.). Ce mouvement d'action catholique constitue une œuvre d'éducation exerçant une fonction de complémentarité et même de substitution à l'institution familiale et l'institution scolaire. Le loisir était identifié à l'éducation populaire, c'est-à-dire que, face à une population relativement sous-scolarisée et même analphabète dans certaines couches sociales, l'éducation populaire visait à l'élévation du niveau d'information et de connaissance de la population. L'éducation des « masses » devenait un préalable à la liberté dans la société nouvelle en formation, perçue comme une société technicienne, complexe et organisée.

Dans cette conjoncture de l'après deuxième guerre mondiale, la fin ultime du loisir n'était pas la récréation, mais l'éducation : « Ils (les loisirs) ne sauraient seulement satisfaire le repos matériel, le délassement du corps et de l'esprit. Les loisirs ne peuvent être uniquement récréatifs, au contraire, leur but ultime est éducatif. Ils doivent élever le niveau intellectuel du peuple et sa moralité[3]. »

Cette intention éducative visait à rassembler les jeunes et les adolescents dans un endroit approprié, le terrain de jeu en l'occurrence, où diverses activités étaient organisées pour les occuper, car l'« oisiveté était la mère de tous les vices », sous la surveillance morale et la direction spirituelle d'un aumônier et de moniteurs recrutés pour leurs hautes qualités morales. Dans ce contexte, les jeux et les activités organisés par les responsables des terrains de jeux avaient une importance très secondaire; ce qui importait c'était de rassembler le plus de jeunes possible, « les amuser, les former physiquement et assurer leur développement moral, religieux et intellectuel[4] ». Les activités organisées avaient donc une double fonction : réunir le plus grand nombre d'enfants pour les protéger des tentations du péché provenant de la sollicitation de la société de consommation en formation d'une part; servir quotidiennement d'occasion et de prétexte pour la formation nationale, civique et religieuse d'autre part. Les monographies sur les terrains de jeux de Guy Schetagne et de Gérard Dion sont très éloquentes à ce sujet : « Plusieurs fois par jour l'aumônier parle à cœur ouvert de formation nationale, civique et religieuse. Il attire l'attention sur le bon langage, le respect à l'hymne national... Le côté religieux n'est pas négligé. Un petit mot à chaque occasion sur un sujet déterminé : la messe, la vocation, le respect aux parents, l'amour du foyer, la charité fraternelle, la prière[5]... » « ... à tout moment on tente d'inculquer l'amour de la Patrie, la dévotion à Marie, le devoir missionnaire, le souci de la sécurité[6]. »

Cette mentalité éducative des loisirs organisés imprégnait chaque activité et d'une façon toute particulière les activités sportives. En effet, au nom de cet esprit de formation, on n'hésitait pas à transgresser les traditions et coutumes sportives si chères à la mentalité anglo-saxonne, à savoir la reconnaissance officielle du meilleur ou de la meilleure équipe lors d'une compétition. Dans les compétitions sportives organisées par les O. T. J., on décernait le trophée non à l'équipe qui avait obtenu les meilleurs résultats mais à celle qui avait manifesté le « meilleur esprit » : « Il est à remarquer qu'à l'O. T. J. ce n'est pas tant la force de l'équipe qui compte que le bon esprit. Tant mieux pour qui gagne le plus de parties, mais le trophée va à l'équipe qui a le meilleur esprit. »

Non seulement les jeux et les activités organisés baignaient dans cet esprit éducatif, mais aussi les spectacles qu'on organisait se structuraient autour des thèmes de la foi, de la langue et de la patrie. Ainsi les activités et spectacles de chaque semaine de vacances étaient consacrés à un thème privilégié. Gérard Dion dans sa monographie nous rapporte la programmation thématique des loisirs au sein de l'O. T. J. de Québec pendant l'été de 1942 : « La semaine sécurité : 13-20 juillet. La semaine sportive : 20-27 juillet. La semaine patriotique : 27 juillet-2 août. La semaine missionnaire : 3-10 août. La semaine mariale : 10-17 août. La semaine sportive : 17-23 août[8]. »

La langue française et la foi catholique étaient constamment associées au discours national puisqu'elles constituaient les deux principaux éléments qui spécifiaient la nation canadienne, canadienne-française, québécoise (selon l'évolution de la prise de conscience nationale) par rapport aux Anglais ou aux *Canadians*. Bref le loisir-œuvre avait surtout pour fonction de conserver, de protéger et de défendre les valeurs traditionnelles du Canada français, à savoir sa langue, sa foi et son identité culturelle, menacées, entre autres, par les loisirs commercialisés, conséquence de l'industrialisation capitaliste anglo-canadienne et américaine.

Loisir et domination

Le loisir-œuvre se définit par rapport au loisir commercialisé. Tant que les entreprises commerciales étrangères ont limité leur intervention au Québec dans le domaine strictement économique, et tout particulièrement dans l'exploitation des ressources naturelles, le clergé a collaboré avec ces entreprises. Nous avons assisté à une division du travail sociétal : l'économique aux entreprises étrangères anglo-canadiennes et américaines, et le culturel au clergé. Le clergé exerçait ainsi une fonction d'encadrement moral et de cohésion sociale, tout particulièrement par son contrôle de l'éducation. Mais à mesure que les entreprises étrangères ont étendu leur action économique au domaine culturel, le clergé a combattu cette initiative des capitalistes. Il l'a combattue, comme nous l'avons déjà dit, non seulement parce que le loisir commercialisé était d'une qualité douteuse, à ses yeux, mais aussi parce qu'il remettait en cause les valeurs traditionnelles, sur lesquelles reposait son pouvoir sur le plan social. Gonzalve Poulin résume très bien l'opposition du clergé à la domination culturelle par le truchement du loisir commercialisé : « Reconnaissons que dans la Province de Québec l'opinion publique n'est pas encore suffisamment alertée sur l'urgence d'une organisation des loisirs des jeunes et des adultes qui tiennent compte des valeurs familiales, paroissiales et traditionnelles du Canada français. Les loisirs commercialisés de la plus mauvaise qualité ont envahi le Québec et sont devenus la plus grande épreuve de moralité individuelle et publique[9]. »

Le clergé s'est opposé non seulement à l'action économique dans le domaine culturel mais aussi à l'action politique ou étatique du gouvernement canadien dans ce secteur. Cette opposition s'est manifestée, par exemple, lors de la promulgation en 1943, par l'État fédéral, de la loi sur l'aptitude physique. Le but de cette loi était « d'encourager, d'accroître et de coordonner toutes les activités relatives au développement physique de la population au moyen des sports, de l'athlétisme et autres semblables occupations ». Le clergé conteste cette loi pour deux motifs principaux : au nom du nationalisme; au nom d'une non-intervention de l'État.

Sur le plan de la nation, le clergé refuse de reconnaître la responsabilité de l'État fédéral dans le secteur du sport et loisir, parce qu'il le considérait comme une juridiction strictement provinciale. En effet, le clergé reliait le loisir à une œuvre d'éducation, comme nous l'avons vu, et l'éducation est de la compétence des provinces, dans le système fédéral canadien. Le clergé nourrissait la crainte que les Canadiens français, en participant à des programmes nationaux canadiens, soient submergés par les actions des organismes anglophones.

Mais ce motif nationaliste était doublé d'une opposition à l'intervention de l'État en matière de loisir, non seulement parce que cet État était étranger mais tout simplement parce que c'était l'État. Il faut se rappeler qu'à cette époque la responsabilité et l'organisation des services sociaux au Québec (éducation, santé, bien-être, loisir) était en grande partie sous le contrôle de l'Église, avec la bénédiction de l'État du Québec. L'intervention de l'État fédéral en cette matière constituait une ingérence, qui pouvait diminuer d'autant le pouvoir de l'État québécois mais aussi de l'Église. Cette loi fut également contestée non seulement au niveau juridique, mais aussi au niveau de son contenu par l'Église. Cette dernière considérait cette loi comme « naturaliste et matérialiste » ne tenant pas compte « du point de vue spiritualiste, religieux et moral[10] », comme le ferait une œuvre privée.

Loisir et modernisation

La modernisation de la société québécoise ne constituait pas un véritable enjeu et un véritable conflit entre les classes dominantes, le clergé et la bourgeoisie professionnelle, et la classe capitaliste dirigeante, puisque les deux ne se référaient pas au même univers. Le premier parlait de la civilisation traditionnelle tandis que l'autre, de la civilisation industrielle. Le premier demeurait sur la défensive, faisant appel à la communauté, le second passait à l'offensive, se référant à la modernisation, au développement, au changement.

Dans ce contexte général, le loisir était d'abord défini par le clergé comme un problème social, engendré par la civilisation industrielle et urbaine. Comme nous l'apprennent certaines monographies, entre autres celle de Everett C. Hughes[11], l'industrialisation a créé, à ses débuts, un prolétariat urbain et une organisation de la vie sociale improvisée, spontanée, abandonnée au laisser-faire et laisser-aller des entrepreneurs étrangers. Des populations nombreuses étaient « parquées », entassées, dans des quartiers denses et sans services collectifs. Outre ces conditions de vie relativement précaires et même insalubres en milieu urbain, la société de consommation et les industries du loisir pénétraient peu à peu les masses populaires. Le cinéma, les spectacles de cabaret, les tavernes, les restaurants exerçaient un attrait de plus en plus grand sur la population. C'est pour lutter contre le désœuvrement des populations urbaines et la sollicitation de la société de consommation en formation que le clergé a proposé une organisation relativement originale des loisirs : l'œuvre des terrains de jeux. Ainsi les loisirs ont exercé une fonction non seulement de préservation des valeurs traditionnelles, mais aussi une fonction « orthopédique » à l'égard d'une modernisation sauvage et étrangère comme nous le révèlent les témoignages de cette période : « Les causes de perversion se multiplient chaque jour des vacances : compagnons dangereux, scandale de la rue, sans compter l'oisiveté et la pauvreté qui sont bien mauvaises conseillères. Pour éviter aux enfants toutes ces occasions de chute, l'Abbé A. Ferland, en 1929, a tenté de résoudre le problème en organisant le terrain de jeux du Parc Victoria[12]. » « Il faut que nos gens prennent conscience de l'importance de ce problème (l'organisation des loisirs des jeunes). Nous nous plaignons des ravages du mal vénérien et de la tuberculose. Nous déplorons que nos jeunes quittent trop tôt les bancs d'école. Nous nous alarmons de la croissance persistante de la criminalité juvénile. De près ou de loin ces plaies sociales résultent d'une déficience dans l'organisation des loisirs. Quand les jeunes ne savent pas à quoi s'occuper, à moins d'être doués d'une initiative exceptionnelle, ils s'adonnent à la flânerie et bientôt au vice. C'est un devoir pour les dirigeants de notre société de se pencher sur ce problème des loisirs et d'y apporter une solution. Tolérerons-nous toujours que les maisons de prostitution, les tavernes, les cinémas, les restaurants accumulent les millions de notre population, tandis que pour des fins aussi louables, urgentes, essentielles que l'organisation des loisirs on ne rencontre que des porte-feuilles à moitié fermés, et parfois même une incompréhension[13] ? »

Les loisirs n'étaient pas uniquement une œuvre d'encadrement moral, ils visaient également à soulager certaines misères humaines et à apporter quelques solutions à certains problèmes réels, tels la délinquance juvénile, l'alcoolisme, l'absence d'espaces verts, etc. L'Église du Québec, par ses œuvres diverses (loisir, éducation, etc.) tentait de corriger les dysfonctions d'un système socio-économique, qu'elle ne remettait pas en question, pour des raisons évidentes.

Le problème du loisir était donc perçu et vécu comme le résultat négatif d'une modernisation trop rapide et produite par d'autres. Les monographies de Gérard Dion et Guy Schetagne, déjà citées, constituent un plaidoyer engagé pour l'organisation des loisirs en vue d'adapter la communauté traditionnelle à la société industrielle et urbaine, tout en conservant ses valeurs de base, ainsi que de corriger les dysfonctions de cette nouvelle société. Elles comportent également une description et une analyse détaillée de la situation des classes populaires en milieu urbain.

II. — LE LOISIR ET L'ÉTAT : DE L'INTÉGRATION CULTURELLE
AU DÉVELOPPEMENT CULTUREL

Si nous nous en tenons à l'essentiel, nous pouvons avancer l'hypothèse qu'à partir des années 1960 l'État se substitue progressivement à l'Église comme principal agent interne de développement de la société québécoise, non seulement au niveau du loisir mais également dans les autres secteurs de la vie sociale (éducation, santé, bien-être, etc.). Le fait marquant des années 60 et de ce qu'on a appelé la Révolution tranquille demeure l'émergence du politique et la construction de l'État du Québec. La Révolution tranquille a instauré une nouvelle rupture au sein de la société québécoise : au culturel s'est superposé le politique comme nouvelle conscience de soi.

Sur le plan politique, nous assistons non seulement à un changement de parti politique (victoire du Parti libéral sur l'Union nationale) mais surtout à un changement de classe politique. Aux élites traditionnelles (professions libérales et clergé) succèdent des élites nouvelles (petits entrepreneurs canadiens-français, techniciens, syndicalistes, universitaires, journalistes et technocrates de l'État). Ce qui caractérise essentiellement cette nouvelle classe politique, c'est qu'elle utilise les appareils d'État et s'y appuie pour moderniser et intégrer le Québec à la civilisation industrielle. L'État devient entrepreneur, agent de développement, vu l'absence d'une bourgeoisie nationale suffisamment importante.

Mais il importe également de noter que cette classe politique n'est pas homogène. Elle se compose de deux fractions principales : l'une d'orientation libérale axée sur la modernisation du Québec et son intégration à la société capitaliste continentale; l'autre d'orientation sociale et nationale dont la visée est un développement interne et la construction d'un État national. Selon la prédominance de l'une ou l'autre de ces fractions, le discours et l'action de l'État vont s'articuler de façon différente.

Deux orientations idéologiques vont dominer les politiques gouvernementales en matière de loisir : le droit au loisir ou le loisir comme élément d'intégration à la société industrielle avancée; le loisir comme élément de développement culturel. La prédominance de l'une sur l'autre est fonction de la classe politique qui contrôle les appareils d'État : la bourgeoisie, d'orientation libérale, ou la technocratie et l'intelligentzia, d'orientation nationale et sociale. Examinons maintenant ces deux orientations.

A. Le loisir : élément d'intégration culturelle des Québécois à la société moderne

Le droit au loisir ou l'intégration culturelle[14] va devenir pendant les années 60 l'idéologie dominante de l'État québécois en matière de loisir ainsi que des associations et groupements volontaires qui gravitent à un moment ou l'autre autour de lui[15]. Cette nouvelle idéologie va succéder à l'idéologie loisir-œuvre mais non la remplacer ou l'éliminer complètement. Il s'agit plutôt d'une nouvelle articulation des mêmes thèmes (modernisation — domination — nation) dont le principal est celui de la modernisation. L'idéologie du droit au loisir signifie le droit des Québécois, en tant qu'individus, de participer à la civilisation industrielle et à ses bienfaits, entre autres, la civilisation du loisir. Le droit au loisir devient un droit social, au même titre que le droit au travail, à l'éducation, à la santé, etc. que l'État moderne doit garantir. Reprenons brièvement l'articulation des trois thèmes de l'idéologie du droit au loisir.

Loisir et modernisation de la société québécoise

Ce premier thème comporte plusieurs éléments que nous allons brièvement présenter.

Le loisir : produit de la société industrielle moderne. Le loisir est conçu non plus comme un résultat négatif de l'industrialisation et de l'urbanisation de la société québécoise, mais comme un résultat positif. En effet, ces deux phénomènes combinés ont produit d'une part une diminution du temps de travail, défini comme du temps contraint et obligatoire, et par le fait même une augmentation du temps libre, occupé par des activités de loisir. Cette conception du loisir n'est pas originale au Québec, bien au contraire elle est en grande partie importée des États-Unis et de la France. Pendant cette période, des Québécois entreprennent leur formation académique dans les départements de récréation dans les université américaines, ou en France dans les écoles de formation d'animateurs culturels ou socio-culturels. Cette double influence a donné naissance en 1969 d'une part à la création d'un premier cycle universitaire en récréologie à l'Université du Québec à Trois-Rivières[16] et à la création d'un certificat en animation en loisir à la faculté d'éducation permanente de l'Université de Montréal, à l'introduction de cours de sociologie du loisir au programme régulier de sociologie de cette même université[17].

Cette association loisir-modernisation, malgré son importation, exprime la volonté des dirigeants politiques, appuyés par les associations volontaires en transformation et par les associations professionnelles en formation (travailleurs en loisir, éducateurs physiques, etc.), *d'intégrer la société québécoise au sein des sociétés industrielles dominantes*. Cet extrait d'une allocution de Marcel Masse, ministre d'État à l'éducation, constitue une illustration, parmi bien d'autres, d'une définition du loisir comme produit de la modernisation et comme élément d'intégration à la société industrielle moderne : « Notre monde contemporain est entré dans une phase d'expansion industrielle qui a... généralisé des comportements et des modes de vie nouveaux. L'accroissement de la productivité a déterminé une élévation des profits et, par la suite, des salaires qui, eux, ont rendu la consommation de biens économiques ou para-économiques accessibles en plus grande quantité à un plus grand nombre d'individus... L'automation, responsable de la productivité,... laisse également entrevoir une libération progressive du travail. Les bouleversements les plus profonds paraissent cependant s'être exercés dans le domaine de la culture au sein duquel le loisir semble aujourd'hui s'être réfugié tout entier. Considéré jusque-là comme l'apanage exclusif d'une certaine élite, la culture a fait peau neuve, s'est démocratisée. Faisant référence au domaine non obligationnel, la culture correspond pour une part à une conception élargie du loisir qui consiste dans le temps dont l'homme peut disposer à sa guise et dans les activités auxquelles il peut se livrer pendant ce temps, une fois qu'il s'est libéré de ses obligations professionnelles et des impératifs de la vie quotidienne[18]. »

La mise en place de la société industrielle, de l'*affluent society* comme on disait à l'époque, constituait un préalable à l'avènement du loisir. Mais ce dernier, en tant que produit de la civilisation industrielle, devenait un droit, au même titre que le droit à la vie, à la santé, à l'éducation, dont l'État devait assurer une accessibilité minimale. Ainsi à la démocratisation économique et sociale succédait logiquement la démocratisation culturelle, dont le loisir était un élément important.

Les activités de loisir : instrument d'épanouissement de l'individu. Le loisir, produit d'une civilisation qui aurait institutionnalisé la dissociation de la vie publique (le travail) et de la vie privée (le loisir), devenait le territoire privé de l'individu, son refuge et surtout son lieu d'épanouissement, devant la dévalorisation du travail industriel et bureaucratisé.

Dans ce nouveau contexte, le loisir se définit en termes d'activités. La pratique d'activités de loisir possède en soi une valeur éducative, expressive et créatrice et contribue par le fait même à l'épanouissement de l'individu. Cette nouvelle conception du loisir s'oppose donc à l'idéologie loisir-œuvre qui définissait les activités de loisir comme un moyen en vue d'atteindre des objectifs moraux et culturels. Le fait de pratiquer une activité de loisir, peu importe sa forme ou sa nature, a un effet bénéfique pour l'individu. Aussi assiste-t-on à une revendication pour un élargissement sans cesse croissant des activités d'occupation du temps libre. Le droit général au loisir devient le droit au sport, à la condition physique, aux arts, à la culture populaire, au plein air, au voyage, etc. « Jusqu'à maintenant, les loisirs ont été conçus presque entièrement en terme de sports ou d'activités physiques. Ces activités ont leur importance; elles répondent à un besoin réel, mais les loisirs n'atteindront leur vraie dimension, ne pourront contribuer pleinement à l'épanouissement de l'homme que s'ils englobent toutes les formes d'activités humaines, soit : le théâtre, la musique, le cinéma, la lecture, les arts plastiques, les sciences et toutes les autres formes d'éducation populaire[19]. »

Les activités de loisir : sphère de la liberté, du libre choix individuel. Cette nouvelle idéologie reprend ici les thèmes favoris de l'idéologie libérale : thèmes de la liberté, de l'individu et de ·l'équilibre entre l'offre et la demande. Examinons succinctement comment ces éléments de l'idéologie libérale s'articulent dans le secteur du loisir.

I. *Des besoins de nécessité aux besoins de liberté.* Nous avons vu que le loisir est le produit de la société industrielle ou d'opulence mais une question demeure encore sans réponse : comment naissent et se développent ces nouvelles activités qui se déroulent dans le temps libre ? La réponse devient fort simple : les activités de loisir ou d'occupation du temps libre sont liées non plus à des besoins vitaux de survivance biologique ou de nécessité mais à des besoins nouveaux liés à la liberté de l'individu. L'élargissement et la croissance des activités de loisir répondent à l'accroissement de la liberté humaine. La citation suivante est on ne peut plus représentative de cette conception évolutionniste des besoins de l'individu dont le loisir serait le terme : « À mesure que le niveau de vie augmente, les besoins vitaux sont satisfaits, le domaine des options libres croît et se diversifie par suite de l'originalité de l'être humain dû à son individualité biologique qui multiplie d'une façon quasi indéfinie le domaine des possibilités. Si les besoins vitaux se situent au niveau le plus déterminé de l'être humain (nourriture pour survivre) les besoins d'occupation du loisir sont logés pour leur part, au niveau peut-être le plus indéterminé qui est celui de la liberté de l'individu[20]... »

II. *Le marché : lieu de satisfaction optimale du besoin de loisir.* On reprend ici d'une façon à peu près intégrale les thèses et postulats axiologiques de l'économie libérale. On y affirme que le loisir doit être saisi dans les interrelations réciproques entre les besoins illimités d'activités de loisir et les ressources rares pour répondre à ces besoins. Les ressources rares se ramènent principalement à la dimension temporelle : le temps libre. Bref, il y a d'un côté une ressource limitée, le temps libre, et de l'autre des besoins illimités, les activités de loisir : « ... nous tenterons de dégager les grandes coordonnées qui nous permettent de saisir le loisir dans ses interrelations sociales. D'une part, il y a les besoins d'activités d'occupation du temps libre qui sont sans cesse croissants, quasi illimités et qui se diversifient à une allure prodigieuse. D'autre part, il y a une ressource rare, le temps libre, disponible en quantité limitée pour la satisfaction de ces besoins[21]. »

Dans cette perspective, il s'agit de voir s'il y a adéquation entre l'*offre* et la *demande* d'activités d'occupation du temps libre. Et l'État devra intervenir quand il y a inadéquation entre l'offre et la demande, entre les ressources et les besoins, au nom du bien commun, afin de combler ces besoins non satisfaits par le marché. L'État devra se constituer, si nécessaire, comme un élément de l'offre.

III. *L'individu en tant que fin et principe de détermination du loisir.* On y retrouve le thème privilégié du libéralisme, à savoir l'individualisme. L'individu est d'abord défini comme la finalité du loisir. Ce dernier constitue le territoire protégé de l'individu, lieu d'épanouissement et de réalisation personnelle. Le loisir devient ainsi un secteur spécifique de la réalité sociale dont la finalité est la réalisation de l'individu, tandis que les autres secteurs de l'activité humaine poursuivent des finalités économiques, politiques, spirituelles, etc. « Les activités avec lesquelles l'individu occupe son temps libre et les fins qu'il poursuit sont personnelles, multiples et varient avec le temps[22]. »

L'individu apparaît non seulement comme la finalité du loisir mais aussi comme son principe de détermination. En d'autres termes, dans le discours sur le loisir, le social est complètement évacué. La réalité du loisir est présentée comme si l'individu, indépendamment de ses groupes sociaux d'appartenance et de référence, était placé dans la situation idéale de choisir les biens et services de loisir qui lui sont offerts sur un marché dit libre par les divers acteurs sociaux (entreprises commerciales, associations et groupements de toutes sortes, État, etc.), comme si chaque acteur avait le même poids et n'exerçait aucune orientation sur les biens et services produits en loisir. On nage ici à plein dans le monde de l'*homo economicus* : « Pour nous, le loisir est essentiellement le temps libre que l'individu possède et qu'il peut occuper par des activités librement choisies selon ses finalités propres[23]... »

La seule limite à la liberté de l'individu dans le choix de ses activités de loisir réside dans l'offre, c'est-à-dire que plus l'offre d'activités d'occupation du temps libre est large, plus la liberté de l'individu peut s'exercer : « Les problèmes de la ressource sont qualitatifs et posent la question fondamentale de la liberté de choix de l'individu, par rapport à une offre restreinte d'activités d'occupation du loisir[24]... »

Le loisir et l'État. Mais comment justifier et concilier l'intervention de l'État en loisir, lorsqu'on définit ce dernier comme le territoire protégé de l'individu ? D'une façon plus générale comment concilier les éléments de l'idéologie libérale, dont s'inspire l'idéologie du droit au loisir, et l'intervention de l'État dans ce domaine ? Pour rendre compte de cet apparent paradoxe ou contradiction, nous formulons l'hypothèse suivante : l'État est appelé à intervenir pour fournir l'infrastructure nécessaire, sur le plan de l'équipement et, si nécessaire, sur celui de l'animation, en vue de créer les possibilités de pratiques d'activités de loisir qu'on qualifie d'expressives, créatrices, etc. Dans la situation réelle, ces types d'activités seraient à peu près inexistants sans l'intervention de l'État, qui fournit les ressources de base et appuie le travail d'animation des associations et des groupements dits volontaires. Pour accomplir cette œuvre, on ne peut compter sur l'entreprise commerciale, comme nous le verrons plus loin, qui s'oriente presque exclusivement sur les loisirs passifs, qui non seulement contribuent pauvrement à l'épanouissement de l'individu mais peuvent même devenir un obstacle.

Si nous acceptons cette hypothèse générale, nous comprenons mieux les raisons évoquées par l'État pour intervenir en matière de loisir. Mentionnons-en deux principales. Tout d'abord l'État doit intervenir quand il y a inadéquation entre les ressources rares et les besoins, entre l'offre et la demande. En d'autres termes, si les divers agents sociaux n'offrent pas à l'individu les activités de loisir définies comme expressives, c'est à l'État d'intervenir au niveau de l'offre, de constituer un élément de l'offre globale en matière de biens et services en loisir : « De la non satisfaction plus ou moins grande des besoins d'activités et d'une offre plus ou moins adéquate de possibilités d'activités, il ressort des problèmes de l'occupation du loisir. C'est à partir d'une évaluation des besoins et des problèmes que l'État fixera des objectifs[25]. »

Une autre raison souvent évoquée pour justifier l'action de l'État, c'est le fait que le loisir soit devenu dans nos sociétés industrielles une *ressource essentielle* à l'épanouissement de l'individu, vu l'aliénation du travail, sa nature mécanique, répétitive, parcellisée. Ainsi la nécessité pour l'individu d'avoir du loisir lui confie une vocation collective qui implique une gestion publique : « À cause de la nature du travail que postule la société industrielle, le temps libre est essentiel à l'individu tant pour sa santé que son épanouissement personnel; la nécessité pour tout individu d'avoir du temps libre lui confère une vocation collective qui implique la gestion de la ressource et de l'offre d'activités d'occupation du temps libre, soit de nature publique et, par conséquent, ne soit pas confiée à des organismes privés[26]. »

Soulignons en terminant que cette affirmation de la vocation collective du loisir et du rôle de l'État pour la concrétiser constitue un tournant dans l'idéologie de l'action étatique. En effet, jusqu'en 1972, l'État s'est contenté de s'appuyer sur les associations volontaires pour promouvoir les activités de loisir. À partir de 1972, l'État se donne peu à peu un rôle de leader et d'orienteur dans le développement du loisir. Les associations, comme nous le verrons ailleurs[27], vont être intégrées au fonctionnement de l'État et devenir de plus en plus des réalisateurs des politiques gouvernementales en matière de loisir.

Loisir et domination

L'idéologie du droit au loisir constitue non seulement un rejet de l'idéologie loisir-œuvre, au nom de l'expression de l'individu, mais également une remise en cause du loisir commercialisé. Le loisir-œuvre considérait les activités de loisir, non pas en elles-mêmes, comme source d'épanouissement de l'individu, mais en fonction de valeurs morales et d'objectifs sociaux, tels que : éviter les occasions de péché, prévenir la délinquance juvénile, protéger les valeurs religieuses et nationales du Canada français. L'idéologie de l'intégration culturelle rejette les aspects collectifs et contraignants du loisir, les interdits de toutes sortes imposés à l'individu (*v. g.* interdits concernant la danse, le cinéma, etc.), pour valoriser les dimensions individuelles. C'est l'inspiration de cette conception libérale du loisir qui amène le comité d'étude sur les loisirs, les sports et l'éducation physique à proposer le rejet de la conception puritaine du loisir : « Il faut absolument se débarrasser d'une conception puritaine qui a prévalu longtemps et qui identifiait loisir et oisiveté, licence, dégradation morale[28]. »

L'idéologie du droit au loisir va également contester le loisir commercialisé non plus parce qu'il constitue une menace pour les valeurs traditionnelles du Canada français, mais parce qu'il est un loisir passif, aliénant, qui fait appel au plus bas dénominateur chez l'individu. Le loisir promu par les industries du spectacle est dénoncé, moins parce qu'il véhicule des valeurs étrangères à la société québécoise que parce qu'il constitue un obstacle à l'expression et au développement de l'individu ou du citoyen québécois. Voici quelques citations représentatives de cette dimension de l'idéologie du droit au loisir : « ... La création, l'expression, l'éducation ne font pas ordinairement partie des préoccupations des propriétaires de commerce de loisirs et leur programme en contient ordinairement fort peu[29]. » « ... Les magnats de l'industrie et du commerce... sont passés maîtres dans l'art de flatter les jeunes pour mieux leur proposer, leur imposer même des panacés et des faux idéaux. Trop nombreux, en fait, sont les amuseurs publics qui exploitent honteusement la jeunesse. Et pour réussir à atteindre leurs objectifs, ils utilisent et avec quelle maîtrise, des moyens techniques et modernes... Cela étant, notre devoir est de réagir, de relever le défi et d'engager la lutte en utilisant tous les moyens modernes, mais des moyens honnêtes et dignes des buts et des objectifs que nous nous sommes imposés. Le Haut-Commissariat à la Jeunesse, aux Loisirs et aux Sports (H. C. J. L. S.) entend donc lutter à armes égales. Pour ce faire, un seul moyen : la réorganisation rationnelle de la jeunesse, des loisirs et du sport amateur[30]. »

Dans ce contexte, l'État va remplir deux fonctions principales : contrer les abus des entreprises commerciales; favoriser le développement des loisirs actifs. Ainsi pour faire obstacle aux abus des entreprises commerciales, l'État va mettre en place un certain nombre de mécanismes de contrôle. Nous faisons référence, par exemple, à la création de commissions athlétiques et à la proposition de créer un bureau de surveillance des sports et des loisirs. Dans le domaine du sport, l'État intervient pour préserver le sens sportif du sport de la contamination commerciale, protéger l'athlète contre l'exploitation commerciale à des âges précoces et protéger le spectateur contre des spectacles immoraux de mauvaise qualité[31].

L'État n'intervient pas seulement de façon négative par le contrôle du loisir commercialisé. Devant le loisir-spectacle, promu par les entreprises commerciales, l'État favorise le développement du loisir-actif, défini comme un élément d'épanouissement et de développement de l'individu. Par l'appui massif et déterminant de l'État, nous avons assisté depuis 1968 à la naissance d'une centaine d'associations et fédérations de loisirs, vouées essentiellement à la promotion d'activités disciplinaires. Le principal mobile évoqué par l'État pour les reconnaître d'intérêt public c'est qu'elles ne poursuivent pas de profit et qu'elles contribuent par la promotion d'activités spécialisées (sport, plein air, socio-culturel) au développement de l'individu.

Loisir et nation

Le thème de la nation demeure plus secondaire, mais non négligeable, au niveau de l'idéologie du droit au loisir. Toutefois ce thème va devenir central au moment de l'idéologie du développement culturel. Ce thème va s'articuler dans l'idéologie du droit au loisir autour de deux éléments que nous allons tenter brièvement d'expliciter.

Il s'agit d'abord de la revendication, sur le plan politique, de la juridiction exclusive du Québec dans le secteur du loisir. Et cette revendication se fait pressante, à mesure que l'État se dote d'un cadre institutionnel d'intervention, de ressources humaines, physiques et financières. Dès 1964, le comité d'études sur les loisirs, les sports et l'éducation physique réclame l'exclusivité de la compétence de l'État québécois en matière de loisir, vu les très grandes affinités entre loisir et éducation. Cette revendication de la pleine juridiction du Québec en matière de loisir va faire l'objet, pendant le décennie 60, de recommandations régulières aux congrès annuels sur les loisirs organisés par la Confédération des loisirs du Québec (C. L. Q.).

Le deuxième aspect du nationalisme que véhicule l'idéologie du droit au loisir peut se résumer ainsi : la pratique des activités de loisir, en contribuant à l'épanouissement de l'individu, contribue par le fait même au développement de la nation. En d'autres termes, les activités de loisir vont contribuer à bâtir un peuple fort, sain et créateur. Quelques citations puisées parmi d'autres vont illustrer cette dimension du nationalisme : « Les loisirs complètent admirablement le secteur de l'enseignement et contribuent à l'épanouissement et l'expression des individus et de la nation[32]. » « Le Haut-Commissariat est défini comme un instrument de valorisation du « capital humain d'une nation[33] »... » « L'État doit reconnaître l'importance du sport dans la formation de la personne et l'amélioration sociale et morale de la société par la promulgation officielle du droit au sport à tous les Québécois[34]. »

En résumé, l'idéologie du droit au loisir s'articule autour du thème de la modernisation de la société québécoise et les deux autres thèmes, la domination capitaliste et la nation, gravitent autour de ce thème central. En d'autres termes, la société québécoise, à partir de la décennie 60, se définit comme une société industrielle moderne et non plus comme une communauté culturelle qui doit être sauvegardée et protégée contre les menaces intérieures et surtout extérieures. Le loisir fait partie de cette civilisation industrielle et constitue le lieu privilégié de la vie privée, de l'expression de l'individu. Les activités de loisir doivent contribuer à l'épanouissement de l'individu et non pas au développement de nouvelles contraintes ou aliénations. Aussi l'idéologie du droit au loisir va-t-elle favoriser le développement d'activités de loisir jugées en elles-mêmes éducatives, expressives et créatrices pour l'individu, en opposition aux loisirs-œuvres de l'Église, aux loisirs-spectacles des entreprises commerciales étrangères. Et les activités de loisir, en contribuant à l'épanouissement de l'individu, vont par le fait même contribuer à l'épanouissement de la nation. L'idée que la valeur de l'individu fait la valeur de la nation et de la société est un trait fondamental de l'idéologie libérale, qui constitue une dimension importante de l'idéologie du droit au loisir.

B. Le loisir : élément du développement culturel

L'idéologie du développement culturel, tout en reprenant les mêmes thèmes que l'idéologie du droit au loisir, va les combiner de façon différente. Le principe de structuration de cette idéologie ne sera plus la modernisation ou le développement mais l'identité culturelle ou le nationalisme culturel. L'État va favoriser le développement d'une culture québécoise sur le plan tant de la création et de la diffusion que de l'expression et de la consommation. La mise en place de cette nouvelle idéologie est liée à deux facteurs principaux : d'une part, l'éclosion d'une culture québécoise nouvelle dans tous les secteurs : littérature, chanson, cinéma, théâtre, artisanat, etc.; d'autre part, une prise de conscience aiguë de la pénétration massive de produits culturels étrangers, notamment américains, sur le territoire québécois.

Dans cette perspective, le loisir ou les activités de loisir seront favorisés et développés par l'État pour autant qu'ils comporteront un contenu culturel québécois et qu'ils contribueront à la création d'une culture nationale originale. En d'autres termes, il ne suffit plus que les activités de loisir soient actives, elles doivent être québécoises. Ainsi cette nouvelle idéologie va opérer une double dichotomie : le loisir actif d'un côté, le loisir passif de l'autre; le loisir à contenu culturel québécois d'une part, le loisir à contenu culturel étranger d'autre part.

Les principaux éléments de cette nouvelle idéologie commencent à se mettre en place, à se structurer à la fin des années 60. Si nous voulons dater historiquement l'apparition de cette nouvelle idéologie du développement culturel, c'est à la parution, en 1968, du *Rapport de la Commission Rioux* sur l'enseignement des arts au Québec qu'il faut se reporter. La prise du pouvoir le 15 novembre 1976 par le parti québécois, dont l'objectif central du programme est l'indépendance nationale, va accélérer la structuration et la mise en application de cette idéologie du développement culturel et de la qualité de la vie. D'ailleurs la création, dès la formation du nouveau cabinet, d'un superministère du développement culturel, comportant divers ministères sectoriels (affaires culturelles, éducation, loisir, communication, etc.) et la publication récente d'un livre vert sur le loisir confirment l'instauration d'une nouvelle idéologie dominante en loisir : le développement culturel. Le 15 novembre 1976 semble constituer une rupture aussi importante dans l'histoire récente du Québec que le 22 juin 1960 qui marquait le début de la Révolution tranquille.

Limitons-nous pour l'instant à mettre à jour les principaux thèmes de cette nouvelle idéologie dans le secteur plus particulier du loisir. Nous retrouvons les trois thèmes suivants : le nationalisme culturel, la domination culturelle étrangère, le développement d'une culture d'ici.

1. Loisir et nationalisme culturel

Ainsi à l'idéologie du droit au loisir, orientée essentiellement sur l'idée de modernisation, c'est-à-dire sur l'idée que le loisir est le produit moderne de la civilisation industrielle occidentale et un élément d'intégration de la société québécoise à cette civilisation, va se substituer une nouvelle idéologie orientée sur l'idée que le loisir est un instrument de promotion et de développement de la culture québécoise. Le ministre des Affaires culturelles du gouvernement antérieur, monsieur Jean-Paul L'Allier, reprenant à son compte les observations et les analyses du *Livre blanc* sur la culture du ministère des Affaires culturelles de 1965 (qui n'a jamais été rendu public[35]) et de la Commission Rioux sur l'enseignement des arts au Québec[36], suggère que la politique culturelle du gouvernement québécois doit s'inspirer du « nationalisme culturel » dans ses orientations : « Un ministère québécois de la culture doit-il, comme le fait par exemple le Conseil des Arts d'Ottawa, viser au développement des arts pour eux-mêmes ou a-t-il la responsabilité de proposer une politique culturelle qui tienne compte des besoins spécifiques du Québec ? Au risque de susciter une controverse, nous répondrons à cette question qu'il est important pour nous, vu notre nombre et notre situation, d'avoir accès aux outils et aux moyens de création et de diffusion autant qu'à la consommation culturelle. La politique du Québec en cette matière doit en être une de nationalisme culturel[37]. »

Ainsi la politique culturelle de l'État doit être d'abord québécoise et globale, c'est-à-dire qu'elle ne doit plus se limiter à la création culturelle traditionnelle mais intégrer dans son projet global le loisir, les communications de masse, l'habitat, etc., tout ce qu'on appelle aujourd'hui la qualité de la vie[38]. Malgré les conceptions administratives divergentes (superministère du développement culturel ou ministères sectoriels), le loisir est défini progressivement comme un élément de la politique globale de l'État en matière culturelle et de promotion de la culture québécoise.

La création, à la fin de 1972, du service socio-culturel au sein du haut-commissariat, qui vient s'ajouter aux services des sports et du plein air, confirma la vocation culturelle du loisir que l'État entend développer. D'ailleurs le service socio-culturel se fixe dès le départ trois objectifs : Un objectif social : la démocratisation du loisir socio-culturel; un objectif culturel : la promotion de la culture québécoise; un objectif éducatif : l'épanouissement de l'individu. Les objectifs social et éducatif sont en quelque sorte la reprise de l'idéologie du droit au loisir que nous avons examinée plus haut. L'objectif culturel est nouveau et s'inscrit pleinement dans le nationalisme culturel, dimension fondamentale de l'idéologie du développement culturel. Le mandat et les objectifs du service des activités socio-culturelles (S. A. S. C.) se définissent de la façon suivante : « Le mandat : développement du loisir socio-culturel. Les objectifs : 1/ objectif social : démocratisation de la culture par une large accessibilité et par une participation plus active de la population à des activités socio-culturelles; 2/ objectif culturel : promotion de la culture québécoise par le biais du développement des activités socio-culturelles; 3/ objectif éducatif : formation et épanouissement de la personne par le moyen des activités socio-culturelles[39]. »

La dimension culturelle du loisir va s'expliciter, se préciser au cours des années et prendre une importance de plus en plus grande dans l'intervention du haut-commissariat. Le service des activités socio-culturelles du haut-commissariat entend opérationnaliser son objectif de promotion de la culture québécoise de deux façons particulières : d'une part, « québéciser » le contenu des activités promues ou/et organisées par les associations et fédérations socio-culturelles qu'il subventionne; d'autre part, mettre sur pied des programmes nouveaux qui vont valoriser l'héritage, la création et la pratique culturels typiquement québécois. Sans entrer dans le détail, qu'il suffise de rappeler la tendance du haut-commissariat à accorder des subventions aux fédérations et aux associations socio-culturelles pour autant qu'elles utilisent dans leurs manifestations une fraction minimale de contenu culturel québécois.

Pour ce qui est des programmes, notons, par exemple, que les « programmes d'assistance financière pour les manifestations culturelles populaires » et le « programme découverte du Québec » visent principalement le développement de l'identité culturelle. Dans le premier cas, le service des activités socio-culturelles accordera une assistance financière aux projets de fêtes culturelles populaires : « 1. Si elles offrent des activités socio-culturelles populaires significativement québécoises; 2. Si elles favorisent l'expérimentation de nouvelles formes de la culture populaire significativement québécoises, c'est-à-dire enracinée dans les sources populaires de la culture traditionnelle. » Dans le second cas, le « programme découverte du Québec » vise les objectifs généraux suivants : prendre conscience de la valeur et de la richesse de la culture québécoise; développer la communication entre les participants et avec les divers milieux qu'ils rencontrent; faire l'apprentissage du voyage comme moyen de formation[41].

La dimension nationaliste s'est également exprimée en matière d'activités sportives et de plein air, mais pas de la même façon. Limitons-nous pour l'instant au sport.

Le sport n'a pas en soi un contenu culturel québécois; le régissent des normes et règles promulguées par des organismes internationaux. Toutefois, les activités sportives naissent dans le contexte national, avant de s'imposer sur le plan international. Ces activités, une fois reconnues au niveau international, entre autres par le Comité international olympique (C. I. O.), exercent un impact considérable sur le développement du sport amateur au sein de chaque pays.

Les Québécois francophones ont été d'une façon traditionnelle à peu près totalement tenus à l'écart du sport amateur et du mouvement olympique international. Leur présence marginale se situe aussi bien au niveau des organismes canadiens de sport amateur qu'au niveau de leur participation aux grands jeux internationaux (jeux olympiques, jeux du Commonwealth, jeux panaméricains). Un des motifs explicites de la création en 1968 du Haut-Commissariat à la jeunesse, aux loisirs et aux sports a été de tenter de remédier à cette situation, c'est-à-dire de favoriser la présence de Québécois au sein des associations et fédérations sportives, la participation à la pratique des sports amateurs et surtout la production d'une élite sportive québécoise en mesure de bien représenter le Québec sur le plan international.

Au delà de la dialectique simpliste du sport d'élite et du sport de masse, de l'effet de démonstration du premier sur le second, les actions du haut-commissariat sont principalement orientées vers la production d'une élite sportive québécoise. Les divers programmes et structures mis en place depuis 1968, comme nous allons le voir, visent non pas à favoriser, malgré le discours sur le sport de masse le sport pour tous, la pratique massive du sport ou du loisir sportif, mais à développer une élite sportive. Le processus de production de cette élite a été accéléré par la conjoncture des jeux olympiques, qui se sont tenus à Montréal en 1976. Passons en revue les principaux programmes et structures que le service des sports a mis sur pied pour créer cette élite québécoise.

La création de la Confédération des sports du Québec (C. S. Q.), appuyée par le haut-commissariat, constitue dès 1968 la première affirmation de « québéciser » le sport amateur, c'est-à-dire de créer des fédérations sportives québécoises relativement autonomes vis-à-vis des fédérations canadiennes, de les regrouper au sein d'une confédération québécoise et d'assurer ainsi une plus forte présence des francophones du Québec au sein du sport amateur. Le haut-commissariat ne s'est pas contenté de financer ou subventionner le regroupement des fédérations sportives, il est aussi intervenu directement auprès des fédérations en leur fournissant les ressources financières et techniques nécessaires au dépistage et à l'encadrement de l'élite québécoise.

En plus de consolider l'action des fédérations sportives, l'État intervient également pour multiplier les occasions de compétitions sportives, d'une part par la création des Jeux du Québec et d'autre part par la participation des athlètes québécois aux jeux internationaux. Ces occasions de compétitions à tous les paliers (local, régional, provincial, national et international) vont contribuer à renforcer notre élite sportive et à élargir le réservoir d'athlètes susceptibles de haute performance.

Mais comme les compétitions ne suffisent pas à elles seules à produire des athlètes de qualité aux différents paliers, il faut compléter les occasions de compétitions par des programmes d'initiation aux disciplines sportives et à l'entraînement sportif systématique. C'est la fonction que se propose de remplir le programme des clubs sportifs. Ces clubs comportent deux niveaux : initiation à l'entraînement et à la compétition dans une discipline sportive; perfectionnement de l'élite régionale[42].

Enfin on retrouve au sommet de la pyramide sportive « Mission Québec 76 » et l'Institut des sports du Québec (I. S. Q.), ce dernier étant le prolongement du premier. « Mission Québec 76 » a été créé le 23 février 1972 en vue d'augmenter la participation des Québécois au sein de la délégation canadienne à environ 30 pour

100 aux olympiques de 1976. Mais cet organisme temporaire, créé dans la conjoncture des jeux olympiques, devient permanent avec l'Institut des sports du Québec. Ce dernier par une série de programmes et services spécialisés (entraînement et perfectionnement, services médicaux, services techniques, système de bourses, etc.) vise à produire une élite québécoise de niveau international.

Ainsi tous les éléments sont en place pour identifier le niveau de performance de l'athlète et adapter les programmes et les services en fonction du niveau atteint. On distinguera ainsi quatre grandes catégories d'athlètes : le débutant, l'espoir régional, l'élite québécoise et l'élite canadienne et internationale[43]. Le développement du sport amateur va s'articuler autour de ces catégories en visant comme finalité la production d'une élite québécoise de niveau international qui assurera « le rayonnement du sport québécois sur la scène canadienne et sur la scène internationale[44] ». En d'autres termes, c'est l'Institut des sports qui assumera la production directe et finale de l'athlète d'élite tandis que les autres organismes devront se spécialiser d'une façon fonctionnelle en rapport avec l'institut de manière à dégager, à faire émerger les candidats québécois susceptibles de faire partie de l'élite de niveau national ou international.

Le développement d'une élite sportive était censé produire un effet d'entraînement, de démonstration auprès de l'ensemble de la population et avoir des effets bénéfiques sur la pratique populaire du sport et sur la santé publique. La plupart des études empiriques, ces récentes années, ont démontré qu'il n'y avait pas nécessairement de relations entre la présence d'une élite et la pratique populaire d'une activité physique ou sportive, entre la logique et les conditions de développement d'une élite sportive et la pratique populaire du sport[45]. Par ailleurs le haut-commissariat reconnaît peu à peu cette réalité puisqu'en 1972 il fait la distinction dans le secteur du sport entre l'élite, atteinte par les activités sportives de compétition, et la masse rejointe par les activités de plein air : « Il serait illusoire de croire que l'action actuelle du Haut-Commissariat dans le secteur du sport peut atteindre la masse des Québécois. La nature même du sport qui est compétitive, donc sélective, s'oppose à la poursuite d'un tel but. Le fait est évident même chez les jeunes ayant une longue tradition sportive. Par contre les activités de plein air sont accessibles à la presque totalité des Québécois et c'est par ce moyen qu'il est possible d'atteindre concrètement la masse[46]. »

La création en 1974 de deux comités d'étude, l'un sur la création de l'Institut des sports[47], l'autre sur la condition physique des Québécois[48], confirme la tendance à dissocier les conditions de développement de l'élite sportive et la pratique populaire de l'activité physique. Mais jusqu'à maintenant la priorité a été accordée à la production d'une élite québécoise.

L'expression du nationalisme culturel dans le secteur du loisir peut donc se ramener aux quelques éléments suivants : promotion du patrimoine culturel (par les activités socio-culturelles), du patrimoine naturel (par les activités de plein air) et production d'une élite sportive québécoise (par les activités sportives de compétition).

Cette conception du loisir comme expression de l'identité culturelle s'affirme depuis le début de la décennie 70, d'une façon implicite, partielle, sectorielle, en fonction des hommes en place, pour devenir le fondement de la politique du loisir du nouveau gouvernement. L'État, en plus de favoriser dans chacun des secteurs d'activités (sport, socio-culturel, plein air, tourisme) l'expression de l'identité nationale, fait de la « promotion des contenus québécois » un principe prioritaire d'intervention de l'État : « Promouvoir en priorité toutes les expériences de loisir qui favorisent l'expression de l'âme et de la réalité québécoise, voilà qui pourrait constituer un cinquième principe de l'intervention de l'État[49]. » « Parler de « contenus québécois » dans le monde du loisir peut signifier bien des choses. C'est évoquer la découverte touristique du territoire tout autant que les fêtes populaires à forte couleur locale, la production chez-nous de certains équipements sportifs tout autant que la conquête d'une nouvelle familiarité avec la nature d'ici, certains sports plus adaptés à nos latitudes tout autant qu'un mot à dire dans les secteurs clefs de l'industrie du loisir-spectacle et du sport professionnel, certaines traditions locales de bricolage ou de travaux artisanaux tout autant que la fierté de porter le fleurdelysé sur un podium d'honneur. Dans la constitution d'une identité culturelle québécoise, les activités de loisir ont un rôle important à jouer : ne représentent-elles pas cette portion du temps que, par delà les contraintes du travail et du sommeil, les individus et les collectivités peuvent vraiment « prendre en main » et, de ce fait, façonner à l'image de leurs aspirations et leur visage[50] ? »

Le loisir devient ainsi un élément de mobilisation nationale dans chacun des secteurs d'activités retenus. Les activités de loisir ne sont plus valorisées pour elles-mêmes mais en fonction d'objectifs nationaux. Le livre vert en retient quatre principaux selon les secteurs d'activités : (a) Une santé collective à « recouvrer » et à promouvoir par l'activité physique et sportive, sans négliger pour autant la « fierté collective » engendrée par les exploits d'une élite sportive québécoise; (b) La nature à s'approprier » par le contact familier avec la nature d'ici et par la pratique de diverses activités de plein air; (c) La créativité à développer en « reconstituant une culture populaire authentique » par la pratique de divers types d'activités socio-culturelles et diverses formes d'art populaire; (d) Le pays à découvrir par le loisir touristique[51].

2. Loisir et domination étrangère

Cette affirmation culturelle du Québec, qu'on a qualifiée de nationalisme culturel, est en grande partie liée à une prise de conscience de la domination étrangère sur la culture nationale. L'État québécois ne se limite pas à affirmer sa vocation culturelle, mais il se définit par son opposition aux initiatives de l'État fédéral en matière de culture et des entreprises culturelles étrangères. La deuxième dimension de l'idéologie du développement culturel va s'articuler autour du concept de domination étrangère sur la culture nationale. Cette domination externe va s'exprimer sur le plan économique par la domination des entreprises culturelles américaines et sur le plan politique par l'intrusion de l'État fédéral dans le domaine de la culture.

Domination des entreprises culturelles étrangères. Dans un document intitulé « Orientations », le sous-ministre des affaires culturelles de 1967 à 1975, M. Guy Frégault, propose une action vigoureuse de l'État québécois pour assurer aux citoyens l'accès aux biens culturels et à la créativité, vu qu'une bonne partie de la production et de la consommation sur le plan culturel est d'inspiration étrangère : « Le changement accéléré dont il est fait état ici heurte le Québec avec une violence dont il existe peut-être relativement peu d'exemples dans le monde. C'est que les forces de la production de masse et les agents stimulateurs de la consommation de masse procèdent d'un milieu culturel qui ne s'identifie pas à celui de la communauté québécoise; et cette observation s'applique aussi bien aux produits alimentaires soutenus par une publicité traduite de l'anglais qu'aux périodiques, aux disques et aux films fabriqués à l'étranger et diffusés à partir de points situés outre-frontières, sans oublier l'invasion du cœur des villes par des constructions mésadaptées à leur caractère et à leur vocation historique (la ville de Québec en est un exemple saisissant[52]). »

Le livre vert sur le loisir, pour sa part, dénonce avec virulence « l'exploitation commerciale sauvage », la consommation passive de productions étrangères, la « dépossession » et la « déculturation » de vastes secteurs du loisir québécois[53].

Dans un tel contexte, le rôle de l'État sera prioritairement de favoriser la création d'une culture d'ici et de rendre accessibles au plus grand nombre de Québécois possible la production québécoise et accessoirement la production étrangère, vu que cette dernière domine présentement le marché culturel. Pour ce faire, l'État ne peut se contenter de limiter la pénétration étrangère dans le secteur de la culture, il se doit également de doter les créateurs et diffuseurs québécois d'une structure industrielle autochtone. C'est dans cette perspective que le rapport du comité interministériel sur les investissements étrangers propose de créer une société d'initiatives culturelles : « ... une possibilité qui pourrait être envisagée serait celle de créer une société de développement culturel qui, placée sous l'autorité du ministre des Affaires culturelles, aurait le mandat, les structures et les pouvoirs nécessaires pour lui permettre d'exécuter des programmes d'aide financière. Mieux encore, l'aide sous forme de prêt ou de participation au capital-action ne pourrait être qu'un élément d'une politique dont la réalisation serait confiée à une société d'initiatives (telles SOQUIP, SOQUEM, REXFOR pour d'autres domaines d'activités). Une telle action pourrait paraître utile tant pour susciter l'initiative du milieu autochtone que pour favoriser la rationalisation et, particulièrement, l'intégration à l'économie québécoise des firmes étrangères dont les activités ont un contenu culturel, notamment dans les industries de cinéma, de disque, du livre, des métiers d'art[54]. » Ces produits culturels alimentent quotidiennement le temps de loisir des Québécois et constituent une partie importante de la culture populaire d'aujourd'hui. C'est pourquoi une culture populaire authentiquement québécoise n'est pas possible sans la présence d'industries autochtones qui permettent aux Québécois de s'alimenter à leur culture. Ainsi l'État est appelé à appuyer et développer des entreprises culturelles qui présentent une certaine qualité et un contenu culturel autochtone.

L'action de l'État en matière de loisir ou de culture populaire ne se limite pas au niveau de la consommation culturelle mais il intervient, comme nous l'avons vu, au niveau de la pratique culturelle en privilégiant les activités de loisir expressives et en accordant la priorité à celles de ces activités qui possèdent un contenu culturel québécois. Devant la multiplication des spectacles et divertissements de tous ordres produits surtout par les entreprises industrielles étrangères, l'État et les groupements volontaires favorisent le loisir actif et québécois : « Pour libérer le loisir de l'emprise des intérêts commerciaux, pour l'affranchir de l'impérialisme culturel et pour lui donner un sens, il est nécessaire de créer au Québec un puissant mouvement de culture populaire. Les efforts individuels sont vains par rapport à l'œuvre à entreprendre à ce moment-ci du développement de notre société. En [*sic*] autant que le loisir comporte une chance immense pour l'apanouissement individuel et collectif, il s'insère dans une perspective de développement culturel et relève en dernier lieu de la mission éducative et culturelle de l'État[55]. »

L'instrusion de l'État fédéral. Dès la création du ministère des Affaires culturelles en 1961, est affirmée la responsabilité première du gouvernement du Québec en matière culturelle. Cette responsabilité est réaffirmée dans le livre blanc de 1965 et le livre vert de 1976. La revendication du Québec, depuis les débuts des années 1960, d'exercer la juridiction prioritaire, dans le domaine culturel, se fait plus pressante à mesure que l'État fédéral intervient de façon plus massive dans ce secteur. Dans le livre blanc sur la culture de 1965, le Québec est défini comme « Foyer national », « point d'appui du Canada français » dans le continent nord-américain dont il ne représente que 3 pour cent de la population. La tâche de l'État sera de préserver l'identité culturelle du peuple québécois.

À partir de 1968, l'action du gouvernement fédéral en matière de culture et de loisir, loin de rester marginale, a pris une importance considérable, surpassant l'action de l'État québécois sur le territoire du Québec. En vertu de son pouvoir de dépenser, l'État fédéral a multiplié les programmes, services, structures et budgets dans le domaine des loisirs et de la culture. Cette intervention massive de l'État fédéral en matière culturelle a suscité un affrontement entre Québec et Ottawa sur leur conception respective de la nation. Pour l'État fédéral, il n'y a qu'une nation, c'est la nation canadienne, le Québec est défini comme un groupe ethnique parmi d'autres, participant à la mosaïque canadienne. La politique culturelle canadienne, à mesure que se développe la conscience nationale au Québec, glisse d'une approche biculturelle à une approche multiculturelle.

Le Québec, pour sa part, s'est toujours opposé à cette conception multiculturelle du Canada et a toujours défendu la thèse des deux nations dont le Québec constitue le point d'appui de la nation canadienne-française ou québécoise. Dans cette perspective, le Québec a réclamé d'une façon continue, depuis quinze ans, la juridiction exclusive, la responsabilité première, la priorité politique dans le secteur de la culture en général et du loisir en particulier.

Monsieur Jean-Paul L'Allier, pour sa part, dénonçant l'action culturelle de l'État fédéral, orientée sur la dilution et la négation de la culture québécoise, projetait de faire de l'État québécois le maître d'œuvre de la politique culturelle sur le territoire québécois : « L'action d'Ottawa nous apparaît procéder actuellement d'une volonté ferme et cohérente de *créer une culture canadienne*. Pour ce faire, il est logiquement impossible au gouvernement fédéral actuel de permettre, de reconnaître et surtout de favoriser l'existence distincte, homogène et dynamique de la culture québécoise. Plutôt que l'esprit de l'orientation générale du rapport de la Commission Royale d'Enquête Laurendeau-Dunton sur le bilinguisme et le biculturalisme, on a préféré le *multiculturalisme*. Il n'est alors pas surprenant que l'on souhaite, d'une façon ou de l'autre, aborder les composantes de la culture québécoise dans le *grand tout canadien*. Puisque, dans la problématique fédérale, la culture québécoise ne peut exister comme un *tout* autonome, en juxtaposition aux diverses expressions culturelles perceptibles au Canada, on tend à le nier. ... il faudra s'attacher à ce que les ressources d'Ottawa respectent d'abord nos priorités... Il ne pourra cependant y avoir, en définitive, qu'un maître d'œuvre politique; même l'action concurrente, coordonnée et cohérente exigera une autorité politique première et constamment déterminante, un ultime centre de décision[56]... »

Jusqu'au 15 novembre 1976, la position du Québec en matière de culture en général et de loisir en particulier peut se résumer ainsi : en vertu du pouvoir de dépenser du gouvernement fédéral, les États provinciaux ne peuvent empêcher l'État fédéral d'investir les divers secteurs d'activités, mais, s'il le fait, il doit le faire à l'intérieur des politiques culturelles définies par l'État québécois. En d'autres termes, le Québec ne veut pas que son action en matière culturelle soit réduite à la fonction d'une administration régionale, c'est-à-dire que les politiques culturelles soient définies par le gouvernement central et qu'elles soient administrées par le gouvernement québécois, avec ou sans consultation préalable.

Depuis le 15 novembre 1967, la position du Québec s'est durcie, dénonçant d'une part l'ingérence colonialiste du gouvernement fédéral et revendiquant l'exclusivité juridique dans le champ du loisir : « Il devient impérieux de mettre fin à cette ingérence du gouvernement fédéral dans le loisir. Le gouvernement du Québec doit rapatrier au Québec les sommes actuellement affectées par le gouvernement fédéral, à la mise en place d'équipements, à la réalisation de programmes et au financement d'organismes privés de loisir œuvrant au Québec. Cette mesure est essentielle, si l'on veut que la politique de développement, mise de l'avant par l'État québécois, ne soit pas entravée et même déviée[57]. »

3. Loisir et développement d'une culture d'ici

L'orientation idéologique de l'État québécois en matière de loisir constitue, répétons-le, non seulement une expression, dans le secteur spécifique du loisir, du nationalisme culturel et du rejet d'une domination externe, tant canadienne qu'américaine, sur le plan culturel, mais aussi un élément du développement culturel de la société québécoise.

La représentation idéologique du loisir au niveau de ce troisième thème s'articule autour de trois éléments : l'enracinement culturel; la participation du plus grand nombre à l'expression culturelle; l'expression culturelle comme élément de création d'une culture québécoise originale et moderne.

Le développement culturel signifie d'abord l'enracinement culturel, c'est-à-dire d'une part la prise de contact de la population avec son patrimoine culturel et naturel (son environnement physique), et de l'autre avec les œuvres plus générales de l'humanité. Ces racines culturelles constituent la mémoire collective d'un peuple et la source de son projet collectif.

La notion de développement culturel ne se réduit pas à l'identification collective, mais réside également dans la participation de tous, particulièrement pendant leur temps de loisir, à l'expression quotidienne de leur manière d'être, de vivre et de penser. Ces expressions culturelles se manifestent tant par l'activité physique et sportive que par le bricolage, le jardinage, les fêtes populaires, etc.

Enfin, l'expression culturelle, en rendant les Québécois actifs pendant leur temps de loisir, contribue à la création d'une nouvelle culture québécoise. Nouvelle parce que la culture traditionnelle a été largement détruite par l'introduction du capital, de la technologie et des loisirs de masse d'inspiration étrangère. Aussi importe-t-il de produire moins une culture en cohérence, adaptée à l'infrastructure socio-économique d'inspiration étrangère, qu'une culture québécoise originale où la création et la pratique culturelle deviennent l'affaire de tous. Le rôle de l'État dans ce nouveau contexte consistera à soutenir par tous les moyens disponibles, de la simple subvention à l'animation, la création, la diffusion, l'expression et la consommation de cette nouvelle culture, susceptible de générer un nouveau modèle de développement sociétal : « Si les Québécois veulent que soit comblé l'immense vide que la disparition progressive de la culture traditionnelle sur laquelle ils ont vécu pendant quelques siècles a fait disparaître, il faut que la création et la pratique d'une nouvelle culture demeure l'affaire de tous et que l'État se mette au service des citoyens pour les aider à se mettre en marche vers le XXIᵉ siècle[58]. »

Ce nouveau modèle de développement sociétal permettra ainsi de réconcilier la culture première (traditions, coutumes, manières d'agir et de penser) et la culture seconde (science, technologie, arts, littérature, etc.), la vie privée et la vie publique, le développement individuel et le développement collectif, qui avaient été dissociés non seulement par la modernisation mais également par la dépendance : « Qu'arrive-t-il dans les sociétés industrielles avancées ? La relation entre culture première, stylisation et connaissance est-elle la même que celle qui existait entre ces trois ordres dans les sociétés traditionnelles et même aux premiers stades de la société industrielle ? Non, car la révolution industrielle est venue introduire dans son principe même une dissociation extrême entre technique et subjectivité, entre vie privée et vie publique, entre culture première et connaissance. Si, aux premiers stades de cette société les différentes classes sociales ont continué de vivre sur l'acquis traditionnel, fût-il bourgeois, ouvrier ou paysan, la fissure s'est tellement agrandie entre les traditions (culture première) et la rationalité technologique que cette culture première en a été érodée de part en part et que de nos jours le problème primordial de nos sociétés est de construire une culture première à laquelle s'alimentera la culture seconde. De sorte que notre souci principal devra se tourner sans cesse vers cet univers de symboles, de sentiments, de valeurs, de significations sans lesquels l'art et la science cesseront de s'alimenter à l'humus humain pour n'être qu'au service des techniques. C'est le caractère le plus spécifique de nos sociétés contemporaines[59]. »

CONCLUSION PROVISOIRE

Ainsi la structuration et l'articulation du discours idéologique sur le loisir au Québec est en interaction avec la structure de dépendance de la société québécoise. Le loisir y est conçu d'abord comme un élément de conservation de la culture traditionnelle, ensuite comme un élément d'intégration de la société québécoise traditionnelle à la société industrielle occidentale, enfin comme un élément de formation d'une culture nationale originale. Les deux dernières conceptions idéologiques sont au centre du débat politique au Québec présentement. Les jeux ne sont pas encore faits : l'une ou l'autre peut encore imposer sa prédominance.

Signalons enfin que le fait d'avoir surtout insisté sur la restitution la plus intégrale possible du discours dominant en matière de loisir nous a amené à négliger quelque peu la fonction d'occultation qu'opère ce discours. Limitons-nous pour l'instant à quelques interrogations que nous suggèrent les idéologies officielles du loisir, qu'on retrouve d'ailleurs en filigrane tout au long de cet article. Le loisir est-il un phénomène neutre sur le plan social, relevant essentiellement du libre choix de l'individu ? L'appartenance de l'individu à des groupes sociaux ainsi que la sollicitation des entreprises commerciales ne contribuent-elles pas à orienter le choix des individus ? Au delà du discours sur le droit au loisir, l'accessibilité, la démocratisation culturelle, l'action de l'État a-t-elle contribué à réduire les écarts entre les catégories sociales et les classes sociales, ou à les renforcer ? L'appui de l'État aux industries culturelles québécoises va-t-il contribuer à promouvoir et développer la culture populaire ou à créer une bourgeoisie d'affaire autochtone dans le secteur culturel ? Le loisir touristique va-t-il favoriser le développement d'une culture québécoise authentique (découverte du patrimoine culturel et naturel) ou bien la culture nationale va-t-elle constituer un élément nouveau de rentabilisation économique du réseau touristique québécois et de sa place dans le tourisme international ?

Roger LEVASSEUR.

Notes

1 Fernand DUMONT, Jean HAMELIN, Jean-Paul MONTMINY, *Idéologies au Canada français 1930-1939*, Québec, Les Presses de l'université Laval, 1978, p. 1.

2 Nous nous inspirons ici d'un article d'Alain TOURAINE sur les idéologies des mouvements sociaux au sein des sociétés dépendantes, dans *les Sociétés dépendantes*, Belgique, Duculot, 1976.

3 Gonzalve POULIN, *Éducation populaire et loisirs d'après-guerre*, Cahiers de l'École des sciences sociales, politiques et économiques de Laval, vol. 2, nº 10, Québec, les Éditions du Cap Diamant, s.d., (1950), 32 p.

4 Guy SCHETAGNE, *les Loisirs des jeunes. Une expérience à Lachine*, Montréal, Fides, 1945, 168 p.

5 *Idem.*

6 Gérard DION, *l'Œuvre des terrains de jeux de Québec*, Québec, les Éditions du Cap Diamant, 1943, 122 p.

7 SCHETAGNE, *op. cit.*

8 DION, *op. cit.*

9 POULIN, *op. cit.*

10 Claude TROTTIER, Pierre LAVERGNE, Albert JUNEAU, *l'Organisation des loisirs. Études sur la Fédération des loisirs de la région de Québec*, Québec, Fédération des loisirs — Région de Québec, 1967, 160 p.

11 Everett C. HUGHES, *Rencontre de deux mondes. La crise de l'industrialisation du Canada français*, Montréal, Éditions du Boréal Express, 1972.

12 DION, *op. cit.*

13 SCHETAGNE, *op. cit.*

14 Les expressions *droit au loisir* et *intégration culturelle* sont utilisées d'une façon interchangeable tout au long de cet article.

[15] Le document *Loisir, défi d'aujourd'hui* (produit par l'A. D. L. M. (Association des directeurs de loisirs municipaux en 1968)), première réflexion des professionnels du loisir de l'époque et des membres des associations volontaires sur le loisir au Québec, possède une grande parenté idéologique avec le document *Politique d'occupation du temps libre*, du Haut-Commissariat à la jeunesse, aux loisirs et aux sports, de 1972, qui inspirera la politique gouvernementale en matière de loisir.

[16] La récréologie était à ses débuts une copie des départements de Récréation des universités américaines.

[17] On retrouve ici surtout l'influence française de la sociologie du loisir et plus particulièrement de Joffre DUMAZEDIER.

[18] Allocution de M. Marcel MASSE, ministre d'État à l'éducation, prononcée lors de la première réunion du comité consultatif des loisirs, le 17 janvier 1967. Cette allocution a été reproduite dans le document, *Conférence biennale sur les loisirs 1967*, Confédération des loisirs du Québec, 1967.

[19] GOUVERNEMENT DU QUÉBEC, *Rapport du comité d'étude sur les loisirs, l'éducation physique et les sports*, février 1964, p. 69.

[20] HAUT-COMMISSARIAT À LA JEUNESSE, AUX LOISIRS ET AUX SPORTS, *Politique d'occupation du temps libre*, Québec, février 1972, p. 9. Ce texte a été rédigé par Donald GUAY et Gérard NAUD pour le compte du Haut-Commissariat à la jeunesse, aux loisirs et aux sports.

[21] *Idem*, p. 7.

[22] *Idem*, p. 6.

[23] *Idem*, p. 14.

[24] *Idem*, pp. 24-25.

[25] *Idem*, p. 7.

[26] *Idem*, pp. 40-41. Par organismes privés, les auteurs font référence aux organismes à but non lucratif, en grande partie financés par l'État. C'est donc à l'État et non à ces organismes d'assumer la mission collective du loisir.

[27] Nous poursuivons présentement une thèse de 3ᵉ cycle sur l'action de l'État québécois en matière de loisir sous la direction de M. Joffre DUMAZEDIER.

[28] GOUVERNEMENT DU QUÉBEC, *Rapport du comité d'étude sur les loisirs, l'éducation physique et les sports*, février 1964, 145 p.

[29] *Idem*, p. 40.

[30] Allocution de Jean-Marie MORIN, ministre d'État à l'éducation, au congrès annuel sur les loisirs, « l'Organisation des loisirs et le rôle des pouvoirs publics », Confédération des loisirs du Québec, 1968, p. 48.

[31] HAUT-COMMISSARIAT À LA JEUNESSE, AUX LOISIRS ET AUX SPORTS, *Propositions sur une politique du sport au Québec*, novembre 1968, p. 9.

[32] GOUVERNEMENT DU QUÉBEC, *Rapport du comité d'étude sur les loisirs, l'éducation physique et les sports, op. cit.*, p. 73.

[33] Allocution de M. Gabriel LOUBIER, ministre responsable du Haut-Commissariat à la jeunesse, aux loisirs et aux sports, au congrès annuel des

loisirs, « Loisirs municipaux : affaire de collaboration », Confédération des loisirs du Québec, 1969, p. 122.

[34] Louis CHAMPOUX, Raymond BENOÎT, Donald GUAY, « Manifeste du sport québécois », document présenté lors du premier congrès du sport au Québec (1968) et reproduit dans la revue *Sport, Loisirs et Éducation physique*, n° 43, novembre 1968, 16-19 incl.

[35] Les postulats et les recommandations de ce livre blanc sont présentés dans le livre vert de M. J.-P. L'ALLIER, ministre des Affaires culturelles, *Pour l'évolution de la politique culturelle*, Gouv. du Québec, février 1976, p. 17-34.

[36] GOUVERNEMENT DU QUÉBEC, *Rapport de la commission d'enquête sur l'enseignement des arts au Québec*, Éditeur officiel du Québec, 1968, quatre tomes.

[37] L'ALLIER, *op. cit.*, 258 p.

[38] La qualité de la vie constitue un élément associé au développement culturel; elle est complémentaire de l'approche par activité. Nous traiterons de cet aspect ailleurs.

[39] *Loisir-Plus*, Confédération des loisirs du Québec, vol. 13, n° 11-12, juin-juillet 1974, 23.

[40] HAUT-COMMISSARIAT À LA JEUNESSE, AUX LOISIRS ET AUX SPORTS, *Programme d'assistance technique et financière aux fêtes cuturelles populaires*, Service des activités socio-culturelles, janvier 1977, p. 3.

[41] IDEM, *les Clubs sportifs 1976-77*, Service des sports, février 1976, p. 6.

[42] GOUVERNEMENT DU QUÉBEC, *Rapport du comité d'étude sur la création de l'Institut des sports du Québec*, Éditeur officiel du Québec, mai 1974.

[44] *Idem*, p. 208.

[45] Roger LEVASSEUR, « Le sport : de la pratique au discours », dans *l'Homme en mouvement, le sport, le jeu, la fête*, Montréal, Fides, 1976.

[46] HAUT-COMMISSARIAT À LA JEUNESSE, AUX LOISIRS ET AUX SPORTS, *Politiques gouvernementales en matière de sports et de loisirs*, Québec, 8 juin 1972.

[47] GOUVERNEMENT DU QUÉBEC, *Rapport du comité d'étude sur la création de l'Institut des sports du Québec*, Éditeur officiel du Québec, mai 1974.

[48] IDEM, *Rapport du comité d'étude sur la condition physique des Québécois*, Éditeur officiel du Québec, juillet 1974.

[49] CHARRON, ministre délégué au Haut-Commissariat à la jeunesse, aux loisirs et aux sports, *Prendre notre temps*, Livre vert sur le loisir au Québec, Gouvernement du Québec, octobre 1977.

[50] *Idem*, p. 62.

[51] *Idem*, pp. 64-66.

[52] Ce document de Guy FRÉGAULT est reproduit dans le livre vert *Pour l'évolution de la politique culturelle, op. cit.*, p. 54.

[53] CHARRON, *op. cit.*

[54] *Le Cadre et les Moyens d'une politique québécoise concernant les investissements étrangers*, Gouvernement du Québec, conseil exécutif, rapport du comité interministériel sur les investissements étrangers, p. 132.

[55] HAUT-COMMISSARIAT À LA JEUNESSE, AUX LOISIRS ET AUX SPORTS, *Loisir et Culture*, Service des activités socio-culturelles, mars 1977, p. 2.

[56] L'ALLIER, *op. cit.*, pp. 98-99.

[57] CHARRON, *op. cit.*, p. 83.

[58] GOUVERNEMENT DU QUÉBEC, *Rapport de la commission d'enquête sur l'enseignement des arts au Québec*, Éditeur officiel du Québec, tome II, p. 365.

[59] *Idem*, pp. 35-36.

CULTURE ET CONTRE-CULTURE :
IDÉOLOGIE ET CONTRE-IDÉOLOGIE

A U COURS des années 1960, un courant idéologique fort important s'est déployé aux États-Unis d'Amérique pour se répan-
dre dans les diverses formations sociales capitalistes avancées à
des degrés divers. Ce courant s'est inscrit en faux contre les institutions et la culture officielle et se proposa d'offrir une solution
de rechange culturelle globale à la société établie. Cependant les
mouvements proprement contre-culturels ainsi que les vastes manifestations qui en marquèrent l'importance se sont, à toutes fins utiles, désagrégés au tournant de la présente décennie. Il ne me semble pas pour autant qu'il faille croire à la disparition d'une tendance
idéologique qui, au contraire, s'est ou a été recyclée pour sa diffusion élargie.

Le présent article veut tenter d'indiquer les contours de cette
idéologie, mais aussi son caractère systématique qui lui donne une
place importante dans les rapports sociaux encore aujourd'hui au
Québec. Les éléments présentés ici ressortent d'une recherche sur
l'idéologie contre-culturelle, telle qu'analysée dans une revue québécoise publiée à partir de 1970, *Mainmise*[1]. Mais avant de procéder à l'exposition des éléments et de la systématicité de cette
idéologie, il convient d'établir quelques préalables théoriques et
méthodologiques qui ont présidé à cette recherche.

I. — PRÉALABLES THÉORIQUES

Par principe de méthode, je me suis d'abord démarqué de deux
attitudes possibles par rapport à cet objet. Ces deux attitudes

constituent les deux faces d'une même approche de l'objet. D'une part, il fallait éviter une pure et simple disqualification de l'objet de telle sorte que je serais amené à opposer un discours analytique (scientifique) à un discours, lui, idéologique. Cela présupposait la construction d'une problématique théorique pouvant prendre en compte le problème de la production de discours de nature différente, mais non nécessairement opposés sur un axe science/idéologie. D'autre part, il fallait aussi éviter l'apologie du phénomène. Cette attitude, fort répandue, représente le contraire de la précédente en ce qu'elle épouse le discours analysé, en le reprenant à son compte. Ce faisant, elle confond science et idéologie.

Une première clarification s'impose. Pour éviter toute disqualification de l'objet, en tant que « représentation erronée du réel », ou toute apologie de l'objet, en tant que « réelle alternative culturelle », il faut préciser quelques concepts. Premièrement, j'ai parlé de l'idéologie de la contre-culture, semblant ainsi confondre idéologie et culture. Au contraire, cette désignation vise à préciser que la contre-culture ne doit pas être reprise au pied de la lettre de son discours, mais que son discours doit être analysé comme idéologie. Mais cette désignation vise aussi à indiquer que la contre-culture peut difficilement être appréhendée à travers le concept de culture. Sans reprendre de façon extensive un débat sur la culture, il m'apparaît que ce concept, pour autant qu'il est valable dans sa fonction descriptive, est, au contraire, ambigu lorsque cette fonction est subvertie en fonction explicative. Sur le plan ethnographique, le concept permet l'organisation et l'articulation de certains éléments culturels pouvant spécifier une formation sociale. Cependant, sur le plan de sa fonction théorique, le concept de culture présuppose un ensemble d'axiomes sur le caractère consensuel des sociétés, sur la possibilité d'une explication globaliste et idéaliste, dans la mesure où la culture, théorisée, est représentée comme aura plus ou moins définissable permettant d'expliquer le social. Les théories de la culture définissent, par ailleurs, l'idéologie comme fonction de représentation (« déformée ») servant à faire le lien entre le système culturel et le système social. Chez certains théoriciens, comme Parsons, cette fonction est négative puisque l'idéologie est le langage des déviants. Chez d'autres, tels Rocher ou Dumont, cette fonction est positive en tant qu'elle est le ferment de l'action sociale. Du point de vue de ces théories, on est ramené à expliquer les phénomènes de culture d'un point de vue consensuel et globaliste et les idéologies comme pure représentation, explicable en dernière analyse par la culture.

Deuxièmement, il est nécessaire de faire subir un déplacement important de la théorie des idéologies, du strict point de vue de sa fonction de représentation, vers une théorie de l'idéologie, comme instance d'un mode de production et donc du point de vue de son fonctionnement. En effet, l'idéologie n'est pas que fonction de représentation du réel. Elle est fonctionnement, c'est-à-dire lieu de production de discours et de pratiques spécifiques, lieu de rapports spécifiques, de domination/subordination entre classes, lieu défini prioritairement par la lutte idéologique entre classes. À un premier niveau, on trouve une façon voisine de la théorie culture/idéologie pour établir la définition de l'idéologie, chez les auteurs marxistes. Dans l'*Idéologie allemande*[2], Marx et Engels reportent les idéologies au domaine des idées : la morale, la religion, la métaphysique, le droit, en somme les représentations et la conscience qu'ont les hommes des choses et de la société. Cette définition non exhaustive recouvre en fait la notion de culture chez les théoriciens non marxistes. On retrouvera chez Althusser[3] et Poulantzas[4] la même définition préliminaire qui amalgame l'ensemble des systèmes d'idées/représentations et des systèmes d'attitudes/comportements sociaux. Ces systèmes sont vus comme étant des représentations « inversées » du réel. Ce qui paraît donc a priori une définition très proche de celle que véhiculent les théories non marxistes s'en distingue de deux façons capitales. Premièrement, la mise en commun sous le chapeau de l'idéologie de ce qui, dans les théories non marxistes, se distingue entre idéologies et culture empêche une vision consensuelle et non conflictuelle de la culture. Deuxièmement, loin de s'appuyer sur l'idée du consensus, la définition de l'idéologie identifiera la fonction de reproduction de l'ordre social et la fonction de méconnaissance des rapports sociaux qu'exerce l'idéologie. Mais n'est-ce là qu'une divergence sur le poids relatif accordé aux éléments d'un même système ? Dans un cas, on parle d'un système culturel qui assure le consensus et des idéologies qui sont des discours à la défense d'intérêts limités. Dans l'autre cas, on parle de l'idéologie qui se substitue à la notion de culture, mais dont la fonction est aussi d'assurer la cohésion sociale. C'est alors dans un deuxième temps que cette fonction de cohésion serait surdéterminée par certains intérêts. On reconnaît là les éléments de la querelle faite aux théories néo-marxistes de l'idéologie. Je fais l'hypothèse que cette critique tient justement au fait que l'on n'a pas compris que les développements de la théorie marxiste n'en sont justement pas restés à ce niveau de la fonction de représentation des idéologies et qu'ils ont posé les bases d'une théorie du fonctionnement idéologique.

La volonté de ne pas distinguer les idéologies de la culture n'est qu'une indication intuitive de la rupture de perspective introduite par la théorie marxiste des idéologies. L'idée fondamentale est de montrer que l'idéologie est une instance du mode de production exerçant des fonctions spécifiques, entrant dans des rapports spécifiques avec les autres instances et étant le lieu de réalisation de luttes de classes spécifiques. La clé pour la compréhension de ce qui précède est à rechercher dans le concept de reproduction. On ne peut, en effet, comprendre la production sans faire intervenir la reproduction. Il est de nécessité absolue qu'une formation sociale continue de produire pour subsister. La reproduction assure une triple liaison qui est essentielle au fonctionnement du mode de production. D'abord, pour produire, il faut qu'il y ait eu production de biens de production en aval. Le procès de production met en œuvre plusieurs procès de travail *entrelacés*, c'est-à-dire que les biens produits dans un procès de travail sont nécessaires dans un autre procès de travail. Ensuite, la continuité successive de la production nécessite la reproduction. Pour continuer la succession de la production, il faut que le capital et le travail se renouvellent. Le capital doit se reproduire, théoriquement sur la base minimale de sa reproduction simple, pratiquement toujours sur la base de sa reproduction élargie (accumulation du capital). Le travailleur doit renouveler sa force de travail pour entrer dans un nouveau procès de travail. Mais, surtout, les rapports liant le capital et le travail doivent être reproduits. Ainsi, la troisième liaison doit être assurée entre les divers niveaux (instances) de la structure. Il s'agit des conditions qui permettent le renouvellement des conditions de production et plus spécifiquement les rapports sociaux de production. Marx dira : « Le procès de production capitaliste considéré dans sa continuité, ou comme reproduction, ne produit donc pas seulement marchandise, ni seulement plus-value; il produit et éternise le rapport social entre capitaliste et salarié[5]. » C'est cette troisième liaison qui est capitale pour comprendre l'importance de l'idéologie comme instance. En effet, les instances politique et idéologique sont celles qui garantissent la reproduction des rapports sociaux.

Lorsque je parle donc du fonctionnement idéologique, en tant que l'idéologie est instance du mode de production, c'est dans la mesure où l'idéologie en tant qu'ensemble de pratiques matérielles, discursives ou non discursives (attitudes, codes, rituels...), organisées au sein d'institutions/organisations, contribue à la reproduction des rapports sociaux de production, mais précisément sur le mode d'un rapport de force. Cette approche permet de comprendre le fonctionnement général de l'idéologie à travers les appareils.

Il faut distinguer deux niveaux d'analyse dans le fonctionnement idéologique. Le niveau le plus général c'est celui où l'idéologie est une instance du mode de production capitaliste. À ce niveau, l'instance idéologique est définie dialectiquement comme matérialisation/condensation d'un rapport de force et comme fonction spécifique de reproduction des rapports sociaux dans un mode de production déterminé. Cette matérialisation/condensation se réalise dans les appareils idéologiques d'État. Les appareils d'État peuvent à leur tour être perçus dialectiquement comme lieu de production de discours idéologiques ou de pratiques idéologiques non discursives et comme lieu de rapports conflictuels de domination/subordination entre classes et de rapports d'appropriation de formes culturelles dominantes. Le second niveau est celui qui est posé par la définition de l'idéologie d'Althusser[6]. Il s'agit des pratiques idéologiques concrètes qui se répercutent dans le rapport vécu aux conditions réelles d'existence. C'est, en quelque sorte, la projection du fonctionnement idéologique général au niveau des pratiques concrètes. Dans le mode de production capitaliste, ce fonctionnement se caractérise par l'interpellation d'individus en sujets ou, si l'on veut, par la production idéologique d'individus-sujets. Cela veut précisément dire que la structure de reproduction des rapports sociaux de production nécessite cette production de sujets isolés au niveau des individus concrets. Mais cette interpellation n'est ni universelle ni première par rapport à la détermination de classe des agents sociaux. En ce sens, il faut lier dialectiquement la production d'individus toujours-déjà agents sociaux et leur assujettissement marqué par leur place dans la lutte des classes. Il faut donc concevoir les diverses pratiques idéologiques comme la forme de réalisation d'un fonctionnement plus général de l'instance idéologique. Elles réalisent concrètement un rapport de force sous la forme déterminée, en dernière analyse, par les lois plus générales qui caractérisent un mode de production déterminé. Il faut cependant ajouter que le fonctionnement élémentaire de l'idéologie dans le mode de production capitaliste ne peut être réduit à l'interpellation des individus en sujets. Elle prend, justement dans le cadre de la lutte des classes et par rapport au développement historique des formations capitalistes, des formes complexes. Par exemple, à l'intérieur des diverses étapes du développement du capitalisme monopoliste les idéologies prendront des formes spécifiques selon qu'elles représentent les intérêts de la classe dominante ou de la classe dominée et selon les diverses péripéties marquant les diverses alliances dans la lutte des classes.

Troisièmement, il me semble utile de préciser le concept de formation idéologique puisqu'on doit se référer à l'analyse concrète de l'idéologie dans une formation sociale historique. Ce concept de formation idéologique a l'avantage d'indiquer que l'idéologie se présente toujours sous la forme de pratiques idéologiques concrètes. Dans une formation sociale définie par la dominance d'un mode de production spécifique, les formations idéologiques seront marquées par des pratiques idéologiques, discursives ou non discursives, dont certaines auront un rôle dominant. De façon générale, la fonction de reproduction des rapports sociaux de production se concrétise dans la dominance de certaines pratiques idéologiques qui défendent les intérêts des classes exploitantes et dominantes et sont imposées par la force, physique ou symbolique, aux classes dominées et exploitées. Ces formations idéologiques sont un lieu relativement autonome où des luttes entre tendances idéologiques se composent avec le régime général de la lutte des classes. Il existe donc aussi des pratiques idéologiques dominées qui, par définition, sont sous-développées tant et aussi longtemps qu'un mode de production se reproduit en tant que dominant. Dans la mesure justement où la reproduction des rapports sociaux de production est aussi transformation, il n'y a pas une idéologie dominante dont les formes de réalisation seraient données pour toujours. Il y a minimalement un fonctionnement idéologique invariant qui se reproduit aussi longtemps qu'une transformation totale du mode de production n'est intervenue, mais les formations idéologiques peuvent varier en tant que régime spécifique des rapports d'inégalité/subordination entre régions et tendances idéologiques dans les formations sociales historiquement déterminées.

Toute priorité supposée de la fonction de cohésion sur celle de dominance ne saurait être maintenue. L'idéologie n'est pas quelque chose d'extérieur, ni même d'antérieur, à la lutte des classes, elle est essentiellement rapport de force en elle-même. De plus, cette théorie ne se représente pas la lutte des classes comme un duel entre l'idéologie et la science. Le concept de formation idéologique dépasse, en effet, le simple niveau des pratiques idéologiques. Ce modèle permet de penser que des productions discursives scientifiques, c'est-à-dire répondant à certains critères de scientificité, sont produites à l'intérieur d'appareils idéologiques et dans un rapport constant avec les pratiques idéologiques. Certaines formations idéologiques peuvent être des obstacles à surmonter, d'autres des incitations à la production scientifique. En aucun cas, cependant, le discours scientifique ne peut se libérer du discours idéologique qui est une condition sociale de sa propre émergence. Tant que l'idéologie est conçue comme pure représentation idéelle, elle est susceptible de se voir opposer un principe de « vérité scientifique ». Mais aussi longtemps qu'elle est présentée comme un rapport nécessaire dans tout mode de production, elle ne s'oppose pas à la science, mais en explique partiellement les conditions d'émergence.

En résumé, la question des idéologies est ramenée à un point de vue matérialiste dans la mesure où celles-ci ne sont plus conçues comme fonction de représentation du réel, mais comme fonctionnement. Ce fonctionnement opère au niveau général des modes de production défini par des rapports de classe, en contribuant à la reproduction/transformation des rapports sociaux de production. Cette nécessité structurelle n'est pas antérieure à la lutte des classes, mais est plutôt la condensation/matérialisation d'un rapport de force. À un niveau plus concret, l'idéologie contribue à la constitution d'individus toujours-déjà agents sociaux dont l'assujettissement est marqué par leur place dans la lutte des classes. La forme capitaliste de ce fonctionnement est la production d'individus-sujets. Par contre, l'histoire spécifique d'une formation sociale est caractérisée par une formation idéologique spécifique, comme rapport d'inégalité/subordination entre régions et tendances idéologiques. Les idéologies doivent en conséquence être analysées d'un point de vue dynamique et conflictuel et le discours scientifique ne saurait échapper à une mise en rapport avec celles-ci[7].

II. — PRÉALABLES MÉTHODOLOGIQUES

L'analyse qui suit est d'abord motivée par la nécessité, pour le développement des connaissances sur les idéologies, de recourir à des analyses concrètes. La théorie ne saurait se développer sans ce travail sur le réel et on risquerait d'en rester éternellement aux mêmes explications générales. Les formations discursives sont nombreuses et complexes. La compréhension de leur efficacité réciproque dans les rapports sociaux d'une formation sociale historiquement située nécessite donc la connaissance de leur spécificité et de leur systématicité.

Le premier objectif est de démarquer la spécificité d'un discours « contre-culturel » par rapport à d'autres discours. Cette opération permettra de distinguer une formation discursive dans sa singularité par rapport à la formation idéologique d'ensemble. L'identification de cette singularité est préalable à toute analyse des effets spécifiques d'une telle tendance idéologique dans le développement de la lutte des classes à un moment donné. Le second objectif vise à établir la systématicité du discours contre-culturel. Si la spécificité assure d'un certain efficace idéologique dans l'ensemble complexe de la formation idéologique, la systématicité du discours nous donne la clé pour la compréhension des mécanismes de cet efficace. La systématicité est donc la forme d'organisation des éléments idéologiques principaux sur des axes problématiques fondamentaux qui assurent le fonctionnement idéologique au niveau des pratiques, discursives ou politiques.

L'analyse empirique a porté sur les quarante-deux premiers numéros de la revue *Mainmise*. Je souligne l'importance de cette publication non seulement pour les milieux qui tentent de redéfinir des modes de vie contre-culturels, mais pour de larges secteurs de la population soumis, de quelque façon, à des retombées idéologiques telles qu'on peut en retrouver l'origine dans *Mainmise*.

Qu'est-ce que *Mainmise* ? Il s'agit d'une commune de production dont les divers membres ont exercé des professions diverses, certains comme journalistes professionnels, et se sont réunis avec l'objectif de produire un instrument alternatif d'information sur le « mouvement[8] ». Nettement sous l'influence des mouvements contre-culturels américains et de la presse *underground* qui fleurit encore partout aux États-Unis, *Mainmise* paraît pour la première fois en octobre 1970. L'aspect du mensuel est un livre de poche largement illustré et dont la couverture reproduit des dessins qu'il était convenu alors de désigner sous l'appellation de psychédéliques. La revue est d'abord subventionnée par le Conseil des arts, qui abandonne son support financier dès l'année suivante sans que les raisons en soient clairement avouées. La publication d'un numéro spécial sur la drogue, dès les premiers numéros, n'est certainement pas étrangère à cette décision. Le format de la revue change au 21e numéro et prend les dimensions d'une revue d'information, tout en conservant son apparence originale. J'indique qu'il n'existait pas d'autre solution véritable quant au choix de la revue. En effet, *Mainmise* n'avait pas de concurrent direct, puisqu'elle occupait tout le marché d'un mensuel contre-culturel et autochtone. Cependant, ce choix forcé n'est pas sans motif. *Mainmise* comporte une matière abondante par rapport à mes objectifs et entretient, très explicitement, le projet d'élaborer toutes les dimensions d'une culture autre ou parallèle.

À qui s'adresse *Mainmise* ? Je ne peux répondre ici de façon scientifique. Je n'avais pas la connaissance, ni ne voulais procéder à la production d'une étude de marché. Les informations fournies par la commune de production et l'observation des milieux contre-culturels suffisent à établir que le consommateur de la revue était avant tout un lecteur plutôt jeune à la recherche d'un certain support vis-à-vis d'une expérience de vie se voulant formule de rechange. Ceci demeure cependant de l'ordre de l'impression.

J'ai donc appliqué deux grilles d'analyse de contenu aux quarante-deux (42) premiers numéros de *Mainmise*[9]. À partir de deux niveaux de préoccupation, j'ai construit deux grilles de lecture de la revue. La première grille, dite descriptive, visait deux objectifs : Premièrement, rendre compte du contenu manifeste de la revue : le type d'unités publiées, leur source, leur importance, leur traitement; deuxièmement, permettre une sélection pertinente des unités contextuelles pour l'analyse thématique. Cette procédure fut facilement codifiable et donna lieu à un traitement mécanographique des données. Ses résultats s'arrêtent à une description de l'univers de *Mainmise* qui ne sera pas repris ici. La seconde grille, dite qualitative, visait l'objectif général de la recherche, c'est-à-dire trouver les éléments idéologiques et leur systématicité propre qui puissent rendre compte de la spécificité de l'idéologie contre-culturelle.

En fonction même des problèmes soulevés plus haut, cette grille ne peut prétendre fournir un instrument de démonstration scientifique. L'ambition, derrière son utilisation, est de recueillir le maximum d'informations à travers des catégories de lecture qui ne reprennent pas le discours au pied de la lettre. Dans un premier temps, certaines unités contextuelles furent retenues pour leur pertinence à rendre compte de leur contenu idéologique en fonction de certaines hypothèses de lecture. Ainsi ne furent retenus que les éditoriaux et les unités sous forme d'articles traitant de la contre-culture, de la culture ou des institutions officielles, ainsi que tout thème contre-culturel associé à ces premières. À l'intérieur de ces unités contextuelles, les unités de codification devenaient tout segment de l'unité de contexte pouvant fournir une information en rapport avec les questions de la grille.

Évidemment, de mon point de vue, les catégories de la grille prennent une place primordiale. Sur un axe, la grille discerne quatre régions idéologiques : région philosophique, région politique, région économique et région culturelle. Sur un autre axe, une distinction est établie entre l'aspect critique et l'aspect utopique des éléments de signification. Enfin un système d'hypothèses guide la lecture des textes : d'abord des hypothèses générales sur la représentation de la subjectivité, des rapports sociaux et de la transformation sociale; puis des hypothèses spécifiques sur chacune des régions idéologiques.

III. — ANALYSE THÉMATIQUE DE « MAINMISE »

Je rends compte ci-après des principales conclusions qui ressortent de l'analyse d'une partie du corpus (les articles), afin de donner une idée des éléments idéologiques de ce discours et permettre l'élaboration de la systématicité de ce même discours.

La région philosophique

Les trois rubriques thématiques qui se sont avérées les plus aptes à ramasser le discours philosophiques de *Mainmise* sont les suivantes : le philosophico-politique, l'individu, le monde. Ces trois registres de la région philosophique jouissent d'une certaine systématicité interne, mais ne peuvent vraiment être interprétés qu'en relation les uns avec les autres. Une façon très sommaire d'expri-

mer ces relations peut s'illustrer dans le tableau I. Voyons plutôt
dans le détail le contenu thématique de cette région.

Tableau 1

Organisation de la région philosophique

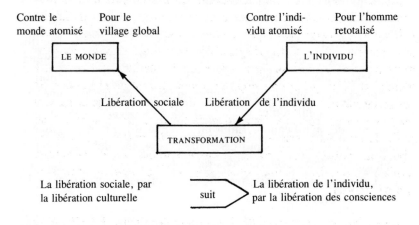

On ne peut parler de l'idéologie de *Mainmise* sans parler de la
place primordiale qu'occupe la notion de transformation. C'est
dans cette mesure même qu'il est hasardeux de séparer le thème
« individu » du registre philosophico-politique. *Mainmise* aborde
le problème de l'individu presque exclusivement sous l'angle de sa
transformation. Et, polémiquement, la libération de l'individu est
souvent invoquée comme préalable à toute libération sociale.
Pourtant il est utile méthodologiquement d'isoler ces trois thèmes
dans un premier temps, ne serait-ce que pour montrer l'importance
primordiale de l'individu comme axe de pensée de *Mainmise*.

Si l'on prend d'abord le thème de l'individu, on remarque une
certaine place faite à la critique de l'individualisme, sous sa forme
dominante, et de l'atomisation de l'homme par l'exercice d'un

pouvoir technocratique et répressif. C'est par rapport à ces formes d'existence de l'individualisme que *Mainmise* insiste sur une nouvelle vision de l'individu, bien que celle-ci puisse être considérée comme une nouvelle vision de l'homme retrouvé. Un des thèmes majeurs de *Mainmise* est de prôner le retour aux facultés et aux capacités inscrites en l'homme. L'homme est perçu comme étant dénaturé. Il faut donc travailler à le retrouver. Quelles sont ces capacités perdues ? Ce sont la créativité, l'émancipation de la personnalité, l'autonomie, l'exercice du libre choix et de l'initiative. L'homme retrouvera ces facultés dans la mesure où il s'en remettra aux lois naturelles. Cette vie naturelle doit donc se vivre au moment présent, au niveau de l'expérience immédiate. Le combat à mener est celui qu'on doit opposer à toute forme de répression de cet ordre naturel. Il y a donc critique de la société dans la mesure où c'est elle qui réprime l'individualité créatrice de l'homme. À un individu en pièces, produit d'une société, *Mainmise* oppose un individu retotalisé, sous l'influence immédiate des lois de la nature. Voilà bien de vieux thèmes rousseauistes. À ce niveau, *Mainmise* n'a pas innové.

La société est associée dans l'idéologie dominante à l'idée d'un regroupement, sur une base plus ou moins volontaire, d'un ensemble d'individus. La société est l'univers public, face inversée de l'univers privé. Aux sujets multiples correspond un grand sujet (la nation), principe de leur unification dans des intérêts communs. Cette idéologie est, à un certain niveau, décryptée par *Mainmise*. La société n'est pas conçue comme la forme d'un regroupement idéal, ou du moins nécessaire, mais comme principe de répression[10]. Il n'est pas question ici d'une véritable analyse en termes de pouvoir, mais d'une vague intuition. On raisonne au niveau des effets. Mais cette incapacité de faire la théorie de cette répression conduit à rechercher un nouveau principe de regroupement qui, lui, ne soit pas répressif. On ne conteste pas l'idéologie dominante en son fondement. On en reconnaît le principe actif, la production du sujet. Ce qu'on critique, c'est la réalisation historique de la société. Comment alors passe-t-on de l'individu à son regroupement ? *Mainmise* critique la société parce qu'elle atomise l'homme, c'est-à-dire qu'elle développe chez les individus certaines facultés laissant dans l'ombre la plus grande part. Il faut retrouver ces facultés perdues. On peut le faire en retournant à la nature. Voici le point de jonction que l'on cherchait. L'homme est nature, il participe de la nature. Dans cette mesure, il appartient à un système organique complexe qui englobe la terre et, en dernière analyse, l'univers complet. Je souligne, en passant, que ce fut l'un des thèmes les plus souvent introduits par Georges Kahl à la rencontre sur la contre-culture du printemps 1975. Ce dernier semblait nourrir un vaste projet de retrouver des lois de correspondance entre les divers niveaux de ce système organique : l'homme, la flore, la faune, l'univers intersidéral, etc.[11]. Pour revenir à *Mainmise*, la représentation du monde y est certes moins traitée que la représentation de l'individu (9 unités contre 16). Mais c'est sous l'image de l'organisme vivant que l'on se représente la société, l'humanité, la terre et l'univers. J'indiquerai plus loin que cela est proche des visions de McLuhan : un retour au village global qui innove sur le passé par sa technologie électronique. Ce qu'il faut retenir dans cette cosmologie, c'est que le pendant du sujet isolé pour *Mainmise* emprunte la figure religieuse d'une totalité expressive, le grand tout organique, plutôt que celle plus pragmatique d'une forme sociale. Certes *Mainmise* nous parlera d'expériences concrètes de communes, mais son discours philosophique est presque théologique. La société que l'on critique est bien concrète, celle que l'on propose semble immatérielle.

Le registre philosophico-politique est celui qui prend la plus grande place dans la région philosophique (29 unités). Cela est logique puisque l'individu est toujours défini en même temps que la nécessité de sa libération. Face à une société répressive, l'individu doit se libérer. On verra dans la région politique que *Mainmise* s'en prend à toute forme d'action politique dite « traditionnelle », c'est-à-dire, visant un niveau explicitement politique. Dans la région philosophique, cette opposition prend la forme suivante. Les idéologies, politiques il va sans dire, sont jugées néfastes, inutiles et aliénantes. On plaide au contraire pour un retour à la psychologie élémentaire de l'homme. C'est en chaque homme qu'on retrouvera le principe de la transformation. La révolution, « c'est dans la tête ». Ou, pour reprendre un slogan publicitaire : « C'est dans la tête qu'on est beau. » Cela illustre peut-être la facilité qu'a le système de puiser à une idéologie qui est sa fille naturelle. Ces prémisses étant jetées, il est possible de résumer les lois de la transformation par une suite d'implications : la nécessité de la libération de l'individu entraîne la nécessité d'une libération des consciences; suivra la libération de la culture entraînant à son tour la libération sociale. La société et ses formes d'organisation oppriment l'homme. Il faut le libérer de toutes ces oppressions, quelles qu'elles soient. Cette libération ne pouvant se faire socialement, puisque toute société est répressive, il faut atteindre le niveau profond des consciences, une à une. De la libération des consciences surgiront de nouveaux modes culturels. Et ce n'est que sur la base de cette révolution culturelle que la société évoluera. Les moyens de cette transformation des consciences sont puisés dans l'*underground*, entre autres, la libération sexuelle et l'usage de la drogue. « L'underground, c'est la subversion incarnée dans des individus qui visent à renverser les normes établies afin de permettre à la culture d'avancer et de progresser. »

Nous avons là, dans les grandes lignes, ce qui caractérise l'idéologie philosophique de *Mainmise*. Voyons maintenant les autres régions.

La région économique

La région économique est certes la région la plus négligée par *Mainmise*. Cela ne saurait surprendre dans la mesure où *Mainmise* se donne d'abord et avant tout une mission culturelle. Mais puisque la culture dont il est question répond à la définition extensive des sociologues, *Mainmise* ne pouvait exclure toute considération économique. La faiblesse du développement de cette région s'explique davantage par une absence réelle de réflexion à ce niveau que par la définition des objectifs de *Mainmise*. Absence de réflexion qui à son tour s'explique par la faiblesse d'une théorie sur la société. La discussion économique de *Mainmise* est d'abord une discussion sur la survivance. Comment, dans ce monde adverse, survivre en se libérant ?

J'ai constitué cinq registres à cette région : production, propriété, échange, politique économique en général et organisation. Certains de ces registres sont restés pratiquement vides. Je présenterai d'abord l'aspect critique du contenu de *Mainmise*. Il est en géénral fort réservé. Si l'on attaque le mode de production capitaliste, ce n'est pas pour en souhaiter le remplacement, mais pour imaginer la disparition des classes indépendamment de la disparition du système de production. On entrevoit même la disparition de l'État, sans le passage par un renversement de la société bourgeoise. « Nous ne nous demandons même plus si le prolétariat va prendre le pouvoir des mains de la bourgeoisie; ce que nous voulons, c'est la disparition et la dissolution complète de l'État, des classes. »

Ceci est affirmé dans un article où l'on dit que la révolution doit se faire dans la tête des gens. De plus, à trois reprises dans les articles retenus, on identifie le système capitaliste comme étant aliénant. On attaque nommément le système capitaliste dans la mesure où il empêche la créativité. En aucun temps n'est-il question de son renversement. Quant à la propriété en ce qu'elle donne le pouvoir et permet de légitimer le profit, ce n'est qu'à quelques reprises qu'elle est remise en question. Dans un article, en particulier, on indique comment la propriété permet l'exercice du pouvoir; dans un autre, on oppose la propriété privée favorisée par la société à la propriété collective qui a la faveur des communes de la nouvelle culture. La propriété privée n'est pas vue au niveau du rapport d'extorsion du surtravail, mais plutôt au niveau de sa manifestation dans la consommation et des effets psycho-sociologiques que cela entraîne. Sur les politiques économiques en général, *Mainmise* se fait, à une reprise seulement, l'écho du club de Rome en souhaitant la limitation du développement économique.

À cette mince critique, plutôt axée sur les effets du système économique, correspond une utopie sous-développée de la région économique. A priori on souhaite un régime de propriété collective, mais dont les contours sont flous et laissés à l'initiative de chaque groupe. La production doit, elle aussi, retourner à la nature et viser à l'autosuffisance. On encourage donc une économie de subsistance, anticonsommatrice, fondée sur des moyens alternatifs : production agraire, production artisanale, le petit commerce *(head shop)*, etc. Quant à l'échange, on préconise le troc. La base de production et l'organisation de la production doit se fonder sur le modèle de la commune ou sur le modèle de la coopérative.

La région politique

La région politique est relativement plus développée que la région économique. J'ai défini quatre registres dans cette région : révolution politique et politisation, sur des politiques, organisation politique, politique et nouvelle culture. Les problèmes de politisation et d'organisation politique sont évidemment les plus importants pour la compréhension de l'efficace de l'idéologie de la nouvelle culture.

J'ai indiqué plus haut, dans l'analyse de la région philosophique, l'orientation de *Mainmise* sur le problème de la transformation, c'est-à-dire la libération préalable des individus. *Mainmise* ne croit donc pas que les révolutions politiques soient possibles. La transformation commence dans la tête des gens et elle accouchera d'une révolution de la culture. Il n'est donc pas étonnant de ne retrouver qu'une seule unité utopique codée dans le registre de la révolution politique. Essentiellement *Mainmise* réserve sa plus virulante critique à cette région. Croyant que les révolutions politiques ne sont plus possibles, que les valeurs politiques habituelles sont périmées, enfin que les formes de luttes politiques traditionnelles sont dépassées, *Mainmise* s'oppose à toute révolution politique qui remplace « une dictature par une autre dictature ». Si le problème d'un pouvoir politique existe, il existe pour autant que le pouvoir est répressif. Et *Mainmise* croit que son renversement politique n'entraînera qu'une nouvelle forme de répression. Cette perspective est considérée sans issue, et c'est maintenant qu'il faut transformer les individus. Ceux-ci transformés, ils entraîneront le système social dans le même mouvement. À ce renoncement aux luttes politiques s'associe un apolitisme qui prend deux formes : 1° une désimplication face à certains problèmes (on ne traite pas, ou rarement, de l'exploitation économique des travailleurs, on n'aborde pas le problème de la domination mondiale du capital et de l'exploitation du Tiers-Monde); 2° un internationalisme « culturel » qui préconise l'abolition des frontières nationales et politiques (cette abolition est l'équivalent d'une négation des dominances et des antagonismes politiques).

De cette vision découle une théorie sous-développée de l'organisation politique. Au sujet de la société, on condamne son principe vertical d'organisation. On y oppose un principe d'organisation horizontale du pouvoir, c'est-à-dire pratiquement, sa disparition. Les principales idées portant sur le sujet renvoient à la philosophie de la nature de l'homme énoncée plus haut. Il faut réorganiser la société humaine à l'image de la société animale, en parfaite harmonie avec la nature. Aux idéologies égalitaires il faut répondre par les besoins psychologiques profonds de chaque individu. Il faut créer un village de rechange produit d'une nouvelle sensibilité, d'une nouvelle perception qui, en agençant et combinant les « vibrations » de chacun, le rendront invisible. Tout cela dit devant l'imminence de l'apocalypse, telle qu'annoncée à quelques reprises par *Mainmise*. Mais comme pour équilibrer cette perspective visionnaire la revue se pose des problèmes plus concrets. Ainsi dans les premiers numéros, *Mainmise* avait appuyé le F. R. A. P.[12] en soulignant les aspects du programme électoral qui militaient en faveur d'une décentralisation du pouvoir. Cela ne remet pas en question ce qui est dit plus haut dans la mesure où il s'agit d'un appui circonstanciel et relativement isolé par rapport au contenu général de *Mainmise*. À un même niveau pratique, *Mainmise* est appelée à se prononcer sur le problème de l'isolement des dropouts ou des expériences de rechange de toutes sortes. À quelques reprises milite-t-elle en faveur d'un certain regroupement, sans pour autant en proposer la forme concrète.

Les deux registres non étudiés jusqu'ici comportent des éléments plus conjoncturels et il est intéressant de voir à quel niveau *Main-*

mise intervient en politique. En ce qui concerne les politiques, au sens des lois et de leur application par les gouvernements, la revue s'en prend systématiquement à deux domaines d'intervention. À plusieurs reprises, elle se prononce contre toute forme de répression des drogues : restriction de l'usage, culture, commerce. À l'exception de l'usage de l'héroïne, tout autre usage des drogues est encouragé comme moyen d'atteindre la transformation des consciences. C'est dans cette mesure même que *Mainmise* intervient pour défendre cet élément culturel essentiel. L'autre lieu d'intervention des gouvernements condamné par *Mainmise* concerne la sexualité. D'une part, la revue a tendance à appuyer tout mouvement de libération défini autour d'une oppression sexuelle quelconque, d'autre part, elle préconise la pratique de la sexualité sous toutes ses formes comme véhicule d'une libération de l'individu. En conséquence, à plusieurs reprises elle demande l'abolition de toute politique pouvant restreindre le champ des possibles dans le domaine sexuel.

L'autre domaine conjoncturel où *Mainmise* intervient est celui de la nouvelle culture face à la politique. *Mainmise* n'est pas ignorante des rapports difficiles qu'entretiennent des expériences de nouvelle culture avec la société qui les entoure. À ce compte, quatre fois elle fait des constats politiques de l'état de santé de la nouvelle culture. Une première fois elle se dit consciente de la récupération par la société de certaines valeurs et de certaines pratiques de la nouvelle culture. La revue n'est pas inconsciente du rapport qu'entretient l'expérience de rechange avec la société. Une deuxième fois, rapportant une expérience de commune on pose le problème capital de la réintroduction de comportements et de rôles traditionnels. Encore une fois, il faut voir si, faute d'une pratique de la transformation fondée sur une connaissance de l'ensemble du processus, il est possible d'imaginer autre chose qu'une réintroduction sous une autre forme des mêmes rôles et comportements. Enfin on constate l'échec du mouvement hippy et le repli de la gauche américaine. Devant cette dose de réalisme à laquelle le texte plus haut n'avait pas habitué, on recourt de nouveau à une panacée : la relève devra venir du Québec. L'éditorial du numéro 53[13] confirme ce messianisme québécois, qui n'est peut-être que la répétition d'un messianisme catholique pas si lointain.

La région culturelle

La région culturelle contient à elle seule près de la moitié de toutes les unités codifiées (101/222). Puisqu'il s'agit d'une revue dont la visée est de guider les hommes vers une nouvelle culture en devenir, il n'est pas étonnant que l'on retrouve le gros du contenu idéologique dans cette région. Je rappelle qu'une sélection du matériel a écarté systématiquement des thèmes appartenant à cette région. Il est donc important de se souvenir que je parle ici de l'échantillon sélectionné et non de l'ensemble du contenu publié. J'ai procédé, pour cette région, à une classification relevant de l'appareil culturel visé par le discours de *Mainmise*. J'ai donc distingué les appareils suivants : l'école, les médias, la famille, la bureaucratie-technocratie-technologie, la culture en général, l'expérience mystique. Certains secteurs culturels ne se prêtant pas à proprement parler à cette classification ont été isolés : la drogue, la sexualité et l'écologie.

Il est difficile de proposer une seule définition de la nouvelle culture. Georges Kahl nous dit que *Mainmise* s'apparente à un manuel de pilotage qui guide les hommes vers un devenir. Fondamentalement, il y a l'idée que la nouvelle culture n'est pas une culture unifiée, un système homogène, mais une collection d'expériences. Au numéro 53 (troisième format, non analysé par moi), on fait la publicité d'un « répertoire québécois des outils planétaires[14] ». Écoutons la publicité de promotion : « Qu'est-ce qu'un outil planétaire ? Un outil planétaire, c'est tout instrument qui participe de près ou de loin à l'autosuffisance. — physique, — biologique, — sociale, — symbolique des individus et des groupes. Mais attention, par autosuffisance, il ne faut pas entendre l'individualisme occidental que nous connaissons, mais le coulage de l'activité individuelle dans les métabolismes planétaires. Il ne s'agit pas d'un retranchement, mais d'une pénétration. Nous visons l'indépendance économique, politique, mais nous visons aussi l'interdépendance écologique, vis-à-vis des cycles naturels[15]. » Et d'énumérer ces outils : « systèmes généraux, la planète, la terre, l'alimentation, herbes et plantes, habiter, fabriquer, technologies douces, la communauté, communications, voyages et loisirs, apprendre, célébrer[16] ».

Une façon donc, de décrire les éléments culturels propres à une nouvelle culture était de procéder par le lieu d'intervention de ces éléments ou, en d'autres mots, au niveau de l'appareil visé. Il ne faut donc pas s'attendre à retrouver dans ce qui suit une liste exhaustive des idées de *Mainmise*, mais plutôt, pour chaque appareil, la dimension critique de l'idéologie de la revue et la dimension utopique.

Un premier lieu d'intervention du discours néo-culturel est l'appareil scolaire, dans sa fonction la plus générale d'inculcatrice d'une culture. Essentiellement la critique adressée à l'école est d'adapter socialement les individus, favorisant ainsi leur exploitation, et réduisant d'autant leur capacité créatrice. L'université est prise à partie dans la mesure où elle excelle dans l'atomisation de l'homme, la parcellarisation de ses facultés. La critique de l'école porte beaucoup plus au niveau de certains effets produits par une forme de pédagogie que sur la fonction exercée par l'école dans la reproduction des rapports sociaux. Cette critique s'inscrit plutôt dans l'axe des théories nouvelles en pédagogie. Si l'on met l'école en rapport à celle-ci. En effet, on pose le diagnostic de la société post-industrielle et on reproche à l'école d'être incapable de s'adapter à des formes mutables d'organisation sociale caractéristiques de ce type de société.

Mainmise oppose donc à ce type d'école un modèle d'éducation multidimensionnelle. À l'atomisation produite par l'école, on oppose une retotalisation de l'expérience. La forme organisationnelle de cette retotalisation sera l'école libre ou l'université libre. Au fondement de cette idéologie, il y a la conviction que l'enfant n'a de cesse de pousser ses recherches dans toutes les directions. C'est le monde unidimensionnel de l'adulte qui bloque ses aspirations. L'école libre, où à la liberté de mouvement s'associe la liberté du choix des matières, de l'expression des sentiments, favorise l'apprentissage des rudiments de la nouvelle culture. De la même façon l'université libre, au contraire de l'université traditionnelle qui est une machine à cours, à concepts et à catégorisations, reflétant le morcellement des sciences, l'atomisation et la fragmentation de notre univers, sera une université « alchimique » fondée sur une perception totalisante du monde. Déjà, j'ai fait remarquer, dans la région philosophique, une critique de l'individualisme encouragé par le système et la recherche d'une transformation des consciences par une reprise en charge de l'ensemble de facultés de l'homme dont principalement la créativité. On verra par la suite que cet axe fragmentation/totalisation est au principe de l'intelligence de l'idéologie culturelle de *Mainmise*, quel que soit l'appareil visé. Pour illustrer certains liens établis par *Mainmise*, qu'il suffise de citer : « Une nouvelle culture est nécessaire pour remplacer la vision scientifique occidentale, esclave farouche d'un mode cérébral et égocentrique de conscience. Cette nouvelle culture affirmera la primauté des facultés non-intellectuelles, et, par le truchement de ses tendances mystiques et de ses expériences hallucinogènes, prendra d'assaut ce que notre culture appelle « raison », « réalité ». »

Cela me permet de faire le lien avec l'appareil des médias. La problématique des médias occupe une place privilégiée dans l'idéologie de *Mainmise*. D'une part, il y a peu de critique sur les appareils de communication, si ce n'est d'en souligner, à quelques reprises, l'immense pouvoir que leur maîtrise donne à ceux qui les contrôlent. D'autre part, l'idéologie de *Mainmise* a totalement intégré les théories de McLuhan. Plusieurs articles se réfèrent à lui, sous forme d'interview, d'extraits de ses écrits ou de paraphrase. Pour McLuhan l'ère typographique caractéristique du mode d'organisation des sociétés industrielles entraîne la mécanisation, la répétition, l'homogénéisation sur le plan des modes de production et de vie, et la linéarité, la séquence et l'unidimensionnalité sur le plan du fonctionnement intellectuel et des valeurs. L'ère électrique à travers sa technologie dominante, l'électronique, entraîne la diffusion rapide et la décentralisation sur le plan des modes de production et de vie, et la perception configurale sur le plan du fonctionnement intellectuel et des valeurs. Je l'ai indiqué plus haut, l'humanité est, pour *Mainmise*, un vaste système nerveux qui, par le truchement des médias électroniques, étend nos sens au niveau le plus global. Les médias peuvent recréer l'espace tribal en créant un nouvel environnement. Sur le fond de cette idéologie théorique, *Mainmise* invoque la nécessité de recourir aux médias comme instrument privilégié de l'établissement d'une nouvelle culture. Elle fait appel à l'utilisation massive du vidéo, plaide pour une prise de contrôle de la radio, souhaite l'infiltration des *freaks* dans tous les médias qu'il faut contrôler. Voilà donc défini un premier moyen concret non seulement de faire rayonner la nouvelle culture, mais de la créer.

Le troisième appareil qui est l'objet d'un discours de *Mainmise* est l'appareil de la famille. La critique de la revue qui porte à ce niveau est peut-être la plus progressiste. Nous verrons un peu plus loin comment elle s'articule à la critique des modèles dominants de sexualité. Je me contente d'indiquer les trois points d'attaque contre l'idéologie dominante de la famille : on condamne la monogamie, le patriarcat, les rôles et valeurs mâles et femelles. Par contre, la critique porte de nouveau au niveau des effets. La monogamie est vue comme isolant les individus et les privant d'une expérience plus globale. Le patriarcat y est critiqué pour les pratiques autoritaires et chauvines qu'il encourage. Enfin les valeurs mâles sont vues comme les seules sachant s'imposer dans la société en général. C'est ici la reconnaissance d'une certaine différence « naturelle » entre les valeurs ou la « psychologie » des sexes. En effet, on souhaite l'intégration des valeurs féminines dans la société comme remède à cette situation. La critique se situe donc dans la tendance « féministe radicale » de l'idéologie féministe par rapport à une tendance qu'on pourrait qualifier de « socialiste-théorique », pour reprendre une typologie de Juliet Mitchell[17]. Cela signifie qu'aucune tentative n'est faite pour expliquer la nécessité historique d'un appareil comme celui de la famille, c'est-à-dire proposer une analyse de la place et des fonctions qu'occupe la famille dans des rapports de production. Pour *Mainmise*, la famille est prise comme telle, spontanément, reconnue coupable d'atomiser l'individu, mais, dans le même mouvement, considérée apte à la réhabilitation. On préconise un élargissement de la famille qui peut prendre des formes multiples. Ainsi, dans un article, on encouragera le mariage de groupe. L'idée fondamentale demeure toujours de retotaliser l'homme en lui permettant d'élargir le champ de son expérience et, par le fait même, les horizons de sa conscience. Le mariage de groupe, la commune sont des moyens pour réaliser la nouvelle culture. Il s'adonne que cela place *Mainmise* dans une lutte de libération, celle des femmes et plus largement de la sexualité (voir plus loin). Par contre, on doit s'interroger sur cette position avancée dans la conjoncture politique et économique présente où il semble qu'un réaménagement général de l'appareil de la famille est envisageable au profit du développement du capitalisme monopoliste d'État. Que ce réaménagement ait lieu, point de doute : nécessité de la libération d'une main-d'œuvre féminine, accroissement de la mobilité, développement de la socialisation des coûts de production par le biais de la création de services parafamiliaux (*i.e.* garderies). Que les rapports d'inégalités en soient modifiés sans une transformation des rapports politiques et économiques, cela est plus douteux. La position idéaliste d'une réinsertion des valeurs féminines dans la société ne saurait prétendre renverser les rapports actuels de domination.

En ce qui concerne les trois appareils suivants, il faut préciser qu'il ne s'agit pas pour *Mainmise* d'une critique adressée à des institutions localisables précisément dans notre formation sociale. Par contre, j'ai conservé la désignation d'appareil dans la mesure où les trois dimensions en question se matérialisent effectivement dans de multiples appareils : la bureaucratie-technocratie dans les divers ministères ou dans les appareils économiques; la culture dans divers appareils culturels; l'expérience mystique dans les diverses Églises.

La critique de la bureau-technocratie est un thème fondamental des ténors de la contre-culture[18]. Elle s'inscrit dans la même veine que la contestation du rationalisme. *Mainmise* reprend à quelques reprises ce thème. Par contre, on doit noter que c'est fort occasionnellement. À cette critique, une solution, la récupération de la technologie. Sauf pour une critique écologique des effets négatifs de l'utilisation d'une technologie industrielle, il y a une certaine mythologie de la technologie. On croit que la technologie libérera, qu'il faut penser des innovations technologiques, que le moyen de s'adapter à la société post-industrielle, c'est d'encourager un renouveau technologique. De la même façon qu'on encourage le contrôle des médias et donc d'une technologie développée, on favorise l'utilisation générale d'une technologie libératrice. Cela peut paraître contradictoire avec la tendance prononcée à des solutions économiques passéistes, mais c'est aussi une constante de la pensée néo-culturelle[19]. Cela peut aussi sembler en contradiction avec une pensée qui se mysticise de plus en plus[20], comme on le verra plus loin. Dans la mesure où l'on comprend que la technologie nouvelle est conçue comme configurale, multidimensionnelle, elle apparaît comme un instrument privilégié de retotalisation. Le village global de McLuhan n'était pas un retour aux tribus antédiluviennes, mais la reconstitution d'un environnement tribal par le médium électronique.

Les expériences mystiques prennent beaucoup de place dans la revue. Cependant les nombreux articles spécialisés sur la question n'ont pas été retenus aux fins de traitement. La catégorie résiduelle de « culture en général » comprend, entre autres, les unités signifiantes dans les articles retenus portant sur ce thème. Cela permet d'indiquer tout au moins l'importance capitale accordée à l'expérience mystique comme véhicule de retotalisation de l'homme. Un des moyens pour atteindre la transformation des consciences est l'expérience spirituelle. On observe un curieux mélange entre science et Dieu. La science atomisée doit être retotalisée et cette entreprise mènera à une connaissance de Dieu. On rejette les postulats rationalistes pour intégrer l'expérience humaine dans toutes ses dimensions. Je ne peux développer davantage ici, mais il est utile d'indiquer que cet emballement pour un retour à des valeurs spirituelles s'est concrétisé de façon générale dans la société, par toutes sortes d'organisations religieuses (*i.e.* groupes charismatiques, méditation transcendantale, zen, renouveau des

Églises sectaires comme les mormons, référence astrologique, voyages intersidéraux, etc.).

Dans la région culturelle de l'idéologie de la nouvelle culture, j'ai réservé trois thèmes relativement indépendants d'un appareil idéologique précis (bien que souvent l'on puisse faire un rapport). Il s'agit de la drogue, de la sexualité et de la critique écologique. Ces trois thèmes se caractérisent par leur propriété révolutionnaire telle que conçue par *Mainmise*. Un schéma, nécessairement simplificateur, permettra peut-être de résumer ce qui précède et d'indiquer la place centrale qu'occupent ces dimensions pour la nouvelle culture.

Comme pour les autres thèmes spécialisés, ne furent retenus pour l'analyse thématique que les articles établissant un lien entre la drogue et la nouvelle culture et/ou la culture et les institutions officielles. Cela entraîne une sous-estimation importante de la place occupée par ce thème dans la revue. Ceci dit, à part les récits portant sur des *trips* de drogue et le rappel constant de la répression exercée contre ses utilisateurs, l'argument de *Mainmise* se développe en deux temps. Premièrement, la drogue contribue à créer une nouvelle sensibilité. Tout un univers de perceptions s'ouvre à celui qui s'engage dans un voyage. Il lui est alors possible de retotaliser son expérience. À la nostalgie provoquée par l'alcool s'oppose tout un champ de possibles dans l'expérience de la drogue. À la limite, le rapport même que l'on entretient à la drogue se modifie en même temps que l'on modifie ses propres valeurs. Il y aurait un mouvement dialectique entre les deux. Car tous ceux qui fument n'ont pas la grâce. On reconnaîtra celui qui est engagé sur la voie de la nouvelle culture par son rapport positif au « voyage ». Inversement, celui qui demeure inséré dans les valeurs traditionnelles aura tendance à entretenir un mauvais rapport à la drogue. Deuxièmement, par voie de conséquence, la drogue devient un instrument privilégié de transformation pour le « mouvement ». Ouvrant les consciences, permettant la libération de l'individu, elle est un enclencheur de révolution.

Tableau 2

Transformation culturelle

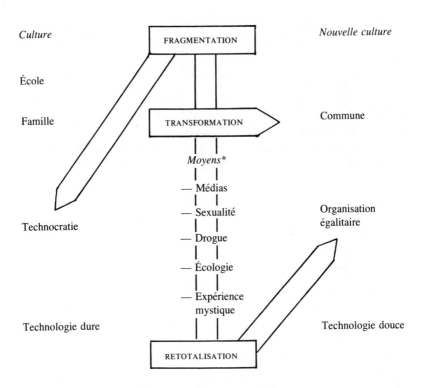

* On notera l'absence de la musique comme moyen de transformation, parce que
ce thème fut exclu a priori de l'analyse.

La sexualité peut jouer le même rôle. La société et la culture
traditionnelle répriment la sexualité et en font même une condition
de son fonctionnement. Non seulement faut-il abattre tous les rôles
sexuels, jusque dans leur récupération commerciale (érotisme
commercialisé), mais il faut combattre tous azimuts la répression
quel qu'en soit le niveau d'expression. Une des armes les plus

puissantes utilisée par les tenants de la nouvelle culture est de frapper là où les tabous sont les plus profondément ancrés. Dans cette mesure, le mouvement contre-culturel des années soixante a certes provoqué des chambardements. La question demeure pourtant : de quelle transformation ce mouvement culturel est-il l'effet ? Il n'en reste pas moins qu'un appui inconditionnel à toutes les formes de lutte pour la libération sexuelle n'est pas sans importance. *Mainmise* est pour la libération des homosexuels, pour la libération des lesbiennes, pour la libération publique de l'acte sexuel et la nudité, pour la liberté sexuelle absolue. Au fond de ces positions, toujours le même raisonnement. La libération sexuelle est un moyen de hausser le niveau des consciences et ainsi de favoriser la transformation. On dira, en certains endroits, que l'érotisme est le fer de lance de la révolution culturelle. C'est peut-être là qu'est marquée la limite politique de cette critique. Non pas que l'érotisme ne soit pas libérateur. Mais *Mainmise* n'est pas en mesure de produire une analyse approfondie des rapports sexuels dans la société. Les homosexuels, les bissexuels, les hétérosexuels sont renvoyés au principe d'une nature qui les définit une fois pour toutes. Le cri de libération de la revue est plus un appel à la tolérance, étant entendu que la dimension thérapeutique (dans le sens de transformatrice) de l'érotisme en est la face positive. Il faut être bien dans sa sexualité. Rien contre. Il faut seulement s'interroger sur la possibilité d'une transformation fondée sur les intentions. Derrière une révision des pratiques sexuelles, comment se réorganisent les rapports sexuels ? À cette question, point de réponse.

Le dernier thème analysé ici est celui de l'écologie. À la critique écologique traditionnelle sur les méfaits de la société industrielle s'ajoute une perspective qui prend de plus en plus de place dans la revue au fur de son évolution. C'est l'apocalyse. Ce thème est éminemment pratique pour qui ne veut se soucier des problèmes de la transformation. On pose le diagnostic de la fin du monde (industriel) et on économise pour autant le problème de trouver les mécanismes de sa transformation. Concrètement on propose deux solutions : d'une part, il faut retourner à la nature, vivre selon les

lois de la nature, près de la nature; d'autre part, maîtriser la technologie dans ce qu'elle peut fournir des moyens techniques aux
problèmes de la survie. La technologie ne doit plus servir à détruire le monde et à exploiter les hommes, mais à permettre leur
survivance tout en favorisant l'intégration aux lois de la nature.

IV. — CONTRE-CULTURE ET CONTRE-IDÉOLOGIE

L'analyse qui précède doit être accompagnée de la réponse à
certaines questions, afin de correspondre aux interrogations théoriques que j'énonçais au début de cet article. La première question
est de savoir de quelle nature est la formation idéologique des formations sociales capitalistes avancées. Je résumerai la forme générale du fonctionnement idéologique et la catégorie centrale de
l'idéologie dominante. Mais aussi, j'indiquerai la tendance idéologique dominante dans cette formation idéologique caractéristique
de l'état de développement du capitalisme monopoliste. Une deuxième question concerne plus spécifiquement la tendance idéologique contre-culturelle. Quel est le sens et quelle est la place de cette
idéologie dans la formation idéologique d'ensemble ? Quel est, en
dernière analyse, l'efficace de cette tendance idéologique
spécifique dans le régime général de la lutte des classes ?

Je précise la distinction que je fais entre l'idéologie dominante et
la tendance idéologique qui occupe une place dominante dans une
formation idéologique spécifique. Ce que je dénomme idéologie
dominante correspond à la forme générale du fonctionnement
idéologique dans un mode de production déterminé. J'ai indiqué
plus haut que le fonctionnement idéologique doit être compris de
deux façons complémentaires, en tant qu'il est mis en œuvre dans
tout mode de production. D'une part, à un niveau général, le fonctionnement idéologique contribue à la reproduction/transformation
des rapports de production dans une formation sociale. Ce fonctionnement est la matérialisation d'un rapport de force entre classes
en lutte. D'autre part, au niveau des pratiques des agents, le fonctionnement idéologique contribue à constituer les individus en

agents sociaux dont la forme d'assujettissement est marquée par leur place dans la lutte des classes.

Par ailleurs, toute formation idéologique se définit comme régime de rapports d'inégalité/subordination entre régions et tendances idéologiques. Ce régime varie selon l'état de la lutte des classes dans une formation sociale. De façon générale, une tendance idéologique tend à s'imposer dans ce régime d'inégalité/subordination. Elle occupe alors la place dominante.

Dans les formations sociales capitalistes, la forme générale du fonctionnement idéologique est caractérisée par l'interpellation des individus en sujet. Cela signifie que les individus sont toujours-déjà marqués dans leur pratique et dans leur système de représentation comme des sujets autonomes, jouissant du libre arbitre, libres d'entreprendre ou de vendre leur force de travail. Cette interpellation idéologique produit un effet de reconnaissance du sujet en tant qu'entité entrant en rapport avec d'autres sujets, mais aussi entretenant un rapport de soumission au sujet qui représente l'ensemble des sujets dans leur unité. Évidemment, cet effet de reconnaissance se produit en même temps qu'un effet de méconnaissance des rapports sociaux, caractérisés par un système de places auquel n'échappent pas ces « sujets », et de la lutte entre classes sociales ainsi constituées. Cependant, l'idéologie dominante ne se présente pas nécessairement de cette façon. Dans les formations sociales capitalistes, cette idéologie du sujet prend les contours de l'idéologie de la vie privée. Essentiellement articulée aux prémisses philosophiques du libre arbitre et aux fondements du droit bourgeois, cette idéologie de la vie privée est la forme concrète du fonctionnement idéologique au niveau des pratiques quotidiennes.

Dans une recherche collective[21], nous étions arrivés à formuler des propositions concernant la vie privée et la vie publique. « Dans notre formation sociale, il n'existe pas, théoriquement, un mode de vie privée. La vie privée n'est qu'une forme particulière de vie collective, inscrite au cœur du mode de production capitaliste. Dans notre formation sociale, la vie publique est une forme idéologisée de vie collective. » Ces propositions doivent être expliquées de la manière suivante. Elles sont, avant tout, une contestation de l'évidence qui semble découler d'une supposée dichotomie naturelle entre la vie privée et la vie publique. Tout se passe, en effet, comme si les diverses formations sociales historiques pouvaient être ordonnées selon un dosage différentiel d'éléments de vie se référant soit au droit inaliénable à l'intimité, soit aux devoirs échus à la chose publique. En somme, le premier effet d'une idéologie de la vie privée est de naturaliser sa forme comme forme universelle. Ainsi, la vie privée est le plus souvent conçue comme une composante, à divers degrés d'accentuation, de toute formation sociale historique. Au contraire, nos propositions visaient à contester que l'analyse puisse procéder de cette naturalisation. Nous sommes partis d'une analyse de la formation sociale en tant que réalisation d'un ensemble de rapports sociaux. Ce que nous nommions, dans ces propositions, « vie collective » est, en somme, l'articulation complexe de ces rapports sociaux dans une formation sociale. L'expression consacre cette conception du social en tant qu'articulation de rapports sociaux. Elle rejette, dans un même mouvement, la représentation idéologique de la société comme équilibre variable entre l'individualité et le social. Plus spécifiquement, nos propositions établissaient que, dans les formations sociales capitalistes, la forme superstructurelle qu'empruntent ces rapports est celle de la vie privée. Ainsi, cela spécifie la nature du fonctionnement idéologique propre au mode de production capitaliste.

Ce fonctionnement idéologique n'est pas que représentation (pratique discursive). Il est, avant tout, matérialisation de rapports sociaux dans des appareils marqués par cette forme. Ainsi, dans les formations sociales capitalistes, l'appareil idéologique de la famille est un des lieux privilégiés produisant l'effet d'isolement du sujet propre à l'idéologie de la vie privée. La forme mononucléaire que prend la famille avec le développement du capitalisme et l'idéologie de la famille, comme unité de base de la société, qui s'y développe parallèlement contribuent, à la fois, à produire des sujets « privés » et aussi à légitimer cette production. La famille n'est pas le seul appareil qui contribue à produire l'isolement des sujets. Cet effet est produit, de façon générale, dans l'ensemble des appareils idéologiques d'État. Cependant la famille est l'appareil qui permet la matérialisation de l'idéologie de la vie privée. Les agents sont amenés à se représenter celle-ci comme emplacement privilégié de leur existence « privée » et à concevoir ce qui lui est extérieur comme relevant du public. Cependant, la forme des rapports sociaux ne doit pas être définie par cette représentation binaire vie privée/vie publique. Les rapports sociaux prennent, avant tout, la forme de la vie privée, en tant que nécessité pratique de l'isolement du sujet pour les fins de la production et du mode d'exercice du pouvoir politique. La vie publique est davantage une représentation déformée des rapports sociaux. Concrètement, ceux-ci, en tant que rapports de force matérialisés dans l'État, ne peuvent échapper à la conscience des agents. C'est ainsi que notre seconde proposition affirmait que la vie publique est une forme idéologisée de la vie collective. La vie publique se trouve la face subordonnée de l'idéologie de la vie privée, qui permet de penser la « vie collective » (les rapports sociaux) de façon idéologique. C'est, en quelque sorte, la forme concrète de la méconnaissance des rapports sociaux proposée par l'idéologie dominante.

Dans les formations sociales capitalistes avancées, la tendance idéologique dominante me semble être l'idéologie technocratique. Essentiellement, celle-ci permet d'expliquer les contraventions à la lettre de l'idéologie de la vie privée qui se multiplient en même temps que se développe l'État. Entre autres choses, l'État intervient de plus en plus parce que les fractions monopolistes de la bourgeoisie cherchent à contrer la loi tendancielle de la baisse du taux de profit. Ces fractions doivent dominer les autres fractions du capital, mais surtout elles doivent accroître le taux d'exploitation des classes dominées, tout en exerçant leur domination idéologico-politique. Les divers types d'intervention de l'État varient selon le but principal qui est visé. Dans tous les cas, cependant, ces interventions doivent être légitimées, car elles ne peuvent apparaître sous leur véritable visage. L'idéologie technocratique fournit cette légitimation. Elle se définit selon trois dimensions.

Elle préconise d'abord la nécessité de la *modernisation*. Sur la base du développement des connaissances scientifiques et technologiques, elle présente l'État comme le garant du progrès. Cela justifie a priori toutes les formes d'intervention (restructuration et modernisation industrielle, reproduction de la force de travail : qualification scolaire, urbanisation, transport, santé, équipement collectif) qui constituent des soutiens plus ou moins directs des secteurs monopolistes de l'économie, mais aussi les subventions à la recherche qui profitent, en dernière analyse, au même capital (recherche militaire, recherche spatiale). Cette idéologie favorise aussi le développement de recherches dans des domaines relevant de la connaissance de l'homme. On sait, par ailleurs, que ces recherches sont souvent axées sur la nécessité de quadriller davantage le système de contrôle politico-idéologique des agents sociaux et de rehausser la productivité de ceux-ci dans le procès de production d'ensemble. Une seconde dimension de l'idéologie technocratique est la nécessité supposée d'une *rationalité* universelle. Le développement de l'État est présenté comme le produit d'un processus naturel. On insinue ainsi que la complexité croissante des mécanismes de gestion de la société provient de l'évolution de la société selon les impératifs du progrès. Cette complexité elle-même nécessite donc l'application d'une rationalité. Cette rationalité est évidemment le sous-produit d'une pensée scientifique qui domine l'idée même de progrès. Enfin une troisième dimension de cette idéologie est la condition préalable de la *planification*. Si l'on veut, en effet, suivre les impératifs de la modernisation, de manière rationnelle, il est nécessaire de planifier. La planification est le résultat naturel des deux premières composantes. Sa caractéristique particulière est de souligner le rôle des experts. L'idéologie technocratique implique évidemment le technocrate, c'est-à-dire celui qui, maîtrisant des connaissances scientifiques et techniques suffisantes, peut, de manière rationnelle, voir à planifier le progrès.

La tendance idéologique contre-culturelle doit donc être d'abord envisagée dans la formation idéologique d'ensemble qui caractérise les formations sociales capitalistes avancées. C'est à l'intérieur de cette formation qu'elle est mise au travail et qu'elle trouve le principe de son élaboration. Les conditions spécifiques qui expliquent l'émergence et la dominance de l'idéologie technocratique semblent être les mêmes qui expliquent l'élaboration de sa contre-tendance idéologique. Le développement du capitalisme entraîne le développement de l'État et de la structure des classes. Ainsi la multiplication des points d'intervention de l'État nécessite l'élaboration du discours technocratique. Mais ce développement de l'État n'est pas purement instrumental. Il n'est pas le produit d'une évolution naturelle, nécessaire à la gestion de plus en plus complexe de la société. Il est le produit de rapports de forces complexes qui se manifestent à des points de friction de plus en plus nombreux. Du point de vue des intérêts des fractions hégémoniques, ce développement peut être pensé comme la nécessité d'interventions croissantes. Du point de vue de la lutte des classes, ce développement doit être pensé comme occasion d'affrontements multiples. La contre-tendance idéologique de la contre-culture se présente comme la face critique de l'idéologie technocratique. Elle se définit essentiellement en opposition avec cette dernière et elle intervient, au niveau des pratiques, dans les divers appareils idéologiques d'État qui matérialisent les rapports de forces qui se manifestent à ces points de friction.

La seconde condition principale de l'émergence de l'idéologie technocratique est le développement de certaines fractions de la nouvelle petite bourgeoisie. Il semble que ce soit les mêmes fractions de classe qui fournissent la base sociale de l'idéologie contre-culturelle. La place névralgique qu'occupent ces fractions dans les rapports sociaux, aux niveaux politique et idéologique, les situe au centre de ces affrontements multiples. L'idéologie technocratique et l'idéologie de la contre-culture semblent être les deux faces d'une pratique déterminée par les mêmes conditions sociales.

Je vais tenter maintenant d'expliciter ma thèse selon laquelle l'idéologie contre-culturelle représente une contre-tendance idéologique à la tendance technocratique dominante. Ce qui caractérise d'abord une contre-tendance idéologique est sa capacité critique à l'égard de la tendance dominante par rapport à laquelle elle s'élabore. Par définition, cette dernière vise à maintenir les rapports sociaux d'exploitation et de domination sous leur forme actuelle. Le développement de ces rapports de force peut impliquer des modifications dans les rapports d'inégalité/subordination entre tendances et régions idéologiques. Cependant, dans un état de développement spécifique, la tendance idéologique dominante contribuera ultimement à maintenir le statu quo. L'idéologie technocratique a non seulement légitimé l'intervention croissante de l'État, mais l'a organisée. Les réformes des secteurs de l'éducation ou de la santé, l'organisation des appareils bureaucratiques, les stratégies de développement sont toutes tributaires d'un mode d'organisation technocratique. L'idéologie de la contre-culture a d'abord attaqué les prémisses de cette tendance dominante. Le fait que la contre-culture se manifeste aux nouveaux points de friction de nos formations sociales implique cette remise en question critique des développements de l'État dans les divers domaines. La contre-culture remet en question le mode d'inculcation scolaire, la forme de l'organisation bureaucratique des divers gouvernements ainsi que les stratégies de développement axées sur une prédominance des technologies dures et un gaspillage de l'énergie et de l'écologie. Cette critique s'articule au nœud même de l'idéologie technocratique, c'est-à-dire par rapport à la position scientiste et technologiste de cette dernière. La contre-culture tente d'établir que le produit de l'action exercée par les technocrates aboutit à une aliénation totale des individus. Selon elle, la source de cette aliénation doit être recherchée dans une soumission inconditionnelle aux crédos de l'idéologie technocratique : primat au progrès scientifique et technologique, sous la triple figure de la modernisation, de la rationalité et de la planification. Cette première dimension critique indique suffisamment que l'idéologie contre-culturelle se propose comme contre-tendance à l'idéologie technocratique. Elle contribue à mettre en évidence le caractère relativement arbitraire d'une stratégie politique. Elle remet en question certains mythes enracinés qui présentent le progrès scientifique comme une nécessité et l'organisation actuelle des rapports sociaux comme sa conséquence inévitable. Cet aspect critique est cependant limité par la façon même de l'élaborer dans les mêmes limites problématiques qui caractérisent l'idéologie technocratique.

La tendance contre-culturelle développe sa critique des appareils au delà des champs spécifiques d'intervention de l'idéologie technocratique. Cette critique atteint les structures plus fondamentales qui caractérisent les rapports sociaux. La famille constitue un point d'attaque particulièrement névralgique. Cette critique fondamentale a des répercussions périphériques presque illimitées dans l'univers de la vie quotidienne. Par exemple, les rapports sexuels tels qu'ils sont articulés dans l'appareil familial sont l'objet d'une remise en question fondamentale par la contre-culture. Ou, encore, l'ensemble des rapports quotidiens, c'est-à-dire la forme concrète et multiple que prennent ces rapports dans la vie de tous les jours, est remis en question. On est à même de constater que cette critique est relativement indépendante de la critique de l'univers technocratique. Mais la famille est aussi contestée sur la base de son action aliénante pour les individus. Ce qui raccroche cette critique à la critique d'ensemble de la société est le rapport d'homologie qui est supposé entre l'organisation sociale et l'organisation familiale. Un peu dans la tradition reichienne, la famille est vue comme l'unité de base qui reproduit les impératifs de l'exercice de l'autorité que l'on retrouve au niveau général de la société. L'idéologie contre-culturelle intègre donc cette critique à sa contestation d'ensemble de la société.

Il me semble important de démontrer maintenant que cette idéologie contre-culturelle, dans l'exercice même de sa critique, n'a pas quitté le terrain délimité par l'idéologie dominante. La tendance idéologique technocratique est la forme spécifique que doit prendre la représentation du « public » dans les formations capitalistes avancées. Elle permet d'organiser et de légitimer l'action de l'État au profit des classes hégémoniques, tout en laissant croire à l'intégrité du droit à la vie privée. L'idéologie dominante est bien celle qui produit les individus en sujets. La tendance idéologique dominante renforce cet effet en permettant de masquer, sous la figure du progrès et de la rationalité, les véritables rapports sociaux. Si on examine de près l'autre formule idéologique mise de l'avant par la tendance contre-culturelle, on doit constater que le problème est posé dans les mêmes termes. À la rationalité bureaucratique ou technocratique, la contre-culture oppose la liberté humaine, la richesse des individualités et les capacités créatrices des sujets. Il est frappant de retrouver chez Théodore Roszak[22] les fondements mêmes de l'idéologie du sujet. La lecture de son livre fait ressortir, de multiples manières, la thèse selon laquelle ce qui est l'enjeu actuel des sociétés est la menace de l'aliénation totale du sujet. De nombreux exemples d'entrave à la vie privée sont évoqués par Roszak comme autant d'accrocs à ce droit fondamental. Ce droit n'est pas conçu dans les mêmes termes que l'idéologie dominante (primat à la famille mononucléaire, petite propriété, individualisme petit-bourgeois), mais il renvoie à une vision idéaliste de la même réalité. De manière générale, la contre-culture rejette toute forme d'action politique, c'est-à-dire toute action susceptible de poser les problèmes sur un plan collectif, au profit d'une idéalisation de l'individualité. Il n'est pas question de revenir aux crédos de la petite bourgeoisie traditionnelle. Au contraire, on présente l'individualité sur le mode de sa réalisation idéale. On affirme la capacité créatrice des sujets et donc ses potentialités de transformation. La contre-culture n'agit donc pas selon la même stratégie que l'idéologie dominante. Son discours explicite semble même contester celle-ci. Cependant, elle reconnaît au niveau philosophique les mêmes postulats que l'idéologie dominante. Le sujet est au centre de sa problématique, alors que le social lui sert de repoussoir.

Cette contre-tendance idéologique s'articule donc pleinement sur les catégories fondamentales de l'idéologie dominante. Elle exerce même un effet d'accentuation du fonctionnement idéologique dominant. Elle ramène sur le sujet l'éclairage du projecteur. C'est ainsi qu'elle est contre-tendance à l'idéologie technocratique. Cette dernière a pour fonction de permettre l'exercice du pouvoir, c'est-à-dire l'imposition de rapports d'exploitation/domination, en proposant une représentation déformée de ces rapports. L'idéologie contre-culturelle, en visant cette cible critique, contribue à remettre en valeur l'idéologie du sujet. Pour comprendre mieux, il faut indiquer que la formation idéologique est un lieu de mise en œuvre de stratégies discursives. La tendance dominante est rendue nécessaire par le développement du mode de production, des structures des formations sociales et de la structure des classes. En termes dialectiques, elle est stratégie discursive à l'intérieur d'un rapport de forces qui détermine ces développements. Mais, si ces développements ne sont justement pas le produit d'une évolution intrinsèque des structures, mais le produit de la lutte des classes, d'autres stratégies discursives sont susceptibles d'être développées. Ma thèse consiste à dire que la contre-tendance de l'idéologie contre-culturelle est une stratégie qui peut empêcher l'émergence d'une contre-idéologie véritablement révolutionnaire. Cette stratégie consiste à identifier l'idéologie technocratique comme une des parties de l'enjeu pour la transformation. Cela permet de déplacer la contradiction principale entre classes vers un antagonisme illusoire entre une société « technocratisée » et un individu aliéné, mais seul capable de se transformer et de la transformer. Cet effet est le produit d'une stratégie globale. En ce sens, sur un plan intermédiaire, la contre-culture exerce des effets critiques réels. Devant le danger d'une mobilisation idéologique et politique globale capable de remettre en cause les rapports sociaux, il vaut mieux développer une stratégie de dispersion des conflits. De façon générale, la contre-culture remplit ce rôle. Elle le fait d'autant mieux qu'elle permet de renforcer la catégorie philosophique fondamentale du sujet. La tendance idéologique dominante et sa contre-tendance font partie d'une même stratégie globale qui empêche le développement de l'antagonisme fondamental entre classes sociales. Elles suggèrent une forme nouvelle à l'idéologie des rapports entre la vie privée et la vie publique plus adaptée à l'état de développement de nos formations sociales. Il ne faut cependant pas comprendre ces stratégies comme si elles émanaient d'une quelconque volonté sordide qui en tirerait toutes les ficelles. Elles sont stratégies dans le sens précis de la résultante de luttes de classes concrètes. L'effet ultime exercé par l'idéologie de la contre-culture ne saurait cacher le caractère réel des luttes ou des mouvements sociaux qu'elle a pu inspirer.

Aussi, c'est avec prudence que l'on doit répondre à la question de l'efficacité en dernière analyse de cette contre-tendance. Celle-ci exprime, d'une certaine manière, l'aliénation telle qu'elle est ressentie par certaines fractions privilégiées de la nouvelle petite bourgeoisie. Cependant, son efficacité par rapport au régime général de la lutte des classes dépasse ce niveau particulier. Elle favorise, en dernière analyse, la reproduction élargie du capitalisme monopoliste. Elle produit cet effet de trois façons. Premièrement, elle déplace sur un terrain fictif les rapports d'exploitation et de domination en proposant une analyse idéaliste des conflits sociaux sous la forme d'un antagonisme entre une société opprimante et un sujet aliéné. Certes, les pratiques contre-culturelles visent un ensemble d'enjeux critiques dans les formations sociales (critique de la famille, critique de l'école, critique de la sexualité, critique des stratégies de développement, etc.), mais elles subvertissent cette action critique par un double mécanisme. D'une part, ces enjeux critiques sont représentés systématiquement sous la forme de ce faux antagonisme. D'autre part, la contre-culture est incapable de saisir les articulations nécessaires entre ces divers enjeux. Une autre façon de dire la même chose est de souligner l'incapacité pour la contre-culture d'analyser correctement les causes qui provoquent ces situations critiques et son aptitude à n'en saisir que les effets.

Deuxièmement, la contre-culture reconduit la forme fondamentale du fonctionnement idéologique du mode de production capitaliste, c'est-à-dire le primat du sujet, sous une nouvelle forme idéalisée. J'ai montré plus haut que cette contre-tendance idéologique se place fondamentalement sur un même axe d'opposition entre le sujet privé et le sujet collectif. Devant une tendance idéologique dominante qui permet l'élaboration et la légitimation d'un mode d'exercice du pouvoir favorisant les interventions de l'État, cette contre-tendance rappelle le primat du sujet privé. Elle le fait sur un mode idéaliste (sujet créateur, libération des consciences, etc.) plutôt que sur le mode de la petite bourgeoisie traditionnelle (petite propriété, individualisme, etc.). Elle contribue ainsi à permettre le fonctionnement idéologique dominant dans de nouvelles conditions.

Troisièmement, cette contre-tendance favorise la centralisation du pouvoir (et, par là, la tendance technocratique) en prônant l'apolitisme militant. Je m'inspirerai ici des diverses caractéristiques de l'exercice du pouvoir telles que Poulantzas[23] les relève dans la présente phase du capitalisme. Ces caractéristiques sont à la fois très empiriques et très générales. Elles représentent les tendances générales que l'on retrouve sous des formes diverses dans diverses formations sociales. (1°) On observe une certaine concentration du pouvoir au niveau des exécutifs. Au Québec cette réalité se reflète justement dans les efforts que l'on dispense pour tenter de revaloriser le travail parlementaire (*v. g.* multiplication des commissions parlementaires). (2°) Par ailleurs, il se produit une centralisation dans l'exercice du pouvoir des gouvernements régionaux vers les gouvernements centraux. Ceci est vrai autant des relations des provinces avec le gouvernement central que des relations intra-provinciales entre gouvernements locaux. Encore là, ce phénomène se trouve confirmé par la tendance tardive à prôner une illusoire régionalisation. (3°) Une autre caractéristique de la phase actuelle semble être la confusion de plus en plus grande entre les pouvoirs exécutif, législatif et judiciaire. Il ne manque pas d'exemples au Québec et au Canada de l'intervention des gouvernements pour créer des lois spéciales afin de se substituer à l'autorité des tribunaux (lorsque, toutefois, ceux-ci n'arrivent plus à imposer le pouvoir des plus forts), ou pour voter des lois rétroactives afin de modifier les règles du jeu telles qu'établies par le législateur (crise d'octobre, surveillance du courrier). À ce sujet, on peut noter un envahissement de plus en plus grand du secteur « privé » de la vie des citoyens. Il est évident qu'il n'existe pas, à proprement parler, de droit inaliénable à la « vie privée », malgré le discours idéologique dominant. Mais le capitalisme, à des stades moins avancés de son développement, avait encouragé des pratiques réelles de respect de ces droits (sous réserve évidente de pouvoir y contrevenir à l'occasion de « troubles »). (4°) Un autre caractère du développement capitaliste se retrouve dans le déclin des partis politiques et dans la politisation croissante du personnel d'État. L'idéologie technocratique fournit évidemment la couverture à cette transformation des règles du jeu. Le développement d'un personnel d'État politisé reflète le développement même des appareils d'État. Ce qui est remarquable, dans la présente phase, c'est que, en même temps que les appareils idéologiques d'État ont tendance à accroître leur importance, les appareils répressifs renforcent leurs dispositifs de répression. Le Canada fournit un bon exemple de renforcement du quadrillage des individus (surveillance policière accrue et légalisée, menace de lois spéciales comme la loi des mesures de guerre, renforcement des dispositifs de contrôle dans les mécanismes d'aide sociale, etc.). Cette attitude se répercute dans une remise en cause d'une certaine philosophie juridique. En même temps qu'on proclame les droits de l'homme, on contribue à les encadrer de telle sorte qu'on les rend inefficaces. (5°) Une dernière caractéristique de la phase actuelle se retrouve dans le couple réforme/répression telles que les pratique, tout à tour, le pouvoir. Le secteur des politiques sociales illustre fort bien cette caractéristique. Ces politiques sont, en effet, utilisées comme stratégie pour l'exercice du pouvoir et elles sont jouées sous leur aspect réformiste ou répressif selon les conjonctures de lutte.

L'idéologie de la contre-culture permet, à un premier niveau, de critiquer certains aspects de ces développements. Par contre, justement parce que son analyse est erronée, elle risque de renforcer ce mouvement. Ce qui est traduit, dans cette idéologie, sous la forme de l'aliénation correspond au mode vécu des phénomènes décrits plus haut. Cependant, l'incapacité pour la contre-culture de sortir d'une problématique opposant sujet et société la conduit à proposer un retrait dans l'univers illusoire de l'individualité. Ce qui renforce, tout aussi objectivement, le pouvoir, c'est la forme totalement apolitique de cette option pour l'individualité. L'apolitisme militant de la contre-culture favorise l'ignorance concrète des phénomènes de centralisation du pouvoir. La contre-culture participe ainsi à la stratégie de ce pouvoir en favorisant l'éparpillement des individus. Ensuite, son apolitisme renforce sa propre incapacité à analyser les articulations nécessaires entre les divers points de friction qui font l'objet de sa critique.

* *

*

Il peut paraître surprenant que la question nationale ne soit pas introduite dans les développements qui précèdent. Deux facteurs me semblent l'expliquer. D'une part, *Mainmise*, qui fait l'objet de ma recherche empirique, paraît au moment de la prise du pouvoir par le Parti libéral en 1970 au Québec, l'omniprésence du pouvoir libéral au fédéral et l'effacement relatif du mouvement indépendantiste. À la fin des années soixante, le Parti libéral a fait maison nette de toute tendance nationaliste en son sein. Le gouvernement fédéral consolide son emprise sur les provinces, tout particulièrement dans le domaine névralgique des politiques sociales. Le parti de l'Union nationale, porté au pouvoir presque accidentellement quatre ans plus tôt, est relégué au rôle d'une opposition secondaire. Enfin la crise d'octobre 1970 permet à l'ordre fédéral de s'imposer brutalement au détriment de toute velléité indépendantiste. D'autre part, *Mainmise* est largement inspirée d'un mouvement qui dépasse les frontières de l'État québécois ou de l'État canadien. Ce mouvement est par définition national, pour ne pas dire international. Il n'est pratiquement jamais question de la question nationale dans *Mainmise*. Par contre, il y est beaucoup question du Québec comme lieu d'émergence d'une possible solution de rechange culturelle. On pourra dire qu'il s'agit là d'une attitude nationaliste. Peut-être, mais cette attitude est complètement nouvelle par rapport aux options nationalistes qui se réfèrent toutes, d'une façon ou d'une autre, à la question d'un État national. L'option contre-culturelle procède au contraire dans une perspective anti-étatique. Elle reporte les problèmes au niveau des individus et des petits groupes.

Il est évident qu'une analyse de la formation idéologique d'ensemble au Québec devrait tenir compte de la tendance nationaliste en tant qu'elle s'articule aux autres tendances. Ainsi, la tendance technocratique dont il est question peut aussi bien se combiner avec une tendance nationaliste ou inversement avec une tendance fédéraliste. Le corpus étudié ne permettait pas d'identifier des éléments d'information par rapport à la question nationale et c'est pour cette raison qu'il ne m'a pas semblé important de distinguer au niveau de l'analyse ces diverses articulations entre tendances idéologiques. Il n'en demeure pas moins qu'une analyse plus complète des diverses formations discursives devrait réintroduire cette question.

Il me semble cependant que l'analyse de l'idéologie contre-culturelle, en tant qu'elle exerce une double fonction de critique et de récupération, est intelligible en tant que telle dans la mesure où le Québec est effectivement une formation sociale où tend à s'imposer la phase proprement monopoliste du capitalisme, bien que sur un mode qui lui est spécifique.

Jules DUCHASTEL.

Notes

[1] Jules DUCHASTEL, « Théorie ou idéologie de la jeunesse : discours et mouvement social », Thèse de doctorat (Ph. D.), Université de Montréal, 1978. La thèse consiste à replacer la production d'un discours idéologique en rapport avec la production d'autres discours pouvant prendre une forme théorique (Sociologie de la jeunesse, Théorie générale de la société post-industrielle) dans une formation idéologique d'ensemble, et l'effet de cette production dans la reproduction/transformation des rapports sociaux.

[2] Karl MARX, Frédérick ENGELS, *l'Idéologie allemande*, Paris, Éd. sociales, 1966.

[3] Louis ALTHUSSER, *Pour Marx*, Paris, Maspéro, 1969.

[4] Nicos POULANTZAS, *Pouvoir politique et Classes sociales*, Maspéro; *Facisme et Dictature*, Paris, Maspéro, 1970.

[5] Karl MARX, *le Capital*, livre I, chapitre XXIII, p. 418, Paris, Éd. Garnier-Flammarion, 1969.

[6] Louis ALTHUSSER, « Idéologie et Appareils idéologiques d'État », dans *la Pensée*, 1970.

[7] Je ne procéderai pas à cette mise en rapport dans cet article. Ce travail est cependant amorcé dans ma thèse de doctorat (voir la note 1).

[8] Terme désignant un ensemble de tentatives de rompre avec l'ordre social existant et dont les formes de réalisation d'une contre-culture varient à l'infini.

[9] J'ai pris l'ensemble des numéros publiés au moment où j'appliquais la codification finale. La sélection des unités fut faite à partir de catégories d'articles et non par une procédure d'échantillonnage aléatoire. Par rapport aux catégories retenues, le traitement est donc exhaustif.

[10] *Mainmise* donne une définition de la société se rapprochant de la définition dominante. Mais on notera, d'une part, que cette définition heurte de front la définition égalitaire des individus et, d'autre part, qu'elle s'inscrit dans un contexte rappelant la nécessité de réaligner la société selon les lois de la nature (par nature, inégalitaires !) : « Une société est un groupe d'être inégaux qui s'organisent pour répondre à des besoins communs : l'égalité des individus est une impossibilité naturelle. »

[11] Il est amusant de souligner que, pour Michel FOUCAULT, ce type de raisonnement sous la forme de la ressemblance correspond à l'épistémé du xvie siècle : « Dans une épistémé où signes et similitudes s'enroulaient réciproquement selon une volute qui n'avait pas de terme, il fallait bien qu'on pensât dans le rapport du microcosme au macrocosme la garantie de ce savoir et le terme de son épanchement. » (*Les Mots et les Choses*, Paris, Gallimard, 1966, p. 47.)

[12] F. R. A. P. : Front d'action politique qui a fait la lutte à Jean Drapeau et au Parti civique aux élections de Montréal en octobre 1970. Le F. R. A. P. fut emporté par la vague répressive des mesures de guerre.

[13] Dans cet éditorial non compris dans mon corpus, *Mainmise* « s'engage officiellement ici à ne jamais prendre d'autre parti que celui de chercher à refléter à travers son équipe l'organicité du grand Village québécois qui finira peut-être par servir de modèle au reste de l'Amérique ».

[14] Annoncé pour le printemps 1976.

[15] *Mainmise*, n° 53, décembre 1975, p. 45.

[16] *Ibidem*.

[17] Juliet MITCHELL, *Woman's Estate*, Pellican Books, Penguin Books, 1971.

[18] Théodore ROSZAK, *Vers une contre-culture*, Paris, Stock, 1970.

[19] Luc RACINE, G. SARRAZIN, *Changer la vie*, Montréal, Éd. du Jour, 1972.

[20] Pensons au développement des sectes.

[21] Jacques BONIN, Jules DUCHASTEL, « La vie privée et la vie publique », chap. viii de *Aliénation et idéologie dans la vie quotidienne des Montréalais francophones*, sous la direction de Marcel Rioux et Robert Sévigny, Montréal, P. U. M., 1973.

[22] Théodore ROSZAK, *Vers une contre-culture*, Stock, 1970.

[23] Nicos POULANTZAS, *la Crise de l'État*, Paris, P. U. F., 1976.

LES SYNDICATS

LES IDÉOLOGIES DE LA FÉDÉRATION
DES TRAVAILLEURS DU QUÉBEC ET DE
LA CONFÉDÉRATION DES SYNDICATS NATIONAUX
1960-1978

*(Ce texte est dédié aux mineurs de Murdoch-
ville membres du local 6086 et du local 8731
du Syndicat des métallurgistes unis d'Amérique.)*

CETTE ÉTUDE s'ouvre sur une sorte d'avant-propos consacré
à la situation actuelle du mouvement syndical ouvrier au
Québec. Cet avant-propos permet de mesurer la « représentativité » des organisations syndicales et, indirectement, la portée de
leurs idéologies. Le gros du travail est consacré à l'étude des
prises de position de la Fédération des travailleurs du Québec
(F. T. Q.) et de la Confédération des syndicats nationaux (C. S. N.)
entre 1960 et 1978. Nous y avons ajouté une série de commentaires et de réflexions dont nous assumons l'entière responsabilité.

LES ORGANISATIONS SYNDICALES OUVRIÈRES
DU QUÉBEC

Syndicats et syndiqués

En 1972, environ quarante et un pour cent (41%) des travailleurs
sont syndiqués au Québec. Ce pourcentage, qui semble élevé si on
le compare à ceux qui prévalent en Amérique du Nord (trente-six
pour cent (36%) pour l'ensemble du Canada et trente pour cent
(30%) aux États-Unis), s'explique dans la mesure où il inclut des

salariés de la fonction publique fédérale, de la fonction publique provinciale et des services publics. Dans le secteur privé au Québec, le taux de syndicalisation n'est que de vingt-quatre pour cent (24%). Cette situation implique que soixante pour cent (60%) des travailleurs québécois sont régis par décret ou encore par la législation minimum du travail.

Toujours au Québec, en 1977, ces syndiqués sont représentés par quatre organisations principales soit, selon l'importance des effectifs qui leur sont affiliés, (a) la Fédération des travailleurs du Québec environ 260 000 adhérents, (b) la Confédération des syndicats nationaux environ 170 000 adhérents, (c) la Centrale de l'enseignement du Québec (C. E. Q.) environ 80 000 adhérents et la Centrale des syndicats démocratiques (C. S. D.) environ 45 000 adhérents.

Le Congrès du travail du Canada (C. T. C.) est une organisation syndicale pancanadienne qui compte environ 2 300 000 adhérents. Le C. T. C. regroupe au Québec les syndicats locaux, affiliés à une union internationale, des syndicats locaux affiliés à une organisation syndicale détenant une accréditation pancanadienne généralement parce qu'ils relèvent de secteurs d'activité régis par la législation fédérale du travail. L'on notera que l'affiliation de ces syndicats à la F. T. Q. reste facultative.

Subsistent, en marge de ces quatre organisations syndicales, des syndicats qui, bien qu'ils ne leur soient pas affiliés, ne sauraient être assimilés aux « syndicats de boutique », voués à une collaboration de tous les instants avec l'employeur.

Nous citerons, à titre d'exemple, le Syndicat des fonctionnaires provinciaux du Québec (S. F. P. Q.), qui représente environ 25 000 membres en 1977, le Syndicat des professionnels du Gouvernement du Québec (S. P. G. Q.) environ 3 000 adhérents, les syndicats regroupant, au Québec, la plupart des travailleurs de l'Alcan et qui forment la Fédération des travailleurs de l'aluminium, et divers syndicats regroupant du personnel infirmier.

On se souviendra, par ailleurs, que la plupart de ces syndicats, à l'exception de ceux qui regroupent du personnel infirmier, ont été affiliés à la C. S. N. comme l'étaient d'ailleurs les syndicats qui, en 1972, ont fondé la C. S. D.

Il faudrait également mentionner, ne serait-ce que pour rendre hommage à ses dirigeants Madeleine Parent et Kent Rowley, la fondation, en 1968, du « Conseil des syndicats canadiens » (C. S. C.) qui compte environ 20 000 adhérents au Canada et quelques syndicats au Québec, mais fort combatifs.

Le syndicat des « teamsters » compte environ 15 000 membres au Québec, 85 000 au Canada, 2 200 000 en Amérique du Nord. Accusé de corruption, ce syndicat a été exclu en 1958 de la F. A. L.-C. I. O., équivalent américain du C. T. C., et du C. T. C. lui-même. Réadmis, il est de nouveau exclu, en 1978. Des détails peut-être, mais qui comptent.

La Fédération des travailleurs du Québec

La F. T. Q., a-t-on dit, a été et demeure aujourd'hui encore, au grand dam de ses dirigeants, une création juridique du C. T. C.

À l'instar des fédérations provinciales relevant du C. T. C., elle a pour fonction principale de représenter les intérêts des syndicats qu'elle regroupe dans les domaines relevant de la juridiction du Gouvernement du Québec. La F. T. Q., pourtant, s'accommode de moins en moins bien de cette situation. Depuis des années, elle travaille à étendre son influence et ses moyens d'intervention, s'efforçant d'obtenir progressivement des pouvoirs plus étendus qui feraient d'elle l'équivalent d'une véritable centrale syndicale.

La F. T. Q. a été créée en 1957, à la suite de la fusion de l'ancienne « Fédération provinciale du travail du Québec » (F. P. T. Q.) affiliée au « Congrès des métiers du travail du Canada » (C. M. T. C.) et de la « Fédération des unions industrielles du Québec » (F. U. I. Q.) affiliée au « Congrès canadien du travail » (C. C. T.).

La fusion de l'A. F. L. (American Federation of Labor) et du C. I. O. (Congress of Industrial Organization) aux États-Unis; celle du C. M. T. C. et du C. C. T. au Canada; celle enfin de la F. P. T. Q. et de la F. U. I. Q. au Québec inaugurent, en Amérique du Nord, la réconciliation de ces deux grandes tendances qui se partageaient le mouvement syndical américain, soit celle du syndicalisme de métier représenté par l'A. F. L. et celle du syndicalisme industriel représenté par le C. I. O.[1]. Or il s'agit là de deux traditions syndicales fort différentes en matière d'organisation, de pratique et d'idéologie syndicale.

Le syndicalisme de métier, en recul en raison de la modernisation des forces productives et de la concentration des unités de production, entend regrouper tous ceux qui exercent une même activité professionnelle. Il s'agit « d'un syndicalisme traditionnel centré sur l'artisanat industriel et de métier... de groupes de pression à court terme dont l'action se situe au plan économique[2] ».

Le syndicalisme industriel entend regrouper tous les travailleurs sur la base de leur appartenance à un même établissement, à une même entreprise, à une même branche de l'activité industrielle, quels que puissent être, par ailleurs, leur spécialisation et leur niveau de qualification professionnelle. « Si les unions et syndicats de ce groupe ont été définis comme groupes de pression agissant à long terme, il faut ajouter que leur action se situe principalement au plan économique, ... (encore que) la logique de leur système d'action les amène en certaines conjonctures à déborder au plan politique[3] » en accordant, notamment, lorsqu'il s'agit de syndicats canadiens, leur soutien effectif à un parti politique.

Ce groupe de syndicats et de syndiqués forment le gros des troupes de la F. T. Q. S'y rattachent, notamment, les ouvriers de la métallurgie et des mines, de l'automobile, des salaisons, de la pulpe et du papier, du tabac.

Ces « unions », ces syndicats devaient aussi se révéler plus ouverts, plus favorables que les syndicats de métier « à des formules de coopération et de mise en commun de leurs ressources sous l'égide des centrales, surtout quand il s'agit de donner un prolongement politique à l'action syndicale[4] ». Cependant, malgré la progression de ses effectifs, surtout pendant les années soixante, et malgré les efforts constants et partiellement couronnés de succès de ses dirigeants, la F. T. Q. n'a pas encore acquis le statut et les attributs d'une véritable confédération syndicale.

Son rôle, ses fonctions, ses moyens d'action en matière d'organisation et de maintien syndical, de négociation collective, de fonds de grève... restent fort limités. Ces tâches et ces responsabilités relèvent surtout des unions internationales ou des syndicats canadiens dont font partie les « locaux » ou les syndicats qui leur sont affiliés.

Pourtant, la F. T. Q. « existe » de plus en plus dans la conscience collective de ceux qui adhèrent aux syndicats qui lui sont affiliés. Par le biais des structures et des mécanismes de représentation qu'ils se sont donnés au niveau du Québec, les plus puissants d'entre eux (métallurgie, construction, Syndicat canadien de la fonction publique...) exercent une influence considérable sur les prises de position de la F. T. Q. en matière de relations de travail.

Il reste cependant que l'allégeance des syndiqués continue de s'articuler autour d'une double solidarité qui les lie, dans le premier cas, à ces « unions » ou syndicats dont ils sont membres et, dans le second cas, à la F. T. Q. en tant qu'elle les représente effectivement au niveau de la collectivité québécoise.

La Confédération des syndicats nationaux (C. S. N.)

« La C. T. C. C. (Confédération des travailleurs catholiques du Canada) fut fondée sous l'influence déterminante de deux forces extra-syndicales : l'influence nationaliste de Bourassa et l'influence du clergé. Cette origine assez curieuse pour un mouvement syndical allait peser sur les destinées de la C. T. C. C. pendant plusieurs années et retarder une prise de conscience proprement syndicale tout en ayant permis ses commencements. La C. T. C. C. allait, pendant longtemps, pratiquer un syndicalisme timide, éviter l'affrontement, contribuer à couvrir l'exploitation ouvrière en décorant les rapports que celle-ci supposait du nom de la collaboration des classes, etc.[5] » Il reste cependant que certains syndicats affiliés à la C. T. C. C., fondée en 1921, devaient, malgré cette orientation corporatiste dont elle ne s'est jamais départie, et son hostilité de principe au recours à la grève, faire, dès les années trente, l'apprentissage du conflit industriel : grève du textile, grève à Sorel en 1937, grève de l'Alcan en 1941, grève des cols bleus et des cols blancs de la ville de Montréal, grève de la Price Brothers en 1943, de l'amiante en 1949, grève chez Dupuis Frères et à Louiseville en 1952; grève à l'Alcan en 1951, grève à Radio-Canada en 1959. Cette liste évidemment non exhaustive ne retient que les conflits les plus importants. C'est par ce biais, à l'occasion de ces affrontements, en quelque sorte malgré elle du moins pendant la période qui s'étend de 1930 à 1940, que la C. T. C. C. est devenue une organisation et plus encore une véritable centrale syndicale[6].

D'une certaine façon, le congrès de 1960, qui devait décider d'amender les statuts de la C. T. C. C., de leur adjoindre une déclaration de principe sur laquelle nous reviendrons et de rebaptiser la C. T. C. C. sous le nom de C. S. N., ne fait que sanctionner les résultats et les conséquences d'une évolution fort ancienne, en accordant l'idéologie à la pratique syndicale, tout en maintenant la fidélité à des valeurs que l'on pourrait qualifier de personnalistes et qui représentent l'héritage légué par l'ancienne C. T. C. C.

À partir de 1960, la C. S. N. va connaître un essor rapide et fort considérable de ses effectifs; ceux-ci doubleront entre 1961 et 1966, en raison, notamment, des progrès rapides de la syndicalisation dans les secteurs publics et parapublics et dans les services au Québec (fonction publique, services hospitaliers, administration et services municipaux, transports, etc.). En 1966, ces nouveaux syndiqués représenteront environ 40 pour 100 du total des effectifs de la C. S. N. qui atteindront environ 200 000 adhérents.

Ces nouveaux venus rejoignent des groupes plus anciens de syndiqués. Certains sont membres de syndicats implantés dans de petites et moyennes entreprises qui de surcroît relèvent souvent de

secteurs d'activité économique « vieillis », si ce n'est « marginaux ». D'autres, des ouvriers du textile, de la métallurgie et des
mines, de la pulpe et du papier, sont membres de syndicats qui
demeurent les homologues de ceux qui constituent, au Québec, les
« locaux » relevant d'unions internationales fidèles à la tradition
inaugurée par la C. I. O., mais, à cette différence près, qu'ils entendent s'opposer à ces dernières et même les combattre en raison
de ce souci de construire un syndicalisme d'ici, hérité de l'ancienne C. T. C. C. « La C. T. C. C., écrivaient Jacques Dofny et
Paul Bernard en 1968, réussira à établir de bonnes têtes de pont
dans les secteurs du textile, des mines et des pâtes et papiers et à
se constituer un bastion, le Saguenay–Lac-Saint-Jean dans la métallurgie. À partir de ce bastion, la Fédération de la métallurgie
réussira à élargir ses assises vers les chantiers maritimes notamment. Cette implantation dans les grands secteurs industriels demeure cependant beaucoup moins importante que celle des unions
de la centrale rivale[7]. »

Dans un premier temps, l'implantation presque exclusivement
québécoise de la C. T. C. C.-C. S. N. favorise cette expansion
rapide. Dès 1951, la C. T. C. C. s'était dotée d'un premier far-
deau de grève; progressivement, surtout au début des années
soixante, la C. S. N. développe et étoffe ses services confédéraux
dans les domaines de l'organisation syndicale, de la négociation
collective, de l'information, de l'action politique, de l'éducation,
de la consommation, de l'organisation du travail, etc. Jacques
Dofny et Paul Bernard en concluent que « les éléments sont en
place pour un nouveau bond par-dessus le retard historique, dans la
mesure où cette structure plus souple — (elle accorde, en effet,
une large autonomie aux fédérations professionnelles surtout en
matière de négociation collective) — et plus centralisée à la fois
permettra à la C. S. N. de profiter beaucoup plus que sa rivale de
l'ouverture du secteur public au syndicalisme. Dans ce secteur en
effet, un syndicalisme plus adapté à la réalité politique et territo-
riale qu'à la structure sectorielle de l'industrie est appelé à mieux
convenir[8]. »

Dans un second temps, des difficultés apparaissent que « le caractère à la fois plus souple et plus centralisé » de la C. S. N. ne parviendra pas à neutraliser :

— Certains syndicats « ouvriers » craignent, sans trop l'affirmer en public, que cette entrée massive de nouveaux syndiqués provenant de la fonction publique, des hôpitaux, des services, ne se solde, en définitive, par un amenuisement de l'influence que les fédérations « ouvrières » les plus importantes étaient jusque-là en mesure d'exercer sur la centrale.

— Engagée dans des campagnes d'organisation et des luttes vigoureuses, la C. S. N. ne dispose pas, ou ne parvient pas à les dégager, de ressources financières et humaines qui permettraient de « socialiser » ces nouveaux venus selon les orientations de la centrale.

— Les conflits entourant la mise en place du système de relations de travail et les premières rondes de négociation entre l'État québécois et ses salariés imposent un nouveau style d'action syndicale et mobilisent une large part des ressources quand même limitées à la centrale.

À partir de 1965, les tensions que génère cette croissance rapide de ses effectifs s'exaspèrent à l'intérieur de la C. S. N. Elles opposent « les partisans d'un renforcement de la structure bureaucratique[9] » qui sont donc favorables à une augmentation des ressources, des pouvoirs et des contrôles impartis à la Confédération en tant que structure décisionnelle, et ceux qui ne voulaient pas de ces réformes au nom, bien sûr, de la démocratie syndicale.

Ces derniers sortiront finalement vainqueurs de cet affrontement interne : « Ils réussiront, selon Hélène David, à renverser les réformes des structures de décision de la Centrale en augmentant la représentation des instances de regroupement régional (les conseils centraux) plus préoccupés par les questions d'action politique, diminuant ainsi le pouvoir des dirigeants des fédérations professionnelles toujours plus conservateurs et axés sur la négociation collective[10]. » Ces débats, ce conflit et sa solution, préparent la scission de 1972 qui donnera naissance à la C. S. D. ou encore à la désaffiliation de certains syndicats tels ceux de l'aliminium au Saguenay–Lac-Saint-Jean. Leurs effets, conjugués avec ceux imputables à la multiplication et à l'aggravation des luttes syndicales à partir de 1964-1965 et à la crise politique qui secoue le Québec en 1970, constitueront autant de conditions favorables à la « radicalisation » des prises de position idéologiques de la C. S. N. en tant que confédération et de certains organismes qui lui sont affiliés.

Quelques années plus tard, lorsque les relations de travail se seront, en quelque sorte et tant bien que mal, normalisées dans le secteur public et parapublic, la C. S. N. sera encore affectée par le départ de 25 000 fonctionnaires à l'emploi du Gouvernement du Québec et celui des trois syndicats fondateurs de la Fédération des ingénieurs et cadres du Québec. Certes la C. S. N. s'efforce avec un succès relatif de recruter de nouveaux syndiqués, mais il n'en demeure pas moins qu'elle sort de cette période de son histoire considérablement affaiblie.

Plus que jamais, les syndicats locaux, affiliés à la F. T. Q. et relevant d'unions internationales, sont représentatifs des travailleurs syndiqués dans les industries de transformation. Cette percée qu'anticipaient Jacques Dofny et Paul Bernard dans le domaine de la métallurgie a tourné court. À l'exception des services hospitaliers du secteur des « affaires sociales » et des enseignants des C. E. G. E. P. où elle demeure très largement majoritaire, la représentativité de la C. S. N. dans l'ensemble des secteurs public et parapublic semble aujourd'hui affaiblie et l'on peut douter qu'elle soit encore en mesure d'imposer ses vues à l'occasion de négociations entre le Gouvernement québécois et l'ensemble des salariés.

L'IDÉOLOGIE DE LA FÉDÉRATION DES TRAVAILLEURS DU QUÉBEC, 1960-1979

I. — LE DÉBUT DES ANNÉES SOIXANTE. LA F. T. Q. S'AFFIRME

Des tâches urgentes attendent la F. T. Q. fondée en 1957. Elle doit (*a*) affirmer sa représentativité au Québec; (*b*) bâtir et renforcer ses structures internes et ses moyens d'intervention de façon à relever cet important défi que constitue pour elle l'expansion rapide de la C. S. N. surtout pendant la « révolution tranquille »; (*c*) tenter enfin d'élaborer une conception qui lui serait propre de l'action syndicale et de la « société à bâtir » qui devrait, elle aussi, lui permettre de se démarquer de la C. S. N.

Une question de représentativité

La F. T. Q., et plus encore certains représentants d'unions internationales qui lui sont affiliés ont été accusés de collusion avec le régime Duplessis. Un thème que la C. S. N. entend exploiter à son avantage lorsque les pourparlers portant sur une éventuelle fusion du C. T. C. et de la C. T. C. C. auront échoué en 1958, en raison notamment du refus de la C. T. C. C. de reconnaître aux unions internationales l'exclusivité de la juridiction qu'elles réclamaient dans leurs champs d'activité professionnelle.

Léo Roback juge très sévèrement les rapports qu'entretenaient la F. T. Q. et certaines unions internationales avec le régime Duplessis : « La venue au pouvoir des libéraux a démoli de fond en comble les structures du régime de faveur dont avaient joui, pendant longtemps, certains éléments importants de la F. T. Q. et ceci aux dépens de la C. T. C. C., régime qui, en même temps, avait encouragé la tactique « pragmatique », celle de « hurler avec les loups » qu'avaient suivie les syndicats de métier et autres qui faisaient encore du poids dans la F. T. Q.[11] » La F. T. Q. rappelle donc, et avec raison, qu'elle a elle aussi conquis ses titres de noblesse à l'occasion, notamment, de la grève de Murdochville en 1951 : « Nul ne peut maintenant mettre en doute le militantisme de notre centrale provinciale, écrit Roger Provost. Murdochville est le point culminant qui a donné naissance à une démonstration dont nous aurons été les auteurs et les acteurs[12]. »

La recherche de « moyens d'actions » accrus

Simultanément la F. T. Q., toujours par l'entremise de son président, constate qu'elle ne dispose ni des moyens ni des ressources humaines requis pour concurrencer efficacement la C. T. C. C.-C. S. N. et représenter ses syndicats affiliés auprès du Gouvernement du Québec et de l'ensemble de la société québécoise : « La Fédération n'est pas dans la position financière dans laquelle une fédération comme la nôtre devrait se trouver. Cette situation est liée au fait que notre fédération, à la suite de la récente fusion (celle de la F. P. T. Q. et de la F. U. I. Q), est passée de l'action législative à une action beaucoup plus étendue et couvrant un champ d'action plus complexe[13]... » (Roger Provost, 1957.) Ce constat, qui à première vue n'a rien à voir avec l'idéologie de la F. T. Q., contient néanmoins en germe le principe d'une double revendication qui conduira la F. T. Q. à réclamer, d'une part, du Congrès du travail du Canada une plus grande autonomie et, d'autre part, des syndicats locaux relevant d'unions internationales, ou de syndicats pancanadiens non encore affiliés, qu'ils rejoignent ses rangs.

La logique de cette double démarche est assurément beaucoup plus d'ordre « organisationnel que politique ». Il n'empêche qu'elle inaugure une série de revendications dont la F. T. Q. d'aujourd'hui ne s'est point départie. La F. T. Q., à cette époque surtout, est une fédération provinciale du C. T. C.; elle reconnaît l'efficacité des syndicats internationaux et pancanadiens en raison notamment des ressources financières et techniques dont ils disposent dans le domaine des négociations collectives. Mais, d'un autre côté, la « situation » l'y oblige, elle entend représenter ses commettants tout aussi bien que le ferait la C. T. C. C.-C. S. N. Léo Roback précise : « Ceci veut dire, tout simplement que *tous* les syndicats internationaux et pancanadiens même les plus puissants, les plus riches et les mieux pourvus de services techniques et

autres, devraient commencer à sentir le besoin d'une *centrale**
d'un type nouveau, ayant son identité propre, servant ou pouvant
servir comme point de référence ou d'identification et comme centre d'initiation et de coordination et, enfin, comme fournisseur de
services syndicaux et para-syndicaux que la plupart des organisations n'étaient pas en mesure de fournir (surtout en français) mais
dont l'absence n'avait pas été ressentie auparavant[14]. »

Une analyse « critique » de la société, une conception de l'action syndicale

Dès la fin des années 50, aux congrès de 1957-1958 et de 1959,
trois thèmes principaux seront abordés : « La contestation des politiques du Gouvernement Duplessis. La contestation des structures
de la société. La critique des restrictions imposées à l'action syndicale par les cadres de la pure revendication économique[15]. »

La « politisation » de l'action syndicale

Duplessis disparu, restera la contestation des structures de la société québécoise qui ira s'affirmant entre 1960 et 1965; en 1965
surtout lorsque Louis Laberge remplacera Roger Provost à la présidence de la F. T. Q. Les deux derniers thèmes se rapprocheront
aussi lorsqu'en 1960 le Congrès de la F. T. Q. décidera d'appuyer
sans réserve le Nouveau parti démocratique, endossant ainsi les
prises de position du Congrès du travail du Canada qui, en 1958,
s'était prononcé en faveur d'un regroupement le plus large possible
des forces progressistes et de la formation d'un parti politique qui
les représenterait au niveau de l'ensemble du Canada, avant de
participer activement à sa création.

Une analyse critique de la « révolution tranquille »

Le bilan, du moins sous sa forme définitive, ce n'est point
Roger Provost mais Louis Laberge qui le dressera en 1965, alors
qu'il accède à la présidence de la F. T. Q. Il le fera avec audace et
dans un style bien à lui. Léo Roback résume ses propos : « Au lieu
de se réclamer du nationalisme, de brandir le fleurdelysé, de nager
avec le courant, Laberge a cru bon de dénoncer le « milieu » qué-

bécois, de le définir comme étant l'adversaire des travailleurs et du syndicalisme militant. Au lieu d'encenser la révolution tranquille, Laberge l'a critiquée dans presque tous ses rapports[16]. » Assurément, Louis Laberge va plus loin encore, qualifiant « le nationalisme... comme étant antidémocratique, anti-travail, antisyndical (un néocléricalisme laïc dira-t-il). Il mettra ses commettants en garde contre la tendance de se fondre confortablement dans le grand tout de la société québécoise... Ceci pour la bonne raison que cette société n'est pas une société unanime; sans classe, où tout le monde (aurait) les mêmes intérêts, les mêmes aspirations[17]. » « Au lieu de blâmer la domination économique américaine Laberge, ajoute Léo Roback, a réservé ses foudres pour la petite bourgeoisie canadienne-française et valorisé le syndicalisme international non seulement pour sa puissance financière et son efficacité technique, mais aussi et surtout pour la « modernité » et « l'avant-gardisme » de la formule internationale du syndicalisme. En contre-partie, le nouveau président de la F. T. Q. a pris ses distances (vis-à-vis) du congrès du travail du Canada qui sera défini désormais (et) de plus en plus comme « l'autre », ultimement comme « l'adversaire[18] ». » Un discours de circonstance peut-être, mais qui, selon nous, porte aujourd'hui encore à la réflexion dans la mesure où il met l'accent sur ces risques de « technocratisation » que recelait déjà la « révolution tranquille ». Des règles qui, de toute évidence, demeurent dans la mesure où elles tiennent à cette stratégie dont aucun gouvernement du Québec ne s'est jusqu'ici départi. De cette stratégie, l'on est en droit d'affirmer qu'elle vise, en définitive, à neutraliser les pressions que les organisations syndicales pourraient exercer sur le gouvernement après qu'il leur a poliment assigné un rôle purement consultatif. Un discours de circonstance aussi, dans la mesure où il dénonce ces relations effectivement priviligiées qu'entretenaient à l'époque la C. S. N. et le gouvernement libéral, à commencer par son président et le premier ministre de la Province de Québec.

Et Léo Roback de conclure : « Sur le plan idéologique, la révolution tranquille, ses déceptions et son échec électoral, aussi bien que les multiples scissions qui se font dans le parti libéral ont eu tendance à intensifier la « radicalisation » de la F. T. Q., à accentuer des visées sur la société globale (surtout en fonction de sa définition de soi comme « sauveur » des masses défavorisées du Québec). Ceci revient à dire que la F. T. Q. définit ou cherche à définir la question nationale comme étant (d'abord) un problème *socio-économique*[19]. »

Mais, simultanément, la F. T. Q. affirme que cette même question nationale appelle une solution politique, puisqu'elle ne sera résolue au Québec que par l'accession au pouvoir « d'une formation politique ouvrière, démocratique (et) de gauche[20] ».

L'appui au Nouveau parti démocratique

En 1958, le Congrès du travail du Canada se prononce en faveur d'un large regroupement des forces populaires et progressistes qui avec la C.C.F. (Cooperative Commonwealth Federation) donnera effectivement naissance, en 1961, au Nouveau parti démocratique (N. P. D.). En 1960, la F. T. Q. se prononce à son tour en faveur de la création de ce parti et modifie effectivement ses statuts de façon à lui apporter un appui au Québec.

D'une certaine manière, cette décision met fin à un vif débat interne vieux déjà de plusieurs années et dont les congrès de 1957-1958 et 1959 portent la marque, Roger Provost, alors président de la F. T. Q., s'efforçant de promouvoir un équilibre toujours délicat entre l'action revendicative centrée sur la poursuite d'objectifs économico-professionnels et la nécessité d'une action plus large engageant l'avenir de la société et, par conséquent, l'avenir de ceux que la F. T. Q. représente ou pourrait représenter sans pour autant encourir le risque de les diviser politiquement. Dans l'immédiat et même à moyen terme, cet appui de la F. T. Q. au N. P. D. n'aura guère d'impact au Québec où ce parti politique fédéral n'est jamais parvenu à faire élire ne fût-ce qu'un seul député.

Cette façon de procéder n'en inaugure pas moins, toujours au Québec, « une tradition nouvelle » calquée, en quelque sorte, sur celle qui en Grande-Bretagne régit les rapports existant entre le

Parti travailliste et les syndicats et qui commencera à peser sur la conjoncture électorale québécoise lorsque, en 1976, la F. T. Q. décidera pour des raisons plus tactiques que stratégiques d'accorder son appui au Parti québécois.

Encore faudrait-il rééquilibrer ces propos : traiter de la F. T. Q. c'est, d'une certaine façon, s'engager à ne considérer que des questions relevant de l'action politique ou encore de l'information et de l'éducation syndicales. Mais la F. T. Q., c'est aussi et en quelque sorte beaucoup plus que la F. T. Q., soit cet ensemble de syndicats qu'elle représente effectivement ou même qu'elle pourrait représenter et qui négocient effectivement, entreprise par entreprise, établissement par établissement.

Soutenir, par exemple, avec Paul Bélanger et d'autres que l'attitude de ces syndicats se divise en une double allégeance en laquelle tantôt prédomine leur adhésion au Congrès du travail du Canada, ou tantôt leur adhésion à la Fédération des travailleurs du Québec constitue une aberration. Le Congrès du travail du Canada n'est pour la plupart d'entre eux qu'une réalité fort lointaine, alors que les unions internationales dont ils sont membres continuent de leur fournir au jour le jour des « services » effectifs et souvent efficaces en matière d'organisation, de maintien syndical, de fonds de grève; la F. T. Q. les représentant effectivement et au jour le jour face à un gouvernement qui n'a cessé d'accroître ses champs d'intervention. C'est en ces termes qu'il faudrait, à notre avis, aborder la question de la représentativité de la F. T. Q.

II. — LES ANNÉES SOIXANTE : UN DISCOURS DE PLUS EN PLUS SYSTÉMATIQUE

Apparemment, l'idéologie de la F. T. Q. est faite d'une longue suite de prises de position que l'on qualifiera d'autant plus volontiers de pragmatiques qu'elles portent sur toutes les questions importantes de l'heure et qu'elles ont été souvent arrêtées en guise de réponses aux sollicitations d'une conjoncture changeante. Le risque demeurerait, ce faisant, d'oublier qu'à terme ces prises de position se complètent, s'intègrent, forment un tout, une continuité intégrée, ce qui leur confère une force de persuasion qui ira s'accroissant.

Les questions économiques

Dans ses congrès, dans ses mémoires, dans ses communiqués, la F. T. Q. se préoccupe d'abord et avant tout du sort que réserve aux travailleurs quotidiennement le système économique tel qu'il existe et fonctionne. Sans relâche, la F. T. Q. dénonce le chômage, l'insécurité d'emploi, l'insuffisance du pouvoir d'achat d'un grand nombre de salariés, la pauvreté d'un grand nombre de marginaux « involontaires », les diverses formes de discrimination au travail dont les femmes sont les victimes, les dangers qui menacent les travailleurs en matière de sécurité et de santé au travail.

Louis-Marie Tremblay en conclura que la F. T. Q., « dans une perspective de consommation,... conteste le postulat de base du libéralisme (selon lequel)... la libre entreprise assumerait la prospérité de l'ensemble de la communauté[21] ». En fait elle ira beaucoup plus loin et beaucoup plus vite. Il reste pourtant que l'argumentation de la F. T. Q. est beaucoup plus fouillée qu'il ne paraît à première vue : « La F. T. Q., lit-on dans le Monde ouvrier en février 1962, estime que dans l'impasse où se trouve actuellement l'économie du Canada, il faut dépasser le stade de la simple promotion industrielle ou encore de la création de services techniques destinés à l'industrie[22]. » Il faut recourir à la planification et, « la planification signifie l'intervention directe du Gouvernement dans les visages de l'économie et en même temps l'élargissement du secteur nationalisé[23] ».

La F. T. Q. pourtant se méfie des initiatives du Gouvernement libéral en la matière, en particulier de ses déclarations d'intention favorables à la planification, fût-elle souple et indicative. « Même si le Québec dispose d'un office de planification, la planification du développement socio-économique au Québec n'est pas encore passée du stade des bonnes intentions à celui de la pratique et son avenir reste aléatoire[24]. » D'un autre côté, la F. T. Q. redoute qu'une telle politique porte atteinte au libre régime de la négociation collective.

La politique économique du Gouvernement est faite de demi-mesures et la F. T. Q. doute qu'elle serve les intérêts des travailleurs. C'est ainsi que la F. T. Q. et son président dénoncent la S. G. F. « comme un instrument de dépannage d'entreprises péri-clitantes et de catapultage de nouvelles institutions dont la capitalisation est nettement insuffisante pour régler le problème du chômage et assurer l'émancipation économique du peuple québécois[25] ». La portée réelle de ces propos n'apparaît cependant qu'à la condition de les rapprocher de ceux dont nous avons déjà fait état et qui dénonceraient cette nouvelle élite que la « révolution tranquille » avait portée au pouvoir.

La plupart des éléments engageant une analyse critique et beaucoup plus systématique qu'il ne paraît à première vue sont présents dans ces textes. Pour des raisons sans doute tactiques, consciente ainsi des oppositions que pourrait soulever un discours plus radical au niveau de certaines organisations affiliées, la F. T. Q. procède avec prudence.

En résumé, le Québec a besoin d'une politique de développement économique nettement plus agressive, nationalisation et planification, canalisation de l'épargne des Québécois ou des investissements produits et contrôle des investissements étrangers de façon à diminuer l'emprise des capitaux américains. L'augmentation du niveau de vie dépend de telles initiatives.

Les politiques sociales

« Avec les années soixante la F. T. Q. prend conscience de la permanence de certains problèmes sociaux et de leurs conséquences globales, en même temps qu'elle développe une nouvelle perception des structures économiques et de fluctuations sociales cycliques qu'elles engendrent. Les revendications à caractère quantitatif en fonction du travailleur demeurent mais elles sont accompagnées d'une analyse en profondeur des objectifs et des structures du système. Celles-ci donnent lieu à plusieurs mémoires importants sur l'administration hospitalière (1960), les accidents de travail (1961), le chômage (1962), la caisse de retraite provinciale (1964), la sécurité au travail (1966), la santé et le bien-être (1966)[26]... » Les discriminations dont les femmes au travail sont les victimes sont, elles aussi, dénoncées : « Rémunération inférieure à travail égal, orientation sur les secteurs économiques de ces professions les moins rémunérateurs, absence de mobilité professionnelle (promotions, etc.[27]) »

De ces textes émerge, au delà de leur dimension le plus souvent technique, l'affirmation répétée d'un certain nombre de droits qui devraient être reconnus aux travailleurs. Lorsqu'on les additionne, et avec le recul du temps, il devient clair qu'*ils forment un tout*, qu'*ils définissent le profil d'une société nouvelle plus démocratique et plus juste*. Rien dans tout cela ne justifie le maintien de l'épithète de « syndicalisation d'affaire » que bien des intellectuels québécois et progressistes ont cru devoir accoler à la F. T. Q. Cela vaut aussi pour bien des unions internationales qui lui sont affiliés, dans la mesure où précisément elles endossent les prises de position de la F. T. Q. qui a pour principal mandat de les représenter en ces matières. Louis Laberge l'affirme à plus d'une reprise : « Le syndicalisme a pour but la répartition équitable de la richesse et non seulement le partage avec le patronat d'une productivité accrue[28]. » « L'élimination progressive des inégalités économiques et sociales. La disparition non seulement de la pauvreté, mais aussi de la privation, de la précarité, de la gêne, voilà ce qui nous intéresse dans une politique des revenus. Nous n'avons que faire d'une politique salariale qui, en plus de consacrer officiellement l'inégalité, vise essentiellement à freiner le relèvement des salaires et la promotion des travailleurs en mesure de négocier[29]. » « Le temps, dira-t-il au congrès de la F. T. Q. de 1967, est venu... de penser en termes de revenu garanti, c'est-à-dire d'un revenu assuré à tous, travailleurs, sans travail, pensionnés, handicapés de toutes sortes, indépendamment de leur apport au revenu global de la société[30]. »

Les relations de travail et la langue de travail

« L'importance accordée par la F. T. Q. et auparavant par la F. U. I. Q. et la F. P. T. Q. à la trilogie du droit d'association, du droit de négociation et du droit de grève, s'insère essentiellement dans la stratégie requise pour l'atteinte de la finalité syndicale[31]. » L'essentiel est que tous les travailleurs puissent disposer d'un réel pouvoir de négociation et que la réalité de ce pouvoir de négociation passe par la reconnaissance des droits d'association et de grève.

Jamais la F. T. Q. ne se départira de cette position de principe, qui la rapproche de la C. S. N. et permet d'engager ainsi avec elle des actions communes dans ce domaine. Plus encore, elle l'interprétera dans une perspective élargie : « Le droit d'association, ce n'est pas seulement le droit de former des syndicats professionnels, mais aussi le droit de former toutes sortes d'associations populaires, de cultivateurs, de coopérateurs, etc. Sans lesquelles la démocratie deviendrait un vain mot[32]. » C'est en vertu de ce principe que la F. T. Q. entend, en 1969, s'opposer au Bill 54 dans la mesure où « (il) exclut des catégories entières de salariés dont les membres des professions libérales de l'exercice du droit d'association et où (il) interdit aux fonctionnaires de s'affilier à une centrale syndicale de leur choix[33] ». La F. T. Q. défendra une position analogue lors de la discussion de la loi de la fonction publique, traitant donc l'État comme n'importe quel employeur.

À l'instigation du puissant syndicat des métallurgistes unis d'Amérique, la F. T. Q. se prononcera pour la reconnaissance de formes d'accréditation et de négociation collective sectorielles. « Sur le plan pratique, nous estimons que pour la majorité des travailleurs, l'exercice pratique de la liberté d'association exige qu'on permette le recrutement syndical, l'accréditation légale et la négociation collective au niveau du secteur[34]. »

La F. T. Q. aborde la question linguistique par le biais des rapports de travail tels que les vivent jour après jours les travailleurs qu'elle représente. « Nous dénonçons encore une fois la situation anormale faite à des milliers et des milliers de travailleurs du Québec qui doivent, pour assurer les communications avec leur employeur et son personnel de cadres, travailler dans une langue qui n'est pas la leur, l'anglais. Il s'impose qu'au Québec comme dans tous les pays civilisés la langue de travail soit celle des travailleurs plutôt que celle du patronat. Nous vous demandons donc — ces propos s'adressent au Gouvernement québécois — d'adopter une loi qui protégerait les travailleurs francophones contre toute discrimination linguistique à l'ambauchage et au moment des promotions, qui obligerait les employeurs à négocier collectivement dans la langue de la majorité de ses employés syndiqués[35]. » Le principe vaut encore au niveau même du mouvement syndical : la F. T. Q. réclame et exige des unions internationales et du Congrès du travail du Canada qu'ils donnent en français les services qu'ils doivent à leurs syndiqués au Québec.

La question politique

Bien qu'elle appuie le N. P. D., parti politique fédéral fortement centralisateur, la F. T. Q. n'entend pas se satisfaire du statu quo constitutionnel. Elle rejette aussi le séparatisme. « Nous estimons, lit-on dans le Monde ouvrier de juillet-août 1963, qu'il ne s'agit là que d'une voie d'évitement où l'on a trop tendance à garer une foule de problèmes pressants touchant le bien-être des classes les plus défavorisées de la population[36]. » Le séparatisme fait figure d'une cause désespérée, d'une utopie; il se solderait par une baisse du niveau de vie des Québécois.

Entre le statu quo et le séparatisme, il faut donc trouver une voie médiane. Pour la F. T. Q., celle-ci passe par la reconnaissance du statut binational du Canada et surtout par l'octroi d'une autonomie accrue aux provinces qui donc devrait se solder par une extension considérable de leurs champs de juridiction : « La F. T. Q. mettra tout en œuvre pour revaloriser l'État provincial du Québec et lui faire donner enfin sa mesure dans les domaines relevant de sa juridiction : ressources naturelles, planification, éducation, santé, sécurité sociale, lois ouvrières. La F. T. Q. épaulera les efforts du gouvernement provincial en vue du renforcement de l'État du Québec par le rapatriement de certains pouvoirs de juridiction,

particulièrement dans le domaine de la fiscalité[37].» Là encore, la
F. T. Q. ne s'embarrasse pas de longues considérations théoriques, encore moins d'une longue argumentation d'ordre constitutionnel, et la logique de sa démarche reste foncièrement d'ordre
syndical.

L'amélioration des conditions de travail et du niveau de vie des
travailleurs, ces changements qu'elle réclame au niveau de
l'organisation et du fonctionnement du système économique, suppose, en premier lieu, que l'État québécois dispose de pouvoirs
accrus dans les domaines économique, social, culturel, linguistique... et, en second lieu, que le pouvoir politique soit exercé
à Ottawa comme à Québec par des partis politiques au moins favorables aux aspirations de ces mêmes travailleurs. Il est donc logique et même nécessaire de créer ou d'appuyer, le cas échéant, un
tel parti politique. Ainsi se dessinent les lignes de force d'une option dont la F. T. Q. ne s'est point départie : « L'appui d'un parti
politique est certes l'option idéale pour le syndicalisme en matière
politique surtout si ce parti défend les mêmes principes et les
mêmes politiques que le syndicalisme[38]. » Il reste que le chemin
parfois s'avère long qui va de la coupe aux lèvres, et que l'application de ce principe demeure difficile, surtout dans la conjoncture
politique québécoise de l'époque.

La F. T. Q. tire la leçon qui s'impose des élections fédérales en
1968 : « La F. T. Q. en a mangé une maudite », puisqu'aucun
député du N. P. D. n'a été élu au Québec. Ajoutons que la responsabilité de cet échec électoral incombe davantage aux représentants
québécois du N. P. D., à leur division, qu'à la F. T. Q. elle-
même.

La question rebondit : que faire ? Que faire surtout sur la scène
politique québécoise, où le P. N. D. n'a pas son équivalent ? La
F. T. Q. espère, souhaite même, la création d'un parti politique
qui représenterait les travailleurs : « Nous croyons que le jour n'est
pas loin où les travailleurs prendront eux-mêmes leur destinée en
main, au sein d'un parti politique provincial vraiment populaire[39]. » Un vœu pieux ? C'est à voir. La F. T. Q. ne saurait à cette

époque appuyer le R. I. N. en raison de son hostilité aux idées indépendantistes; elle n'appuiera pas non plus le Parti québécois alors à ses débuts, parce qu'elle ne croit qu'aux forces confirmées.

Entre temps, il n'est d'autre solution que de maintenir à court et moyen terme son appui au N. P. D. et d'appuyer, d'une façon circonstanciée, telle ou telle politique particulière que la F. T. Q. jugerait progressiste en regard des objectifs qu'elle poursuit et que pourrait mettre de l'avant un parti politique provincial.

Dès 1965, la F. T. Q. obtiendra de son congrès « le pouvoir, lorsque l'intérêt des travailleurs l'exigera, d'accorder son appui à un parti politique provincial, répondant à ses besoins et à ses aspirations légitimes[40] ». Une politique qui, *grosso modo*, restera en vigueur jusqu'au congrès de 1976.

Tout au long de cette période, l'idéologie de la Fédération des travailleurs du Québec s'affirme, gagnant sans cesse en cohésion. Elle constituera finalement une synthèse originale entre l'apport du syndicalisme nord-américain, représenté surtout par les syndicats affiliés à l'ancienne F. U. I. Q., une prise de conscience du « fait québécois » qui ne va pas sans critique à l'égard des tendances à plus d'un titre trop centralisatrices que présente, toujours selon la F. T. Q., le Congrès du travail du Canada, et enfin cette conviction qui veut que toute amélioration durable de la condition ouvrière nécessite l'accession au pouvoir à Québec comme à Ottawa, mais à Québec surtout, d'un parti politique social-démocrate.

III. — LES ANNÉES SOIXANTE-DIX

Le congrès de 1971 : un seul front

Au lendemain de la crise d'octobre, le Congrès de la F. T. Q. est appelé à se prononcer sur deux documents majeurs, soit *l'État, rouage de notre exploitation*[41], rédigé par le service de recherche de la F. T. Q., et le rapport de son président, *Un seul front*.

Le rôle de l'État. — Sans remettre en cause les orientations essentielles de la F. T. Q., ces deux textes se caractérisent par un élargissement de la critique formulée par la Fédération des travailleurs du Québec à l'égard du système capitaliste. La F. T. Q., en effet, ne se contente plus de dénoncer le chômage, les bas salaires, les inégalités de revenu, les inégalités sociales, les disparités interrégionales, l'aliénation des droits linguistiques tels que les vivent les travailleurs qu'elle représente, mais l'État — fédéral et provincial — en tant qu'il est ordonné au maintien et à la reproduction de cette situation, de ces rapports : « L'État libéral bourgeois se montre sous son vrai jour : c'est le rouage essentiel qui soutient le régime économique capitaliste. Ni le gouvernement fédéral, avec ses pouvoirs *théoriques* de contrôle économique, ni l'espèce de sous-État aux pouvoirs atrophiés que constitue le gouvernement du Québec ne sont des arbitres impartiaux des conflits entre travailleurs et capital. Les deux, Québec et Ottawa, sont des agents du pouvoir économique majoritairement américain, minoritairement anglo-canadien, et minusculement québécois. Il faut cesser de concevoir l'État bourgeois comme le protecteur de l'intérêt public[43]. » Dans un premier temps, l'acte d'accusation et la démonstration sur laquelle il s'appuie restent essentiellement d'ordre économique.

L'impérialisme. — Le thème dominant c'est celui de l'« impérialisme » : « La concentration du pouvoir économique aux mains des grands propriétaires mondiaux (les multinationales) étend sur des pays entiers la domination de *l'impérialisme économique*. C'est ce que les Américains font chez nous. Mais cet impérialisme n'est qu'une forme grossie du capitalisme. Il ne suffirait pas de s'en défaire pour être libéré de l'oppression. Des capitalistes québécois francophones ne seraient pas plus tendres pour les salariés québécois. Ils répondraient aux mêmes motivations et aux mêmes lois économiques. Ils utiliseraient de la même façon l'*État libéral* comme chien de garde de leurs privilèges et comme alimenteur de leurs machines à profits[44]. »

Le second thème tient dans une dénonciation virulente, chiffres à l'appui, de l'aide que l'État apporte à ces grandes entreprises, notamment par le biais des subventions qu'il leur accorde : « L'État transforme en *capital privé* une large part du *capital pu-*

blic pris avant tout des poches des salariés. L'État ne se donne pas en retour de vrais contrôles sur l'utilisation de notre argent. Cette politique permet de réduire les difficultés de mise en valeur du capital de la classe possédante. C'est surtout en fonction des intérêts de la fonction dominante (monopoliste) de la classe capitaliste que se développent les politiques étatiques de soutien à l'entreprise privée. La politique de développement économique du gouvernement fédéral repose sur l'entreprise privée et non sur de supposés objectifs de correction des disparités régionales. En conclusion, l'État libéral (québécois et fédéral) renforce avec notre argent le pouvoir économique privé, ce qui permet d'accroître chez nous le développement du capitalisme et la mainmise de l'impérialisme sur notre vie économique[45]. »

Enfin, dans un troisième temps, la critique de l'État s'élargit encore. À la dénonciation du rôle qu'il joue en matière de développement économique, s'ajoute celle des « appareils » politiques, judiciaires, idéologiques ou culturels : « (Les) *appareils proprement politiques* lui permettent de fabriquer des lois qui servent carrément les pourvoyeurs de caisse électorale. L'*appareil judiciaire...* surveille l'application de ces lois... (À son) sommet trônent des juges nommés pour services rendus par le pouvoir politique et choisis à cause de leur respect religieux de la grosse propriété. Les travailleurs ont des preuves quotidiennes que cet appareil, qui leur sert des injonctions à la pelle, n'est que le prolongement des pouvoirs de l'argent. *Les appareils idéologiques ou culturels* permettent de convaincre les honnêtes citoyens qu'ils vivent au paradis terrestre. (Il s'agit :) (du) système d'éducation; (des) média d'information contrôlés par les grands financiers ou le gouvernement bourgeois (et) l'orientation de la culture en général qui, ne serait-ce que par les moyens qui ne sont pas mis à la disposition de la population, invite les gens à ne pas trop penser et surtout à éviter de créer[46]. »

Le rapport du Président reprend ces thèmes, à sa manière, dans un langage coloré, en multipliant, une fois de plus, les références aux conflits qui ont affecté les travailleurs de la F. T. Q., insistant sur la continuité de l'action syndicale : « Le déploiement au grand

jour du caractère oppressif de notre société colonisée nous a ramenés aux racines mêmes de nos luttes[47]... » « Nous savons désormais que dès que le pouvoir politique est fortement sollicité par
des puissances d'argent comme Power Corporation il n'y a plus de
limite à son action dominatrice[48]. »

Une continuité, une progression, une pédagogie. — Au delà de
la diversité des thèmes et des sujets traités, se dessinent une continuité, une progression même dans leur enchaînement, répondant à
une véritable pédagogie. Celle-ci se veut d'abord attentive au
« quotidien » des Québécois, à la dénonciation de ces multiples
formes d'exploitation qui les affectent, soucieuse ensuite d'en proposer, mais dans les termes qu'ils emploient et comprennent, une
explication qui, nous l'avons dit, va s'élargissant et qui, enfin,
mais pas à pas et avec prudence, prépare l'action à venir. C'est
précisément ce que fait Louis Laberge lorsqu'en 1971, au congrès
de la F. T. Q., il lance son slogan « un seul Front ». Non seulement il prend à contre-pied les thèmes abordés par Marcel Pepin au
congrès de la C. S. N. de 1968 dans son rapport *le Deuxième
Front*, mais il s'approprie du même coup les retombées qui entou-
raient la publication de ce rapport.

Un seul front, c'est un appel en faveur de l'élargissement des
« forces progressistes », quelles qu'elles soient, sans exclusion :
« Nous devrons donc multiplier les contacts par delà nos structures
et faire en sorte que celles-ci soient un gage d'efficacité plutôt
qu'un cloisonnement égoïste[49]. » *Un seul front*, c'est aussi et
peut-être surtout refuser d'introduire dans l'action syndicale une
dichotomie séparant l'action revendicative et l'action politique;
c'est, en d'autres termes, concevoir l'action politique du mouvement syndical comme le prolongement naturel, inévitable, de l'action revendicative, ce que facilite l'action de la F. T. Q. favorable
à l'appui d'un parti politique qui représenterait les intérêts et les
aspirations des travailleurs. « Notre mission n'a pas changé. Elle
reste fondamentalement libératrice; nous allons forcer la société de
s'organiser en fonction des hommes, pas en fonction du confort de
quelques-uns... Je songe à l'époque des premiers syndicats dont la
tâche libératrice était globale[50]. » *Un seul front* au service de

l'avènement, au Québec, d'une « société socialiste » vouée à l'instauration d'une véritable « justice distributive », au « respect intégral des libertés civiles[51] »...

Les préoccupations stratégiques, pourtant, ne sont point absentes de ce discours généreux. Elles tiennent, bien sûr, dans cet appel à la constitution d'un front unifié, pour « casser » le système[52]. L'expression pourrait faire peur. Alors Louis Laberge entend rassurer : « La F. T. Q. continuera d'épuiser toutes les ressources de la légalité pour faire valoir (les droits des travailleurs)[53]. » Dans l'immédiat, il faut renforcer les moyens d'action et d'intervention de la F. T. Q., « le niveau de conscience des syndiqués[54] ». Tout s'éclaire enfin à la lecture de cette petite phrase qui termine le rapport : « Nous devrions porter au pouvoir des gens sur qui nous pouvons nous fier, parce qu'ils sont des nôtres et qu'ils sont mandatés par nous... s'il nous faut appuyer officiellement un parti nous devrions le faire. Mais cet appui devra être réel et il devra s'enraciner profondément chez nos membres[55]. » Des souhaits qu'endosseront les congrès de 1975 et de 1976 de la F. T. Q. Entre temps, en 1973, la F. T. Q. décide de ne plus appuyer officiellement le N. P. D.

1974. La F. T. Q. adresse une véritable « mise en demeure » au Congrès du travail du Canada

Au Congrès du C. T. C. en 1974, la F. T. Q. publie *Appel aux syndiqués de tout le Canada*[56], texte assorti d'une résolution en trois points qui demande : « Que le C. T. C. délègue à la F. T. Q. la juridiction sur l'éducation (syndicale) et les argents associés au fonctionnement du service d'éducation du C. T. C. Québec. Que le C. T. C. négocie avec la F. T. Q. une formule de péréquation des argents versés au C. T. C. par les travailleurs québécois et pour lesquels ils ne reçoivent pas de services suite (ajoute la F. T. Q.) aux particularités culturelles, linguistiques, syndicales, politiques du Québec. Que le C. T. C. délègue à la F. T. Q. la juridiction sur le personnel du C. T. C. donnant le service aux conseils avec retour des sommes d'argent équivalentes[57]. » Il importe de mesurer à leur juste portée chacune de ces revendications.

En réclamant le contrôle exclusif de l'éducation syndicale, la F. T. Q. entend prouver et affirmer la possibilité de définir une ligne de pensée qui lui serait propre, indépendante de celle de « la maison-mère ». Cela constituerait indéniablement un pas en avant important, voire décisif, dans la voie de l'affirmation, si ce n'est d'une reconnaissance *de facto* de ce statut de centrale syndicale québécoise à part entière qu'elle revendique dans les faits. En réclamant la mise en place d'une formule de péréquation des argents versés par les travailleurs québécois au C. T. C., la F. T. Q. entend accroître ses services aux syndiqués et surtout disposer d'une liberté de dépenser sur laquelle le C. T. C. ne pourrait exercer aucun contrôle. En réclamant une juridiction exclusive sur les conseils du travail, la F. T. Q. entend s'interposer entre ceux-ci et le C. T. C. un peu à l'image d'un filtre qui ne laisserait passer dans un sens ou dans l'autre que ce qui précisément l'accommoderait en matière de services aux syndiqués, de diffusion de l'information, d'organisation, etc.

Une version syndicale, et avant la lettre, de la « Souveraineté-Association » : un signe des temps aussi.

À vrai dire cette détérioration des rapports entre la F. T. Q. et le C. T. C. s'explique relativement aisément. En juillet 1965, la F. T. Q. avait activement soutenu la grève illégale des 4 000 postiers montréalais malgré l'opinion contraire de leur syndicat national et du C. T. C. En 1974, la F. T. Q. décide d'affilier directement les syndicats locaux qui, au Québec, se seraient désaffiliés d'unions internationales. À plusieurs reprises, la F. T. Q. a également pris position à propos de rivalités intersyndicales opposant des unions internationales, ses avis ne rejoignant pas ceux du C. T. C.

D'un autre côté, le C. T. C. tergiverse. Dès 1966, la F. T. Q. avait demandé au C. T. C. qu'il reconnaisse la juridiction de ses fédérations provinciales sur les conseils du travail et l'éducation syndicale. Pour toute réponse, le Congrès avait créé une commission d'étude qui, en 1968, recommanda « (de rechercher) d'autres moyens d'améliorer ses rapports avec les fédérations en vue de mettre en marche et d'aider à exécuter un programme législatif plus efficace[58] ». En 1974, la F. T. Q. conclut : « (qu'elle) a tenté de jouer le rôle de la coopération que le congrès de 1968 lui a imposé; (qu')elle s'est heurtée à l'indifférence et à l'incompréhension du C. T. C.[59] ». Il reste cependant que la F. T. Q. est au Québec confrontée à des situations qui ne sont pas celles que connaissent la plupart des fédérations provinciales affiliées au C. T. C.

Cette situation tient certes aux questions linguistiques et culturelles, mais plus encore aux rivalités intersyndicales qui, au Québec, opposent la F. T. Q. à la C. S. N., à la C. S. D. et aux syndicats indépendants, alors que, dans les autres provinces canadiennes, ces rivalités impliquent surtout des unions internationales ou encore des unions internationales et des syndicats indépendants. Louis Laberge ne manquera pas non plus de rappeler aux membres du Congrès du travail du Canada « qu') à cause d'un régime de négociation propre au Québec, la F. T. Q. est appelée à jouer un rôle de premier plan dans la défense des intérêts des employés des secteurs public et parapublic[60] ».

L'enjeu de ce débat interne n'est pas que d'ordre idéologique. Il n'engage pas que la seule volonté de la F. T. Q. de se démarquer du C. T. C. au niveau de ses orientations de façon à s'affirmer davantage comme une organisation syndicale québécoise. Il met en lumière la nature et l'importance des moyens d'action que la F. T. Q. voudrait contrôler. Son autonomie irait-elle s'accroissant que la carte syndicale pourrait être fortement changée au Canada comme au Québec.

Le Congrès de 1977 et « l'appui circonstancié » au Parti québécois

Lors de son congrès de 1975, la F. T. Q. invitait les travailleurs à appuyer le Parti québécois, mais il s'agit d'un appui « circonstancié ». Le congrès revient sur la question en 1976, une argumentation en trois temps lui est soumise : (a) « Il faut bien être conscient que le Parti québécois n'est pas un véritable parti des travailleurs. Bien d'autres intérêts que les nôtres y convergent. Les travailleurs ne seraient pas plus avancés de se trouver en face d'une nouvelle bourgeoisie nationale gouvernant pour elle-même qu'ils ne le sont actuellement, alors que des valets gouvernement au profit du capitalisme étranger... » (*b*) Mais d'un autre côté, Louis Laberge s'affirme du nombre de ceux qui croient « prématurée et inopportune la formation d'un parti de la classe ouvrière. Il nous reste, dit-il, du chemin à parcourir dans la formation de la conscience politique des travailleurs. » (*c*) Il n'est donc d'autres solutions pour la classe ouvrière que « de se faire entendre au sein du P. Q. Il faut, précise encore Louis Laberge, armer nos militants qui œuvrent à l'intérieur du P. Q. d'une définition claire du socialisme démocratique que nous voulons[61]. »

Le congrès de 1976 s'y emploiera, après avoir salué l'élection du gouvernement Lévesque : « Un changement politique important est survenu au Québec le 15 novembre 1976. Pour la première fois, les Québécois portaient au pouvoir un parti politique qui n'est pas l'instrument des grands milieux financiers et des compagnies, un parti dont les structures et le financement sont foncièrement démocratiques. Le 15 novembre 1976, le Québec a fait le saut d'un gouvernement répressif, vendu aux grands intérêts financiers, anti-syndical et sans projet social, à un gouvernement avec un programme culturel, social et économique progressiste[62]. » Mais la F. T. Q. entend conserver à l'égard du Parti québécois « une liberté de manœuvre totale »,... « une autonomie complète aussi bien dans l'action que dans la définition d'objectifs politiques[63] ».

La F. T. Q. rappelle donc ses principales priorités, soit la recherche : « (1°) D'un contrôle accru de la collectivité sur ses moyens de production présentement exclusivement aux mains d'intérêts privés pour la plupart étrangers. (2°) D'une organisation politique démocratique favorisant l'expression des libertés individuelles et collectives, associant toutes les couches de la population aux décisions qui les concernent, laissant place à l'initiative et à l'esprit d'invention des groupes dans l'organisation de leur cadre de vie. (3°) D'un régime social permettant un *accès* égalitaire à tous les biens sociaux fondamentaux : éducation à tous les ni-

veaux, santé, logement, travail, revenu. (4°) D'un régime économique axé sur la *satisfaction* des besoins de la population et le
progrès matériel du plus grand nombre plutôt que soumis aux règles du profit maximum. (5°) D'un type de développement socio-
économique qui tient compte, dans son évolution, de la nécessité
de protéger et d'améliorer sans cesse *la qualité de la vie*[64]. » Certes, il ne s'agit là que de têtes de chapitre que le texte détaille très
largement dans les pages qui suivent. L'on notera, là encore, la
continuité des thèmes, de la ligne de pensée, des revendications.

Le problème pourtant n'est point là, mais dans ce défi que représente toujours pour le mouvement syndical le fait d'appuyer un
parti politique surtout lorsqu'il forme le gouvernement. Gouverner,
dit-on, c'est choisir, c'est aussi arbitrer entre des forces et des
revendications antagonistes, pratiquer l'art du compromis, tout en
s'efforçant de maintenir la ligne politique choisie. La F. T. Q.
saura-t-elle garder, au delà des avantages manifestes qu'elle retire
de la présence du Parti québécois au pouvoir, le sens de la critique,
cette liberté de manœuvre que requiert la fidélité à ses engagements
antérieurs ?

L'IDÉOLOGIE DE LA CONFÉDÉRATION DES SYNDICATS NATIONAUX, 1960-1978

I. — 1960, LA C. T. C. C. FAIT PEAU NEUVE

En 1960, le congrès confédéral de la Confédération des travailleurs catholiques du Canada prend trois décisions majeures[65]. La
première de ces décisions implique un changement de titre : la
C. T. C. C. devient la C. S. N., soit la Confédération des syndicats nationaux. Une seconde décision modifie la constitution de la
C. T. C. C. Elle affirme son caractère d'organisation syndicale,
nationale, démocratique et libre, ainsi que la neutralité confessionnelle de la « nouvelle » organisation, tout en maintenant une réfé-

rence explicite « aux principes chrétiens », dont son action doit continuer de s'inspirer (article II de la constitution de la C. S. N.[66]). Une troisième décision consiste dans l'adoption d'une déclaration de principe proposée par l'Exécutif de la centrale.

D'une certaine façon, ces trois décisions majeures et qui, prises ensemble, pourraient être qualifiées de réalignement idéologique, ont été préparées de longue date par l'exécutif et par ceux qui y ont exercé ou y exercent une influence importante tels, par exemple, Gérard Picard et Jean Marchand.

La révision des orientations de la C. T. C. C.-C. S. N. témoigne d'une évolution qui sera, *grosso modo*, celle du « syndicalisme chrétien » à travers le monde et de l'internationale qui le représente à l'époque, soit la C. I. S. C. (la Confédération internationale des syndicats chrétiens[67]). Il reste que, lors de cette mutation idéologique, la C. T. C. C.-C. S. N. réussira à faire l'économie d'une scission interne malgré la vivacité des débats qui l'entourèrent.

Avec le recul du temps, la plus importante décision semble avoir été l'adoption de cette nouvelle déclaration de principe appelée à définir les orientations de la C. S. N. Un thème majeur se dégage de cette référence aux valeurs dominantes d'une philosophie personnaliste qui lui sert d'épine dorsale et qui représente un facteur certain de continuité avec les orientations de l'ancienne C. T. C. C.

Sont particulièrement développées les incidences d'ordre économique de cette référence à la participation : « La C. S. N. préconise la participation des travailleurs à la direction de l'entreprise par l'introduction d'éléments du contrat de société dans le contrat de travail... La vie économique doit être organisée de façon à assurer une collaboration étroite entre les autorités publiques et les organisations d'employeurs et de travailleurs aux échelons industriel et national. À l'échelon industriel, les travailleurs et leurs employeurs, par leur organisation syndicale, doivent se rejoindre en formant des organismes de collaboration qui auront pour fonction d'étudier les problèmes généraux de leur industrie et de trouver des solutions adéquates. Aux échelons provincial et national, selon les juridictions établies, la C. S. N. croit en la nécessité d'organismes appropriés où les représentants des travailleurs et des employeurs doivent être désignés par leur organisation respective et dont le rôle est de coordonner et d'orienter la vie économique sous la surveillance de l'État[68]. »

Un tel discours, à vrai dire, ne rompt que partiellement avec l'héritage corporatiste que la C. T. C. C. a légué à la C. S. N. La notion de conflits d'intérêts et, à fortiori celle de rapports de classes, lui demeurent étrangères. La société forme en quelque sorte un tout. Et cette façon de concevoir le rôle des organisations syndicales, des employeurs et de l'État laisse supposer qu'ils forment une communauté en quelque sorte organique, en vertu de laquelle les corps intermédiaires organisés peuvent, et même doivent, participer de plain-pied à la définition des politiques d'ordre économique, au niveau de l'entreprise, des secteurs ou branches d'activité au niveau de l'ensemble. D'autres éléments de la déclaration de principe s'inscrivent dans la continuité de la « tradition personnaliste » qui porte la C. S. N. à réclamer le respect des « droits » syndicaux, des droits à un revenu familial décent, à la sécurité sociale, à l'instruction, à la culture, au respect des libertés démocratiques[69].

L'État, dit-on « doit promouvoir le bien commun ». Il est défini comme le garant des libertés civiles. Dans le domaine économique, « il doit surtout s'occuper de diriger et d'orienter l'économie et la distribution des richesses et établir les conditions qui assurent le plein emploi et la sécurité sociale[70] ». Diriger-orienter, y aurait-il là comme une équivoque qui porterait, simultanément, la marque d'une hésitation ? Si l'État dirige, il ne saurait le faire sans cette participation des syndicats et des employeurs à des décisions qu'il entend prendre.

II. — L'IDÉOLOGIE DE LA C. S. N. PENDANT LA « RÉVOLUTION TRANQUILLE »

L'importance de la déclaration de principe que s'est donnée la C. S. N. en 1960 tient à ce qu'elle fixe, pour un temps, les principales orientations et les principales attentes de cette organisation. À ce titre, elle constitue l'équivalent d'une véritable « grille de lecture » que la C. S. N. applique aux situations vécues, aux événements de l'heure, aux interventions de l'État, aux débats politiques qui confrontent le Québec d'alors. Cette vision de l'avenir, du souhaitable et du « possible », cette « grille d'analyse », à la fois sélective et normative, ne se modifieront que lentement au gré et au cours des conflits, des luttes, des polémiques auxquels la C. S. N. prendra part jusqu'à la « rupture » des années soixante-dix.

Dès le début des années soixante des thèmes nouveaux apparaissent, que les analystes et les commentateurs ne traitent pas toujours avec l'attention qui s'impose : l'organisation et le recrutement syndical, l'éducation syndicale, la formation des « cadres syndicaux », la négociation collective surtout[71], des questions de pure régie interne, peut-être, mais d'une importance capitale pour une centrale dont les effectifs s'accroissent rapidement.

La négociation collective

La façon dont Jean Marchand traite, à cette époque, de la négociation collective paraît singulièrement significative de la recherche et de l'affirmation d'une conception de l'action syndicale à la fois moderne, si ce n'est « moderniste », et surtout qui serait propre à la C. S. N. en ce qu'elle lui permettrait de se démarquer et des « unions internationales » et de la F. T. Q. : « Le syndicalisme n'est pas seulement une question d'affaire et... son objectif ne se borne pas à l'obtention pour les travailleurs d'une part toujours plus grande du « gâteau capitaliste », sans cesse plus gros[72]... » « Ainsi je considère que la négociation de type classique dans le cadre de l'entreprise doit être étayée par une négociation générale dans le cadre de l'industrie. C'est par là seulement que nous serons en mesure de tenir pleinement compte de tous les facteurs d'ordre économique et social et des répercussions internes et internationales de certaines décisions[73]. » Mais dans une communication faite devant les membres probablement montréalais de l'Association des manufacturiers canadiens, et que je cite de mémoire, Jean Marchand dénonce le fait que la négociation repose sur un rapport de force et constitue plus une occasion de conflit que de collaboration. La critique s'enfle jusqu'à dénoncer les droits de gérance exercés sans partage par la direction de l'entreprise. C'est ainsi, par la force des choses, que progressivement la C. S. N. liquidera l'héritage de l'ancienne C. T. C. C.

La C. S. N. et le Gouvernement libéral

Mais c'est encore dans le champ des politiques gouvernementales que l'attitude conciliante, voire même bonne ententiste, de la C. S. N. persistera le plus longtemps.

Incontestablement, la C. S. N. accorde au Gouvernement Lesage un préjugé des plus favorables, ne serait-ce que dans la mesure où son programme inclut de nombreux projets de réforme qu'elle préconise, elle aussi, dans les domaines de l'éducation, de la réforme des services hospitaliers, de la politique sociale, de la législation du travail[74]... Dans tous les cas, la stratégie demeure la même : un appui de principe et des pressions; l'appel éventuel à l'opinion syndicale et à l'opinion publique, mais aussi une vigilance qui conduira éventuellement la C. S. N. à dénoncer le rythme trop lent ou encore la portée insuffisante des réformes mises en œuvre. Notamment, et par exemple, dans le domaine de la sécurité sociale[75].

Ce même « préjugé favorable » conduit également la C. S. N. à participer effectivement à tous les organismes consultatifs où le gouvernement l'appelle à siéger. Elle entend saisir chaque occasion qui lui est offerte pour faire valoir son point de vue, exposer ses revendications et, le cas échéant, formuler ses critiques.

La même stratégie vaut encore lorsqu'elle présente ses mémoires aux différents niveaux de gouvernement. Ceux-ci fournissent souvent l'occasion d'aborder des questions d'ordre plus conjoncturel encore qu'importantes : le chômage, l'inflation, le logement, les relations de travail, la législation du travail, le français langue de travail... « Nous croyons, dira Jean Marchand, que les employeurs doivent respecter la langue française et la culture des travailleurs. Dans la province de Québec, cette exigence très souvent n'est pas respectée. La C. S. N. continuera de se battre pour corriger cette situation qui conduit à la négation de droits fondamentaux[76]. » À cette époque, c'est à peu près à cette seule revendication que se résume le contenu « nationaliste » de l'idéologie de la C. S. N. Certes, celle-ci se sent par ailleurs plus proche du Gouvernement du Québec que de celui d'Ottawa en ce qu'elle considère que c'est au premier qu'il revient de mettre en place les politiques et les instruments requis pour assurer le développement économique et social du Québec. La C. S. N. par ailleurs ne se contente pas de « suivre le courant », elle entend accélérer le rythme des réformes envisagées, anticiper, faire preuve d'imagination.

La C. S. N. et la planification économique

C'est ainsi qu'elle se prononce en faveur de l'instauration d'une véritable planification démocratique de l'économie, reprenant à son propre compte une prise de position de la C. F. T. C.-C. F. D. T., son homologue français : « La planification économique s'impose..., de soi, en vertu des besoins, car seul un plan d'ensemble, supervisé par l'État, peut assurer la stabilisation de l'économie et le plein d'emploi[77]. » Mais la planification doit être démocratique, fondée par conséquent sur la participation des citoyens et, bien sûr, des organisations syndicales à la détermination des objectifs du plan, ce qui, simultanément, permettra d'éviter le piège de l'étatisme économique. « Dans l'esprit de la C. S. N., ajoute Louis-Marie Tremblay, les étapes de la planification sont les suivantes : La première étape serait une large consultation des groupes socio-économiques. La seconde étape serait l'élaboration du plan par des organismes techniques travaillant sous la responsabilité de l'État et en relation avec les différents agents de la vie économique. La troisième étape serait l'approbation définitive du plan par les instances politiques[78]. »

La question des nationalisations est abordée, encore qu'avec prudence, comme une sorte de complément de cette option favorable à la planification : « Pour nous, la nationalisation n'est pas affaire de principe, mais question d'utilité sociale, déclare Jean Marchand. Il est normal, il est nécessaire que l'État assume la gestion des ressources fondamentales d'une économie moderne et des secteurs qui sont essentiels au développement économique. C'est vrai d'abord pour les ressources énergétiques, ça peut l'être pour d'autres ressources naturelles de base, comme pour les grands moyens de transport et de communications. Toutefois, j'estime que l'État n'aurait aucun intérêt à intervenir dans les secteurs qui ne sont pas vitaux. Ceux dont l'action ne pèse pas de façon décisive sur l'orientation économique du Québec[79]. »

Ni la stratégie que la C. S. N. entend appliquer dans ses rapports avec l'État, ni les objectifs qu'elle veut poursuivre à plus long terme, n'exigent une remise en cause ou même une révision de la conception que la C. S. N. s'est faite de l'action politique et que lui a léguée l'ancienne C. T. C. C. : « La constitution de 1921 interdisait à la C. T. C. C. et à ses corps constitués tout engagement politique de caractère partisan, aussi bien au niveau municipal qu'au niveau des gouvernements fédéral ou provincial[80] », et, s'il en est ainsi, c'est qu'« il est essentiel (pour la C. T. C. C. comme pour la C. S. N.) de préserver l'indépendance du mouvement syndical et d'éviter l'établissement de liens organiques avec un parti politique... L'expérience enseigne, dira son président au congrès de 1954, que les syndicats, pour ne pas perdre de vue le but pour lequel ils ont été fondés, doivent rester parfaitement libres, même à l'égard d'un parti politique qu'ils auraient contribué à porter au pouvoir[81]. » C'est là un trait que la C. T. C. C.-C. S. N. partage avec la C. F. T. C.-C. F. D.T. Il exprime très certainement une sorte de réaction viscérale que partagent beaucoup de militants à la fois syndicalistes et chrétiens à l'égard du politique plus encore que de l'action politique : le politique, c'est-à-dire le fait d'exercer le pouvoir tôt ou tard, compromet, corrompt, exploite, brime. Sous sa forme la plus radicale, ce courant de pensée prend souvent des allures « gauchistes » fort proches de l'anarcho-syndicalisme.

Il faudrait pourtant nuancer la portée de cet énoncé de principe, du moins lorsqu'il s'agit de la C. S. N. des années soixante. Louis-Marie Tremblay s'y emploie en indiquant que le rappel de ces principes n'a pas empêché la C. S. N. pendant la « révolution tranquille » de recourir à « la méthode d'action politique dite de pression ou d'influence[82]... » et « à l'action politique bureaucrati-que (qui) réside dans la participation de représentants syndicaux dans des organismes gouvernementaux consultatifs ou administra-tifs[83] ». Dès 1952, la C. T. C. C. crée pourtant un comité d'action politique, formé par le bureau confédéral[84]. Cet organisme confé-déral a pour mandat de faire connaître les programmes législatifs de la C. T. C. C. aux adhérents, aux hommes et aux partis politi-ques, à l'opinion publique. À cette première fonction, s'en ajoute une seconde : promouvoir l'éducation politique des adhérents[85].

III. — LES ANNÉES SOIXANTE-CINQ, SOIXANTE-DIX :
DE LA DÉSILLUSION À LA CRITIQUE

Progressivement, la C. S. N. affirme et réaffirme sa déception devant l'enlisement de la « révolution tranquille ». Elle multipliera d'année en année ses critiques à l'égard du système économique, de son fonctionnement et de ses résultats. Elle dénoncera l'inter-vention de l'État, des gouvernements, leurs politiques en matière de relations de travail, leurs politiques économiques, sociales, culturelles, linguistiques; le rôle de l'État aussi en tant qu'il est au service des patrons, de l'entreprise privée, des grandes entreprises étrangères qui nous exploitent. La dynamique de cette critique et de cette contestation, même si elle ne revêt pas encore le caractère systématique qui la caractérisera à partir de 1970, s'articule sur une double prise de conscience marquée par les conflits de travail dans lesquels la C. S. N. est engagée et par le souci croissant de dénoncer l'exploitation des travailleurs en dehors des lieux de travail. Un thème unificateur s'en dégagera : la dénonciation du rôle de l'État en régime capitaliste.

Les relations de travail : la C. S. N. et l'État employeur

En 1964, les employés d'hôpitaux obtiennent le droit de grève. En 1965, la loi de la fonction publique reconnaît aux ouvriers, aux employés et aux professionnels à l'emploi du Gouvernement du Québec le droit de s'affilier à une centrale syndicale de leur choix — ce sera la C. S. N. —, le droit de négocier des conventions collectives de travail et le droit de recourir à la grève. Or, rapidement, les relations de travail entre l'État et les salariés se détériorent. En 1966, des grèves éclatent dans l'enseignement, à Hydro-Québec — grèves des ingénieurs —, dans les hôpitaux surtout où 32 500 syndiqués signent une première convention collective après dix-neuf jours de grève, dans la fonction publique — grève de professionnels du Gouvernement du Québec. En 1967, le Parlement adopte la loi 25 qui met fin à une grève des enseignants, fixe leurs conditions de travail et instaure un système de négociation à l'échelle de l'ensemble du Québec. D'autres conflits de travail éclatent dans divers services publics, dans les transports publics à Montréal en 1965 et 1967. En 1967, la loi 1, une autre loi d'exception, met fin à cette grève.

La C. S. N., fortement impliquée dans ces conflits de travail, en conclut que l'État québécois est un employeur comme un autre et qu'il est même à la fois d'autant plus mesquin et redoutable qu'il n'hésite pas, le cas échéant, à légiférer pour mettre fin aux conflits qui l'opposent à ses salariés et fixer unilatéralement les conditions de travail de ces derniers : « Comme employeur, le Gouvernement provincial ou ses agences se sont révélés parfois au moins aussi durs que l'entreprise privée. Les difficultés que nous avons rencontrées à l'Hydro, par exemple, sont de ce nombre. Nous comprenons mal que l'État puisse copier les méthodes les plus mauvaises des entreprises privées, ou plutôt nous croyons le comprendre trop bien; il nous est apparu assez clairement, au cours de plusieurs de nos négociations avec l'État ou avec ses agences, à la Régie des Alcools, par exemple, ou à l'Hydro que ces négociations se déroulaient sous l'œil vigilant des grands intérêts privés et que ceux-ci n'entendaient pas voir le Gouvernement adopter à l'égard de la main-d'œuvre des attitudes plus sociales que celles dont eux-mêmes étaient disposés à faire preuve envers leurs propres employés[86]. »

Les relations de travail : la C. S. N. et l'entreprise privée

Là encore, des syndicats affiliés à la C. S. N. se trouvent engagés dans des conflits de travail souvent longs et durs. Grève, en 1966, aux usines de Magog, Sherbrooke, Montmorency et Drummondville de la Dominion-Textile, — 5 000 syndiqués, — la grève durera six mois. D'autres grèves éclatent dans des entreprises de taille plus modeste, mais dirigées par des patrons intransigeants. Les syndiqués luttent pour obtenir des conditions de travail simplement décentes. C'est le cas, par exemple, de ceux de la Dominion Ayers à Lachute; la grève durera quatre mois. Dans d'autres cas, les syndiqués se battent le dos au mur, pour tenter d'éviter la fermeture des usines (par exemple, celles de la Domtar à Windsor et à East-Angus). Partout et toujours l'enjeu reste le même : la défense et l'amélioration des conditions de travail, les salaires, certes, mais aussi la santé et la sécurité au travail, le respect de l'ancienneté, la protection contre les effets imputables aux changements technologiques.

La C. S. N. en tire aussi d'autres conclusions, celles-là nouvelles par rapport à l'approche qui marquait jusque-là sa vision de l'entreprise. L'entreprise est une structure de pouvoir que contrôle unilatéralement l'employeur : « Nous avons une société qui loue les services de travailleurs. Il s'ensuit que c'est au travailleur que l'entreprise pense en dernier, à moins que le travailleur ne trouve les moyens de rappeler à la direction qu'il est plus important que les machines[87]. » « Le syndicalisme, là où il existe, s'efforce de remédier à une infinité de problèmes mais contre le gré des employeurs qui, en vertu du droit civil, disposent seuls, disposent exclusivement des pouvoirs de décision, même en des matières où non seulement la rémunération, mais la santé — et la vie même des ouvriers quelquefois — sont en jeu[88]. »

La dénonciation du système économique

Les changements technologiques, l'automatisation, le chômage, les disparités de salaires et de revenus, le sous-développement régional, la spéculation immobilière, le saccage des régions fertiles ne sont qu'autant d'indices du mauvais fonctionnement du système économique. La C. S. N. insiste en particulier sur l'exploitation du travailleur en tant que consommateur : « Quand l'employé sort de l'usine, il tombe dans l'univers de la consommation, là où la politique des prix est absolument libre de tout contrôle. Il n'a rien à dire pas même comme citoyen, pas même comme électeur — car le gouvernement n'agit pas en cette matière — au sujet des prix auxquels on lui offrira ses propres produits. Dans ce domaine en particulier, le spéculateur règne en maître absolu; ce dernier tire de la population exactement tout ce qu'il peut en tirer — et l'on serait tenté de dire : davantage, car des entreprises, faisant elles-mêmes partie du cycle de l'exploitation libre, travaillent avec acharnement à tirer du travailleur même ce qu'il n'a pas, c'est-à-dire à l'endetter[89]. »

Le travailleur est donc « aliéné ». Il l'est comme producteur et comme consommateur. Dans l'un et l'autre cas, il est d'abord traité comme une source de profit. Le travailleur est « aliéné » parce qu'il est traité comme un objet, comme une simple machine et qu'il a, de plus, l'impression de ne rien pouvoir faire pour changer le système. Le travailleur est « infériorisé » et cela tient au fait qu'il est tenu à l'écart des décisions politiques[90].

Une critique d'ensemble de la société, mais qui procède par étapes

Mais il faut dépasser les effets pour dénoncer les causes véritables de cette exploitation, de cette aliénation, de cette infériorisation. Il faut aussi inventer une stratégie qui permettra d'y mettre fin. C'est en cela que réside surtout la nouveauté de cette réorientation qui caractérise l'idéologie de la C. S. N. de 1965 à 1970 : « Quoi que nous ayons fait pour exercer nos responsabilités syndicales, nos responsabilités sociales, nous nous sommes retrouvés

dans le même entonnoir avec l'État et l'entreprise contre nous. Il
en était ainsi en 1949, mais aujourd'hui les deux sont coordonnés,
conjugués, concertés par des moyens techniques puissants qui en
font un seul pouvoir, un nouveau surhomme : un bras économique,
un bras politique, mais un seul cerveau. En effet, la collusion de
l'État et du pouvoir économique a donné naissance à un super
pouvoir économico-politique. Ce pouvoir est décidé. Il freine le
pouvoir syndical[91]. » Ce pouvoir c'est celui des grandes entreprises, des investisseurs qui façonnent notre société en fonction de
leurs objectifs : « Les grandes entreprises détiennent pour une très
large part un pouvoir de décision exclusif et sans contrôle, dans
toute l'économie... Leurs décisions, prises en dehors de toute responsabilité publique, affectent non seulement l'ensemble des citoyens, mais l'État lui-même[92]. »

Le fait que ceux qui dirigent les grandes entreprises n'en soient
point les propriétaires n'y change rien et, surtout, ne saurait faire
que leur principale motivation soit celle de la recherche du profit.
Ce profit leur assure une indépendance à l'égard du marché des
capitaux, elles le réinvestiront ici ou ailleurs à l'étranger, au mieux
de leurs intérêts.

Les grandes entreprises sont également affranchies de la demande des consommateurs « puisqu'elles créent elles-mêmes cette
demande avec des machines publicitaires énormes[93] ». Les grandes compagnies nous imposent « leur culture, leur manière de
vivre et de parler. Effectivement elles gouvernent », dira Marcel
Pepin quelques années plus tard. C'est dire que « l'État ne négocie
pas vraiment avec le capital. Le voudrait-il qu'il ne le pourrait pas,
il se heurterait à un mur d'argent[94] ».

S'ouvre alors, au gré des congrès qui se succèdent, une série de
critiques, de dénonciations illustrant cette situation de sujétion
dans laquelle se trouve l'État québécois. Le ton est donné dès le
congrès de 1966 : « Notre diagnostic d'ensemble, écrit Marcel Pepin... tient en somme dans les propositions suivantes. 1) Les grandes entreprises détiennent, pour une très large part, un pouvoir de
décision exclusif et sans contrôle dans toute l'économie. 2) Leurs

décisions, prises en dehors de toute responsabilité publique, affectent non seulement l'ensemble des citoyens, mais l'État lui-même. 3) Les décisions économiques, étant des décisions exclusivement privées, font évoluer l'économie d'une manière anarchique, ce qui est particulièrement sérieux dans des périodes de grands bouleversements technologiques comme celui de l'automation. 4) L'État, c'est-à-dire la puissance publique, se révèle incapable d'imposer sa volonté à cette puissance privée ou peu désireux de le faire. 5) Les travailleurs n'ont aucun pouvoir de décision directe dans l'entreprise, même à propos des questions qui les concernent vitalement comme la sécurité au travail, par exemple, et généralement ils ne sont pas même consultés. 6) Les travailleurs et le peuple en général font les frais de cette situation générale et c'est en étrangers dans l'entreprise qu'ils doivent se débattre contre les décisions du patronat, comme c'est en étrangers dans la cité qu'ils doivent subir les contre-coups des décisions économiques que seul un petit nombre de grand-prêtres de l'économie sont appelés à prendre envers ou contre la collectivité impuissante. 7) Même dans l'univers de la consommation, les travailleurs doivent faire face à l'exploitation, à cause des prix, du dévergondage publicitaire et du scandale du crédit[95]. »

Une alternative, une stratégie ?

L'alternative c'est la démocratie, une démocratie fondée sur la participation et qui remettrait la réalité du pouvoir et son exercice aux travailleurs, au peuple, aux citoyens : « Le syndicalisme veut mettre la démocratie au cœur de l'usine, au cœur de la société[96]. » « Il doit y avoir des contrepoids démocratiques dans l'économie : il doit y avoir des contrepoids dans l'entreprise. Les corps intermédiaires qui représentent les classes laborieuses et qui sont gouvernés par elles, doivent acquérir des pouvoirs d'intervention, de participation et de décision plus importants que les simples pouvoirs de défense et de contestation qu'ils peuvent actuellement avoir au niveau de l'entreprise. Au niveau de l'économie, l'État doit affirmer sa prééminence, avec la participation des corps intermédiaires, et ne pas laisser le domaine économique et les décisions qui s'y prennent entre les mains pratiquement exclusives du grand capitalisme[97]. »

La stratégie ce sera celle du *deuxième front* proposé au congrès de 1968 de la C. S. N. par son président. L'action revendicative doit se doubler d'une action politique : « Notre politique est double, écrit le Président de la C. S. N. 1. Garder les exigences les plus fortes possibles en matière de revendication ouvrière; 2. Servir d'agent pour amener le plus rapidement possible des changements dans les structures, dans l'orientation de l'économie, en vue d'une participation extrêmement active des travailleurs à la gestion économico-sociale[98]. » Il s'agit donc d'organiser et de promouvoir la force politique potentielle que représentent les travailleurs. C'est à cette fin que la C. S. N. créera des comités d'action politique, mais en marge des partis politiques existants : « Il est indispensable, dans l'état actuel des choses et vu les buts recherchés, que cette action soit non-partisane. La population travailleuse ne peut trouver sa solidarité politique et sa cohésion idéologique qu'en elle-même, par la pratique prolongée d'une action autonome concrète et autant que possible unanime et par une critique qui ait les mêmes attributs[99]. »

Les comités d'action politique seront avant tout une école de « participation », de « formation », d'« engagement réel et militant[100] ». Leur champ d'action sera à la fois large et diversifié : « La politisation syndicale, c'est l'exploration systématique de la réalité économique, sociale et politique, en vue d'y découper les formes futures d'une société mieux équilibrée, plus saine et vraiment démocratique. La politisation syndicale, c'est le développement systématique de moyens d'action visant à transformer la société, les structures, la distribution du pouvoir, les recours démocratiques. Elle visera à déplacer vers le peuple, autant que possible, les centres de décision, à réexaminer d'un œil critique l'ordre existant parallèlement à l'action syndicale traditionnelle[101]. »

IV. — LES ANNÉES SOIXANTE-DIX : UN SYNDICALISME
D'OPPOSITION

La conjoncture économique, politique, sociale

Durant les années soixante-dix, la conjoncture économique, politique, sociale continue de peser d'un poids décisif sur l'évolution
idéologique de la C. S. N.

La crise de 1970 ne se résume pas aux seuls « événements
d'octobre »; avant d'être politique, elle fut sociale, et quelques
événements récents en avaient préparé le terrain : 1969, grève illégale des policiers et des pompiers de Montréal; le Gouvernement
du Québec y met fin par l'adoption d'une loi spéciale. 1969, manifestation du Mouvement de libération du Taxi à Montréal, qui
tourne à la violence. En octobre, les organisations syndicales participent à Québec à une manifestation contre la loi 63 qui permet la
liberté de choix de la langue d'enseignement.

En 1970, éclate la grève des « gars de Lapalme », qui opposera
la C. S. N. au Gouvernement fédéral qui refuse d'intégrer dans la
fonction publique fédérale ces employés relevant d'une entreprise
qui transportait le courrier pour le compte du ministère des Postes.
En 1970, encore, le Gouvernement du Québec met fin par l'adoption de la loi 38 à une grève des travailleurs de la construction,
déclenchée par la C. S. N. qui réclamait pour ceux-ci la parité des
salaires à travers tout le pays. En octobre 1970, la C. S. N., la
F. T. Q. et la C. E. Q. réclament, conjointement, le retrait de la
Loi des mesures de guerre. Simultanément le Front d'action politique (le F. R. A. P.) dans lequel militaient des syndicalistes en
particulier de la C. S. N. perd les élections contre le maire Drapeau, mais après avoir été assimilé par lui au F. L. Q.

À partir de 1970, l'inflation et le taux de chômage augmentent.
En 1975, le Gouvernement fédéral instaurera « le contrôle des salaires et des prix » (la loi 73).

En 1971, une nouvelle grève éclate au journal *la Presse* qui
donnera lieu à une manifestation brutalement réprimée. En 1972

s'engage entre l'État employeur et ses salariés une nouvelle ronde de négociation qui traîne en longueur. En avril, une grève illimitée éclate. Le Gouvernement Bourassa entend y mettre fin par une nouvelle loi spéciale, la loi 19. Les présidents des trois centrales recommandent aux grévistes de désobéir aux injonctions; ils seront condamnés et emprisonnés. Le mouvement de grève s'étend, destiné à obtenir la libération des chefs syndicaux. Les travailleurs de la construction sont en grève: D'autres syndiqués les rejoingnent par solidarité. Le Front commun obtient satisfaction sur trois points majeurs : le salaire minimum dans la fonction publique et les secteurs parapublics est fixé à cent dollars par semaine, les salaires et les pensions seront indexés au coût de la vie. Le Front commun de 1972 marque un tournant dans les relations entre l'État employeur et ses salariés. En 1975-1976 et en 1979-1980, les négociations seront moins tendues. La solidarité syndicale n'est plus ce qu'elle a été : les rivalités intersyndicales dans la construction divisent la C. S. N. et la F. T. Q. Le syndicat des fonctionnaires et celui des professionnels du Gouvernement du Québec se désaffilieront de la C. S. N.

D'autres conflits de travail éclatent dans le secteur privé : Firestone, dix mois de grève en 1973; Canadian Gypsum, vingt mois de grève en 1973; United Aircraft, vingt-deux mois de grève en 1974. Ces grèves, souvent accompagnées de violence, donnent lieu à des manifestations de solidarité intersyndicale, et surtout favorisent la montée d'un militantisme beaucoup plus combatif. En 1974, les trois centrales syndicales décident de demander une réouverture des conventions collectives et des décrets en vigueur pour tenter d'obtenir une augmentation des salaires destinée à corriger la baisse du pouvoir d'achat des travailleurs qu'entraîne l'inflation.

Un durcissement des positions de la C. S. N.

Cette conjoncture tendue conduit la C. S. N. à durcir ses positions. Dans l'immédiat, elle entend dénoncer le gouvernement Bourassa, faire le procès de sa politique en matière de relations de travail, celui de sa politique économique et sociale, de l'aide qu'il accorde aux grandes entreprises, celui de sa démission devant le gouvernement central.

Mais c'est au delà de cet acte d'accusation très factuel que se dessine non pas une réorientation mais un durcissement, une radicalisation du discours idéologique de la C. S. N. La critique adressée par Marcel Pepin au Gouvernement Bourassa, en 1974, en fixe et l'enjeu réel et le ton : « L'étroite alliance qui cimente maintenant le Gouvernement en place, les fonds capitalistes étrangers et le patronat québécois conduit irrésistiblement notre société vers une intégration nord-américaine qui ne peut qu'avoir des effets sur notre vie économique et culturelle, sur notre existence même[102]. » Durcissement, radicalisation du style, cela engagerait la forme, l'expression, plutôt que le fond et le contenu, les implications potentielles concernant la définition des objectifs de l'action syndicale et celle de la stratégie qui l'accompagne.

L'hypothèse surprendra, tant nous avons été habitués par les commentateurs patentés, les journalistes de service, et ceux qui, en 1972, décidèrent de quitter la C. S. N. pour fonder la C. S. D. à considérer des textes tels que *Il n'y a plus d'avenir pour le Québec dans le système économique actuel. La C. S. N. propose un changement radical*[103], et surtout *Ne comptons que sur nos propres moyens* comme représentant un tournant, un réalignement décisif. Notre opinion, en effet, est que si « tournant » il y a eut, il se serait produit beaucoup plus tôt, en 1968 notamment, lorsque Marcel Pepin proposa à la C. S. N. l'ouverture de ce second front politique qui doublerait celui, plus traditionnel, de l'action revendicative dont les efforts ne sont que d'ordre économico-professionnel conformément à ce qu'exige la logique de notre système de relations industrielles.

De même, l'on peut également estimer que les origines et les causes de la scission de 1972 pourraient remonter beaucoup plus avant qu'il n'en paraît à première vue, soit lorsque les salariés de l'État et des services publics entrèrent massivement à la C. S. N. apportant avec eux des revendications qui leur étaient propres et mobilisant, pour les satisfaire, une large part des ressources de la

Confédération. D'autres facteurs pourraient avoir joué également, telle la poussée de divers organismes affiliés, syndicats, conseils centraux influencés et même parfois contrôlés par des militants « idéologiquement plus avancés » et dont la détermination s'était souvent renforcée au cours des luttes qui viennent d'être évoquées.

Une « nouvelle analyse » de la société québécoise

Qu'en est-il donc de cette « nouvelle analyse » que propose la C. S. N. ? Un thème majeur la domine, celui de « l'impérialisme américain » : « Le capitalisme impérialiste américain a une influence directe sur la vie de tous les Québécois[105]. » Les résultats, les conséquences de cette influence, nous les connaissons déjà : le contrôle et l'exploitation de nos richesses naturelles par les multinationales, le gaspillage des ressources matérielles et humaines, l'inégal développement des régions, le chômage, l'état de sujétion dans lequel est placé le consommateur, les menaces que cela représente pour la langue et la culture. Ces thèmes persistent d'une période à l'autre, mais amplifiés, étayés par une démonstration qui se veut plus rigoureuse et plus vigoureuse. D'une certaine façon, ils servent aussi de référent en désignant le quotidien des travailleurs syndiqués ou non[106].

S'y ajoute une mise en accusation directe du régime Bourassa : « Avec tout ce que le régime actuel a fait, avec tout ce qu'il n'a pas fait, son manque de courage (sauf pour tenter d'abattre des travailleurs québécois), son absence de détermination devant les problèmes culturels, son incurie dans le domaine social, sa veulerie devant les intérêts étrangers au prix d'un chômage éhonté, sa faiblesse congénitale devant Ottawa, pour l'utilisation de ses matraques judiciaires et législatives, il me semble que nous n'avons aucun choix et que nous devons prendre les moyens pour abattre le régime Bourassa[107]. » Et c'est là précisément que s'enclenche ce que l'« analyse » pourrait présenter de nouveau. Cette situation, en effet, n'est que le résultat d'une division de la société en deux classes : « la classe possédante ou dominante » et « la classe des travailleurs », lit-on, dans *Ne comptons que sur nos propres moyens*[108]; les travailleurs et les autres : patrons, gouvernements;

« un camp de la liberté » et celui du pouvoir du capital et de ses alliés politiques, dira Marcel Pepin[109].

Les travailleurs, le peuple du Québec et l'impérialisme américain dont les gouvernements d'Ottawa et de Québec ne sont que les serviteurs. C'est par ce biais, nous y reviendrons, que la C. S. N. « récupère » la question nationale, qu'elle entend dépasser les positions, finalement timides, qu'elle avait jusque-là adoptées, hormis l'action déployée pour tenter de faire respecter le français comme langue de travail et comme langue officielle[110].

Dans *Ne comptons que sur nos propres moyens*, ces deux classes de la société et leurs rapports sont définis de la façon suivante : « *La classe dominante ou possédante* est formée par un petit nombre de propriétaires qui retirent un revenu (notamment par les actions qu'ils détiennent dans l'entreprise) du seul fait qu'ils sont propriétaires des moyens de production. La classe possédante (bourgeoisie) se compose donc des entrepreneurs capitalistes les plus importants, des politiciens, des technocrates et des petits patrons qui les servent, ainsi que des marchands. C'est entre les mains de cette classe que se concentre tout le pouvoir économique et politique du seul fait qu'elle soit propriétaire des moyens de production (ou soit directement au service de ces propriétaires). Au Québec, la classe possédante peut se diviser de la manière suivante : — Une bourgeoisie américaine demeurant à l'extérieur du Québec, qui est de loin la plus importante. — Une bourgeoisie anglo-canadienne répartie à travers tout le Canada, mais dont le siège social est à Toronto. — Une bourgeoisie canadienne-française qu'on peut subdiviser ainsi : 1) Un premier groupe qui est au service des bourgeoisies américaine et anglo-canadienne, et qui leur est complètement intégré. 2) Une petite bourgeoisie professionnelle et technocratique dont l'ambition est de prendre la place de la bourgeoisie anglo-canadienne au Québec (notamment par le biais des institutions d'État). *La deuxième grande classe* est formée par l'ensemble des travailleurs, ouvriers, ouvrières, petits fonctionnaires, secrétaires, ménagères, agriculteurs. Ils n'ont aucune propriété des moyens de production. Ils sont obligés de vendre leur force de travail pour survivre[111]. »

Les rapports antagonistes entre les deux classes s'expliquent par le fait que « les capitalistes recherchent le profit parce que c'est la source de leur pouvoir. S'ils posent des gestes inhumains dans la recherche du profit, c'est fondamentalement parce qu'ils veulent garder leur pouvoir[112]. » Dans ses termes à lui, Marcel Pepin ne dit pas autre chose : « La bourgeoisie québécoise n'est pas une bourgeoisie propriétaire de ses moyens. Elle est surtout constituée de cadres, sous-cadres, de bureaucrates de toutes sortes, de professionnels. C'est une classe qui a la confiance des grands propriétaires étrangers; c'est elle qui applique les politiques des propriétaires; c'est elle qui est chargée de guider et de surveiller la population dans les « bonnes voies » choisies par les étrangers. En tant que classe, elle est largement dépendante des volontés des étrangers de qui elle détient ses pouvoirs administratifs ou bureaucratiques[113]. » Elle est « coincée entre l'arbre et l'écorce[114] », c'est-à-dire entre la puissance du capital étranger et les revendications des couches populaires qui ont leur culture, leurs aspirations : « Notre petite bourgeoisie locale (n'est) pas intéressée à bâtir une société industrielle axée sur les intérêts de la population québécoise, mais sur ses intérêts de classe. Comme l'histoire nous l'enseigne, c'est ainsi que se comportent les bourgeoisies nationales dans les pays économiquement colonisés[115]. »

Les années soixante-dix : la C. S. N. et la question nationale

« L'attentisme » qui, selon certains, a marqué et marque encore l'attitude et les prises de position de la C. S. N. relativement à la question nationale — le congrès de 1979 n'a toujours pas tranché la question — ne peut se comprendre qu'à la condition de prendre en considération les éléments d'analyse suivants, soit : (*a*) l'image que la C. S. N. entend projeter d'elle-même et du type de syndicalisme qu'elle veut pratiquer; (*b*) les engagements politiques, par ailleurs fort divers, de certains de ses militants; (*c*) les positions adoptées par certains organismes affiliés; (*d*) le type d'analyse des rapports de travail et de la société québécoise qu'elle propose à partir des années soixante-dix.

« *Statuts confédéraux* » *et pratique syndicale.* — Les statuts de la C. S. N. la définissent comme une organisation syndicale pancanadienne, susceptible, par conséquent, « d'organiser » et d'affilier des syndicats de l'Atlantique au Pacifique. Cette vocation « nationale » au sens de *coast to coast* s'oppose en fait au syndicalisme international qui entend, on le sait, regrouper sur la base du métier ou de l'industrie des travailleurs aussi bien américains que canadiens.

Cependant, à de très rares exceptions près, la C. S. N. n'a jamais regroupé que des syndicats québécois, tant il est vrai qu'elle n'est jamais parvenue à effectuer des percées durables et significatives hors du Québec. Or, c'est précisément cette situation de fait que devaient largement utiliser et exploiter les organisateurs de la C. S. N. à l'occasion des rivalités intersyndicales qui opposaient des syndicats C. S. N. et des « locaux » relevant d'unions internationales et affiliés ou non à la F. T. Q., ou encore à l'occasion de campagnes visant à syndiquer des travailleurs qui, jusque-là, ne l'étaient pas. De tout temps, les organisateurs de la C. S. N. ont mis l'accent sur le caractère démocratique de la C. S. N., sur son caractère de fait québécois, sur les services accessibles en français.

Sur ce point, nous rejoignons l'opinion exprimée par Jean-Marc Piotte qui souligne le succès de cette stratégie : « La C. S. N., écrit-il en 1965, a le vent dans les voiles, parce qu'elle est québécoise, parce que ses organisateurs utilisent l'argument national[116]. » La démonstration vaut en particulier lorsqu'il s'agit d'expliquer l'implantation rapide de la C. S. N. dans la fonction et les services publics à partir de 1960. C'est là une politique, une stratégie, dont jamais la C. S. N. ne se départira.

Reste cependant à savoir ce que signifient, en 1965, « québécois » et « argument national ». Un sondage effectué, en 1965, par la C. S. N. auprès des présidents de ses syndicats, montre avec netteté que ceux-ci : « — Perçoivent des différences dans le mode de vie des Canadiens français et des Canadiens anglais. — Que les salariés tiennent à travailler au Québec même s'ils peuvent trouver un meilleur emploi ailleurs[117]. » Les analystes en concluent qu'ils sont en droit de « rejeter l'hypothèse d'un sentiment nationaliste fort chez les présidents de syndicats », et que les résultats du sondage semblent indiquer que ceux-ci « subordonnent les objectifs nationaux à des objectifs purement sociaux et économiques[118] ».

À la réflexion, les prises de position de la C. S. N., à cette époque, semblent largement congruentes avec ces données. Ainsi pourrait s'expliquer ce mémoire sur la constitution que la C. S. N. présente conjointement avec la F. T. Q. et l'U. C. C. au Gouvernement fédéral et dont la rédaction a été *initialement* confiée à Pierre Elliott Trudeau. C'est le peuple, les travailleurs qui paieraient le coût économique de toute forme de séparatisme, à fortiori celui de l'indépendance.

Il n'en demeure pas moins que le congrès de 1966 de la C. S. N. répondra indirectement aux critiques que ce mémoire a soulevées dans les milieux nationalistes de l'époque, en adoptant à l'unanimité une résolution reconnaissant « à la Nation canadienne-française le droit inaliénable, imprescriptible et inconditionnel à l'autodétermination comme il est stipulé dans la charte des Nations Unies[119] ».

Militantisme syndical et militantisme politique. — Entre le mouvement syndical et les mouvements ou partis politiques, il ne saurait exister de barrières étanches. De tout temps, des militants syndicalistes ont cru bon de s'engager en politique, tout en le faisant de fort diverses manières. De tout temps aussi d'autres militants ont fait, publiquement ou non, état de leurs « sympathies » personnelles à l'égard de mouvements ou de partis politiques, véhiculant, mais pas toujours avec discrétion, leurs idéologies parmi les syndiqués.

C'est ainsi, et par ce double cheminement plus encore que par les prises de position officielles de la Confédération, que le débat s'engage plus avant à la C. S. N. sur la question nationale. À partir de 1965, il gagne en intensité, encore que l'échec de la « révolution tranquille » devient, pour beaucoup, de plus en plus manifeste et que l'audience des mouvements nationalistes, le R. I. N. et le M. S. A. surtout, va s'élargissant.

Par la suite, à partir des années soixante-dix, soixante-douze, d'autres militants les rejoindront et se confronteront même à eux, représentatifs de mouvements politiques qui cherchent à définir une voie québécoise vers le socialisme ou qui, organisés, diffuseront les thèses, d'ailleurs fort variées, de ce que l'on appelle commodément « l'extrême gauche québécoise ». Aux élections de 1970, dix-huit syndicalistes se présenteront sous la bannière péquiste, dont Robert Burns et Jean-Louis Boutin de la C. S. N., quatre sous la bannière libérale, un seul sous celle de l'Union nationale[120]. Mais, fait sans précédent, le Conseil central des syndicats nationaux de Montréal décide d'appuyer la candidature de Robert Burns[121].

Les prises de position d'organisations affiliées. — Diverses organisations affiliées à la C. S. N., conseils centraux, fédérations, syndicats, cependant, n'entendent pas s'accommoder du caractère, pour le moins timoré selon eux, des prises de position officielles de la C. S. N. touchant la question nationale.

Dès 1967, le syndicat professionnel des enseignants, affilié à la Fédération nationale des enseignants québécois, critique le mémoire conjoint C. S. N.-F. T. Q.-U. C. C. sur la constitution[122]. En 1967-1970, à la suite du conflit qu'avait entraîné le débat sur la loi 63, diverses organisations décident d'appuyer et même de participer au Mouvement du Québec français telles le Syndicat des professionnels de la Ville de Montréal, la Fédération nationale des enseignants québécois, la Fédération des ingénieurs et cadres du Québec, le Syndicat des fonctionnaires provinciaux du Québec, le Conseil central de Montréal, le Conseil central des Laurentides[123].

En 1971, le Congrès du Conseil central de Montréal décide d'appuyer officiellement le Parti québécois. Le Parti québécois, dira Michel Chartrand, n'est pas un parti capitaliste « en tout cas, pas autant que les autres[124] ».

En 1972, le Congrès du Conseil central de Montréal prend officiellement position en faveur « de l'indépendance nationale du Québec indispensable à la prise du pouvoir par les travailleurs et au socialisme[125] ». Mais cela ne règle pas la question puisqu'en 1973 le Conseil central croit bon d'expliquer qu'il s'agit « de s'allier sur une base autonome (comités populaires) aux éléments progressistes des associations locales du P. Q. qui voient la lutte nationale dans une perspective de lutte contre le capitalisme. C'est avec eux qu'il est possible d'entrevoir un appui organisé à la lutte nationale, qui tienne réellement compte de la nécessité d'un point de vue et d'une force autonome des travailleurs québécois dans la lutte nationale[126]. » Reste cependant un nombre appréciable de militants qui au Conseil central de Montréal ou ailleurs continuent de dénoncer le caractère petit-bourgeois du Parti québécois et de préconiser la formation d'un parti des travailleurs, sans pour autant parvenir à s'entendre sur ce qu'il devrait être.

Le « poids » des orientations de la C. S. N. — Ces tendances, ces luttes de tendances, l'expression serait sans doute plus exacte, pourraient, sans doute, expliquer l'extrême prudence avec laquelle l'appareil confédéral de la C. S. N. entend aborder « la question nationale » même à la veille du référendum. Elles le permettraient tout autant et assurément mieux que l'autoriserait une allusion aux options fédéralistes de son président.

Mais il reste surtout que l'option prise dès 1968 en faveur du « deuxième front » et de la constitution d'une force politique autonome des travailleurs basée sur les comités d'action politique et les comités populaires s'inscrit à l'encontre de l'appui à un parti politique, fût-il le Parti québécois. Quoi qu'il en soit, le Rapport d'orientation de l'exécutif de la C. S. N. soumis au congrès confédéral de la C. S. N., en 1977, permet de faire le point et renforce l'hypothèse que nous venons d'avancer.

On salue d'abord l'élection du P. Q. et, plus encore, ceux qui l'ont élu : « L'élection du P. Q., au terme d'une campagne électorale que tous les autres partis avaient menée sur le thème de l'anti-syndicalisme et du conservatisme, a pris l'allure d'une victoire populaire. Ce parti, financé surtout par les gagne-petit, démocratique dans son fonctionnement, s'est donné comme projet l'indépendance du Québec en passant par un référendum. Son programme d'inspiration social-démocrate a suscité beaucoup d'espoir dans la population en général et chez les travailleurs en particulier. » Mais attention ! *Au pouvoir, le P. Q. devient le gérant des multinationales* : « Mais après avoir pris le pouvoir grâce au vote et à l'argent des travailleurs, le P. Q. se retrouve gérant des intérêts des compagnies multinationales, comme de ceux des petites et moyennes entreprises. C'étaient ses ennemis politiques les plus acharnés avant et pendant les élections. Ce sont maintenant ceux qu'il courtise. Ceux au profit desquels, dans une large mesure, fonctionne l'État par sa police, sa justice, son budget[127]... » « Si ça change pas bientôt, la comparaison entre le nouveau gouvernement libéral de 1960 et le nouveau gouvernement péquiste en 1976 va avantager le gouvernement Lesage[128]... »

En 1978, le congrès demande que « la C. S. N. s'engage résolument dans un débat pour déterminer si elle doit opter pour l'exercice par le peuple québécois de son droit à l'autodétermination[129]... » En 1979, la C. S. N. tient un congrès spécial sur la question nationale, qui lui fournira l'occasion de rappeler, en détail, les multiples formes d'oppression dont sont victimes les travailleurs qu'elle représente. Elle en profite pour rappeler que cette oppression est d'abord imputable au capitalisme et que la classe ouvrière québécoise est de plus victime « d'une forme spécifique d'oppression que l'on appelle l'oppression nationale[130] ». Cette oppression « se manifeste par une discrimination générale que subit le peuple dans l'accès aux richesses sociales, dans le contrôle du pouvoir politique, dans la maîtrise de notre langue et de notre culture, etc.[131] ».

Que faire ? Le congrès se termine une fois de plus par un rappel des éléments prioritaires du programme revendicatif de la C. S. N. : « Défense de nos acquis économiques, sociaux et culturels... », lutte contre « le sous-emploi et la dépendance économique », « défense de l'intégrité physique des travailleurs et travailleuses », reconnaissance « de la plénitude des droits syndicaux. Élargissement de la capacité d'intervention démocratique des classes populaires. Récupération des moyens du développement culturel[132]. »

En définitive, « la question nationale » et même celle plus précise encore du référendum devraient être traitées en fonction de ce projet de société socialiste et démocratique que la C. S. N. entend mettre de l'avant[133]. Rien ne semble avoir changé depuis qu'en octobre 1972 le Conseil confédéral avait décidé « que la question de l'indépendance (serait) traitée comme un des éléments de l'étude sur le socialisme qui doit être faite et que cette question ne (devrait) pas (faire) l'objet d'un débat isolé du contexte général[134] ». À trop miser sur l'avenir, ne risque-t-on pas d'oublier le présent ?

Quel socialisme ?

La société à bâtir, la C. S. N. l'envisage comme l'envers de celle, oppressive et aliénante, que vivent aujourd'hui les travailleurs qu'elle représente. Elle ne peut être que socialiste et démocratique. Un projet, une utopie dira-t-on, qu'elle partage avec les syndicalistes français de la C. F. D. T. qui met, plus encore que la C. S. N., l'accent sur le caractère autogestionnaire de cette société idéale.

C'est encore le « manifeste » de la C. S. N., soit *Ne comptons que sur nos propres moyens*, qui définit le mieux ce socialisme démocratique et humaniste. « Les travailleurs doivent posséder l'économie », ce qui implique : « 1) que la société (par l'État) possède les moyens de production (usines, terres, matières premières); 2) que les travailleurs participent directement et collectivement à la gestion et aux choix économiques; 3) que l'activité économique vise la satisfaction la plus complète possible des besoins de la population; 4) que l'activité économique est planifiée directement par l'État[135]. » Pour en arriver là, il faudra nationaliser « tous les secteurs dominants de l'économie[136] », mais en tenant compte « de notre capacité de gestion des entreprises » et

« en commençant par les secteurs appartenant aux impérialistes américains[137] ». Il faudra ensuite « planifier l'économie », « dans l'intérêt de toute la population, la planification socialiste consiste pour l'État à déterminer les buts de la production présente et future et les conditions de cette production[138]... » « En résumé, ajoutera-t-on en guise de précision, l'État décide de l'allocation des investissements (après une décision des travailleurs quant aux buts et au rythme du développement) et les unités de production (plus ou moins « intégrées » selon les secteurs) décident de la gestion de la production courante afin de répondre le plus exactement possible aux besoins de la population[139]. »

Le style changera cependant quelque peu, s'assouplissant, encore que les lignes de force de cette approche soient maintenues : « Le socialisme, lit-on, dans le rapport du comité d'orientation du congrès spécial de la C. S. N. sur la question nationale, implique pour tous la socialisation, c'est-à-dire l'appropriation collective des moyens de productions et d'échanges; la redistribution de la richesse collective produite par le travail; la planification démocratique en fonction des besoins individuels et collectifs; le contrôle par les masses populaires à tous les niveaux des institutions et activités économiques, politiques et culturelles[140]. » Mais que faire dans l'intervalle ? L'on trouve parfois, au gré des lectures et des textes, d'étranges propos, tels ceux-ci : « Il serait beaucoup trop prétentieux, à notre avis, de proposer dès maintenant un programme complet et détaillé de tout ce que peut accomplir toute une population libérée. Nous croyons qu'il appartiendra à chaque individu dans sa région, dans son usine, dans son quartier de décider de quelle façon il peut le mieux avec la collectivité réaliser la meilleure allocation possible des ressources[141]. » Donc, en attendant ces temps meilleurs et nouveaux, il faut poursuivre l'action syndicale quotidienne, les luttes de chaque jour dans lesquelles les syndiqués et leurs organisations sont impliqués, et cette action, elle aussi quotidienne, qu'il faut mener au niveau des quartiers, des multiples comités locaux, des municipalités, des commissions scolaires, de la consommation, qui, par la force des choses, n'engagent les uns et les autres que des objectifs limités.

Quelle stratégie ?

La difficulté est donc de lier ces actions limitées et même par-cellaires, et surtout de les inscrire dans une stratégie d'ensemble susceptible de modifier en profondeur les rapports de pouvoir existants afin de permettre l'avènement de cette société socialiste et démocratique que propose la C. S. N. Or, là encore, la C. S. N. demeure d'une fidélité exemplaire, inébranlable à la ligne tracée par « le deuxième front ».

On étudiera, éventuellement, la possibilité de créer un parti des travailleurs. À vrai dire, bien des membres de l'appareil confédéral se méfient d'une telle initiative, tant ils redoutent que des groupes ou des mouvements politiques « extérieurs » au mouvement syndi-cal le noyautent ou en prennent le contrôle. On refuse d'accorder au Parti québécois un appui, fût-il plus circonstancié encore que celui que la F. T. Q. lui accordait avant qu'il ne forme le gou-vernement. Ce n'est que tout dernièrement, en avril 1980, que le Conseil central de Montréal invitera ses adhérents à voter « Oui » au référendum, tout en rappelant que le Parti québécois n'est pas le parti des ouvriers.

Reste donc la formule déjà ancienne des comités d'action politi-que, des comités populaires majoritairement composés de syndi-qués de la C. S. N. et dont on élargira éventuellement la composi-tion, mais de façon à ne point en perdre le contrôle. À vrai dire, le maintien de cette formule surprend quelque peu dans la mesure où les responsables du service de l'action politique de la C. S. N. constataient dès 1976 son quasi-échec, soit le « mur d'indifférence opposé par les syndiqués et même par les militants aux initiatives visant à les politiser[142] », ou encore le décalage existant entre l'ab-sence ou le faible niveau de conscience politique des adhérents et la politisation d'une minorité de militants, de l'élite syndicale[143].

ÉLÉMENTS D'ANALYSE ET DE RÉFLEXION

Questions de méthode

L'idéologie, se demande-t-on parfois, a-t-elle une histoire; une histoire qui lui serait propre et qui, donc, trouverait en elle-même le lieu et les principes mêmes de son explication ? Ce n'est là qu'une façon parmi d'autres de s'interroger sur les rapports que l'idéologie entretient avec la pratique, avec l'infrastructure, avec l'ensemble des conditions qui entourent ou suscitent même sa naissance ou son devenir.

La façon de concevoir et de construire la question et d'y répondre témoigne, simultanément, du caractère souvent irréconciliable de ces problématiques que les sciences sociales et humaines mettent de l'avant lorsqu'il s'agit de penser les rapports de l'homme à ses œuvres, ceux de l'infrastructure et de la superstructure, ceux de l'action et des situations. Cela vaut encore lorsqu'il s'agit des idéologies syndicales, de ces multiples « lectures » qui nous en sont proposées, même lorsque le lecteur parvient à mettre entre parenthèses les préjugés tantôt favorables, tantôt défavorables, qu'il nourrit souvent à leur égard. Certains n'y verront que la mise en forme d'une réaction d'ordre finalement défensif devant le caractère aliénant et oppressif des rapports de travail; d'autres l'expression, peut-être maladroite, d'une espérance messianique qui serait le propre d'une classe inéluctablement montante.

Le sociologue et l'historien peuvent aussi faire preuve de plus de modestie — c'est, dit-on, à cette condition que la science progresse. Ils peuvent, par exemple, tenter de mettre en parallèle des séries d'événements ou de structures entre lesquels pourrait exister, tant d'un point de vue synchronique que diachronique, un ensemble de relations significatives. Un tel choix se justifie d'autant plus dans les conditions présentes que le caractère restreint du champ d'observation et de la période couverte ne saurait se prêter à la formulation de généralisations qui risqueraient rapidement de se transformer en des extrapolations abusives. Mais l'étude et l'analyse des idéologies syndicales soulèvent, par ailleurs, quelques problèmes qui leur sont spécifiques.

a) Si toute approche historique implique nécessairement une tentative de « périodisation » destinée à marquer les étapes de l'évolution de ces idéologies, l'on ne saurait les « expliquer » en les rapportant aux seuls éléments changeants d'une conjoncture dont l'évolution serait commandée par le seul devenir, cette fois largement objectif, des rapports de travail. « Des médiations sont nécessaires entre (la) base et (la) superstructure pour en comprendre l'unité dialectique[144]. » Et s'il en est ainsi, c'est que l'idéologie constitue une véritable pratique discursive porteuse de projet : « (Qu'elle) manifeste une expérience signifiante qui est à la fois une certaine vision du monde et le désir d'y imposer sa marque[145]. »

b) C'est encore la structure du discours qui nous en révèle le sens. Or, lorsqu'il s'agit des idéologies syndicales, cette structure est généralement commandée et spécifiée par le mode de définition et d'articulation de ces trois principes d'identité, d'opposition et de totalité qui, selon Alain Touraine, engagent, tour à tour, une définition de soi, c'est-à-dire du travail aliénant et du travailleur aliéné (identité), celle des rapports de production et d'adversaires tenus pour responsables de cette aliénation (opposition) et celle d'une action collective vouée à la réalisation d'un projet de société qui dépasserait ces contradictions (totalité[146]).

c) Mais l'on ne saurait, non plus, rendre compte d'une idéologie en ne considérant que la seule structure du discours qui la manifeste. La production de ce discours, les modalités et les circonstances qui l'entourent importent tout autant.

L'admettrait-on qu'il faudrait aussitôt conclure que le recours à la sociologie des organisations et à la sociologie de la connaissance constitue le complément indispensable d'une démarche qui entendrait saisir le sens du discours idéologique à travers sa structure.

Quelques remarques éparses dans ce texte laissent penser que les idéologies des grandes organisations syndicales sont dans une certaine mesure marquées par le rapport des forces internes qui les caractérisent à un moment donné de leur histoire et qu'elles évoluent aussi sous la pression et les « effets de débordement » imputables à certaines organisations affiliées.

Reste le second volet de cette hypothèse qui nous invite à considérer les idéologies syndicales non pas comme des totalités fermées, mais comme composées de divers niveaux articulés en profondeur et évoluant selon des temporalités différenciées. C'est ainsi que l'on pourrait distinguer : — des *éléments contingents*, factuels, provisoires, qui répondent, précisément, au souci et même à la nécessité d'adapter l'action syndicale aux éléments les plus mobiles et les plus fluctuants d'une conjoncture changeante que double la volonté de peser sur celle-ci; — des *éléments d'une plus grande stabilité* et qui, pris individuellement ou dans leur combinaison, contribuent à spécifier les idéologies en présence et à assurer leur pérennité; — des *éléments plus stables encore* et qui fonctionnent cette fois à la manière d'une grille structurante sélective et normative, constituant l'équivalent d'une véritable grammaire générative et qui donc commandent jusqu'à la possibilité et la facture du discours que les organisations sont appelées à professer sur l'action syndicale, sa raison d'être, ses objectifs, ses méthodes d'action. De ces derniers éléments l'on pourrait dire avec Jean-Paul Sartre qu'ils forment « un dispositif intériorisé de telle manière qu'il soit sinon impossible, du moins très malaisé de former une pensée qui ne soit pas une spécification du modèle et plus difficile encore de passer d'une idée structurée par ces schémas à des idées qui n'appartiendraient pas au système[147] ».

Une très forte sensibilité à la conjoncture

L'idéologie de la F. T. Q. comme celle de la C. S. N. accusent l'une et l'autre une très forte sensibilité à l'évolution de la conjoncture économique sociale et politique. En témoigne cette « analyse » de plus en plus critique, encore qu'elle ne soit point conduite dans les mêmes termes par les deux organisations, des conditions et des rapports de travail, du rôle et de la portée des interventions de l'État dans ce domaine, des effets de ses politiques économiques et sociales, comme cette volonté de l'élargir afin de prendre en considération l'ensemble des facteurs qui circonscrivent et façonnent la condition ouvrière.

Les conflits de travail ont profondément marqué l'évolution du discours des deux organisations syndicales, le « durcissant », le « radicalisant ». La remarque vaut déjà lorsqu'il s'agit de conflits de travail opposant des syndicats affiliés à la F. T. Q. ou à la C. S. N. à des employeurs privés et, plus précisément encore, lorsque ces conflits se déroulent au niveau de petites ou de moyennes entreprises constituant ou non autant de « succursales » d'entreprises plus vastes ou même de multinationales.

Le phénomène est très largement objectif. Il répond à une aggravation relative des rapports de travail au niveau de ces entreprises, à la difficulté ou même à l'impossibilité pour le mouvement syndical d'obtenir par l'action revendicative et la négociation collective des conditions de travail qui seraient l'analogue de celles qu'il revendique et obtient souvent dans des entreprises de plus vaste envergure et occupant sur les différents marchés des positions beaucoup plus favorables.

D'une façon générale, les entreprises, y compris les plus puissantes d'entre elles, ont tenté de répondre au ralentissement de l'expansion économique si ce n'est à la détérioration de la conjoncture économique en augmentant la productivité du travail et, lorsqu'elles avaient les moyens d'investir, celle des équipements. Cette stratégie s'est souvent traduite par une augmentation des cadences de production et par de fortes pressions sur le niveau de l'emploi. À partir de 1975, la législation sur le contrôle des salaires et les effets de l'inflation toujours actuelle ont considérablement réduit ou même annulé, dans bien des cas, la portée effective en terme de pouvoir d'achat des augmentations de salaires obtenues dans les conventions collectives les plus progressives.

Certains conflits, pourtant d'une facture tout à fait classique en relations de travail, ont tourné à la violence. Des éléments « étrangers » au mouvement syndical ont été dénoncés par les syndicats eux-mêmes. Dans d'autres cas, un certain patronat a manifesté une promptitude inattendue à recourir à l'arsenal des mesures juridiques ou même à des mesures de rétorsion parfaitement illégales pour tenter de « casser » la détermination de certains syndicats particulièrement combatifs. Les mêmes remarques valent encore lorsqu'il s'agit de relations de travail que l'État-employeur entretient avec les salariés.

C'est le gouvernement lui-même qui a, en quelque sorte, imposé aux organisations syndicales de recourir à la stratégie dite des « fronts communs ». En tentant d'unifier la politique en matière d'embauche, de classement, de promotion, en définissant une politique salariale qui devrait s'appliquer à l'ensemble des salariés des secteurs public et parapublic, en s'efforçant là encore d'augmenter la productivité du travail de façon à compenser les avantages consentis à ses salariés, l'État québécois a créé les conditions d'une riposte syndicale unitaire. D'un autre côté, force est de constater que les luttes menées par les organisations syndicales à l'occasion des divers fronts communs restent, en priorité, centrées sur l'amélioration des conditions de travail des salariés qui ont, directement ou non, l'État pour employeur. Leur caractère souvent spectaculaire, comme les mesures et les stratégies juridiques et politiques mises de l'avant par les divers gouvernements pour y mettre fin, n'y change rien quant au fond, sauf que les organisations syndicales ont appris que l'État, fût-il québécois, était beaucoup plus qu'un employeur comme un autre, puisqu'il conserve toujours, en effet, la faculté de recourir à une législation spéciale pour forcer le retour au travail de ces salariés et déterminer, simultanément, les conditions de travail de ces derniers. Cette critique du rôle de l'État s'est encore chargée et approfondie en raison de l'aggravation de la conjoncture économique et sociale ou, plus précisément encore, des effets de cette crise latente et d'un type nouveau qui depuis les années soixante-dix confronte d'une façon beaucoup plus visible qu'auparavant les pays industrialisés d'Occident. D'une certaine façon, le thème de l'impérialisme, plus accusé à la C. S. N. qu'à la F. T. Q., fournit l'explication recherchée et cela d'autant plus facilement qu'il permet de lier, lorsqu'il s'agit du Québec, le contrôle de son économie par l'étranger et la domination culturelle qui l'accompagne au niveau des rapports de travail quotidiens.

Une autre étape pourrait avoir été franchie, lorsque le mouvement syndical, par la force des choses, a été conduit à élargir le champ de sa problématique et de ses préoccupations pour dénoncer d'autres formes d'exploitation et d'oppression que subissent les salariés, dans le domaine de la consommation notamment. Là encore, la C. S. N. a voulu aller plus vite et plus loin que la F. T. Q. dans son souci de dépasser le rôle de simple agent négociateur qu'assignent aux organisations syndicales les structures et la philosophie même de notre système de relations industrielles. Ainsi se dessine un ensemble de relations significatives qui pourraient permettre de comprendre, si ce n'est d'expliquer, « l'analyse » que la F. T. Q. et la C. S. N. proposent de la société québécoise et du capitalisme contemporain.

Cette analyse s'appuie sur la dénonciation des conditions de travail qui sont le lot quotidien des syndiqués qu'elles représentent l'une et l'autre. Elle s'élargit pour prendre en considération les situations qu'ils vivent hors des lieux de travail comme consommateurs, comme citoyens. Elle débouche, en guise d'explication, sur la volonté de mettre à jour l'ensemble des transformations qui affectent en profondeur le mode de fonctionnement et d'organisation du système industriel tel que nous le vivons.

Des « approches » profondément différentes

C'est encore au niveau de la façon de constituer la question, au niveau donc de ces problématiques autour desquelles s'articulent et se structurent leurs idéologies, que la F. T. Q. et la C. S. N. accusent les différences les plus nettes.

a) *La Fédération des travailleurs du Québec* (F. T. Q.), par l'entremise de la Fédération provinciale du travail du Québec (F. P. T. Q.) et de la Fédération des unions industrielles du Québec (F. U. I. Q.), est l'héritière directe d'une longue tradition syndicale, celle du syndicalisme américain et nord-américain. Cette tradition syndicale a eu, et a encore, pour caractéristique essentielle de privilégier le recours à la négociation collective afin d'améliorer les conditions de travail des syndiqués. Avec le temps, et sous l'influence des unions industrielles, les objectifs de l'action syndicale se sont considérablement élargis pour faire place à des revendications d'ordre économique, social, politique, linguistique et culturel, dans le cas du Québec.

Le développement de ces revendications « élargies » a conduit le Congrès du travail du Canada et la Fédération des travailleurs du Québec à se prononcer en faveur d'une stratégie qui vise à « appuyer » un parti politique favorable aux travailleurs et à leurs intérêts d'une façon « organique », dans le cas du C. T. C.; d'une façon circonstanciée, dans le cas de la F. T. Q. Or cette façon de concevoir l'action syndicale, ses objectifs et la stratégie qui les accompagne est lourde d'implications qui n'ont pas toujours été mesurées à leur juste portée. La façon la plus commode de la définir serait encore d'en souligner le caractère foncièrement *social-démocrate* et par conséquent *pluraliste* au sens où Raymond Aron entend ce terme.

Au niveau du principe d'identité les syndiqués sont d'abord définis à partir de leur statut de salariés et par conséquent des conditions de travail, d'emploi, de revenu qui sont les leurs. Le contenu de cette définition s'est considérablement élargi avec le temps, depuis l'interprétation très économico-professionnelle qui était le propre des anciens syndicats de métiers jusqu'à la dénonciation beaucoup plus globale de la condition ouvrière que propose la F. T. Q. d'aujourd'hui.

Au niveau du principe d'opposition, une évolution analogue se dessine. « L'adversaire », l'adversaire-partenaire, ce n'est plus uniquement l'employeur, le patron immédiat, mais d'une certaine façon le « système » lui-même, dans la mesure où l'entreprise, les grandes entreprises surtout exercent sur l'État, sur les gouvernements, une influence si ce n'est un contrôle décisif. Jouent ici le poids de la conjoncture et, plus précisément, celui des conflits de travail impliquant des syndicats affiliés à la F. T. Q. Mais c'est encore au niveau du principe de totalité, lorsqu'il s'agit de résoudre ces contradictions, de circonscrire les lignes de force d'un projet de société à bâtir, que le caractère social-démocrate et pluraliste de l'idéologie de la F. T. Q. devient le plus manifeste. Le caractère social-démocrate de cette idéologie tient essentiellement dans la conviction que les rapports de travail et les rapports de production peuvent être changés, mais progressivement, par étapes successives, ce qui à terme devrait les transformer en profondeur.

L'on a dit de l'idéologie de la F. T. Q. qu'elle portait la marque d'un opportunisme impénitent. La simple mise en perspective de ses prises de position successives tend cependant à montrer que celles-ci s'enchaînent, se complètent les unes les autres, pour dessiner finalement le profil d'une société beaucoup plus démocratique et surtout beaucoup plus apte à satisfaire les besoins des citoyens qui la composent. C'est ainsi, par exemple, que jamais la F. T. Q. ne s'est prononcée en faveur d'une appropriation collective et généralisée de l'ensemble des moyens de production; qu'elle ne préconise que la nationalisation d'activités ou, à la limite, de secteurs d'activité dont le contrôle par l'État — il s'agit, notons-le, de l'État québécois — permettrait à celui-ci de mieux maîtriser le rythme et l'orientation du développement économique et social.

Cette orientation sociale-démocrate et pluraliste se retrouve également dans l'approche que la F. T. Q. propose du conflit industriel et des modalités de sa solution. La négociation entre le syndicat et l'employeur au niveau de l'entreprise se double du souci manifeste d'en arriver à certaines formes de consultation au sommet, qui associeraient le Gouvernement et les principales organisations représentant les travailleurs et les employeurs. De là à penser que ces formes de consultation pourraient faciliter l'émergence d'un consensus portant sur la définition des politiques économiques et sociales, il n'y a peut-être qu'un pas que la F. T. Q. pourrait franchir le jour où elle estimerait que le pouvoir politique est exercé par une majorité nettement favorable aux intérêts des travailleurs.

La F. T. Q. est la seule organisation syndicale québécoise qui préconise l'appui direct à un parti politique. Elle l'a fait sans trop de succès par le passé, en s'associant au N. P. D. et en invitant ses adhérents à voter pour ce parti. Le fait d'accorder un appui circonstancié au Parti québécois pourrait peser d'un poids beaucoup plus lourd sur la conjoncture politique et électorale québécoise. Certains verront dans cette stratégie politique la marque d'un opportunisme, si ce n'est d'une compromission indélébile, et d'autant plus lourde de conséquences et d'implications que le Parti québécois est précisément au pouvoir. D'autres soutiendront qu'il ne s'agit que d'un comportement politique dilatoire et peut-être même infantile puisque, de toute façon, le Parti québécois n'est pas un parti ouvrier, un parti des travailleurs. Mais l'enjeu, la portée et, en définitive, la signification véritable de ce choix n'apparaissent qu'à la condition de dépasser leurs implications d'ordre purement conjoncturel.

En préconisant d'appuyer de façon organique ou circonstanciée un parti politique, la F. T. Q. reconnaît et consacre l'existence d'une différence fondamentale entre le rôle et les fonctions d'une organisation syndicale et ceux d'un parti politique : (1º) Le mouvement syndical est, et reste, d'abord voué à la représentation, à la défense et à la promotion des intérêts de ceux qu'il représente et cette fonction est appelée à durer au delà des changements de majorité politique qui pourraient survenir, au delà même d'un éventuel changement de régime. Pour s'acquitter de cette responsabilité majeure, le mouvement syndical entend utiliser à fond toutes les ressources qu'autorise le recours à la négociation collective. (2º) À l'inverse, tout parti politique est voué à viser l'exercice du pouvoir politique, fonction largement incompatible avec la représentation, la défense et la promotion des intérêts immédiats des travailleurs, qu'on les définisse en termes de groupe ou même de classe.

Cette approche semble, une fois de plus, conforme à cette vision d'une société démocratique et pluraliste autour de laquelle s'ordonne et se structure, semble-t-il, l'idéologie de la F. T. Q. Mais, ce faisant, la F. T. Q. n'entend point se désintéresser des questions politiques ni sous-estimer l'impact des décisions et des choix que tout gouvernement est appelé à arrêter dans les domaines de l'économie, du social, du culturel notamment. Restent alors deux possibilités d'action auxquelles la F. T. Q. aura recours simultanément : la *première de ces possibilités* engage une intervention directe auprès du pouvoir politique qui s'exprime dans un jeu de pressions tout à fait conforme à cette vieille stratégie du « lobbying » politique à laquelle le mouvement syndical nord-américain a depuis toujours eu recours; la *seconde possibilité* d'action réside précisément dans cet appui privilégié accordé à un parti politique. Il devrait permettre d'influencer son programme dans un sens conforme aux intérêts des travailleurs et, si ce parti accède au pouvoir, d'accélérer la mise en œuvre d'un train de réformes marquant autant d'étapes positives, encore que partielles, vers l'édification de cette société sociale-démocrate qui, selon nous, s'inscrit au cœur même du projet idéologique qui caractérise la F. T. Q.

b) La Confédération des syndicats nationaux (C. S. N.) est passée en près de vingt ans d'une vision très largement corporatiste des rapports de travail, des rapports de production et de la société en général à des prises de position favorables à l'édification d'un socialisme démocratique et vaguement autogestionnaire qui, certains textes permettent de l'affirmer, reposerait largement sur l'appropriation collective des moyens de production. Entre ces deux approches, la rupture aurait été draconienne et totale si l'orientation « participationniste » des années soixante n'avait pas, pour un temps, contribuer à prolonger sur certains points l'héritage idéologique de l'ancienne Confédération des travailleurs catholiques du Canada.

Certains s'en félicitent sans ambages ni réserve. Le Québec, disent-ils, possède avec la C. S. N. une centrale syndicale qui lui est propre, à la fois « nationale » et progressiste, et qui serait donc le véritable dépositaire de l'avenir de la classe ouvrière québécoise. C'est à voir, dans la mesure où il n'est pas sûr que la F. T. Q. d'aujourd'hui soit moins « nationale » que ne l'est la C. S. N. À force de persévérance, la F. T. Q. a obtenu du Congrès du travail du Canada une autonomie et des moyens d'intervention accrus. À force de persévérance encore, la F. T. Q. a obtenu de la plupart des unions internationales qu'elles « francisent » les services qu'elles fournissent aux « locaux » qui leur sont affiliés au Québec en matière d'organisation, de négociation, de fonds de grève. Beaucoup plus tôt que la C. S. N., la F. T. Q. a choisi d'appuyer le Parti québécois et s'est prononcée en faveur d'une réponse positive au référendum de mai 1978, décision que devait entériner le Congrès d'avril 1980 sur cette question.

D'un autre côté, force est de noter que les prévisions d'un Jacques Dofny et consorts ne sont points réalisées : la C. S. N. d'aujourd'hui ne dispose même plus de la plupart de ces bastions grâce auxquels elle aurait pu s'imposer dans le secteur industriel, y négocier des conventions collectives de travail qui auraient servi de modèle et généré un effet d'entraînement lui permettant d'étendre son audience et sa représentativité auprès de ces travailleurs du secteur secondaire qui fournissent précisément le gros des effectifs de la classe ouvrière québécoise. Ce sont là des vérités fort difficiles à dire, mais qui, néanmoins, s'imposent à tout observateur quelque peu attentif et même bienveillant de la réalité syndicale québécoise. Elles ont pour effet de relativiser l'audience et, à fortiori, l'influence mobilisatrice de ce « socialisme démocratique » — mais qui n'est pas social-démocrate — que prône la C. S. N., encore qu'il soit toujours possible de lui prêter une dimension messianique et mobilisatrice, mais pour demain.

Le réalignement radical des orientations idéologiques de la C. S. N. fait aussi problème dès lors qu'il s'agit de rendre compte de la dynamique qui lui est propre. Faut-il l'expliquer par les seules difficultés d'une conjoncture tendue alors que celles-ci ont entraîné une tout autre évolution de l'idéologie de la F. T. Q. ? Ce réalignement n'annule-t-il pas l'hypothèse déjà mise de l'avant et qui veut que toute idéologie syndicale s'articule « en profondeur » autour d'une problématique, soit d'une façon de poser et de construire la question qui perdurerait largement au-delà des fluctuations et des aléas de la conjoncture.

Certes l'on pourrait, à la suite de Raymond Hudon[148], montrer qu'une filiation existe, malgré tout, entre l'idéologie corporatiste de

l'ancienne C. T. C. C. et celle, socialiste et démocrate, de la
C. S. N., qu'elle tient à la persistance de références à des valeurs
personnalistes dont la C. T. C. C. nous livrait une interprétation
cléricale conforme à la morale sociale chrétienne que la C. S. N. a
réinterprétée dans une perspective laïque. C'est un fait que le discours de la C. T. C. C., comme celui de la C. S. N., demeure
encombré de références à la dignité, à la responsabilité, à la liberté
de la personne, que les revendications des syndiqués y sont définies d'abord en termes de *droits inaliénables*. Ce trait, la
C. T. C. C.-C. S. N. le partage avec la plupart des organisations
syndicales qui ont été fondées pour tenter d'ouvrir la voie à un
syndicalisme chrétien et à une conception non moins chrétienne
des rapports et des relations de travail avant qu'elles ne s'engagent
dans un processus de déconfessionnalisation largement identique.

Un tel moralisme marque profondément la définition de soi.
Dans les textes les plus récents de la C. S. N., les syndiqués
constituent une sorte de milieu clos, fermé, victime de l'exploitation capitaliste auquel l'on prête, tour à tour, une volonté de libération qui ferait des syndiqués les artisans principaux sinon exclu-
sifs de la construction d'une société entièrement nouvelle, ou dont,
à l'inverse, on souligne l'état d'aliénation en insistant sur la cou-
pure qui sépare un petit groupe de militants fortement politisés de
l'apolitisme d'un grand nombre de syndiqués. Parfois une ouverture se dessine favorable à un élargissement de la définition. Dans
divers textes de la C. S. N. signés par Pierre Vadeboncœur ou qui
portent sa marque, il sera question du peuple, c'est-à-dire de nous
autres les Québécois, en définitive d'une autre solitude.

D'une certaine façon, cette définition de soi fortement restrictive, limitative même, et qui ne tient pas compte de la diversité,
qui va d'ailleurs s'accroissant, des structures sociales porte la marque d'une déconvenue, d'un échec, soit celui de l'utopie corporatiste réduite à néant par ces luttes et ces conflits dans lesquels, par
la force des choses, les syndiqués et la C. S. N. se sont impliqués
tout en n'ayant pas le choix d'agir autrement. Cette tendance à la
fermeture de la définition de soi marque à son tour la définition de
l'adversaire et radicalise en quelque sorte le contenu du principe

d'opposition. L'adversaire réel ou potentiel c'est, à la limite, tout ce qui n'est pas C. S. N., à commencer, bien sûr, par le système lui-même et ses acteurs, la patronat, l'État. C'est aussi, encore que dans une moindre mesure, les unions internationales et la conception de l'action syndicale qu'elles véhiculent.

Seuls quelques mouvements populaires échappent à cet anathème. Une approche donc que ne caractérise pas la souplesse, et qui ne laisse que fort peu de place aux alliances tactiques, alors que, de toute évidence, la C. S. N. ne peut prétendre à elle seule transformer les rapports économiques, ni même les rapports politiques qui caractérisent le Québec d'aujourd'hui. Là encore, les luttes et les conflits dans lesquels la C. S. N. a été impliquée ont largement contribué à durcir cette vision de l'adversaire, et cela d'autant plus qu'ils apportaient un démenti on ne peut plus évident à ce qui restait encore vers la fin des années soixante-cinq de l'idéologie participationniste qui marqua les premières années de son existence.

C'est au niveau du projet de société à bâtir que devient manifeste cette large dose d'utopie que contient l'idéologie de la C. S. N. d'aujourd'hui. La C. S. N. ne nous dit que fort peu de chose de cette société socialiste, démocratique et vaguement autogestionnaire qu'elle entend bâtir si ce n'est que ce projet est conforme aux aspirations des travailleurs qu'elle représente et aux valeurs qu'ils partagent. Tout se passe comme si les contradictions, les luttes de classe pouvaient être définitivement abolies, mises au rancart, à la condition, bien sûr, que les moyens de production aient fait au préalable l'objet d'une appropriation collective. Dès lors, pourrait se développer, dans la liberté, une société totalement réconciliée avec elle-même. Les socialistes utopistes du XIXe siècle ne disaient pas autre chose. Le parallélisme pourrait être poussé plus loin encore, puisqu'il engage aussi l'incapacité de penser et de proposer une stratégie qui permettrait d'aller vers la réalisation de ces objectifs généreux.

Au niveau des luttes syndicales, disons, traditionnelles, la C. S. N. n'a ni les moyens ni les ressources requises pour remettre en cause les rapports de pouvoir qui caractérisent l'entreprise d'aujourd'hui. À fortiori, et en raison de son implantation, elle ne saurait entamer et faire reculer l'emprise que les multinationales exercent sur notre économie[149].

Au niveau politique, les formes d'organisation et d'action qu'elle préconise ne semblent pas non plus déboucher sur la constitution d'un mouvement politique d'ensemble qui pourrait donner naissance à un parti des travailleurs. Les comités d'action politique, les comités populaires risquent de s'enliser dans des actions à court terme qui ont peut-être une portée pédagogique et mobilisatrice, ou, à l'inverse, d'alimenter une critique systématique de la société et de son fonctionnement qui ne permet pas d'entamer les rapports de forces politiques qui la sous-tendent.

Bernard SOLASSE.

Notes

[1] *Cf.* EN COLLABORATION, *la Fusion C. M. T. C.-C. T. C.*, Québec, P. U. L., 1959, 180 pages.

[2] Jacques DOFNY et Paul BERNARD, « L'évolution historique du syndicalisme au Québec », dans Fernand HARVEY, *le Mouvement ouvrier au Québec*, Montréal, Boréal Express, 1980, 336 pages, pp. 158-159.

[3] *Idem*, p. 159.

[4] *Idem*, p. 161.

[5] Marcel PEPIN, *Positions*, Montréal, Confédération des syndicats nationaux, 1968, 190 pages, p. 23.

[6] Voir EN COLLABORATION, *En grève*, Montréal, Les Éditions du Jour, 1963, 290 pages.

[7] DOFNY et BERNARD, *op. cit.*, p. 156.

[8] *Ibidem.*

[9] Hélène DAVID, « L'état des rapports de classe au Québec de 1945 à 1967 », dans HARVEY, *le Mouvement ouvrier au Québec*, p. 258. Sur cette importante question l'on pourra également consulter Marcel PEPIN, *Positions*, « Structures de la C. S. N. force et liberté », pp. 171 et ss; Henri GAGNON, *Crise syndicale*, publié par Gaétan PICHÉ pour le caucus ouvrier, mai 1973, 190 pages, pp. 111 et ss; Raymond HUDON, *Syndicalisme d'opposition en société libérale : la culture politique de la C. S. N.*, Laboratoire d'études administratives et politiques, Département de science politique, université Laval, décembre 1974, ronéotypé, 500 pages, pp. 209 et ss.

[10] Hélène DAVID, « L'état des rapports de classe... », *loco cit.*

[11] Léo ROBACK, *l'Idéologie de la Fédération des travailleurs du Québec —
évolution historique*, Montréal, Fédération des travailleurs du Québec, décembre 1967, ronéotypé, p. 13.

[12] Cité par ROBACK, p. 11.

[13] *Ibidem.*

[14] *Idem*, p. 15.

[15] *Idem*, p. 16.

[16] *Idem*, pp. 20-21.

[17] *Idem*, p. 22.

[18] *Idem*, pp. 20-21.

[19] *Idem*, pp. 16-17; l'italique est dans le texte original.

[20] *Ibidem.*

[21] Louis-Marie TREMBLAY, *le Syndicalisme québécois : idéologies de la
C. S. N. et de la F. T. Q., 1940-1970*, Montréal, les Presses de l'Université
de Montréal, 1972, 288 pages, p. 194.

[22] *Le Monde ouvrier*, février 1962.

[23] *Ibidem.*

[24] La F. T. Q. réclame la nationalisation de l'électricité et du gaz, l'utilisation
des compagnies minières (1963), de la pulpe et du papier, des compagnies
d'assurances, des services publics essentiels (1963), des communications
(1967), des produits pharmaceutiques (1967). (F. T. Q., *le Monde ouvrier*,
novembre 1969, p. 9.)

[25] TREMBLAY, *le Syndicalisme québécois...*, p. 191.

[26] *Idem*, pp. 206-207.

[27] *Le Monde ouvrier*, juillet-août 1968.

[28] *Idem*, mai-juin 1968.

[29] *Ibidem.*

[30] *Congrès de 1967 de la F. T. Q.*, discours d'ouverture du président.

[31] TREMBLAY, *le Syndicalisme québécois...*, p. 290.

[32] *Idem*, p. 236.

[33] *Idem*, p. 237.

[34] *Idem*, p. 238.

[35] Mémoire de la F. T. Q. au Gouvernement du Québec, 1967.

[36] *Le Monde ouvrier*, juillet-août 1963, p. 1.

[37] *Politique de la F. T. Q., 1960-1967*, Montréal, Éditions F. T. Q., 1967,
125 pages, p. 56.

[38] *Congrès de la F. T. Q. 1969 — Rapport du comité d'éducation et d'action
politique.*

[39] *Recommandation amendée du comité d'action politique de la F. T. Q. au
sujet des élections provinciales*, adoptée par le comité exécutif de la F. T. Q.,
mai 1966.

[40] *Congrès de la F. T. Q., 1965*, résolution adoptée par le congrès.

[41] *L'État rouage de notre exploitation*, document de travail préparé par le service de recherche de la F. T. Q., Montréal, décembre 1971.

[42] *Un seul front*, discours inaugural du président Louis Laberge, Montréal, décembre 1971.

[43] *L'État rouage de notre exploitation*, pp. 13-14.

[44] *Idem*, p. 15; les italiques sont dans le texte original.

[45] *Idem*, p. 16; les italiques sont dans le texte original.

[46] *Idem*, pp. 14-15; les italiques sont dans le texte original.

[47] LABERGE, *Un seul front*, p. 65.

[48] *Idem*, p. 25.

[49] *Idem*, p. 89.

[50] *Idem*, p. 79.

[51] *Idem*, p. 75.

[52] *Idem*, pp. 80 et 86.

[53] *Idem*, p. 76.

[54] *Idem*, pp. 87-88.

[55] *Idem*, pp. 93-94.

[56] Congrès du C. T. C., Vancouver, du 15 au 17 mai 1979.

[57] *Appel aux syndiqués de Tout le Canada*, p. 14.

[58] *Idem*, p. 12.

[59] *Ibidem*.

[60] *Idem*, p. 7.

[61] Il s'agit probablement d'extraits du rapport de son président au Congrès de la F. T. Q. de 1976. Cité dans *Histoire du mouvement ouvrier au Québec*, p. 207.

[62] *Un programme pour maintenant. La responsabilité politique de la F. T. Q.*, Congrès de la F. T. Q., 42 pages, p. 6.

[63] *Idem*, p. 17.

[64] *Idem*, pp. 24-25; les italiques sont dans le texte original.

[65] *Cf.* ANONYME, *Chronologie de l'évolution confessionnelle de la C. T. C. C. (C. S. N.)*, extrait de *Relations industrielles*, volume 16, n⁰ 1, janvier 1961, Québec, P. U. L., 24 pages.

[66] *Idem*, p. 13.

[67] *Cf.* CONFÉDÉRATION INTERNATIONALE DES SYNDICATS CHRÉTIENS (C. I. S. C.), *Déclaration de principes, Manifeste, programme, résolutions*, adopté au XVe Congrès mondial de la C. I. S. C., Liège, juin 1964.

[68] « Déclaration de principe de la Confédération des syndicats nationaux », rapporté in extenso dans *Chronologie de l'évolution confessionnelle de la C. T. C. C. (C. S. N.)*, p. 17.

[69] *Idem*, pp. 14-15.

[70] *Idem*, p. 14.

[71] *Cf.* Jean MARCHAND, « Un syndicalisme dynamique pour une époque de transformation », *le Devoir*, 27 janvier 1964.

[72] *Idem*, p. 2. (Il s'agit en réalité d'un avant-propos de Jean-Marc LÉGER.)

[73] *Idem*, p. 3.

[74] TREMBLAY, *le Syndicalisme québécois...*, pp. 63 et ss.

[75] Voir MARCHAND, *Un syndicalisme...*, p. 4; TREMBLAY, *le Syndicalisme québécois...*, pp. 92 et ss.

[76] MARCHAND, *Un syndicalisme...*, pp. 8-9.

[77] TREMBLAY, *le Syndicalisme québécois...*, p. 78.

[78] *Idem*, p. 79.

[79] MARCHAND, *Un syndicalisme...*, p. 4.

[80] TREMBLAY, *le Syndicalisme québécois...*, pp. 54-55.

[81] *Idem*, p. 55.

[82] *Idem*, p. 58.

[83] *Idem*, p. 56.

[84] *Ibidem*.

[85] *Idem*, pp. 56, 57, 58.

[86] Marcel PEPIN, *Une société bâtie pour l'homme*, rapport moral du président général de la C. S. N. au Congrès de la C. S. N. de 1966, pp. 28-29.

[87] *Idem*, p. 32.

[88] *Idem*, p. 33.

[89] *Idem*, pp. 34-35.

[90] HUDON, *Syndicalisme d'opposition...*, p. 125.

[91] PEPIN, *Un camp de liberté*, Rapport moral du président général de la C. S. N. au Congrès général de 1970 — C. S. N., 140 pages, p. 25.

[92] IDEM, *Une société...*, pp. 30-31.

[93] *Pourquoi la C. S. N. propose un changement radical*, Service d'information de la C. S. N., 1972, p. 14.

[94] *Idem*, p. 31.

[95] PEPIN, *Une société...*, pp. 35-36.

[96] IDEM, *Positions*, Montréal, C. S. N., 200 pages, p. 14.

[97] IDEM, *Une société...*

[98] IDEM, *Positions*, p. 25.

[99] *Idem*, p. 73.

[100] *Idem*, p. 75.

[101] *Idem*, p. 79.

[102] PEPIN, *Vivre à notre goût*, rapport moral du président général de la C. S. N. au Congrès de la C. S. N. de 1974, 192 pages, p. 28.

[103] *Il n'y a plus d'avenir pour le Québec dans le système économique actuel. La C. S. N. propose un changement radical*, Montréal, C. S. N., septembre 1971, 18 pages.

[104] *Ne comptons que sur nos propres moyens*, Montréal, C. S. N., octobre 1971, 90 pages.

[105] *Idem*, p. 1.

[106] Inlassablement le président de la C. S. N. les reprend dans les rapports moraux qu'il présente au Congrès de la C. S. N. : 1970 — *Un camp de la liberté*, 128 pages; 1972 — *Pour vaincre*, 140 pages; 1974 — *Vivre à notre goût*, 197 pages, Montréal, C. S. N.

[107] PEPIN, *Pour vaincre*, 1970, pp. 103-104.

[108] *Ne comptons que sur nos propres moyens*, pp. 4-5.

[109] PEPIN, *Un camp de la liberté*.

[110] Cette question fait l'objet d'un chapitre spécial dans *Un camp de la liberté*. Le président de la C. S. N. y réclame notamment (pp. 95 et ss) : — au chapitre de la langue de travail : « la francisation des entreprises », « la reconnaissance obligatoire du français comme seule langue valide dans la convention collective », « que la négociation collective se fasse en français », « la mise sur pied d'une commission permanente de francisation de la langue de travail »; — au chapitre du français langue officielle : « que le français soit la seule langue officielle du Gouvernement du Québec et de ses entreprises, la seule langue officielle devant les tribunaux », « que les immigrants n'aient pas le choix entre l'école anglophone et l'école francophone ».

[111] *Ne comptons que sur nos propres moyens*, pp. 4-5; l'italique est dans le texte original.

[112] *Idem*, p. 5.

[113] PEPIN, *Vivre à notre goût*, p. 77.

[114] *Idem*, p. 79.

[115] *Idem*, pp. 82-83.

[116] Jean-Marc PIOTTE, « Bilan syndical », dans *Parti Pris*, vol. II, n° 6, février 1965, Montréal, p. 2.

[117] Cité par Louis LE BORGNE, *la C. S. N. et la question nationale*, Montréal, Éditions Albert Saint-Martin, 1976, 210 pages, pp. 68-69.

[118] *Idem*, p. 69.

[119] *Procès-verbal de la quarante-troisième réunion du Congrès de la C. S. N.*, Montréal, C. S. N., 1966, 480 pages, p. 76.

[120] LE BORGNE, *la C. S. N....*, p. 95.

[121] *Idem*, p. 95.

[122] Cette résolution est rapportée dans *l'Indépendance*, vol. VI, n°s 15-30, novembre 1967, Montréal, p. 77.

[123] René PARENTEAU, « L'évolution du nationalisme à la C. T. C. C.-C. S. N. », thèse de maîtrise, Québec, Université Laval, 1970, 307 pages, p. 97.

[124] Cité par LE BORGNE, *la C. S. N....*, p. 121.

[125] *Histoire du mouvement ouvrier au Québec : 1825-1976*, p. 207.

[126] *La Solidarité des travailleurs dans la lutte. Le Parti québécois et les prochaines élections*, Congrès de 1973, Montréal, C. S. N., p. 3.

[127] *Rapport d'orientation de l'exécutif de la C. S. N.*, Montréal, C. S. N., mai 1977, p. 14.

[128] *Idem*, p. 17.

[129] Résolution du congrès confédéral de la C. S. N. de 1978, cité dans *Rapport du comité d'orientation au congrès spécial de la C. S. N. sur la question nationale de juin 1979*, Montréal, juin 1979, 106 pages, p. 6.

[130] *Idem*, p. 3.

[131] *Idem*, pp. 3-4.

[132] *Idem*, p. 105.

[133] *Idem*, p. 10.

[134] « Procès-verbal du Conseil confédéral de la C. S. N. », octobre 1972.

[135] *Ne comptons que sur nos propres moyens*, p. 48.

[136] *Idem*, p. 48.

[137] *Idem*, p. 49.

[138] *Ibidem*.

[139] *Idem*, p. 51.

[140] *Rapport du comité d'orientation au congrès spécial de la C. S. N. sur la question nationale*, (juin 1979), p. 92.

[141] *Il n'y a plus d'avenir...*, p. 28.

[142] « Rapport du secrétariat du service de l'action politique de la C. S. N. au conseil confédéral de janvier 1976 », p. 54.

[143] *Idem*, pp. 13-15.

[144] Dominique LABBÉ, *le Discours communiste*, Paris, Presses de la fondation nationale des sciences politiques, 1977, 206 pages, p. 12.

[145] *Idem*, p. 11.

[146] Précisons; selon Touraine, les idéologies ne sont point en correspondance directe avec les systèmes d'action historique qu'étudie la sociologie du travail telle qu'il la conçoit : « Bien au contraire, l'étude des idéologies ou des « mythes » des sociétés industrielles part constamment de l'idée que ces constructions sont des rationalisations, des justifications avancées par des acteurs historiques et par lesquelles ceux-ci se détachent volontairement du système dont ils font partie. » (Alain TOURAINE, *Sociologie de l'action*, Paris, Éditions du Seuil, 1965, 508 pages, p. 87.)

[147] Jean-Paul SARTRE, *l'Idiot de la famille*, Paris, Gallimard, 1979, tome III, pp. 223-224, dans LABBÉ, *op. cit.*, p. 14.

[148] HUDON, *Syndicalisme d'opposition...*, pp. 156 et ss.

[149] Voir *Pouvoir et Pouvoirs en relations de travail*, Québec, Département des relations industrielles de l'université Laval, P. U. L., 1970; *le Syndicalisme canadien; une réévaluation*, P. U. L., 1968.

LES ORIENTATIONS IDÉOLOGIQUES DE LA FÉDÉRATION DES PROFESSIONNELS SALARIÉS ET CADRES DU QUÉBEC

L ES PAGES qui suivent veulent mettre en relief les orientations idéologiques qui animent la Fédération des professionnels salariés et cadres du Québec (F. P. S. C. Q.). Pour bien saisir l'originalité qu'offre en Amérique du Nord le « syndicalisme des cadres », la brève présentation que nous en faisons évoquera d'abord l'ensemble des conditions hostiles qu'eurent à affronter les premiers syndicats affiliés à la Fédération des ingénieurs du Québec (F. I. Q.) puis à celle des ingénieurs et cadres du Québec (F. I. C. Q.). Dans un second temps, l'analyse portera sur les principales caractéristiques spécifiques de l'idéologie propre à cette Fédération et sur leur articulation. Enfin, nous dirons un peu ce qu'est devenue aujourd'hui cette Fédération, affiliée à la Confédération des syndicats nationaux (C. S. N.), après le départ des syndicats fondateurs les plus importants, et le risque qui la menace toujours de laisser s'insérer entre l'idéologie et la pratique syndicales un décalage de plus en plus marqué.

I. — LES ORIGINES

Un contexte idéologique, institutionnel et juridique défavorable au syndicalisme de cadres

La Fédération des ingénieurs du Québec, puis la Fédération des ingénieurs et cadres du Québec et la Fédération des professionnels salariés et cadres du Québec qui la continuent, constituent, en Amérique du Nord, un phénomène probablement unique en raison surtout de leur affiliation à une centrale syndicale ouvrière, soit la Confédération des syndicats nationaux.

L'affiliation à la C. S. N. engage, beaucoup plus que la seule volonté des syndicats fondateurs de la Fédération, — soit le Syndicat professionnel des ingénieurs de la ville de Montréal (9 octobre 1963), le Syndicat professionnel des ingénieurs d'Hydro-Québec (4 avril 1964) et le Syndicat professionnel des ingénieurs du Gouvernement du Québec (28 février 1944), — à recourir à l'action syndicale, y compris, le cas échéant, à l'exercice du droit de grève afin de créer avec leurs employeurs un rapport de force favorable à la négociation de leurs conditions de travail. Cette affiliation revient à faire état d'une solidarité définie, à l'époque, comme fondamentale et organique avec l'ensemble des salariés, composant selon l'expression en usage depuis à la C. S. N. : « le monde ordinaire ».

Ces initiatives surprirent et même scandalisèrent une large fraction de l'opinion publique même avertie et prirent de court la plupart des observateurs et des praticiens des relations de travail. Les arguments ne manquaient pas qui permettaient de critiquer les initiatives prises par ces syndicats. C'est ainsi que furent notamment soulignées ou dénoncées : (a) l'incompatibilité foncière existant entre le fait d'appartenir à une corporation professionnelle et le recours à des formes d'organisation et d'action collectives qui rendaient de surcroît ces mêmes professionnels solidaires de syndicats ouvriers; (b) l'inutilité d'un tel geste, dans la mesure où la Corporation des ingénieurs professionnels du Québec, à laquelle les ingénieurs syndiqués continuaient d'appartenir, avait aussi, et à l'instar de toute corporation professionnelle, pour fonction d'assurer la défense et la promotion des « intérêts matériels » de ses membres, qu'ils soient ou non syndiqués; (c) l'interdiction faite par la législation du travail alors en vigueur aux membres de toute corporation professionnelle de se constituer en association d'employés, c'est-à-dire en syndicats, ce qui leur aurait donné le droit de négocier collectivement avec leurs employeurs.

Le premier de ces arguments hostiles à la syndicalisation des ingénieurs et au syndicalisme de cadres en général engage une série de représentations collectives et dominantes concernant « le statut social » de ces professionnels et, par voie de conséquence, ce que devraient être leurs comportements, leurs attitudes à l'égard de leurs employeurs.

Être membre d'une organisation ou d'une corporation professionnelle exigeant de leurs adhérents qu'ils détiennent un diplôme universitaire, c'était et c'est encore faire partie de l'« élite », bénéficier d'un statut valorisé en termes de prestige social et que l'opinion publique d'ailleurs renforcée par l'apport de l'idéologie dominante — « qui s'instruit s'enrichit » — avait tôt fait de tenir pour synonyme d'aisance, sinon de réussite financière. L'accès à ce statut social était d'autant plus socialement valorisé, à commencer par les intéressés eux-mêmes, qu'il constituait souvent la marque d'une promotion sociale intergénérationnelle ascendante, la seule, par ailleurs, qui soit immédiatement accessible aux Canadiens français dans la mesure où la propriété et le contrôle des moyens de production, en relation avec le développement industriel, leur échappaient et continuent encore de leur échapper largement et où cette même promotion était généralement acquise au terme de longues études dont les intéressés eux-mêmes avaient le plus souvent assumé le coût. Il n'est que de consulter la littérature sociologique de cette époque, dont notamment l'étude de Marc-Adélard Tremblay et Gérald Fortin sur *les Comportements économiques de la famille salariée au Québec*[1] ou encore le « Rapport Parent[2] » pour être convaincu de l'emprise que ces représentations collectives pouvaient exercer sur l'opinion publique à cette époque. De là à penser qu'en se syndiquant un professionnel, fût-il salarié, se déjugeait il n'y avait qu'un pas que beaucoup franchissaient allégrement.

Ces représentations collectives jouaient même à l'intérieur du mouvement syndical. Tous ceux qui observèrent de près, en y participant parfois, la fondation des premiers syndicats d'ingénieurs et de cadres au Québec et leur affiliation à la C. S. N. pourraient témoigner de la tiédeur que manifestaient à leur endroit la plupart des dirigeants syndicaux, à l'exception de ceux qui, dans une optique analogue à celle qu'avait adoptée Serge Mallet, parvenaient à imaginer l'importance stratégique que pourraient éventuellement avoir ces syndicats en tant qu'instruments de transformation des rapports de production dans l'entreprise et même au sein de la société industrielle dans son ensemble[3]. Cet attentisme prudent et circonspect était aussi le lot des syndicats regroupant les ouvriers ou les employés à l'emploi de la Ville de Montréal, d'Hydro-Québec et du Gouvernement du Québec; leurs dirigeants et surtout les syndiqués ne comprenaient guère les raisons qui pouvaient porter des ingénieurs qui, quotidiennement, leur donnaient des ordres ou contrôlaient leur travail à vouloir partager leurs luttes en s'affiliant à une centrale syndicale ouvrière : les problèmes des ingénieurs ne pouvaient être les leurs, et là encore cette conviction rejoignait largement les représentations dominantes qui valorisaient le statut du professionnel.

Bref, ces diverses approches se conjuguent et se résument dans cette opinion largement répandue sinon dominante : « On considère que la formule syndicale n'est pas assez digne pour satisfaire l'idée que l'on se fait de son statut professionnel, des études poursuivies, de la valeur des fonctions que l'on remplit, du statut social attaché à ces fonctions[4]. » Voilà qui résume non seulement l'opinion que la plupart des « professionnels » ont d'eux-mêmes, mais aussi l'ensemble des représentations sociales qui les concernent et même le point de vue d'une large majorité de travailleurs syndiqués.

Une seconde série d'arguments revenait à souligner l'inutilité du syndicalisme de cadres dans la mesure où il paraît concurrencer le rôle dévolu « institutionnellement » aux corporations professionnelles auxquelles ses membres appartenaient, souvent, obligatoirement : « L'on entend généralement par « organisation » ou « corporation professionnelle », un corps social légalement constitué, groupant tous les membres d'une même profession sous une autorité unique[5]. » Ce corps social est appelé à exercer trois fonctions principales, en garantissant la compétence professionnelle de ses membres, en veillant à ce que ces derniers respectent le code de déontologie qui leur est propre et en assurant la représentation, la défense et la promotion des intérêts intellectuels, moraux et matériels de ces derniers : « La corporation, écrit Jean-Réal Cardin, existe pour contrôler l'appartenance au métier ou à la profession à l'aide de critères aptes à juger la compétence des aspirants, élaborer et surveiller l'éthique professionnelle, représenter ses membres vis-à-vis des pouvoirs publics et du reste de la communauté[6]. »

L'on sait que, dans certains cas, l'appartenance à une corporation professionnelle constitue une condition nécessaire pour accéder à l'exercice de la profession correspondante. Il s'agit alors d'organisations, au Québec, de corporations professionnelles fermées, par opposition aux organisations ou corporations professionnelles « ouvertes » auxquelles le praticien n'est pas tenu d'adhérer obligatoirement pour exercer sa profession ou son métier[7]. En ce domaine, le Québec ne fait point figure d'exception; il se caractérise plutôt par une tendance nettement favorable à la prolifération des organisations et des corporations professionnelles de préférence « fermées » dans des domaines et des champs d'activité autres que ceux correspondant aux professions traditionnellement reconnues comme libérales. Tout se passe, semble-t-il, comme si ces dernières servaient de « modèle ».

Il reste que d'autres facteurs ont également joué dans le même sens tel, en particulier, l'influence de l'idéologie néo-corporatiste héritée, nous dit-on[8], des encycliques papales et en particulier de *Quadragesimo Anno*[8]. Ces influences, qu'il ne nous appartient pas d'analyser plus avant dans ce texte, culminent dans cette vision de la société officialisée, propre en cela au Québec, et qui jusqu'à récemment devait s'avérer favorable à la multiplication des corporations professionnelles après avoir hypostasié les notions de bien commun et d'intérêt général et tenu ce dernier pour la somme des intérêts particuliers affirmés à priori comme congruents et même complémentaires.

Il reste comme toujours qu'un écart, souvent important, s'intercale entre l'idéologie et la pratique. C'est ainsi que cette conception élitiste du statut et de l'activité professionnels n'a jamais exclu le recours de la part des organismes concernés à une stratégie qui demeure finalement au service de la défense et de la promotion des intérêts économico-professionnels du groupe au sens le plus étroit et le plus catégoriel de ce terme. Cette stratégie s'exprime généralement dans un ensemble de pratiques restrictives visant, au nom du maintien de la compétence et de la qualité des services, à limiter l'accès au marché du travail et, ce faisant, à augmenter la valeur marchande de ces mêmes services fournis à la population. Abstraction faite des références idéologiques appelées à les justifier, ces pratiques renvoient finalement à un système d'attitudes et de comportements fort proche de celui que l'on retrouve au fondement même de la conception nord-américaine du syndicalisme de métier. Cette conception centrée presque exclusivement sur la défense et la promotion des intérêts du groupe, à l'exclusion de toute solidarité plus vaste, loin de nier l'impitoyable logique des lois du marché, revient au contraire à tenter de les utiliser au seul profit des intérêts immédiats du groupe. « Nous avons, écrit Réal Cardin, conservé si vivante au Québec la notion de corporation et nous avons tenu en si haute estime le prestige qui l'accompagne dans notre société que presque chaque groupe professionnel a tenté de se faire reconnaître par l'État un statut corporatif de façon à rehausser la position sociale de ses membres et à sauvegarder leurs intérêts économiques, collectivement et individuellement[9]. »

L'on notera enfin, et en troisième lieu, que la législation du travail, alors en vigueur, interdisait purement et simplement aux membres des corporations professionnelles de se syndiquer : « Notre législation du travail, telle qu'édictée en 1944, excluait spécifiquement les membres des corporations professionnelles de sa définition du terme « employé »; il s'ensuivit qu'un grand nombre de salariés professionnels, parce qu'ils étaient membres d'une corporation visée par notre loi des Relations ouvrières se voyaient refuser le droit d'association tel que proclamé et protégé par cette loi et ne pouvaient, en conséquence, participer au processus de la convention collective tel qu'autorisé par cette même loi[10]. » D'une certaine façon, ces dispositions légales étaient parfaitement congruentes avec l'ensemble des représentations sociales dominantes concernant les membres salariés ou non des corporations professionnelles; elles consacraient indirectement les attributs et les pouvoirs de ces dernières. Ces mêmes dispositions étaient également conformes à l'esprit et à la lettre de la législation du travail qui n'accordaient aucune place à la syndicalisation des cadres salariés et des cadres intermédiaires salariés.

L'on sait que ces notions sont originaires d'Europe et plus précisément encore de France et qu'elles recouvrent « les groupes d'employés dans l'industrie, le commerce ou dans tout autre secteur, qui ne sont pas de purs exécutants mais qui, à cause d'une compétence particulière dans le champ de la technique, de l'administration ou du commerce, ou encore à cause d'un certain degré d'autorité dans le processus de la direction de l'entreprise, sont situés quelque part entre le conseil de direction et la main-d'œuvre ordinaire[11] ». Or aux États-Unis, comme au Canada, la législation du travail, conforme en cela à l'esprit de la Loi Taft-Hartley, n'a jamais accordé le moindre crédit à cette distinction[12]. Les premiers « syndicats de cadres » québécois obtinrent leur accréditation au terme de loi sur les syndicats professionnels[13]. On notera également que ces dispositions légales et restrictives à l'égard du « Syndicalisme de cadres » avaient et ont encore pour effet de consacrer et de respecter l'unité et l'autorité de la direction au sein de l'entreprise ou de l'administration, ce qui ne peut que faire l'affaire des employeurs en éliminant juridiquement la possibilité d'une contestation collective des politiques de l'entreprise ou de l'administration par ceux qui, parmi les salariés à son emploi, détiennent souvent l'information et la compétence requises pour asseoir cette contestation éventuelle sur une base rationnelle. Cette dernière remarque laisse également entrevoir les fondements et les raisons de l'hostilité que les entreprises nourrissaient et nourrissent encore à l'égard de toute forme de syndicalisation de leurs cadres. « Qui dit personnel de cadres, dit nécessairement participant à la direction, cette dernière question étant considérée comme un tout homogène et indivisible n'admettant aucune différenciation sur le plan des statuts et des intérêts particuliers[14]. »

L'implantation et la progression du syndicalisme des cadres dans le secteur public et parapublic au Québec. Les éléments déterminants d'une prise de conscience et d'une action collective

Le syndicalisme de cadres au Québec s'est donc constitué à l'encontre d'un ensemble de conditions défavorables sinon délibérément hostiles.

Une première explication facile consisterait à évoquer l'influence des idées nouvelles favorables au syndicalisme de cadres et empruntées aux expériences européennes et surtout françaises, l'« aide technique » de quelques permanents de la C. S. N. ou encore certaines « pressions émanant de cercles académiques » qui s'inscrivaient dans le même sens[15]. Or, sans nier la portée de ce renouvellement des idées ni celle de ces initiatives, il ne semble pas qu'elles puissent, à elles seules, expliquer la détermination de ces premiers groupes de syndiqués, ni surtout la progression rapide du syndicalisme de cadres dans le secteur public et parapublic au Québec. Il faut donc reprendre l'hypothèse et la modifier de façon à tenir compte de la *perception* qu'à cette époque ces groupes de syndiqués se faisaient de *leurs propres conditions* de travail, sans laquelle ces idées et ces initiatives n'auraient fort probablement eu qu'une portée et un effet fort modestes.

Précisons que, par conditions de travail, nous entendons non seulement le niveau de rémunération de ces ingénieurs et cadres, les modalités de recrutement, de promotion et de carrière, les politiques du personnel les affectant, mais jusqu'aux politiques au sens le plus large du terme alors en usage à la Ville de Montréal, à Hydro-Québec et au Gouvernement du Québec. Or sur tous ces points les ingénieurs jugent avec sévérité leurs employeurs.

Les salaires, disent-ils, sont inférieurs à ceux qui ont cours dans les grandes entreprises du secteur privé et dans un bon nombre de bureaux d'études. Cette situation est injuste, puisque les tâches qui leur sont confiées sont le plus souvent identiques à celles que sont appelés à exécuter leurs collègues employés dans le secteur privé.

Leurs salaires devraient donc être alignés sur ceux qui sont en vigueur dans le secteur privé.

Le mode de recrutement, de classement et d'avancement, le système de promotion constituent souvent des exemples de favoritisme et de patronage faisant place, surtout dans les administrations gouvernementales et municipales, à un jeu indu d'influences politiques. L'arbitraire en ces matières peut et doit être éliminé en substituant à ces pratiques le recours systématique au concours et à l'établissement d'un plan de carrière reconnaissant que l'expérience professionnelle est un facteur d'augmentation de la productivité. Dans d'autres cas, des administrations gouvernementales ou municipales préfèrent commander à des bureaux d'études ou à des firmes extérieures des travaux ou des expertises techniques que les ingénieurs ou les professionnels à leur emploi auraient pu mener à bien. Contre ces pratiques les ingénieurs puis l'ensemble des professionnels syndiqués entendent obtenir la reconnaissance du principe de « la responsabilité professionnelle ». Ce principe devrait être inscrit dans les conventions collectives, ce qui aurait pour effet de permettre, par exemple, à un professionnel salarié de refuser de modifier ou de corriger un rapport ou une étude pour les rendre conformes aux « souhaits » de ses supérieurs[16].

Reste enfin cette volonté commune à ces groupes salariés de recourir à la négociation collective pour assurer la défense de leurs « droits » et le succès de leurs revendications. Or cette détermination ne peut s'expliquer qu'à la condition d'avoir, au préalable, pris note de l'échec de ces multiples formules de « dialogue » que les employeurs, certains groupes d'ingénieurs et surtout la corporation des ingénieurs professionnels du Québec avaient tentées afin d'améliorer les relations de travail, et cela bien avant que les ingénieurs songent à se syndiquer. C'est ainsi, par exemple, que dans son rapport au Congrès de 1966 le Président de la Fédération des ingénieurs de Québec fait état de l'insuccès du « groupe de représentants de la Ville de Montréal » qui préconisait une politique conforme aux vues de la corporation et qui visait à « Intéresser les ingénieurs salariés à la corporation; Améliorer les rapports avec la corporation, (et à) tenter de constituer des groupes d'ingénieurs salariés au sein des compagnies pour discuter de leurs problèmes et de leurs conditions de travail avec leurs employeurs. »

La Corporation des ingénieurs ne désarma point pour autant et prit même la tête de l'opposition à la syndicalisation des ingénieurs et par ricochet des professionnels salariés dans leur ensemble. Elle réforma ses statuts dont l'article 3.5 se lit désormais comme suit : « L'ingénieur n'acceptera pas de devenir membre d'une union ouvrière et ne participera comme tel à aucune forme d'activité syndicale. Il reconnaît que, s'il en était autrement, il soutiendrait alors une philosophie et l'usage de méthodes de négociation incompatibles avec le vrai professionnalisme, telles que la grève[18]... » La corporation multiplia les déclarations, les pressions et les interdits en ce sens notamment lors de la fondation du syndicat des ingénieurs professionnels de la Ville de Montréal (1963) et de la revision du Code du travail (1964). « La création de ce syndicat serait contraire à l'intérêt public et contraire aussi à l'esprit et à la lettre de la loi (...) La notion de professionnalisme exclut celle de syndicalisme qui appelle l'intervention et le contrôle de tierces personnes qui peuvent bien ne pas être membres de la profession[19]. »

Jean Réal Cardin va plus loin encore lorsqu'il écrit : « Plus de 90% des membres de cette Corporation étaient de simples salariés. Alors que la direction était largement dominée par les membres acquis aux idées patronales et recrutés à même les bureaux de direction des grandes firmes industrielles ou d'ingénieurs conseils[20]. »

Les ingénieurs syndiqués ripostèrent, forts notamment de ce précédent que constitua la grève des réalisateurs de Radio-Canada (1959). Ils dénoncèrent l'inutilité de ces stratégies « bonne ententistes » : « L'expérience nous a longuement démontré que toute tentative de dialogue et a fortiori de négociation avec les directions patronales ou les administrations est vouée à l'échec dans la mesure où elle n'est pas étayée par un rapport de force dont l'éventuel recours à la grève est l'élément le plus décisif[21]. » Et, avant de prononcer une condamnation sans appel de la Corporation, ils ajoutent : « Empêchant l'autonomie de la profession, la corporation isole socialement les ingénieurs, les enferme dans un ghetto, les érige en une véritable caste possédant ses us et coutumes, alors que c'est dans une participation collective, dans l'ouverture et le dialogue avec les autres groupes sociaux que les ingénieurs contribueront le plus au progrès de la société. L'idéologie corporatiste est une idéologie de caste et de classe, elle s'inscrit à l'encontre des exigences de la démocratie qui sont des exigences de dialogue et de négociation permanente. Elle nie la solidarité profonde des salariés, leurs intérêts communs (...) Le rôle de négociateurs que voudraient jouer les membres du Conseil de la Corporation est un mythe, ce nouveau rôle à notre avis constituerait un non sens car la Corporation qui renferme en même temps des patrons, des salariés avec des prérogatives patronales ou d'employeurs et des salariés proprement dits ne pourraient négocier sans favoriser les uns au détriment des autres (...) Il faut tout de même se rendre compte que plus de 90% des ingénieurs sont salariés et que, même s'ils occupent des postes de cadres, leurs conditions de travail et leur vie professionnelle n'ont jamais été contrôlées par leur Corporation, mais, en fait, par leurs employeurs qui comme tels, n'en sont pas nécessairement membres[22]. » Ces textes contiennent en somme ce que sera l'idéologie de la Fédération des ingénieurs et cadres du Québec sous sa forme définitive.

Important, tout autant, l'ensemble des conditions qui lui donnèrent naissance : (*a*) Les conditions de travail effectives des ingénieurs salariés à l'emploi de la Ville de Montréal, Hydro-Québec, du Gouvernement du Québec et que partagent d'ailleurs d'autres professionnels salariés qui les imitèrent rapidement. (*b*) L'incapacité et même le refus des organisations professionnelles symbolisées par la Corporation des ingénieurs professionnels du Québec d'employer les moyens requis pour assurer la défense et la promotion ou intérêts de leurs membres en tant que salariés. (*c*) L'influence des stratégies patronales particulièrement sensible lorsqu'il s'agit de cette même corporation que dominent les représentants des grandes entreprises et des bureaux d'ingénieurs conseils les plus importants.

La leçon est lourde d'implications ne serait-ce qu'en soulignant cet ensemble de conditions à l'époque favorables à l'éclosion d'une idéologie nouvelle et novatrice. Une idéologie, surtout lorsqu'il s'agit d'une idéologie syndicale, ne naît point d'une quelconque intervention du Saint-Esprit mais d'une transformation déjà très largement amorcée des rapports de travail.

Ces données sont, du point de vue qui nous préoccupe ici, d'un intérêt capital dans la mesure où elles circonscrivent les caractéristiques principales d'une situation vécue à laquelle l'idéologie du syndicalisme se veut une réponse avant de la transformer. Elles évoluèrent cependant rapidement avec la reconnaissance « bona fide » de premiers syndicats des professionnels[23], la suppression de toute restriction à la définition de salarié dans la version du Code du travail adoptée en 1964, à l'exception de celles concernant les professionnels ayant le pouvoir d'embaucher des licenciés ou de promouvoir d'autres professionnels, puis l'incorporation des syndicats de professionnels sous la loi des Syndicats professionnels[24] et surtout avec la mise en place au niveau de la Ville de Montréal, Hydro-Québec et du Gouvernement du Québec d'un ensemble de processus visant à permettre aux professionnels à leur emploi de négocier des conventions collectives de travail.

Le mouvement s'étendit à d'autres groupes de professionnels salariés, mais relevant tous de la fonction publique, de services ou d'administrations publics, administrations municipales ou scolaires, services hospitaliers, sociaux... En 1958, les professionnels salariés à l'emploi du Gouvernement du Québec se constituèrent en un syndicat unique, « le syndicat des professionnels du Gouvernement du Québec » (S.P.G.Q.-1968) et qui comptait 2 893 membres, soit plus de la moitié des effectifs totaux de la Fédération qui comptait 3 971 adhérents.

Il y eut des à-coups, des conflits surtout pendant la période correspondant à l'implantation de ces syndicats et à la négociation des premières conventions collectives de travail : deux grèves à Hydro-Québec qui portèrent notamment sur la détermination de l'unité de négociation, une grève majeure au Gouvernement du

Québec en 1966. Puis, bon gré mal gré, les relations entre les syndicats affiliés à la Fédération et leurs employeurs respectifs se normalisèrent en raison notamment des gains obtenus par les syndiqués en matière de salaire, de classement, de promotion, de carrière, de sécurité d'emploi et lorsque les partenaires en présence eurent fait le difficile apprentissage de relations de travail fondées sur la négociation collective. Simultanément les rapports entre les syndicats et les corporations professionnelles s'améliorèrent; certaines corporations professionnelles, telle celle des agronomes, allant jusqu'à inviter leurs membres à se syndiquer.

II. — L'IDÉOLOGIE DU SYNDICALISME DE CADRES QUÉBÉCOIS. UNE ANALYSE STRUCTURELLE

Le document décisif en cette matière reste le rapport présenté par le Président de la Fédération au Congrès de cet organisme en 1966[25]. Ce texte porte la marque des luttes qui accompagnèrent la Fondation des premiers syndicats de cadres au Québec. D'autres textes le complètent, tels ces rapports présentés aux Congrès subséquents ou divers articles publiés dans le journal de la Fédération[26], mais aucun d'entre eux n'aborde la question dans son ensemble.

Le principe d'identité

Les cadres, membres de la Fédération, se définissent comme des « cadres intermédiaires », salariés. Il s'agit donc de « salariés possédant de larges connaissances scientifiques, techniques, juridiques, administratives ou financières, chargés de préparer les décisions de l'entreprise ou de l'administration et d'en diriger l'exécution. Leurs fonctions peuvent donc être soit d'étude, soit d'organisation, soit de commandement[27]. » Cette conception du cadre intermédiaire salarié postule l'existence d'une nette distribution entre, d'une part, les cadres intermédiaires salariés et, d'autre part, les cadres supérieurs et les cadres subalternes.

Les cadres supérieurs d'une entreprise ou d'une administration participent directement à la définition des politiques, aux prises de décision et c'est là leur responsabilité essentielle. Les cadres inférieurs ou subalternes transmettent les ordres et les directives qu'ils n'établissent pas, répartissent éventuellement le travail entre les exécutants et en contrôlent l'exécution. Cette catégorie de cadres comprend notamment les contremaîtres et les agents de maîtrise. Les cadres intermédiaires, sans décider des politiques de l'entreprise ou de l'administration, participent à leur élaboration mais d'une façon indirecte et généralement partielle en assurant des fonctions de recherche ou de conseil; ils voient aussi à l'application de ces politiques et conservent alors une marge d'autonomie relative. Certains des cadres intermédiaires ont une autorité directe sur des subalternes *(line)*; d'autres un rôle de conseiller *(staff)*. C'est surtout à cette catégorie de cadres intermédiaires qu'appartiennent les membres des syndicats affiliés à la Fédération des ingénieurs et cadres du Québec. D'une certaine façon, la notion de cadre intermédiaire spécifie ces syndiqués sur la base des fonctions qu'ils sont appelés à exercer dans l'entreprise ou l'administration qui les emploieront. Mais ces cadres intermédiaires sont aussi des « professionnels » et des salariés.

En se définissant comme des professionnels, ces salariés entendent souligner la formation universitaire qui est la leur et qui leur confère qualification et compétence. Disposer de cette formation sanctionnée par trois années d'études universitaires constitue une condition requise par les statuts de la Fédération pour devenir membre de syndicats qui leur sont affiliés. Cette même disposition a également pour effet d'interdire l'adhésion à la fédération de techniciens, d'agents techniques qui détiendraient un diplôme de niveau collégial et à fortiori celle de contremaîtres. L'accent enfin est mis sur le salariat. Ne peuvent adhérer à la Fédération et aux syndicats qui lui sont affiliés que des salariés.

Être salarié c'est échanger sa force de travail qualifiée ou non contre une rémunération dont le niveau, en l'absence d'une convention collective, sera fixé par un contrat individuel reflétant largement l'état du marché du travail. C'est aussi, ce faisant, s'intégrer dans une organisation sans, lorsqu'il s'agit de cadres intermédiaires, en contrôler les politiques[28]. C'est encore cette référence au salariat qui fonde et justifie l'affiliation de la Fédération à la Confédération des Syndicats nationaux : « Nous avons affirmé notre condition de salarié et refusé notre assimilation à ces élites qui nous gouvernent (...) Cette démarche nous a rendus solidaires de l'ensemble du Mouvement ouvrier[29]. »

Deux dirigeants de la Fédération, Yvon Brunet, président de la F. I. C. Q., et Hildège Dupuis, l'un des premiers militants du syndicat des ingénieurs professionnels de la Ville de Montréal, commentent ce point capital : « On disait aux gars, il faut d'abord que vous réalisiez que vous êtes un salarié au départ; tuez le mythe du « professionnel ». Un salarié c'est un type qui doit se soumettre à un régime de travail imposé par l'employeur que ce soit un médecin, un avocat, etc. Évidemment, ça ne veut pas dire que notre travail n'est pas un travail d'ingénieur ou de « professionnel », mais (que) nos conditions de travail soient celles du salarié (Hildège Dupuis)[30]. » « On s'est aperçu qu'on était de vrais salariés parce que... (les employeurs) ne nous écoutaient pas plus que les autres employés, moins justement que ceux qui étaient syndiqués (Yvon Brunet)[31]. »

Réfléchissons plus avant sur la logique de cette démarche et sur « l'intégration » qu'elle s'efforce de promouvoir des notions de professionnels et de salariés. Le fait de bénéficier d'une formation universitaire identique laisse, au niveau des conditions effectives de travail, subsister des différences « fondamentales » entre le professionnel salarié, le professionnel travaillant à son propre compte et le professionnel patron ou employeur. Ces différences ne s'expriment pas uniquement en termes de revenu mais également de dépendance lorsqu'il s'agit de professionnels répondant à la définition des cadres intermédiaires alors qu'elles se mesurent en termes d'autonomie et de risques lorsqu'il s'agit de professionnels travaillant à leur propre compte, et d'exercice effectif du pouvoir de décision lorsqu'il s'agit de « professionnel employeur » exerçant des fonctions de direction. Ces différences ont aussi pour effet de faire éclater le mythe du professionnalisme et du corporatisme.

D'une certaine façon l'idéologie ne fait que prendre note des effets imputables à l'organisation économique et qui s'imposent aux intéressés eux-mêmes parce qu'elles sont inscrites dans les rapports de production.

Par ailleurs, il reste que l'intégration des notions de salariés et de professionnels continue de faire problème. D'un côté les cadres syndiqués s'affirment solidaires de l'ensemble des salariés et par là du mouvement syndical, mais d'un autre côté ils continuent de mettre l'accent sur les caractéristiques qui les spécifient en tant que catégories particulières de salariés et qui tiennent surtout à leur formation universitaire.

En cela, le syndicalisme de cadres québécois ne fait pas exception en manifestant, une fois de plus, la difficulté d'assurer la coexistence et surtout l'intégration et la complémentarité d'une double série d'orientations privilégiant tantôt la « profession », tantôt l'appartenance à l'organisation en tant que salariés[32]. À l'instar des ingénieurs français, les cadres syndiqués au Québec valorisent davantage l'appartenance à l'organisation et par voie de conséquence le modèle syndical, mais ce faisant « ils accusent une nette préférence pour un mode d'organisation propre à leur catégorie[33] ». Et c'est pourquoi l'on ne saurait être assuré à priori que cette solidarité proclamée avec le restant du mouvement syndical suffise à éliminer le risque de mettre l'action syndicale au service de la défense et de la promotion d'intérêts fortement si ce n'est purement catégoriels.

Le principe d'opposition

Le principe d'opposition circonscrit l'enjeu de conflits réels ou potentiels, en même temps qu'il permet de « nommer » l'adversaire et de définir les rapports à entretenir avec lui. L'enjeu du conflit est presque exclusivement circonscrit aux conditions de travail des syndiqués dans ce qu'elles ont de plus immédiat, les salaires, la carrière et les promotions, le statut et la responsabilité professionnels, telles que nous les avons précédemment évoquées. L'« adversaire », dans la mesure où le syndicalisme de cadres québécois ne déborde pas les frontières correspondant à la fonction publique et à ces multiples organismes composant le secteur communément appelé parapublic, c'est d'abord, au delà de la commission de la fonction publique, ceux qui, au Gouvernement du Québec, à la Ville de Montréal, à Hydro-Québec, dans les hôpitaux, les Commissions scolaires, les cegeps, les agences de Service social, sont responsables de ces politiques qui affectent directement les cadres intermédiaires dans leur vécu quotidien. La critique cependant demeure très largement circonstanciée dans la mesure où les cadres syndiqués ne sauraient remettre en cause l'existence et le développement de ces institutions qu'ils considèrent par ailleurs comme indispensables au développement du Québec.

Paradoxalement, le syndicalisme de cadres québécois bénéficia, à ses origines du moins, d'un ensemble de conditions très favorables et qu'il n'a pas contribué à créer. Sans y voir une relation de cause à effet, l'on notera simplement que la fondation des syndicats et de la Fédération est en quelque sorte contemporaine de « la Révolution tranquille », c'est-à-dire d'une révision de la conception du rôle et des fonctions traditionnellement dévolus à l'État et favorables à une expansion de sa présence et de son intervention dans les domaines économiques, éducatifs et sociaux notamment. Or ce contexte politique nouveau, l'émergence du thème du développement, ne pouvaient que valoriser le rôle et les fonctions exercés par les professionnels salariés au sein de la fonction publique québécoise et des grandes administrations publiques et parapubliques. Le fait de se croire « indispensables » et de l'être, en effet, dans une certaine mesure, ne pouvait qu'affirmer et accélérer la prise de conscience des professionnels salariés, les portant parfois à surestimer leur pouvoir de négociation[34].

L'entreprise privée se range aussi au nombre de ces adversaires circonstanciés dans la mesure où, notamment, des firmes importantes s'opposent avec succès aux efforts de la Fédération soucieuse d'implanter des syndicats. Là encore, la critique porte surtout sur les conditions de travail imparties aux ingénieurs et aux cadres intermédiaires qu'elles emploient. Il y a (dans la grande entreprise privée) des ingénieurs qui font du dessin pendant des années. Ils perdent leur temps complètement. Ils sont plus grands que leur tâche. C'est un peu comme l'émiettement des tâches dont parle Friedman : « L'ouvrier qui fait juste la même petite affaire tous les jours[35]. » Mais, phénomène qu'il importe de souligner, cette critique implique également une dénonciation des conditions faites aux ingénieurs et aux cadres de langue et de culture française, appelés souvent à travailler dans une langue qui n'est pas la leur et dont l'avancement se trouverait de ce fait compromis. « Qui va diriger l'usine ? Les Canadiens français ou les Canadiens anglais » quand l'ingénieur canadien-français s'oriente vers la grande industrie, il s'anglicise, nous le savons d'avance. Alors c'est difficile de dire aujourd'hui ce que sera le génie, dans dix ans, dans notre Province : sera-t-il pensé à l'anglaise ou à la française c'est-à-dire à la québécoise ? J'ai l'impression, ajoute Hildège Dupuis, que ce choix est beaucoup plus un problème politique qu'autre chose[36]. »

À ces thèmes se rattache celui de la lutte à mener contre le patronage; il sera abordé d'une façon précise au Congrès de 1969 de la Fédération en ces termes : « L'un des modes de patronage les plus florissant actuellement au Québec est l'enploi de bureaux d'études privés par le Gouvernement et les organisations à caractère public ou semi-public. Nous reconnaissons que, dans certaines circonstances, la consultation de spécialistes est nécessaire et qu'il existe des bureaux d'études privés hautement compétents. Cependant nous constatons que dans plusieurs cas le critère de la compétence est subordonné à celui de l'appui aux partis politiques dans le choix de Bureaux d'études[37]. »

La stratégie à mettre en œuvre dans les rapports avec l'adversaire tiennent en quelques propositions : s'organiser en syndicats, négocier des conventions collectives de travail et recourir, le cas échéant, à la grève pour atteindre ce résultat. « Les moyens utilisés par le syndicalisme de cadres afin d'atteindre ses objectifs, écrivait Jean Réal Cardin, sont l'action directe, la discussion directe avec l'employeur et la reconnaissance de fait par ce dernier du groupe impliqué[38]. » Mais cette stratégie demeure d'abord et avant tout au service de la défense et de la promotion des intérêts du groupe.

« Avec un syndicat, nous sommes en mesure d'exiger un contrat de travail qui réponde à notre statut. D'abord on demande des augmentations de salaire. On calcule que le statut professionnel est fonction du statut économique (Yvon Brunet). » « On s'est rendu compte que notre société est en définitive une société de classes économiques et que le grand critère c'est l'argent, donc le salaire et qu'en exigeant un salaire beaucoup plus élevé que celui qu'on nous paie actuellement, nous obligerions nos employeurs, et indirectement le public en général, à redéfinir la place de l'ingénieur parmi les classes économiques existantes (Hildège Dupuis)[39]. »

Le principe de totalité

Le propre du principe de totalité c'est d'engager et de circonscrire un « projet collectif », une vision qui se voudrait mobilisatrice de la société à construire et qui entend dépasser ces contradictions et ces conflits auxquels s'alimente précisément l'action syndicale. Or, en cette matière, l'idéologie de la Fédération se caractérise par quelques déclarations d'intention d'une portée très générale, si l'on excepte les prises de position de ses représentants siégeant au niveau de diverses instances de la C. S. N. « Le but du syndicalisme, lit-on dans le rapport du Président présenté en 1966 au Congrès de la Fédération, c'est... de promouvoir une société d'hommes libres et responsables... À notre avis, et c'est là un pari, le syndicalisme et l'action syndicale n'ont en définitive d'intérêts que s'ils portent en eux la société de demain, une société plus humaine, plus juste, une civilisation conciliant la liberté, la responsabilité et l'efficacité technique[40]. »

Le thème s'affirme et se précise quelque peu lorsque la Fédération reconnaît au Gouvernement du Québec un rôle privilégié en matière de développement économique et social. Il doit « prendre une part active (dans ce développement) par la création de nouvelles entreprises à caractère public ou mixte et par une politique de promotion industrielle qui obéisse avant tout aux exigences de notre collectivité[41] ». Le thème du développement rejoint finalement celui du nationalisme et se confond avec lui. Il s'affirme même donnant lieu à des recommandations plus précises encore.

En 1971, la Fédération demande au Premier ministre de l'époque Robert Bourassa que « Toute la question du développement des richesses naturelles de la Baie James soit soumise pour étude à la Commission permanente des richesses naturelles à l'Assemblée nationale[42]. » Le harnachement des ressources hydroélectriques de la Baie James devrait être confié à Hydro-Québec, les droits d'exploration et d'exploitation minières à SOQUEM, l'exploitation des ressources forestières à REXFOR[43]. « La conscience nationale est aussi volonté de développement et de contrôle de ce développement[44]. » Sans oublier, bien sûr, la défense et la promotion du français.

Tels sont donc, brièvement résumés, les principaux traits structurels de l'idéologie du syndicalisme de cadres québécois. Répétons-le, l'accent est mis en priorité sur les conditions de travail des syndiqués et sur leur amélioration. Le reste est fait de déclarations de principes, de thèmes certes généreux mais qui n'ont guère été fouillés et élaborés plus avant.

Ces remarques, bien sûr, n'épuisent pas la question. Le discours qu'entretient la Fédération fait largement écho à son fonctionnement interne, à l'action revendicatrice, à la négociation collective qui prennent le pas sur les prises de position d'intérêt général.

D'autres prises de position témoignent de l'affiliation de la Fédération à la C. S. N.; elles en sont le reflet discret encore que fidèle. C'est ainsi, par exemple, qu'en 1970 le Congrès de la Fédération décida d'aborder avec beaucoup de prudence la question politique et discuta de la proposition de Marcel Pepin, alors président de la C. S. N. et du service politique de la confédération, visant l'ouverture d'un second front qui viendrait doubler l'action syndicale d'ordre économico-professionnel : « Les expériences de la C. S. N. dans le domaine politique, de même que l'analyse des résultats obtenus par les syndicats dans d'autres pays ont amené les responsables de l'action politique à établir comme premier objectif l'éducation des membres. Par la diffusion de l'information, on pourrait en arriver à politiser les syndiqués et à constituer ainsi une force politique qui compte[45]. »

Et l'on conclura sur cette formule l'on ne peut plus vague :
« Notre organisation se doit de favoriser la participation de ses
membres à des activités para-syndicales[46]. »

Les instances dirigeantes de la Fédération décideront de soutenir
financièrement *Québec-Presse*. Les événements d'octobre leur
fourniront l'occasion de dénoncer le recours au terrorisme et la
répression policière, les « mesures de guerre » et la stratégie du
Gouvernement fédéral qui vise à gruger les prérogatives du pouvoir provincial.

Au Congrès de 1973, un nouveau pas est franchi, la Fédération
se prononce en faveur du « socialisme en tant que finalité », de
« la définition d'un modèle québécois de socialisme[47] », de l'utilisation optimale des comités d'action de politique de la C. S. N.[48].
Des idées, en somme, mais d'autant moins compromettantes qu'il
n'est nulle part défini ce qu'il faut entendre par « socialisme » et
par « modèle québécois de socialisme ». Le président de la Fédération s'interroge et interroge les syndiqués. Tout se passe déjà
comme si le cœur n'y était plus. « Malgré les grèves très dures que
plusieurs parmi nous ont subies, jugeons-nous toujours la grève
comme indigne de cadres qui se targuaient de pouvoir régler les
problèmes syndicaux par un dialogue « positif » entre des gens
dont le but premier est d'assurer la bonne marche de l'entreprise ?
N'y a-t-il pas tentation, maintenant que le gros du mécontentement
concernant nos conditions de travail a été apaisé, de nous considérer comme membres de la direction de l'entreprise et de juger
l'action des autres syndicats de ce point de vue[49]. »

Tout ceci se résume aisément : le syndicalisme des cadres québécois se caractérise et se spécifie par

— Sa création récente, acquise au terme d'une rupture, à plus
d'un titre d'ordre conflictuel, avec une forme d'organisation
corporatiste — les corporations professionnelles — rupture qui,
toutefois, n'implique pas la négation de toute orientation vers la
profession.

— La stricte localisation des syndicats au niveau des secteurs publics et parapublics québécois et l'homogénéité culturelle de ses membres. Le syndicalisme de cadres au Québec est un phénomène strictement « canadien-français ».

— L'affiliation à une centrale syndicale, elle aussi strictement québécoise, la C. S. N., au sein de laquelle la Fédération et les syndicats qui lui sont affiliés conservent une large autonomie, non seulement en vertu des « constitutions » qui leur sont propres, mais aussi de leur composition même puisque ces syndicats ne regroupent que des cadres intermédiaires.

— Et enfin par les orientations idéologiques propres à la Fédération et aux syndicats qui lui sont affiliés. Ces orientations privilégient la défense et la promotion des intérêts des cadres syndiqués en tant que salariés, ce qui comprend l'amélioration de leurs conditions de travail et la défense de leur statut professionnel. Elle se double, du moins en apparence, d'un niveau de conscience collective apparemment élevée dans la mesure où la défense et la promotion de ces intérêts sont perçues et affirmées comme conformes aux exigences d'une conception de la démocratie centrée sur le développement mais conçue dans une perspective nettement nationaliste.

III. — L'EFFRITEMENT

L'idéologie, disions-nous, pourrait avoir une temporalité qui lui serait propre. Généralement en retard sur l'ensemble des conditions qui entourent sa naissance, elle pourrait aussi leur survivre à la manière de ces masques du théâtre grec que n'anime plus aucun acteur.

1. La crise est évidente. Le syndicat professionnel des ingénieurs de la Ville de Montréal, le syndicat professionnel des ingénieurs d'Hydro-Québec, le syndicat des professionnels du Gouvernement du Québec se sont tous désaffiliés de la Fédération de la C. S. N. préférant poursuivre chacun de son côté et pour son propre compte l'action syndicale. Certes la Fédération a survécu à ces départs, en regroupant une multitude de petites unités de négociations, qui, le cas échéant, peuvent se fusionner en des unités de plus vaste envergure lorsque les employeurs entendent élever le niveau de négociation et lorsque les finasseries de la législation du travail le permettent. Ces syndicats comptent toujours un certain nombre de militants qui entendent continuer de tenir un discours aussi, si ce n'est plus, polémique et engagé que celui que tenaient ceux qui, avant eux, ont fondé le syndicalisme de cadres au Québec. Il reste cependant que ce discours n'a guère de chance d'être entendu et surtout de marquer le cours de l'histoire dans la mesure où la représentativité de la Fédération dans des secteurs stratégiques en regard du développement économique et social a été considérablement amoindrie par le départ des ingénieurs de la Ville de Montréal, d'Hydro-Québec et des professionnels à l'emploi du Gouvernement du Québec, et que cela limite d'autant le rôle qui aurait pu être le sien en tant que mouvement social.

2. Or là encore cet effritement peut, semble-t-il, être tenu pour le résultat d'un lent « travail souterrain » qui l'aurait préparé de longue date. C'est ainsi qu'il faudrait en premier lieu faire à nouveau état de cette résistance tenace qu'opposèrent et qu'opposent aujourd'hui encore les « cadres intermédiaires » du *secteur privé* à toute forme de syndicalisation surtout lorsqu'elle implique l'affiliation à une centrale syndicale ouvrière.

Les dirigeants et les militants de la Fédération expliqueront cette résistance en notant que les grandes entreprises du secteur privé comptaient une majorité d'ingénieurs de langue et de culture anglaises et que ceux-ci étaient très majoritairement opposés au syndicalisme que préconisait la Fédération ainsi que l'avait démontré une étude de Jacques Dofny[50]. Logique, Hidège Dupuis concluait dès 1965, et à sa manière, que seule la francisation des cadres de l'industrie permettrait de briser cet obstacle et que cette francisation ne serait acquise qu'au prix d'une « indépendance radicale ». « Je ne vois qu'une solution politique, une bonne indépendance radicale pour briser le système, sans ça on n'en sortira jamais[51]. » L'argumentation, bien que logique, pourrait cependant demeurer quelque peu facile, dans la mesure même où bien des entreprises québécoises et francisées ne se distinguent guère par leur promptitude à reconnaître l'existence de syndicats ouvriers et à fortiori celle de syndicats regroupant des cadres intermédiaires. L'opposition de l'entreprise privée au syndicalisme de cadres est un phénomène universel en Occident; il transcende donc très largement les frontières linguistiques et culturelles. D'autre part, le succès relatif et peut-être transitoire du syndicalisme de cadres dans le secteur public et parapublic au Québec pourrait fort bien s'expliquer en faisant appel à un ensemble de conditions qui leur seraient particulières ainsi que l'ont fait d'ailleurs les premiers militants en dénonçant, au cours des années soixante, l'infériorité des conditions de travail réservées aux cadres syndiqués par rapport à celles qui prévalaient dans le secteur privé.

L'on pourrait, en second lieu, faire état de ce paradoxe propre à l'action syndicale et qui veut que, en améliorant les conditions de travail des syndiqués, elle contribue à atténuer d'autant les facteurs d'insatisfaction qui constituent sa principale raison d'être. L'on ajoutera que la logique même de notre système de relations industrielles renforce cette dialectique en orientant la négociation collective vers la recherche et l'obtention d'avantages concernant les conditions de travail les plus immédiates des syndiqués mais en préservant, autant que faire se peut, les « droits de gérance ».

Quoi qu'il en soit, cette logique semble avoir porté fruit puisque aujourd'hui les préoccupations catégorielles propres aux syndicats de cadres affiliés ou non à la Fédération semblent avoir pris le pas sur les objectifs de plus vaste envergure qu'ils partageaient, semble-t-il, à l'origine, et qui permettaient de les tenir pour l'expression d'un authentique mouvement social, une force proprement politique. Le recours occasionnel à un discours contestataire et parfois même marxisant n'y change rien. D'autres signes avant-coureurs de cet effritement et surtout de ce réalignement du syndicalisme de cadres québécois vers des objectifs catégoriels, si ce n'est corporatifs, pourraient également être rapportés. Jean Réal Cardin ne s'y trompait pas lorsqu'il écrivait : « Les ingénieurs qui ont été parmi les premiers à faire la bataille en vue d'obtenir pour les professionnels le droit à l'accréditation sous l'emprise du Code du travail sont maintenant les tout premiers à passer outre à cette loi et à négliger l'utilisation des étapes nécessaires à l'accréditation, tout en développant l'action du syndicalisme de cadres. En d'autres mots, ils ont simplement tendu vers l'obtention d'un statut corporatif pour leurs groupes en les constituant selon la loi des syndicats professionnels[52]. »

Les débats auxquels donnèrent lieu les Congrès de la Fédération sont tout aussi instructifs. Les questions de politique générale ou relatives aux orientations de la Fédération n'y occupent qu'une place restreinte, souvent même marginale. À l'exception toutefois des questions d'ordre juridique que soulevaient la création et le statut des syndicats affiliés. Le gros des débats portait sur la négociation des conventions collectives et sur des questions de régie interne. Les décisions prises eurent le plus souvent pour effet de limiter les cotisations et, par conséquent, les ressources affectées au financement des activités de la Fédération, dans les domaines de l'information des adhérents, de l'organisation de nouveaux syndicats et même du « maintien syndical » et de l'application des conventions collectives de travail.

Un long débat eut lieu sur le mérite et même l'utilité du fonds de grève de la Fédération qui affecta en profondeur cette solidarité qui à l'origine unissait les premiers syndicats de cadres québécois[53]. Des militants parmi les plus convaincus et les plus actifs perdirent pied et de fort diverses façons. Les uns optèrent pour la poursuite d'une carrière professionnelle d'autant plus prometteuse que la plupart des employeurs sont généralement prêts à « récupérer » ceux qui ont acquis une bonne expérience de l'action syndicale. D'autres placèrent leurs espoirs dans le Parti québécois; d'autres, enfin, mais une minorité, se mirent à lire et à méditer Hegel et Marx; un ingénieur se convertit à la sociologie.

La coexistence de ces deux séries d'orientations vers la profession et vers l'organisation — l'entreprise ou l'administration — que Marc Maurice considère comme constitutives de tout projet collectif propre aux cadres salariés vaut encore lorsqu'il s'agit des professionnels salariés ayant adhéré au syndicalisme de cadres québécois. Si l'on retient la double hypothèse qu'il avance, selon laquelle l'orientation vers la profession se traduit par des formes d'action et d'organisation que, faute de mieux, l'on qualifiera de professionnelles, et l'orientation vers l'organisation par des formes d'action et d'organisation favorables au syndicalisme, force sera de considérer aussitôt que les associations professionnelles comme les organisations syndicales qui les regroupent sont bon gré mal gré appelées à tenir compte de ces deux orientations, et que cela vaut encore lorsqu'il s'agit de la Fédération.

Aurait-il raison ce vieux militant du N. P. D. et du syndicat des ouvriers de l'Alcan qui nous disait : « Le mouvement syndical c'est comme un fleuve, il est fait d'une multitude de ruisseaux, il s'enfle parfois au point d'emporter tous les barrages. » Certains de ces ruisseaux pourtant chargés d'espoir ne se perdraient-ils pas en chemin ?

Bernard SOLASSE.

Notes

[1] Marc Adélard TREMBLAY et Gérald FORTIN, *les Comportements de la famille salariée au Québec*, Québec, Les Presses de l'université Laval, 1964, 406 pages, 219 et ss.

[2] Mgr J.-M. PARENT, *Rapport de la Commission royale d'enquête sur l'enseignement dans la Province de Québec*, Ministère de l'Éducation du Québec, juillet 1970.

[3] Serge MALLET, *la Nouvelle Classe ouvrière*, Paris, Éditions du Seuil, 1963, 270 pages.

[4] Jean Réal CARDIN, « Réflexions sur nos corporations professionnelles », *Relations industrielles*, 17, 3, 1962.

[5] Pierre HARVEY et Pierre FERLAND, *l'État actuel des institutions corporatives dans la Province de Québec*, Étude n° 13, Institut d'économie appliquée, Montréal, H. E. C., 1960, 7.

[6] CARDIN, « Réflexions... », 239.

[7] Bernard SOLASSE, « Essai sur la conscience collective des cadres syndiqués au Québec », *Recherches sociographiques*, XIII, 1, 1972, 21.

[8] CARDIN, « Réflexions... », 229 et ss.

[9] IDEM, « La convention collective et les professionnels salariés au Québec », *Relations industrielles*, 11, 2, 126 et 127.

[10] *Idem*, 127.

[11] *Idem*, 134.

[12] *Ibidem*.

[13] *Idem*, 135.

[14] CARDIN, « Une montée inéluctable en économie moderne : le syndicalysme de cadres », *Cadres* (publication de la Fédération des ingénieurs cadres du Québec), I, 6 novembre 1967, 7.

[15] CARDIN, « La convention collective... », 133.

[16] FÉDÉRATION DES INGÉNIEURS ET CADRES DU QUÉBEC (C. S. N.), *Rapport du président au Congrès*, 28 et 29 janvier 1966, document interne ronéotypé, non paginé, 1ʳᵉ partie : « Le Bilan de notre action ».

[17] *Idem* (non paginé).

[18] Extrait des « Statuts de la corporation des ingénieurs professionnels du Québec » cité dans *Rapport du président au Congrès*, 28 et 29 janvier 1966.

[19] *Idem*.

[20] CARDIN, « La convention collective... », 132.

[21] FÉDÉRATION DES INGÉNIEURS ET CADRES DU QUÉBEC (C. S. N.), *Rapport du président au Congrès, op. cit.*

[22] *Idem*.

[23] CARDIN, « La convention collective... », 136.

[24] *Idem*, 135.

[25] FÉDÉRATION DES INGÉNIEURS ET CADRES DU QUÉBEC (F. I. C. Q.), *Rapport du président au Congrès, op. cit.*

[26] Il s'agit du journal *Cadres*, publication de la Fédération des ingénieurs et cadres du Québec, 1001, rue Saint-Denis, Montréal.

[27] FÉDÉRATION DES INGÉNIEURS ET CADRES DU QUÉBEC, *Rapport du président au Congrès, op. cit.*

[28] SOLASSE, « Essai sur la conscience collective... », *op. cit.*, 8 et 9.

[29] FÉDÉRATION DES INGÉNIEURS ET CADRES DU QUÉBEC, *Rapport du président au Congrès, op. cit.*

[30] Yvon BRUNET, Hildège DUPUIS, « Le syndicalisme chez les ingénieurs : Réponse québécoise au capitalisme », *Socialisme 65. Revue du Socialisme international et québécois*, printemps 1965, n° 5, 6.

[31] *Ibidem*.

[32] Marc MAURICE, Colette MONTEIL, Roland GUILLON et Jacqueline GAULON, *les Cadres et l'entreprise*, Institut des Sciences sociales du Travail, Université de Paris, 1967; Bernard SOLASSE, « Essai sur la conscience collective... », 26 et ss.

[33] MAURICE et alii, *les Cadres et l'entreprise...*, 251.

[34] SOLASSE, « Essai... », 13 et ss.

[35] « Le syndicalisme chez les ingénieurs... », 9.

[36] *Idem*, 10.

[37] *a)* Notes personnelles. *b)* À la suite de la dénonciation de cette forme de patronage dans le journal *Cadres*, les dirigeants de la Fédération et le directeur du journal seront poursuivis en libelle diffamatoire par une firme d'ingénieurs conseils. Voir FÉDÉRATION DES INGÉNIEURS ET CADRES DU QUÉBEC, *Rapport du Comité exécutif au Congrès de 1971*, 83. L'affaire se réglera hors cour.

[38] CARDIN, « La convention collective et les professionnels salariés au Québec », *Relations industrielles*, 21, 2, 1966, 136.

[39] « Le syndicalisme chez les ingénieurs... », 7 et 8.

[40] FÉDÉRATION DES INGÉNIEURS ET CADRES DU QŒÉBEC, *Rapport du président au Congrès*, 28 et 29 janvier 1966.

[41] FÉDÉRATION DES INGÉNIEURS ET CADRES DU QUÉBEC, *Rapport du président au Congrès de 1970*, 46.

[42] FÉDÉRATION DES INGÉNIEURS ET CADRES DU QUÉBEC, *Rapport du Comité exécutif au Congrès de 1971* (ronéotypé), 31.

[43] *Ibidem.*

[44] GROUPE D'ÉTUDE DU TRAVAIL ET DES MOUVEMENTS SOCIAUX, *Conscience ouvrière et conscience nationale* (ronéotypé), Département de sociologie, Université Laval, non daté.

[45] La résolution se lit comme suit : « Considérant que nous sommes en faveur du deuxième point et afin d'assurer à la collectivité une part juste et raisonnable des ressources de la société, il est résolu de promouvoir l'utilisation optimale des comités d'action politique et des structures syndicales y compris le Front commun. » *Idem*, 16.

[46] FÉDÉRATION DES INGÉNIEURS ET CADRES DU QUÉBEC, *le Syndicalisme groupement ou mouvement* », Congrès de 1971, 20-21-22 mai 1971 (ronéotypé), 16.

[47] La résolution se lit comme suit : « La Fédération doit promouvoir le socialisme en tant que finalité. » « La Fédération doit participer avec les autres travailleurs à la définition d'un modèle québécois de socialisme. » FÉDÉRATION DES PROFESSIONNELS SALARIÉS ET CADRES DU QUÉBEC (C. S. N.), *Procès verbal du Congrès annuel*, 24-25-26 mai 1973, Montréal (ronéotypé), 13.)

[48] Voir note 45.

[49] FÉDÉRATION DES INGÉNIEURS ET CADRES DU QUÉBEC, *le Syndicalisme groupement ou mouvement*, 16.

[50] En 1974 la Fédération comptait 7 104 syndiqués répartis en 43 syndicats. Le syndicat des professionnels du Gouvernement du Québec comptait à lui seul 3 966 syndiqués suivi par « le syndicat des cadres du Gouvernement du Québec (900 adhérents), le syndicat des professionnels des Affaires sociales du Québec (345 adhérents), le syndicat professionnel des ingénieurs de l'Hydro-Québec (363 adhérents), le syndicat professionnel des ingénieurs de la Ville de Montréal (323 adhérents) ». À l'exception de ces syndicats, les syndicats restants comptaient au plus 79 adhérents et au moins 9 syndiqués.

C'est dire l'extrême dispersion des effectifs et, il va de soi, le coût énorme des « services » que ces syndicats étaient en droit d'attendre de la Fédération. (FÉDÉRATION DES PROFESSIONNELS SALARIÉS ET DES CADRES DU QUÉBEC, *Rapport du Comité exécutif au Congrès de 1976* (ronéotypé), Annexe A.)

51 Jacques DOFNY, *les Ingénieurs canadiens-anglais et canadiens-français à Montréal*, Département de sociologie, Université de Montréal, mars 1966.

52 « Le syndicalisme chez les ingénieurs... », *op. cit.*, 11.

53 CARDIN, « La convention collective... », *op. cit.*, 135.

54 FÉDÉRATION DES INGÉNIEURS ET CADRES DU QUÉBEC, *Rapport du Président*, Congrès de 1967.

55 BRUNET et DUPUIS, *op. cit.*, 6.

56 *Ibidem.*

57 Voir note 32.

58 MAURICE *et alii, op. cit.*, 251.

L'IDÉOLOGIE DE LA CENTRALE DES ENSEIGNANTS DU QUÉBEC ET SON ÉVOLUTION, 1960-1973*

I. — DE LA CORPORATION DES INSTITUTEURS ET INSTITUTRICES CATHOLIQUES (C. I. C.) À LA CORPORATION DES ENSEIGNANTS DU QUÉBEC

L ES PREMIERS syndicats d'enseignants ont été créés au Québec, en 1937, par mademoiselle Laure Gaudreault. Ils regroupaient des institutrices œuvrant en milieu rural. Rapidement les instituteurs ruraux, puis les instituteurs et les institutrices des cités et villes, emboîtèrent le pas.

La fondation de la C. I. C. (1945)[1]

En 1945, ces syndicats étaient regroupés en trois fédérations, soit : la Fédération catholique des institutrices rurales de la Province de Québec (F. C. I. R., 1937), la Fédération provinciale des instituteurs ruraux (F. P. I. R., 1939) et la Fédération des instituteurs et institutrices des cités et villes (F. I. C. V., 1942), qui formèrent, en 1945, la Corporation générale des instituteurs et institutrices catholiques de la Province de Québec (C. I. C.).

La représentativité de ces organismes, et par conséquent celle de la C. I. C., du moins à cette époque, ne saurait être mise en doute : « Quatre-vingt-seize pour cent (96%) des instituteurs et

---

* Ce texte s'inspire très largement du travail de Louise LALIBERTÉ, *Culture politique de la C. E. Q.*, Québec; université Laval, janvier 1975, 402 pages, ronéotypé.

institutrices laïcs du Québec étaient alors syndiqués[2]. » L'objectif principal de ces syndicats était de signer des conventions collectives de travail avec les commissions scolaires. Et l'on ajoutera que, en cas de conflit avec ces dernières, ces syndicats n'avaient d'autre choix que de recourir à l'arbitrage avec sentence exécutoire, puisque la législation du travail alors en vigueur n'accordait pas le droit de grève aux salariés des services publics.

Le statut et les objectifs de la C. I. C.

À vrai dire, le statut et surtout les objectifs et les orientations de la C. I. C. demeurent quelque peu équivoques. La C. I. C. « n'est ni une corporation fermée, ni une corporation au sens de la doctrine corporatiste, ni une centrale syndicale, mais un organisme pourvu à la fois de caractères syndicaux et de caractères corporatifs[3] ». À l'époque, les objectifs corporatifs l'emportent, semble-t-il, sur les objectifs syndicaux, et cela d'autant plus que la négociation des conditions de travail se déroule au niveau des commissions scolaires.

La C. I. C., rapporte Louise Laliberté, a pour but « De favoriser les intérêts professionnels des instituteurs et d'assurer le maintien de l'honneur, de la dignité et de la discipline de ses membres[4]. » Conformément à cette orientation corporatiste, « La C. I. C. demande de pouvoir organiser elle-même des cours de perfectionnement pour les maîtres en exercice : elle veut participer au recrutement des normaliens. Elle demande l'instauration d'un serment d'office[5]. » Elle élaborera un code de déontologie. En fait, « La C. I. C. s'occupe principalement du régime de retraite, de la législation scolaire, de l'action pédagogique et professionnelle, de la publicité. Elle organise un bureau de placement pour les instituteurs. Elle publie le journal *l'Enseignement*... Elle entreprend une série d'émissions radiophoniques pour expliquer au grand public sa nature et les fins qu'elle poursuit[6]. »

Les rapports de travail et leur évolution vont peser d'un poids décisif sur l'évolution de la C. I. C., en la forçant, dans un premier temps, à développer son organisation interne selon un modèle syndicaliste, et en préparant la révision de ses orientations idéologiques qui prendra forme à partir des années soixante-dix.

En 1946, le Gouvernement Duplessis adopte une loi destinée « à assurer le progrès de l'éducation » qui a notamment pour effet de retirer aux syndicats d'enseignants ruraux le droit de recourir à l'arbitrage avec sentence exécutoire, seule possibilité qui s'ouvrait à eux, en cas de litige avec leurs employeurs, puisque la législation du travail interdisait toujours aux salariés des services publics de recourir à la grève. En 1949, la loi concernant, « les corporations municipales et scolaires et leurs employés » accorde au Secrétaire de la Province le privilège de nommer un arbitre de son choix dans le cas de conflits opposant les enseignants et les commissions scolaires. En 1949 également, l'Alliance des professeurs de Montréal perd son certificat en accréditation syndicale à la suite d'une grève illégale. Sous l'effet combiné de cette législation restrictive et, du refus fréquent de bien des commissions scolaires de négocier, les conditions de travail des enseignants se dégradent. Entre 1946 et 1949, note Louise Laliberté, peu de syndicats parviennent à négocier des conventions collectives de travail, les salaires, les pensions ne progressent guère.

Confrontée à cette situation, la C. I. C. crée, en 1955, son service technique et fait un pas décisif vers son affirmation en tant qu'organisation syndicale. « Ce service a pour mandat d'aider les syndicats à négocier, à préparer et conduire des procédures d'arbitrage. Il est chargé de stimuler l'organisation syndicale et professionnelle. De plus il est responsable de l'éducation syndicale[7]. » La situation cependant ne changera d'une façon décisive qu'à la mort de Duplessis lorsqu'en 1959, la loi de la C. I. C. sera amendée de façon à rendre automatique et obligatoire l'adhésion des enseignants laïcs du secteur public à la corporation. Entre 1960 et 1961, les effectifs de la C. I. C. passent de 16 200 membres à 28 500 membres.

La C. I. C. et la réforme de l'enseignement

La C. I. C. accueille d'autant plus favorablement la réforme scolaire qu'elle valorise l'enseignement et les enseignants. Tout en approuvant le programme de la « révolution tranquille » dans le domaine de l'éducation, la C. I. C. aura cependant tendance à le dépasser, adoptant en cela une attitude fort proche de celle de la C. S. N. : « L'école doit contribuer à épanouir l'individu selon toutes ses possibilités... Elle doit former des individus adaptés à la société moderne[8]. » Pour ce faire il importe que « L'éduqué (devienne) son principal éduquant... (qu'il se forme) à son propre rythme et (qu'il développe) ainsi le maximum de ses capacités[9]. » Il s'agit donc d'assurer l'accessibilité de tous à l'éducation et donc de garantir « (1°) la polyvalence qui permettrait d'adapter l'institution d'enseignement aux diverses clientèles étudiantes et non à celle qui « réussit bien« académiquement; (2°) la gratuité qui doit inclure, non seulement les frais de scolarité, mais, également, le transport, les frais de séjour, s'il y a lieu, et des allocations familiales plus élevées; (3°) la distribution géographique pour desservir également tous les territoires de la province[10] ».

Seul l'État peut être le véritable garant de cette réforme d'ensemble : « La responsabilité d'offrir à la population un enseignement accessible et de qualité égale pour tous incombe d'abord à l'État[11]. » Il lui appartient de dégager les ressources requises pour ce faire et de procéder aux réformes administratives indispensables, ce qui peut aller jusqu'à la mise en tutelle de certaines commissions scolaires. L'État, dans cette perspective, est conçu comme le porte-parole et l'expression de l'intérêt général. Il lui appartient de faire respecter les droits religieux et linguistiques de la majorité ainsi que ceux de la minorité, « dans la mesure du possible ». Son intervention gagne à s'appuyer sur la participation la plus large possible des enseignants et des parents.

C'est en fonction de ce vaste projet que sont abordés et traités les intérêts professionnels des enseignants. « Ils doivent bénéficier d'une gamme variée de moyens de formation, de perfectionnement, de recyclage[12]. » La C. I. C. réclame : l'uniformisation des brevets d'enseignement; que les futurs enseignants puissent avoir accès à une véritable formation universitaire; et la création, pour ce faire, d'une université publique et décentralisée. Une continuité certaine se dessine entre ces exigences et les revendications concernant les conditions de travail des enseignants que la C. I. C. mettra de l'avant à partir des années soixante-cinq : hausse des salaires, sécurité d'emploi, formation et autonomie professionnelle.

En 1967, la C. I. C. devient la Corporation des enseignants du Québec, à laquelle succédera, en 1974, la Centrale de l'enseignement du Québec (C. E. Q.). Elle se « déconfessionnalise » et se « syndicalise » à la fois. Dès 1968, la C. E. Q. entreprend de syndiquer et d'affilier des enseignants relevant d'institutions privées agréées par le ministère de l'Éducation ou par le ministère des Affaires sociales. À partir de 1972, elle affiliera des syndicats regroupant des professionnels non enseignants ou encore des employés de soutien appartenant à diverses institutions d'enseignement. Simultanément, la C. E. Q. étoffe et diversifie ses services dans le domaine des relations de travail, de l'organisation et de la négociation, de la recherche, de l'animation et de la formation syndicale. Elle se dote d'un service de communication très bien équipé et qui pourrait faire l'envie de bien des organisations syndicales comptant des effectifs beaucoup plus importants.

II. — LE TOURNANT DES ANNÉES SOIXANTE-DIX
VERS « UN SYNDICALISME DE COMBAT »

En 1972, le Congrès de la C. E. Q. adopte un manifeste qui s'intitule *l'École au service de la classe dominante*[13]. En 1974, le Congrès discute et entérine le rapport de la C. E. R. E. E. (Commission d'enquête sur le rôle de l'école et de l'enseignant en régime capitaliste), *École et luttes de classes au Québec*[14]. En 1974, la C. E. Q. publie *le Manifeste du Premier Mai. Pour une journée d'école au service de la classe ouvrière*. Ces thèmes s'opposent presque point par point à ceux que la C. I. Q.-C. E. Q. mettaient de l'avant quelques années plus tôt. Le renversement de perspective est, semble-t-il, total; la réorientation idéologique, apparemment radicale.

Les rapports de travail C.E.Q.-Commissions scolaires-État

Là encore, la conjoncture et plus précisément la dégradation des rapports entre les enseignants, les commissions scolaires et l'État ont pesé d'un poids décisif : « En octobre 1966, le gouvernement édicte des normes qui, par le biais du financement des commissions scolaires, interfèrent dans le déroulement de la négociation collective entre les syndicats d'enseignants et les commissions scolaires. Le Congrès de 1965 (de la C. I. C.) s'était prononcé contre la négociation provinciale. Les normes d'octobre 1966 déclenchent un affrontement majeur entre le Gouvernement et la C. I. C. De nombreuses grèves d'enseignants se déclarent à l'automne et à l'hiver 1966-67 provoquant ce qu'on a appelé « la crise scolaire de 1967 ». En février 1967, l'Assemblée législative du Québec adopte « Le Bill 25 » qui, 1) ordonne le retour au travail; 2) prolonge les conventions collectives jusqu'au 30 juin 1968, supprimant ainsi le droit de grève pour la même période; 3) prévoit un régime de négociation dans le secteur scolaire, obligeant la C. I. C. à négocier au niveau provincial conjointement avec la Provincial Association of Protestant Teachers (P. A. P. T.) et la Provincial Association of Catholic Teachers (P. A. C. T.)... Cette loi affirme également le rôle de l'État-employeur et planificateur devant les enseignants[16]. » La C. E. Q. n'a plus le choix. Cette loi laisse les syndicats d'enseignants et le Gouvernement du Québec face à face; il lui faudra désormais « négocier au sommet ».

En 1968-1969, une nouvelle ronde de négociation s'engage et s'éternise. Les syndicats d'enseignants définissent cinq priorités : perfectionnement des maîtres, participation, amélioration des conditions de travail à l'élémentaire, conditions de travail particulières pour les émigrants résidant dans les régions excentriques, sécurité d'emploi... Les enseignants appuient leurs revendications par une série de grèves tournantes et de manifestations. L'État-employeur, les commissions scolaires répondent par des injonctions. En novembre 1969, une première entente provinciale est signée.

La C. E. Q. tire de ces événements les leçons qui s'imposent. Elle accentue son orientation syndicale, elle liquide ce qui restait de ces orientations corporatistes antérieures. Les négociations de 1975-1976, la participation de la C. E. Q. au front commun de 1975-1976 confirment cette nouvelle orientation en même temps que la C. E. Q. élargit progressivement ses préoccupations de façon, notamment, à accorder plus d'importance à la condition féminine et « en situant la lutte des femmes à l'intérieur de la lutte des travailleurs[17] ».

Un nouveau discours ?

La définition de soi; le principe d'identité. La C. E. Q. propose de l'enseignant d'aujourd'hui une définition qui le considère comme un *travailleur de l'enseignement.* Cette approche vise surtout à souligner cette communauté de situation et donc d'intérêt qui le lie organiquement à l'ensemble des travailleurs, à la classe ouvrière... Elle constitue donc le premier moment de l'affirmation de ce syndicalisme de combat que la C. E. Q. entend pratiquer.

La rupture semble complète par rapport aux orientations professionnalistes et nettement teintées de corporatisme qui prévalaient encore à la C. I. C. aux alentours des années 1960, 1965 et qui mettaient l'accent sur la spécificité des fonctions et des responsabilités propres aux enseignants, les invitant à participer pleinement à la réforme de l'enseignement, tout en faisant valoir leurs intérêts professionnels. Entre-temps, une orientation plus nettement syndicale avait mis l'accent sur la défense et la promotion des intérêts propres aux enseignants par le biais du recours à la négociation collective, tout en considérant qu'il n'est « pas du ressort de la C. E. Q. de faire alliance avec d'autres groupes sociaux pour faire « l'action politique » et sociale, car ainsi « on s'éloigne des objectifs primordiaux de la C. E. Q. qui sont les intérêts professionnels des membres[18] ».

L'approche socio-politique élargit donc la définition de l'enseignant et, par ricochet, celle de l'action syndicale qu'elle appelle. Elle permet d'expliquer et de justifier, dans l'immédiat, la participation des enseignants aux « fronts communs » et, à plus long terme, le recours à des formes d'action politique requérant la création d'un parti des travailleurs qui représenterait la classe ouvrière québécoise : « Il est clair... que l'action socio-politique ne concerne pas exclusivement les enseignants. Le rôle social des enseignants, individuellement ou collectivement, en est un de partage et de collaboration avec d'autres individus et d'autres groupes[19]... » Ce principe poussera « la fraction » qui, à la C. E. Q., s'en est faite le porte-parole « ... à établir des liens avec les autres groupes sociaux qui interrogent l'ordre établi, (à supporter) les mouvements d'appui aux luttes dans les autres pays : Viet-nam, Cambodge, Palestine, (à boycotter) les raisins de Californie. Sur le territoire québécois, elle appuie les actions des comités de citoyens, elle incite la C. E. Q. à collaborer avec les autres centrales syndicales dans les luttes sociales : liberté de la presse, assurance-maladie, enseignement privé[20]... » En deçà de ce discours novateur et marxisant, pourrait subsister une série d'ambiguïtés qui en atténueraient singulièrement la portée : « Au plan du discours, écrit Louise Laliberté, les syndicalistes pratiquaient autrefois « un syndicalisme enseignant ». Aujourd'hui ils pratiquent un « syndicalisme de combat ». Autrefois, ils défendaient les intérêts de la « profession enseignante », aujourd'hui ils défendent les intérêts des « travailleurs de l'éducation[22] ». »

La question vient de soi : au delà de ce changement de ton et de style, la rupture est-elle aussi complète et totale qu'on le prétend parfois ? La permanence des revendications professionnelles — salaires, sécurité d'emploi, autonomie professionnelle — que la C. Q. Q. n'a cessé de défendre à l'occasion de chaque front commun ne milite-t-elle pas en ce sens ? Plus encore, ne serait-il pas possible d'appliquer à la C. E. Q. et aux enseignants qu'elle représente ce modèle d'analyse que nous avons utilisé pour traiter du syndicalisme de cadres québécois ? Les enseignants, comme les professionnels salariés, ne seraient-ils pas partagés entre deux orientations qu privilégient, tantôt le statut et les responsabilités qui leur sont propres en tant que professionnels ou, à l'inverse, leur condition de salariés ayant de surcroît pour employeur l'État ?

C'est un fait que, tout en s'affirmant solidaire de l'ensemble des salariés du front commun, y compris des plus démunis d'entre eux, la C. E. Q. n'a cessé d'exiger pour ceux qu'elle représente des conditions de travail qui dépassent, et de beaucoup, celles de la plupart des salariés de l'État québécois.

L'adversaire, le principe d'opposition. L'adversaire c'est l'État, l'État-employeur et planificateur, l'État véritable maître et décideur en matière d'enseignement au Québec, diront les partisans de la tendance syndicaliste; l'État en tant qu'il est ordonné à la reproduction du système capitaliste, ajouteront les partisans de la tendance socio-politique. La C. E. Q. pourtant n'a rien inventé en la matière, elle n'a fait qu'entériner une situation de fait imputable aux effets d'une politique gouvernementale qui, depuis 1960-1965, s'est soldée par une réduction draconienne des pouvoirs décisionnels des commissions scolaires, qui n'accorde aux cegeps qu'une marge d'autonomie fort limitée et qui a fortement entamé la marge de manœuvre de nos universités.

Cette prise de conscience s'est faite progressivement, par étapes, et non sans accuser un certain retard par rapport aux pratiques gouvernementales effectives en cette matière : « Rappelons, écrit Louise Laliberté, que les dirigeants de la C. E. Q. ont (en 1969-1970) touché du doigt une réalité inhérente à la négociation dans le secteur public et parapublic : négocier avec l'État, c'est négocier une partie des budgets de l'État. Dans une perspective de rapport de forces (le fait de toute négociation) avec l'État-employeur, la question à se poser est de savoir si on veut négocier des aménagements d'une masse salariale déterminée unilatéralement à l'intérieur d'une politique fiscale et budgétaire du gouvernement (politique de rémunération), ou si on souhaite plutôt s'attaquer à négocier la masse salariale elle-même et les critères qui détermineront l'ensemble des sommes accordées aux employés (politique salariale[23]). »

Non sans faire preuve d'une certaine dose d'utopie, Raymond Laliberté, alors président de la C. E. Q., tente de poser la question dans toute son ampleur; il affirme en 1970 : « Qu'une politique salariale n'est qu'un élément d'une politique des revenus et des prix, qui à son tour n'est qu'un élément d'une politique économique qui enfin appelle une politique sociale[24]. » Qu'est-ce à dire sinon que le mouvement syndical aurait à peser sur l'ensemble de la politique économique ? Sous l'influence de la tendance sociopolitique, l'analyse s'élargit et se durcit à la fois. L'adversaire c'est le système capitaliste.

Mais l'on aborde la question par le biais de l'école. La thèse est simple, calquée directement sur l'analyse marxiste des « appareils idéologiques d'État » alors à la mode. L'école est un facteur de reproduction des classes dominantes. La Commission d'enquête sur le rôle de l'école et de l'enseignant en régime capitaliste entend « étudier le phénomène de reproduction des classes sociales par l'école, situer l'enseignement face à son rôle et relier ces démarches spécifiques à des phénomènes sociaux plus globaux[25] ». Le rôle de cette commission en est un d'animation, de formation, de recherche militante, de conscientisation, une étape nécessaire vers une politisation globale.

La C. E. Q., à l'exception de prises de position sur des questions d'un intérêt conjoncturel et limité, n'ira guère plus loin dans son analyse du système, se bornant à reproduire et à diffuser diverses analyses ou études émanant de groupes ou de mouvements politiques ou encore de la Conférence internationale de solidarité ouvrière. L'étude des rapports de production, celle des structures économiques propres au Québec ne sont qu'à peine effleurées.

Un projet de société : le principe de totalité. Le Congrès de 1970 de la C. E. Q. affirmait sa « volonté de participer par son engagement social et politique, à l'édification d'une société québécoise orientée dans le sens des besoins prioritaires de l'ensemble des citoyens et qui sera le reflet des aspirations de paix, de justice et de liberté du peuple québécois[26] ». Déclaration aussi vague que généreuse, mais qui, néanmoins, engage une réorientation importante de l'idéologie de la C..E. Q. quant au projet de société qu'elle entend promouvoir et quant à la stratégie requise pour ce faire. « Autrefois, elle croyait possible que l'État constitué puisse fonctionner dans les cadres démocratiques idéalement projetés. Aujourd'hui, elle ne croit plus possible que l'État en régime capitaliste puisse remplir les conditions d'un fonctionnement démocratique. D'où la nécessité pour les travailleurs de définir et de clarifier entre eux les intérêts de la classe laborieuse : structures décentralisées, comités locaux de participation et, idéalement, dans les endroits où elles peuvent se développer, des formules autogestionnaires[27]. »

La période, allant *grosso modo* des années 60 aux années 70, donnera lieu à un certain nombre de prises de positions que l'on pourrait qualifier de sectorielles dans la mesure où elles invitent le Gouvernement à intervenir dans des champs précis.

L'instauration de la Commission royale d'enquête sur le bilinguisme et le biculturalisme en 1975, puis celle de la Commission d'enquête sur la situation de la langue française et sur les droits linguistiques du Québec en 1970, fourniront à la C. E. Q. l'occasion de préciser ses positions en matière linguistique, ce que résument les six propositions suivantes : « (1º) Que l'État subventionne un système d'enseignement anglophone pour les personnes dont l'anglais est la langue maternelle, et les Néo-Québécois déjà intégrés dans la minorité anglaise du Québec; (2º) Que tous les Néo-Québécois soient tenus de faire fréquenter une école française à leurs enfants; (3º) Que la commission effectue des études approfondies sur la qualité de l'enseignement du français dans les écoles, ainsi que sur l'enseignement d'une langue seconde; (4º) Que l'unilinguisme français soit décrété à tous les paliers de l'administration publique et para-publique; (5º) Que le français devienne officiellement la langue de la vie économique, industrielle et commerciale, des affaires, des services et des relations de travail; (6º) Que les entreprises de toutes origines fassent du français la langue d'usage à tous les niveaux dans leurs communications internes, de même que dans leurs communications à l'intérieur du Québec[28]. »

La C. E. Q. abordera les questions économiques, mais par le biais de la consommation : « Nous tenons à souligner, écrit Louise

Laliberté, que la C. E. Q. n'aborde jamais l'économique par le biais du processus de production. Tout au plus s'intéresse-t-elle à la protection du consommateur, de certains services, et reconnaît-elle la nécessité d'une éducation économique pour les jeunes et pour ses membres[29]. » Les politiques sociales sont traitées dans la même optique.

La C. E. Q. réclame une politique démocratique de l'éducation, impliquant : « La polyvalence des institutions secondaires et collégiales, la revalorisation du secteur professionnel, la gratuité incluant les frais de scolarité, de transport, de logement et de nourriture encourus par la population scolaire, une distribution géographique adéquate des institutions d'enseignement, une égalité de service dans tous les milieux incluant un personnel enseignant qualifié et un personnel spécialisé dans les services aux étudiants, les services appropriés aux inadaptés et aux déficients, l'éducation des adultes. Tous ces points sont considérés comme des moyens pour rendre accessible à tous les citoyens un service adapté aux objectifs fixés, c'est-à-dire réduire les inégalités des chances d'accéder à l'éducation[30]. »

La C. E. Q. réclame également l'instauration d'un régime d'assurance-maladie universel, complet, obligatoire et public et qui ne devrait pas, en priorité, profiter aux seuls professionnels de la santé. Ces réformes ont pour condition de leur réalisation un accroissement du rôle et de l'intervention de l'État, un État planificateur, mais dont la volonté doit être tempérée par la décentralisation et surtout par la consultation de la population.

Logiquement, le recours à *partir des années 70,* à une problématique marxiste aurait dû déboucher sur un projet de société à bâtir de type socialiste. Or, force est de constater que ce projet n'est qu'à peine ébauché à la C. E. Q., comme à la C. S. N., à l'exception de quelques vagues propositions, ou encore de cet appel à un socialisme d'ici dont nous a gratifiés un Pierre Vadeboncœur alors qu'il conservait encore une certaine audience au niveau du service politique de cette centrale syndicale. Ces deux organisations syndicales ont en commun d'en rester à une dénonciation des conséquences et des effets de l'exploitation capitaliste. Soumise aux effets de l'idéologie dominante, la majorité des syndiqués n'a pas encore une conscience claire ni des conditions de sa libération, ni même du projet de société à bâtir.

L'on aurait pu penser qu'après avoir radicalisé son discours la C. E. Q. se serait prononcée sans équivoque sur l'indépendance du Québec réalisée dans une optique socialiste. Les congressistes ont finalement pris position en faveur de l'indépendance du Québec, mais « réalisée avec la participation active et critique de la classe laborieuse, (et) pour autant qu'elle se réalise au bénéfice de la classe laborieuse[31] ». Il reste donc qu'à la veille du référendum sur la Souveraineté-Association du Québec, la C. E. Q. partage avec la C. S. D. l'étrange privilège de ne point avoir pris position sur « la question » et qu'il ne semble pas qu'elle ait l'intention de le faire.

Sur le plan économique, la C. E. Q. entend contester, et de plus en plus, une société bâtie sous le signe du profit, mais elle en reste très largement à cette dénonciation. C'est ainsi qu'elle mettra en accusation la politique de subventions que le Gouvernement Bourassa entend pratiquer à l'égard des multinationales, le rapport Fantus, etc. En 1973, la C. E. Q. dénoncera les demandes de Bell Canada soucieuse d'obtenir une augmentation de ses tarfis; elle en réclamera la nationalisation, mais sans jamais se prononcer sur une véritable politique d'ensemble en cette matière. Toujours sur le plan économique, la C. E. Q. appuie « les coopératives mises sur pied et contrôlées par les travailleurs[43] ».

Sur le plan social, la C. E. Q. développe une série de critiques qui dénoncent le sort réservé aux exploités, aux dominés, aux délaissés, les jeunes, les chômeurs, les personnes âgées, etc. La contrepartie positive de ces critiques vise une « redistribution du pouvoir à la majorité populaire[33] ». « Pour l'homme de la rue, constatant que la paupérisation est liée génétiquement au développement du système capitaliste, on s'attendrait en toute logique de la part d'un gouvernement sérieux à des solutions visant à arracher la cause fondamentale du mal, c'est-à-dire à modifier les règles de développement économique capitaliste[34]... »

Mais c'est encore la situation de la femme dans notre société qui retient le plus l'attention de la C. E. Q. De nombreux textes lui sont consacrés, qui dénoncent les diverses formes d'exploitation dont elles sont les victimes. La C. E. Q. en conclura « que la lutte pour la libération de la femme, comme la lutte pour la libération des travailleurs passe par la destruction du capitalisme et que dans ce combat les femmes ont leurs propres luttes à mener solidaires des travailleurs[35] ».

Quelle stratégie ?

La question est décisive et c'est évidemment sur ce point que « bloque » le processus de réorientation idéologique amorcé à la C. E. Q. depuis le début des années 70 : « Ce régime domine en écrasant les travailleurs et c'est à ce prix qu'il tient en place. Toute contribution syndicale à un tel régime est « objectivement » une caution à ce régime, donc une trahison de la cause ouvrière[36]. » La solution donc ne peut être que politique, et c'est justement ce qui fait problème : « La C. E. Q., écrit Louise Laliberté, regroupe un membership diversifié sur le plan politique. Au Québec, il existe un parti politique indépendantiste à tendance social-démocratique et aucun parti travailliste ou socialiste n'est formé. De plus, on retrouve, dans le milieu syndical, une idéologie qui veut conserver la fonction contestatrice du mouvement syndical; alors, qu'ils soient politiquement de droite, du centre ou de gauche... les syndicalistes qui véhiculent cette idéologie n'acceptent pas que les syndicats s'attachent à une formation politique. Cette réalité contribue sans doute à ce que la C. E. Q. désire conserver son indépendance face aux partis politiques et rejette la participation à la formation d'un nouveau parti politique[37]. »

Mais la contradiction rebondit aussitôt. L'inexistence d'un tel parti, les obstacles qui, au niveau des syndiqués, s'opposent à sa création et qui tiennent à leurs opinions politiques divergentes, ne laissent guère d'autres choix à ceux qui voudraient hâter « la destruction du capitalisme » que de tenter de politiser sous une forme plus directe l'action syndicale. C'est peut-être ce qu'ont tenté de faire certains éléments de la C. E. Q. à l'occasion de divers « fronts communs », en s'efforçant de développer une analyse critique du fonctionnement de l'État destinée plus à accroître le niveau de conscience politique des syndiqués qu'à ébranler réellement ce dernier.

Mais là encore cette approche n'est pas sans risque, ainsi que le soulignait, en 1972, le président de la C. E. Q. Yvon Charbonneau : « « Nous les 210 000 » (le slogan du front commun) a permis, entre autre, aux enseignants de s'identifier aux autres travailleurs... mais il contenait une contradiction en exigeant une distinction avec le reste de la population « Bon pour nous », ce cri de ralliement avait un revers : il nous encerclait. Ce n'était pas un *nous* social, un *nous* politique, c'était un *nous* 210 000, un nous de revendications syndicales traditionnelles. »

Reste une dernière solution : aller par étape vers l'unité syndicale et, si possible, vers une unité syndicale organique. Mais là encore d'importants obstacles subsistent. En 1974-1975, par exemple : « Les conflits dans la construction, (la) Commission Cliche, et (la) loi 301, démontraient combien les solidarités sont vulnérables quand interviennent la concurrence et la rivalité entre centrales syndicales et les manœuvres de division de l'État[39]. »

C'est évidemment du côté de la C. S. N. que cette stratégie pourrait être suivie de quelques effets positifs. Les deux centrales ont mis sur pied un comité chargé d'étudier cette question, mais sans résultats apparents jusqu'ici. À vrai dire, les chances d'une telle fusion apparaissent d'autant plus réduites que de profondes divergences subsistent au niveau des pratiques syndicales propres à l'une et l'autre organisation. Les revendications des enseignants de la C. E. Q., leurs rapports avec l'État-employeur ne sont pas, et de loin, ceux des syndicats ouvriers affiliés à la C. S. N.

Notre conclusion, nous l'emprunterons à Louise Laliberté : « La C. E. Q. mettra sans doute un certain temps à digérer la prise de conscience de la dimension socio-politique du syndicalisme à moins que les événements soient tels qu'ils précipitent l'intégration d'une nouvelle pratique syndicale comme ce fut le cas à la fin des années soixante en ce qui concerne la dimension syndicale[40]. »

Bernard SOLASSE.

Notes

[1] En fait, ces syndicats prenaient souvent le relais d'associations beaucoup plus anciennes, pluš professionnelles que syndicales, mais qui n'entendaient pas moins représenter et défendre les intérêts de ces derniers. Nous citerons : l'Association des instituteurs laïcs du Québec (1895); l'Association des instituteurs de Montréal (1845); l'Association des instituteurs de la circonscription de l'École normale Jacques-Cartier (1857); l'Association des institutions de l'École normale Laval (1857); la *Provincial Association of Protestant Teachers* (1886); l'Alliance catholique des professeurs de Montréal (1919) et la *Canadian Teachers Federation* (1920). (Voir Louise LALIBERTÉ, « Culture politique de la C. E. Q. », Québec, Laboratoire d'études administratives et politiques, université Laval, janvier 1975, ronéotypé, 402 pages, pp. 13 et ss.)

[2] *Origine et développement de la C. E. Q.*, C. E. Q., novembre 1977, 23 pages, p. 6.

[3] *Idem*, p. 7.

[4] LALIBERTÉ, *op. cit.*, p. 25.

[5] *Idem*, p. 27.

[6] *Idem*, p. 22.

[7] *Idem*, p. 29.

[8] *Idem*, p. 43.

[9] *Idem*, p. 44.

[10] *Idem*, p. 45.

[11] *Ibidem*.

[12] *Idem*, p. 52.

[13] *L'École au service de la classe dominante*, Manifeste présenté au XXIIe Congrès de la C. E. Q., juin 1972, Québec, C. E. Q., 54 pages.

[14] *École et luttes de classes au Québec*, Québec, C. E. Q., 1974, 162 pages.

[15] *Pour une journée d'école au service de la classe ouvrière — Manuel du 1er mai*, Québec, C. E. Q., avril 1975, 76 pages.

[16] *Origine...*, p. 9.

[17] *Idem*, pp. 16 et 17.

[18] *Idem*, p. 252.

[19] *Idem*, p. 270.

[20] *Idem*, p. 272.

[21] *Idem*, p. 281.

[22] *Idem*, p. 262.

[23] *Origine...*, pp. 96-97.

[24] *Idem*, p. 91.

[25] *Idem*, p. 62.

[26] *Idem*, p. 192.

[27] *Idem*, p. 298.

[28] *Idem*, pp. 130-131.

[29] *Idem*, p. 133.

[30] *Idem*, p. 136.

[31] *Résolution du XXIIe Congrès de la C. E. Q.*, cité par Louise LALIBERTÉ, *op. cit.*, p. 195.

[32] *Résolution au XXIIIe Congrès de la C. E. Q.*, juillet 1973 (2e résolution, no 27).

[33] LALIBERTÉ, *op. cit.*, p. 156.

[34] *Idem*, p. 157.

[35] C. E. Q., Résolution no 18 du XXIIIe Congrès, juillet 1973.

[36] C. E. Q., *Prospective*, XXIIe Congrès, 1972, p. 89.

[37] *Idem*, p. 163.

[38] *Réflexions sur la négociation de 1972 et le Front commun*, p. 18, cité par Louise LALIBERTÉ, *op. cit.*, p. 105.

[39] *Origine et développement de la C. E. Q.*, p. 16.

[40] LALIBERTÉ, *op. cit.*, p. 172.

JALONS POUR UNE SOCIOLOGIE DE LA
PRATIQUE UNIVERSITAIRE

L ES TRANSFORMATIONS multiples qui ont affecté l'exercice du
métier d'universitaire au Québec ont été peu étudiées si ce
n'est de manière purement descriptive et statistique. Par contre, le
système universitaire en tant que tel, l'institutionnalisation de disciplines nouvelles et plus récemment la syndicalisation des professeurs ainsi que les grèves qui s'en sont suivies ont davantage attiré
l'attention des chercheurs; en conséquence, ils ont fait plus spécifiquement l'objet de travaux et de recherches[1]. Affirmer que les
changements qui traversent la pratique du métier d'universitaire
au Québec sont à la mesure des transformations institutionnelles et
disciplinaires de l'université rappelle une évidence plutôt banale.
Qu'en est-il en fait de la pratique du métier d'universitaire au Québec et plus particulièrement de la pratique idéologique des universitaires québécois ? Cet essai tentera d'apporter des éléments de
réponses, des jalons, à cette question, en procédant à l'analyse du
discours que les universitaires québécois tiennent sur leur métier.

I. — PROBLÉMATIQUE GÉNÉRALE D'ANALYSE

L'histoire de la formation sociale québécoise, les traits structurels particuliers à une société dépendante et à la structure de classe
spécifique qui lui est inhérente forment le cadre et le contexte général dans lesquels la pratique du métier d'universitaire prend
forme, se reproduit et se transforme. Toutefois, si l'exercice du
métier d'universitaire se déploie différemment selon les transfor-

mations économiques et les problèmes politiques et idéologiques qui à la fois structurent son mode d'existence social et forment son contexte, l'histoire de ce métier ou, plutôt, les formes spécifiques que revêt à des moments précis la pratique du métier d'universitaire ne peuvent en aucune manière être réduites ou entièrement tributaires de l'état de l'infrastructure économique ou des conditions politiques et idéologiques de la formation sociale québécoise. Le métier d'universitaire manifeste une vie propre, une activité particulière qui évolue, change et se transforme d'abord en fonction de ses composantes internes; le cadre économique, le contexte politique et idéologique produisent des contraintes externes qui, en tant que telles, exercent des pressions sur le rapport entre les différentes composantes de la pratique. Au delà des décalages et des décrochages entre les divers niveaux constitutifs d'une formation sociale, les conditions économiques assurent une constante fondamentale : elles jouent le rôle de contraintes dans la constitution même du rapport social qui instaure la pratique universitaire.

Si l'exercice du métier d'universitaire n'est pas entièrement redevable des conditions socio-économiques de la société québécoise, sa spécificité se manifeste par un rythme et un temps d'évolution, donc de changements, qui lui sont propres. La question se pose de savoir comment arriver à identifier et à cerner les changements qui ont affecté l'exercice du métier d'universitaire. Un certain nombre d'approches ont été mises de l'avant ces dernières années qui visaient à rendre compte du phénomène. Parmi celles-ci, il faut signaler l'analyse institutionnelle, c'est-à-dire l'analyse qui a recours à l'histoire de l'université pour expliquer la pratique universitaire. Dans un certain sens, l'institution universitaire constitue le véhicule et la structure à partir desquels s'effectuent le déploiement de la pratique, ses modifications, ses changements. L'université demeure le lieu spécifique et traditionnel de la production et de la reproduction de la pratique du métier d'universitaire. Cependant la pratique du métier d'universitaire peut-elle être ainsi réduite à un phénomène social évoluant au gré des contraintes et des décisions institutionnelles, voire des appareils d'État ? Au contraire elle manifeste une activité qui lui est

propre, avec son développement, ses caractéristiques, ses variations. Les transformations dans l'exercice du métier d'universitaire, son histoire, ne peuvent en aucune façon être assimilées,
terme à terme, à l'histoire de l'université québécoise; il y a une
autonomie et une spécificité de chacun des deux objets qui, d'un
point de vue théorique, doivent être posés comme tels.

Par ailleurs, dans les débats et les analyses suscités par les changements de la pratique universitaire, certains phénomènes sociaux
se sont vu attribuer un caractère explicatif : le phénomène de la
syndicalisation des universitaires, par exemple, a suscité d'immenses discussions et a été l'objet d'évaluations fort diverses quant à
son impact sur l'université et sur la pratique des professeurs. Toute
une littérature spécialisée a même été jusqu'à voir dans ce phénomène la cause explicite des changements qui s'y sont manifestés :
comme s'il y avait l'avant et l'après du phénomène social en question, comme si un tel phénomène pouvait être considéré comme un
moteur du changement quant à la pratique universitaire. Or telle
n'est pas la perspective d'analyse privilégiée ici. La construction
de l'objet d'analyse mise en œuvre dans cette recherche veut poser
la question du changement d'une façon différente : de ce fait, elle
s'interdit de voir dans la syndicalisation des universitaires autre
chose qu'un moment fortement caractérisé (et non la cause) du
changement de la pratique des universitaires québécois. Cette
analyse prend en compte la perspective selon laquelle, d'un point
de vue théorique, un phénomène de la pratique sociale, comme la
syndicalisation, ne doit pas être figé dans un temps événementiel
(avant et après l'événement); au contraire, elle tente de le penser
dans une pluralité de temps sociaux dans lesquels le phénomène en
question devient support de quelque chose d'autre que l'analyse
doit s'efforcer de circonscrire et de saisir.

Ainsi la démarche d'analyse tente de circonscrire puis de forma-
liser différentes formes de pratiques qui apparaissent et se développent successivement au cours de l'histoire, mais qui, du même
coup, subsistent et cohabitent dans un même moment de l'histoire
universitaire. C'est en cela que cette analyse revêt un caractère
singulier : au lieu de réduire l'exercice du métier à une seule forme

de pratique, l'analyse vise à faire ressortir les différentes formes de pratique présentes dans un même moment. De plus, elle pose que les diverses formes de pratique identifiées sont articulées et hiérarchisées par une dominante. Enfin la démarche s'efforce d'en repérer les effets dans le discours que les universitaires québécois tiennent sur leur propre métier, c'est-à-dire d'analyser ce discours dans les articulations et les configurations diverses dans lesquelles il se donne.

Le matériel discursif à partir duquel l'analyse procède renvoie, d'un point de vue sociologique, à une analyse des idéologies. Dans la mesure où l'on pose que la pratique sociale est à la fois matérielle et symbolique, on peut avancer l'hypothèse qu'une analyse de discours peut permettre d'atteindre et de circonscrire la pratique universitaire effective. À cet égard, l'idéologie sera définie comme « une mise en forme de l'expérience[2] », mise en forme qui s'effectue sur l'axe de la production de sens et sur celui du mode de connaissance. Ainsi la pratique idéologique des universitaires québécois est considérée comme partie intégrante de leur pratique sociale; c'est à partir de l'analyse de celle-là que l'on procède au repérage des transformations de celle-ci, et ce, en fonction de la perspective esquissée précédemment. Par pratique universitaire, il faut entendre l'ensemble des activités de ceux qui exercent le métier d'universitaire à titre d'activité principale, et non pas la seule pratique scientifique au sens où l'entend l'épistémologie dominante contemporaine. La pratique du métier d'universitaire constitue de la sorte une unité contradictoire entre l'activité de production de connaissance (recherche) et l'activité de reproduction de la force de travail (enseignement); les transformations de la pratique opèrent par un renversement du rapport et de l'articulation entre les deux activités qui instaurent la pratique universitaire dans une forme particulière, historiquement située et datée, laquelle renvoie à sa manière à des rapports sociaux spécifiques.

De ce point de vue, l'opérationnalisation de cette perspective d'analyse nécessite la construction d'hypothèses précises qui visent à rendre compte des divers types de pratique, caractéristiques des formes que revêt l'exercice du métier d'universitaire au Québec.

Eu égard au matériel documentaire analysé[3], nous allons avancer l'hypothèse que l'on retrouve présentes trois formes de pratique diverses, voire contraires; que l'une d'elles est dominante; qu'en ce sens elle articule et hiérarchise les deux autres formes de pratique; que ces formes de pratique sont respectivement la pratique corporatiste, la pratique libérale de type professionnel et la pratique marchande. La distinction entre les formes de pratique relève d'un rapport particulier entre les activités composantes de la pratique (enseignement et recherche). De sorte que ces formes de pratique se définissent de la façon suivante :

— *pratique corporatiste* : pratique axée essentiellement sur la reproduction de la force de travail dont la dominante est portée par l'enseignement et qui est caractérisée par l'extrême faiblesse des activités de recherche; comme telle, il s'agit d'une forme de pratique apparue à une étape antérieure du développement de l'université québécoise mais qui subsiste comme résidu au moment considéré;

— *pratique libérale* : pratique axée essentiellement sur la production de connaissances et dont la dominante est portée par la recherche; ceci indique un développement important et une structuration des activités de recherche, l'enseignement passant alors au second plan; la logique implicite à cette forme de pratique de type professionnel s'articule autour de l'autonomie nécessaire à l'exercice de la profession, et de la liberté académique, le tout basé sur une justification éthique par le mérite d'une part et d'autre part par la compétence et la performance; on pose l'hypothèse que cette forme de pratique est dominante;

— *pratique marchande* : pratique qui prend forme avec la séparation institutionnelle des activités de recherche et des activités d'enseignement et par l'investissement au sein même des activités constitutives de la pratique de la valeur d'échange et du travail marchand; d'où parcellisation du travail et rentabilisation des tâches, ce qui signifie que la pratique devient une marchandise qui se vend comme telle; quant au matériel analysé, il s'agit là d'une forme de pratique en voie d'émergence.

II. — L'ANALYSE DE LA PRATIQUE DES UNIVERSITAIRES QUÉBÉCOIS

L'analyse de la pratique idéologique des universitaires québécois procède par le biais d'une analyse de contenu, instrument qui permet de désarticuler les textes et de reconstruire les données pour mettre à jour des schèmes d'organisation, des classes récurrentes dans le discours. L'objectif de l'analyse consiste à démonter un matériel et à mettre en lumière les éléments qui le constituent ainsi que les ressorts qui les articulent, pour finalement en proposer une interprétation.

Nous avons effectué un découpage du corpus qui, par rapport aux différents référents (enseignement, recherche), permette de repérer un ensemble de formations discursives diverses qui génèrent les traits distinctifs des textes. C'est pourquoi, dans un premier temps de l'analyse, il faut s'attarder à cerner les rapports, les relations, sinon les enchevêtrements multiples que le discours construit au sujet de l'activité d'enseignement et de l'activité de recherche, donc de la pratique universitaire. Ce sont là les éléments concrets qui renvoient à « l'analyse » que les universitaires québécois font de leur métier et de ses conditions d'exercice. Mais le discours des universitaires sur leur pratique est multiple; les façons par lesquelles il manifeste une forme d'adéquation au réel ne sont pas univoques. Dans un deuxième temps, l'analyse cherche à voir comment un matériel plus spécifiquement symbolique produit en quelque sorte une forme de pratique; elle s'arrête à repérer les marques de l'opérativité et de l'efficace propre du symbolique dans le processus de la pratique universitaire.

Les activités de recherche-enseignement dans la pratique des universitaires québécois

Une précision s'impose au départ. La pratique universitaire ne s'élabore pas selon la vision ou la volonté des universitaires. Il s'agit plutôt de la construction opérée selon les contraintes, voire en certains cas les oppositions, que les agents peuvent mettre explicitement ou implicitement à jour. Cette construction renvoie aux référents du discours et aux modalités différentes d'articulation du discours. Plusieurs thèmes apparaissent au sujet des activités de recherche-enseignement. Ils s'instaurent selon deux axes précis. Le premier s'inscrit dans la réduction de la contradiction théorie-pratique. Le second axe constitue d'une certaine façon une spécification du premier; il dichotomise la recherche et l'enseignement et les différencie selon la contradiction production-reproduction.

Les types d'articulation entre les activités de recherche-enseignement. À un premier niveau, la recherche comme l'enseignement d'ailleurs apparaissent en tant que forme d'appropriation des contraintes liées à la contradiction fondamentale théorie-pratique. Ces deux activités constituent une spécification, qui se double d'une justification, de la division du travail entre intellectuels et manuels. Depuis toujours, les sociétés ont procédé à une distinction entre les tâches de l'action et celles de la réflexion : « nous fournissons une matière qui est intellectuelle donc, qui a un prix supérieur à ce qui est matériel (7.35) (d.1) ». Elles vont jusqu'à institutionnaliser cette division du travail, à la fois technique et sociale, entre ceux que l'université rassemble aux fins de la réflexion et les autres, c'est-à-dire ceux qui sont accaparés par l'action et la production, les exigences de l'organisation et la gestion des intérêts sociétaux. Car tel est bien le cas : cette division du travail ne fait pas l'objet d'une analyse dans le discours des universitaires, mais est au contraire toujours présupposée au départ comme postulat indiscutable. En ce sens, la division du travail est naturalisée et dé-historicisée, au lieu d'être resituée dans le processus des rapports sociaux, comme si, de tout temps, il en avait été de la sorte. La justification de cette division du travail passe par l'institution; d'une certaine façon, c'est l'institution université qui instaure et donne ses fondements à la pratique universitaire : l'université constitue le « lieu réservé » pour la réflexion, lieu réservé non seulement en marge, mais en quelque sorte hors des rapports sociaux.

Être le lieu réservé pour l'examen libre, patient et réfléchi de toute question : telle est la mission irremplaçable de l'université; tel est son but final, son ultime justification. Si l'université n'est pas cela, elle devient tout ce qu'on voudra... C'est là une réalité banale à force de l'entendre répéter, mais une vérité que le souci de paraître « dans le vent » et l'ambition de répondre sans discernement à tous les appels du milieu font souvent oublier dans la pratique. Mais le jour où les exigences de l'organisation et les sollicitations multiples du milieu contrediront les conditions que requiert la réflexion, le jour où, pour réfléchir, il faudra sortir de l'université, on regrettera amèrement d'avoir pris la vocation essentielle de l'université pour acquise (8.85) (c. 1).

Il n'est pas superflu de le répéter : la mission essentielle de l'université c'est d'être pour ses membres et pour la société entière un centre de réflexion humaniste et scientifique. Toutes ses obligations concrètes vis-à-vis de la société découlent de ce devoir, premier et intangible. De fait, à une époque désaxée comme celle que nous traversons, elle représente peut-être le dernier et ultime refuge de la pensée réfléchie (8.99) (c. 1).

Ces textes reprennent et développent des points particuliers de discours circulant dans la société qui renvoient à une conception générale du travail, de l'acte de production et à un mode d'appropriation d'une forme spécifique de travail : le travail intellectuel et la fonction de conception. Ainsi se trouve désignée, par on ne sait quel mécanisme toutefois puisqu'il s'agit d'une présupposition, une spécialisation dans la production et dans le travail qui opère une scission entre les tâches reliées à la conception et celles qui ont trait à l'exécution ou à la fabrication : dès lors s'instaure une division générale du travail entre intellectuels et manuels. Cette division du travail est supposée avoir toujours été, car nulle part elle n'est posée comme problème ni analysée comme produit de la transformation des rapports sociaux. Au contraire, la question est évacuée au profit d'une justification de la position des intellectuels dans la division du travail via le recours à l'institution qui symbolise la place privilégiée et le travail spécialisé des universitaires dans la société : l'université. C'est l'institution qui instaure la pratique et qui accorde aux universitaires une place dans les rapports sociaux. Cette division du travail se naturalise au titre de l'habitude et de l'accoutumance.

En regard des activités de recherche-enseignement, cette première forme d'appropriation de la contradiction fondamentale théorie-pratique ouvre la voie à son propre dédoublement, mais cette fois dans le cadre des activités proprement universitaires. En effet, dans la mesure où la distinction entre intellectuels et manuels vient d'un certain type de division du travail produite par une spécialisation des tâches de réflexion par rapport aux tâches d'exécution, ces tâches de réflexion que constituent les activités de recherche-enseignement sont elles-mêmes l'objet d'une spécialisation; celle-ci résulte en une nouvelle division du travail qui s'applique au travail universitaire comme tel. L'activité de recherche s'autonomise graduellement par rapport à l'activité d'enseignement sous le double effet d'une spécialisation des tâches et d'une nouvelle division du travail. À ce niveau encore, il s'agit d'une spécification et d'un mode d'appropriation de la contradiction théorie-pratique. Ainsi l'activité de recherche se dissocie graduellement de l'activité d'enseignement; l'universitaire devient de plus en plus soit un enseignant, soit un chercheur. Cette spécialisation et la nouvelle division du travail qui s'ensuit s'inscrit dans le développement des études avancées et de la recherche, à l'université et dans les divers appareils de la production scientifique notamment.

> Tout en veillant au maintien de ponts entre les trois cycles d'enseignement et entre l'enseignement et la recherche, on doit créer à l'université un véritable statut du professeur-chercheur et ce statut doit être considéré comme équivalent à celui de professeur-enseignant... À moins d'une décision prompte octroyant à la recherche un statut clair et précis et s'exprimant par des normes rigoureuses, un programme cohérent, des cadres adéquats et un budget garanti, les professeurs-chercheurs quitteront l'université comme c'est le cas depuis longtemps d'ailleurs. Sans que l'on puisse encore parler d'exode en masse, ils ont déjà commencé à rejoindre les instituts de recherche qui se font chez nous de plus en plus nombreux dans les services publics, les entreprises ou au sein ou à la marge des universités, plus particulièrement à l'Université du Québec. Cest instituts comprennent des équipes de chercheurs jeunes et compétents, ils constituent des cadres particulièrement propices aux travaux pluridisciplinaires et aux contacts avec les spécialistes de l'extérieur dans le même domaine scientifique qui sont un prérequis de toute recherche valable. Il faut bien se rendre compte de la portée de ces développements pour l'université. Avec la disparition de la recherche de première valeur c'est, sinon le deuxième cycle, à coup sûr le troisième et le post-troisième cycles qui forcément déserteraient l'université... À moins d'un prompt redressement de la situation, l'université semble vouée à devenir

bientôt ce que plusieurs estiment qu'elle est déjà : un établissement d'enseignement post-secondaire, c'est-à-dire de simples écoles professionnelles. Les professeurs qui souhaitent continuer à travailler au sein de l'université et qui veulent empêcher un glissement, qui pourrait être rapide, de leur statut, doivent tout mettre en œuvre — y compris l'exercice de pressions — pour que l'enseignement de deuxième et de troisième cycles et la recherche disposent d'un budget autonome et pour que se crée un statut de professeur-chercheur. Par là-même, on permettra la clarification, qui s'impose depuis longtemps, du statut de professeur-enseignant (8.95-97) (e.1).

Ces textes soulèvent la question de l'articulation de l'activité de recherche avec l'activité d'enseignement à travers le problème d'une nouvelle division du travail à l'intérieur de la pratique universitaire cette fois. On peut y voir de nouveau la manifestation d'une forme d'appropriation des contraintes liées à la contradiction théorie-pratique, au niveau de la pratique universitaire toutefois. S'appropriant ces contraintes, l'agent cherche à justifier et à avaliser en quelque sorte sa propre position dans la division du travail : le dédoublement de la contradiction première dominée par le travail intellectuel produit une division du travail universitaire dominée cette fois par l'activité de recherche. Cela s'inscrit dans la logique du type de rapports sociaux prévalant dans lesquels le travail de conception exerce une domination sur le travail d'exécution. Mais dans la mesure où la contradiction fondamentale est niée et évacuée dans le texte parce que non analysée, naturalisée et faisant abstraction de l'histoire, d'où son acceptation naturelle, les formes d'appropriation des contraintes requises au titre de résolution de la contradiction s'avèrent en porte-à-faux parce qu'elles procèdent d'une connaissance dont les fondements sont aléatoires. Le texte constate les effets négatifs d'une solution historique de la contradiction et de ses prolongements institutionnels : la dissociation des activités de recherche et d'enseignement et l'institutionnalisation de cette division du travail. Incapable de voir l'origine des effets constatés parce que la contradiction fondamentale est niée, l'agent en revient à des constatations sur la nécessité pour l'institution universitaire d'intégrer l'ensemble des activités de la pratique universitaire; et sur la personnification de la division du travail, au sens où il y défend sa propre position. D'où division à la fois technique et sociale du travail universitaire.

Toutefois, le discours universitaire ne dédouble pas toujours la contradiction théorie-pratique dans le cadre du travail intellectuel. Si, dans les faits, on retrace la présence agissante de deux types d'activités distinctes, l'enseignement et la recherche, celles-ci ne sont vues, dans certains textes, que comme renvoyant l'une à l'autre; deux activités complémentaires qui s'inscrivent dans la logique l'une de l'autre. Ainsi on reconnaît la spécificité intrinsèque du travail universitaire dans la division du travail; cependant la différenciation des activités d'enseignement et de recherche n'est jamais analysée comme manifestation d'une spécialisation à l'intérieur du travail universitaire mais plutôt comme les deux aspects complémentaires d'un même travail. Celui-ci ne se conçoit d'ailleurs pas sous une seule forme ou sous un seul aspect. Les deux activités sont posées comme étant non seulement souhaitables mais nécessaires à l'exercice du métier d'universitaire : l'enseignement et la recherche sont deux activités qui s'appellent et se complètent l'une l'autre.

> Je pense qu'il faut aussi détruire un autre mythe qui apparaît non seulement dans le rapport Bonneau-Corry mais dans bien d'autres rapports et écrits récents : le mythe de l'excellent chercheur qui serait un très mauvais enseignant. Je concède que le talent pédagogique et le talent pour la recherche ne vont pas toujours de pair. On peut avoir un grand talent pédagogique, on peut même — je viens de le remarquer — avoir un talent pour la « réflexion scientifique », sans pour cela avoir un talent marqué pour la recherche de pointe. Et nous avons tous connu certains bons chercheurs qui n'ont pas un talent remarquable pour l'enseignement, au moins au niveau du premier cycle. Mais très rares sont les véritables chercheurs, les grands chercheurs, ceux au moins qui ont acquis une expérience dans l'enseignement, qui ne sauraient donner un enseignement valable, même au niveau du premier cycle (11.61) (d.1).

La rupture entre les deux activités de la pratique universitaire est niée au profit d'une affirmation de leur compatibilité et de leur correspondance. Il faut toutefois prendre note du procédé. Il ne s'agit pas d'effectuer une analyse de la pratique universitaire pour voir comment se hiérarchisent les activités de recherche-enseignement puisque de toute façon la contradiction fondamentale est escamotée; mais il faut plutôt enregistrer ce que l'agent fait et ce qu'il voit. Le texte se construit autour de deux axes : d'une part, il constate une tendance à une différenciation de plus en plus accentuée entre les deux activités qui structurent l'exercice du métier d'universitaire mais en la niant aussitôt pour affirmer la complémentarité intrinsèque, naturelle et historique des deux types d'activités de la pratique universitaire. D'autre part, cela passe par le biais d'un ensemble de constatations, à caractère fortement empirique, marquées par un naturalisme (talent) et un moralisme humaniste (bons, véritables, grands chercheurs, mauvais enseignants) qui ont comme fonction d'empêcher l'analyse d'aller plus loin et de pousser plus avant son investigation. Ainsi se trouve restituée l'unité originaire du métier d'universitaire, grâce à des arguments d'autorité légitimés par l'histoire : recherche et enseignement sont complémentaires et se renvoient fonctionnellement l'un à l'autre.

> Non seulement l'idéal mais aussi le réalisme — et l'expérience répétée d'un grand nombre d'universités dont nous voudrions atteindre l'excellence — devraient donc nous convaincre que dans une université recherche et enseignement, même enseignement du premier cycle, devraient être, en règle générale, intimement liés et se féconder mutuellement. La séparation de la recherche de pointe et de la réflexion scientifique ne serait non seulement une entreprise artificielle, mais aussi dangereuse (11.63) (d.1).

Paradoxalement, il s'agit du discours d'un scientifique, d'un chercheur qui, dans l'exercice quotidien de son métier, doit aussi faire sa place à l'activité d'enseignement, c'est-à-dire dont le travail de production n'est pas uniquement, ni même essentiellement, restreint à l'activité de recherche. Et le fondement d'un tel type d'articulation des activités de recherche-enseignement provient justement de ce que l'on appelle par ailleurs l'idéologie professionnelle de la recherche. Précisons : c'est du point de vue de la recherche et de sa pratique de chercheur que l'agent est amené à prendre en compte et à justifier la pertinence de l'activité d'enseignement dans l'exercice du métier d'universitaire, donc à justifier une solution historique de la contradiction, qui ne requiert pas dans ce cas une nouvelle division du travail universitaire.

Il faut toutefois reconnaître qu'il est aussi très bon pour un scientifique, pour un chercheur, d'enseigner. En effet, s'il est vrai que le chercheur de pointe est forcé de suivre la « littérature » pour continuer à faire de la recherche valable, il est vrai aussi qu'il risque de se spécialiser de plus en plus et de progresser dans un domaine de plus en plus étroit. Si par contre le chercheur est appelé à prendre part à l'enseignement, non seulement du deuxième et du troisième cycle mais aussi du premier cycle, il se verra forcé de garder la largeur de vue qui s'impose dans l'enseignement (11.63) (d.1)...

Dans cette articulation spécifique des activités de recherche-enseignement, la recherche occupe la place dominante. Du point de vue du chercheur, l'enseignement a comme fonction, non pas de contrer une spécialisation trop poussée qui est matériellement liée à l'activité de recherche dans la production de connaissances, mais plutôt de procurer une certaine « largeur de vue » sur la discipline, sur l'univers scientifique en général : d'une quelconque façon, maintenir, voire renforcer une position dans l'ensemble du champ scientifique. De point de vue de l'enseignant, l'activité de recherche se voit attribuer la fonction de rempart contre la déclassification dans le champ scientifique que produit une activité axée essentiellement sur la formation des étudiants; et qui, si elle n'est pas articulée de quelque manière à la recherche, se trouve dissociée structurellement de la production de connaissance.

Le professeur qui est chercheur a, même dans la perspective de l'enseignement, un avantage certain sur le professeur qui ne fait pas de recherche personnelle : il est forcé, par les exigences ardues, presqu'impitoyables, de la recherche et par des publications dans des périodiques reconnus, de se tenir au courant des derniers développements dans son domaine. Par contre, il n'est pas rare de voir des professeurs très bien formés et qui étaient très « modernes » dans leur temps, dépassés par les nouveaux développements, quelques années après avoir abandonné la recherche active (11.62) (d.1).

Ainsi se trouvent mis à jour deux types d'articulation spécifique entre les activités de recherche et les activités d'enseignement dans l'exercice du métier d'universitaire au Québec. Dans les deux cas, la dominante est exercée par l'activité de recherche. Dans les deux cas aussi, il s'agit de formes d'appropriation des contraintes résultant de la contradiction théorie-pratique en regard de la pratique universitaire. Seule une interprétation à partir des hypothèses sociologiques peut indiquer les modalités selon lesquelles l'analyse hiérarchise les significations et les connaissances mises en œuvre dans ces formes de pratique discursive.

Les activités de recherche-enseignement et la fonction de production-reproduction. Les dernières réflexions invitent à considérer les activités de recherche et d'enseignement sous l'angle de la contradiction production-reproduction qui, en tant que telle, s'inscrit à la suite de la contradiction théorie-pratique qu'on vient d'examiner plus haut. Le travail universitaire constitue une forme d'appropriation de la contradiction production-reproduction qui articule les activités de recherche-enseignement à partir d'une dominante, articulation qu'il convient de repérer et de lire dans le discours universitaire. Ajoutons à cet égard que les activités de recherche-enseignement des universitaires québécois s'inscrivent, au niveau du discours qu'ils tiennent sur leur pratique, comme manifestation de la réduction des contraintes liées à cette contradiction selon un axe plus complexe que celui qui prévaut habituellement dans certaines analyses.

Abordée par le biais de la contradiction théorie-pratique, l'activité d'enseignement s'avère dominée par l'activité de recherche. En ce sens, elle apparaît bien comme un travail d'exécution par opposition à un travail de conception : peut-elle dès lors être considérée comme une pratique, c'est-à-dire comme une activité de transformation ? Pour ce faire il convient d'examiner le discours qui porte sur l'enseignement comme forme d'appropriation des contraintes liées à la contradiction production-reproduction.

Le discours qui a pour objet l'enseignement se construit dans un premier temps autour du couple formation-éducation. Formation des étudiants, apprentissage d'un métier, éducation de l'esprit et du caractère, transmission des valeurs et de la culture, mais aussi formation des chercheurs, éducation par la recherche, enseignement aux deuxième et troisième cycles, tels sont les thèmes multiples et enchevêtrés qu'on retrouve dans ce discours. Autant dire la multiplicité des renvois symboliques que recouvrent ces thèmes. Une première forme de pratique permet toutefois d'opposer le couple formation-éducation à production. Ce texte inscrit cette opposition dans la logique de celle qui marque la formation et l'éducation de l'esprit à la formation technique qui prépare directement au marché du travail. C'est aussi poser le problème de la compatibilité entre les deux types de formation.

> Une université est-elle essentiellement une institution ayant comme but la diffusion des connaissances, avec une responsabilité spéciale en vue de l'entraînement des cadres pour le monde professionnel, le milieu des affaires et du commerce ? Sa préoccupation la plus profonde sera alors de « produire » un volume et un choix suffisants de produits humains... Elle est là au service du public, pour absorber autant d'herbes qu'elle peut en digérer et transformer en lait à intervalles réguliers. L'université se trouvera clairement dans une situation subordonnée à la société qu'elle sert, et la société présentera assez peu les caractères de societas : elle sera comme Monsieur Bélanger la conçoit : « le marché du travail ». L'université sera la vache, et le marché la trayeuse; des transactions se feront périodiquement de l'une à l'autre mais il y aura peu de dialogue (6.54) (b.1).

C'est sur le fond de scène des rapports université-société que cette opposition prend forme. Et la métaphore paysanne négative et dépréciative qui l'explicite parle de tout, sauf justement de l'essentiel : du paysan, du travail et de la production. Car, sera-t-il affirmé par la suite, « l'homme ne vit pas que de travail ». Cet humanisme idéaliste, outre le fait qu'il soulève la question de ce que sont le travail et la production, repose sur une image immatérielle et en quelque sorte a-historique de l'homme. Vécu comme un devoir sinon une peine, le travail est relativisé au profit d'une image (il faut bien travailler, mais...). Mais il y a autre chose; et cette autre chose, c'est la vie, les valeurs, le monde de l'humain, lesquels sont opposés au travail, à la technique et à la profession. Ainsi la formation de l'étudiant « débouche sur la vie » et « la vie est infiniment plus large que la profession que l'on exerce »; elle ouvre, et le cardinal Newman lui-même en atteste ici de son autorité, sur les véritables valeurs et sur les choix qui ont une incidence humaine; cultiver l'esprit, purifier le goût, fournir des principes vrais, etc. Dans ce sens l'éducation s'oppose à l'instruction, orientée vers la spécialisation technique. Elle est vouée à la transmission de la culture et des valeurs, donc à la reproduction. D'une façon plus lapidaire, il s'agit d'assurer la formation de la relève, c'est-à-dire pour les universitaires de s'auto-reproduire dans les rapports sociaux; et toute activité universitaire, d'enseignement ou de recherche doit être ordonnée en fonction de cette formation de la relève.

> La fin propre de l'université, en tant qu'institution sociale unique et distincte, est d'assurer la formation intellectuelle de la relève de plus en plus nombreuse et diversifiée qui est nécessaire pour conserver, transmettre, faire progresser et appliquer les connaissances qui sont requises au progrès, et de plus en plus semble-t-il, à la survie elle-même de l'espèce humaine... Toute autre activité de l'université, d'enseignement et de recherche d'abord, ou de toute autre nature ensuite, doit y être subordonnée (11.13-15) (b.1-3)...

Dans ce texte, c'est non seulement l'activité d'enseignement mais l'activité de recherche également qui concourent et qui sont ordonnées à la formation de la relève : la reproduction d'une fonction et de ceux qui l'occupent pour le plus grand bien de l'humanité. On remarque là les procédés de naturalisation et de dé-historicisation dont nous avons déjà parlé. D'ailleurs, ce texte modalise la formation de la relève par le qualificatif diversifiée, associée par la suite à l'idée de faire progresser les connaissances. Le sens de cette reproduction est pensé de façon abstraite puisqu'il recèle l'idée même de progrès des connaissances. Dialectique de la reproduction-production, mais dont la dominante demeure ici la reproduction. Retenons donc cette vision de la reproduction qu'impose une forme d'enseignement axé sur la transmission de la culture et des valeurs.

Toutefois l'enseignement n'est pas réductible au seul aspect de la reproduction. Le discours qui a pour objet l'activité d'enseignement trouve souvent son point de départ dans une réflexion sur la formation des étudiants; dans un certain contexte, la formation associée à la notion d'éducation renvoie symboliquement à la transmission-reproduction. La formation peut dans un autre contexte être associée à la notion d'apprentissage. Dans ce cas, l'enseignement-apprentissage comprend un aspect plus technique comme les méthodes de travail, les curriculums, les techniques pédagogiques. Dans ce contexte, se pose la question de la critique des formes traditionnelles d'enseignement comme le cours magistral et de la définition de nouvelles pédagogies comme l'enseignement programmé ou les méthodes dites d'alternance. Mais l'enseignement-apprentissage correspond aussi à un autre aspect : il s'agit de redéfinir le cadre des rapports professeurs-étudiants, dans un sens qui laisse une plus grande place à la démarche et au travail personnel des étudiants, qui les associe au travail du professeur dans le processus de l'apprentissage. À cet égard, les professeurs cessent d'être les dépositaires naturels du savoir et de la culture — « nous sommes ceux qui savent (SP.10) (b.3) » — et les étudiants ne sont plus considérés comme les récipiendaires passifs du discours du maître. Redéfinissant le rapport professeur-étudiant, l'activité d'enseignement devient dans ce cadre un travail de production : « ... souci plus constant de la qualité de l'enseignement chez les professeurs, acquisition d'une méthode de travail pour les étudiants, redéfinition de l'enseignement comme une recherche commune des professeurs et des étudiants (3.92) (e.3) ». Travail de production, l'activité d'enseignement peut être considérée à ce moment comme une pratique, comme une activité de transformation. Professeurs et étudiants se définissent comme des producteurs situés dans un processus de production de connaissance et d'apprentissage. L'activité d'enseignement en tant qu'activité de production ne se limite d'ailleurs pas à ce qui est habituellement entendu par enseignement, à savoir le premier cycle universitaire. Ainsi « il peut très bien arriver qu'un travail de recherche fait en collaboration avec des étudiants de 2e ou 3e cycle corresponde effectivement à de l'enseignement que l'on traduit par l'expression formation des chercheurs (10.28) (b.3) ». Processus de production donc, mais aussi de reproduction, tant il est vraisemblable que la production est inconcevable sans un aspect reproduction proprement dit.

Tout processus de production, quel qu'il soit, soulève immanquablement des problèmes relatifs au contrôle du travail de production, de productivité de l'activité en question, d'efficacité du processus. Et c'est en tant que travail de production, donc de transformation, que les activités universitaires, la recherche, bien sûr, mais aussi l'enseignement, se trouvent investies par les préceptes qui sont supposés gouverner l'économie de marché : contraintes externes à la pratique universitaire qui émanent de la formation sociale parce que les activités universitaires pèsent d'un poids de plus en plus considérable dans le développement des forces productives. Le contrôle de la production universitaire s'impose dès lors. Mais les ressorts de ce contrôle sont internes à la pratique universitaire elle-même. Le contrôle du travail de production universitaire soulève les questions de la nature de l'activité à contrôler, de la connaissance qu'on en a, et de la connaissance apte à y être appliquée en vue d'instaurer un mécanisme susceptible d'efficacité afin d'augmenter la productivité. Ce faisant, les activités de production d'enseignement et de recherche ne peuvent guère être appréhendées d'une façon globale et totalisante; elles doivent être spécifiées, détaillées on doit pouvoir identifier les variables qui entrent en ligne de compte dans le processus de production et sur lesquelles un contrôle peut s'exercer à des fins déterminées : « Ce que je me propose est essentiellement de considérer les activités des professeurs d'universités comme un des intrants nécessaires à la production de l'enseignement et d'identifier les diverses variables qui sont susceptibles de conditionner l'efficacité et la productivité de l'enseignement (10.53) (b.2) » Pour ce faire, il faut dichotomiser et séparer, spécifier et classifier les tâches, comptabiliser et quantifier chacune des unités du processus de production, *i.e.* l'activité de transformation :

> La composante enseignement est relativement facile à détailler, encore que l'attribution d'un poids à l'une ou l'autre de ses activités représente un travail considérable. Si l'on accepte une certaine classification, par exemple : leçons magistrales, répétitions, travaux pratiques ou de laboratoire, projets, mémoires, surveillance ou correction d'examens, séminaires, etc. on voit déjà qu'il est possible à l'aide de cette nomenclature d'avoir une assez bonne idée de la tâche d'enseignement du professeur sans qu'il soit pour cela évident que cette dernière puisse être quantifiée avec prévision (10.28) (b.3).

Dénoté par un vocabulaire analytique et productiviste, ce discours parle à partir d'un lieu qui lui confère une légitimité particulière, celui de la science. La connaissance du travail de production universitaire requiert des outils et des instruments qui garantissent la validité de la démarche adoptée et avalisent les critiques; seule la science, dans ses méthodes les plus éprouvées et au delà, les plus formalisées, peut fournir une telle caution, une telle légitimité. À propos d'un milieu universitaire, on est mieux à même de saisir la puissance de ce ressort symbolique, la science, qui se déploie dans la forme du discours : il ne s'agit pas d'en appeler de la tradition, ou de faire état d'une vaste culture scientifique sur cette question; il s'agit plutôt de produire une analyse scientifique du processus de production des activités universitaires qui fasse appel aux outils et au formalisme d'une discipline dont la scientificité a été validée par ailleurs. « L'étude économique de l'université doit s'inspirer des méthodes d'analyse qu'on applique à deux secteurs économiques : le secteur des services et celui des institutions sans but lucratif. Les caractéristiques de ces deux secteurs serviront de base à l'étude en raison de la communauté de nature que l'université partage avec eux (6.39) (b.1). »

La recherche occupe généralement la place dominante dans son articulation avec l'activité d'enseignement dans le processus du travail universitaire, considéré sous l'angle de la contradiction théorie-pratique. Si activité de transformation il y a, il est généralement admis au niveau du discours universitaire que la recherche constitue une production de savoir et de connaissances. Toutefois le discours qui a comme objet la recherche universitaire se déploie dans un enchevêtrement de thèmes et une multiplicité de symboles qu'une lecture du texte peut commencer à ordonner. Nous avons déjà vu que l'activité d'enseignement peut avoir trait, par exemple, à la formation des chercheurs au niveau de l'enseignement de 2e et 3e cycle, et qu'à cet égard, elle ne participe pas uniquement de la reproduction. Dans un certain sens, il en va de même pour l'activité de recherche : la question de la qualité de la recherche universitaire soulève le problème de ce qui est produit et donc transformé au niveau de cette activité. Ainsi, par exemple, en est-il de projets qui ne consistent qu'en une application locale de recherches conçues et produites dans des cadres extérieurs au Québec — beaucoup de travaux de recherche pourraient n'être selon l'expression d'un doyen de Laval que de la « bricole (10.16) (b.1) ». On parle abondamment de l'état peu satisfaisant de la recherche, du peu de résultats obtenus, du caractère banal et répétitif des projets mis en route, sans toutefois faire une analyse autre que celle qui consiste à porter le blâme sur les chercheurs médiocres, sur « le niveau insuffisant du chercheur (11.64) (d.1) ». Cependant, il convient de mentionner qu'une certaine forme de recherche a pour fonction d'initier les étudiants à la pratique de cette activité et que, à ce titre, elle doit d'une façon ou d'une autre refaire certaines des démarches classiques dans le domaine. Quand l'aspect reproductif de la recherche apparaît dominant, on remarque une tendance à personnaliser le problème et à moraliser la question : là aussi, on repère le même procédé qui vise à naturaliser et à dé-historiciser la pratique du processus de recherche et les formes d'appropriation des contraintes qui en résultent.

Le discours sur la recherche s'inscrit habituellement dans la logique de ce qui est appelé l'idéologie professionnelle de la recherche. Non seulement constitue-t-elle alors un élément essentiel à la bonne marche — « la bonne santé » — de la société, mais elle y occupe dans l'ensemble des activités de travail une place tout à fait centrale parce qu'elle est créatrice, innovatrice, qu'elle s'avère un élément formateur et producteur dont les conséquences se répercutent dans la chaîne technologique et le développement. Ses effets d'entraînement sont multiples et positifs; ils jouent toujours dans le sens du progrès des sociétés. Elle contribue à la transformation bien comprise des collectivités, à leur modernisation, en exerçant une influence modératrice sur l'évolution de la civilisation et de l'espèce humaine. Elle est activité de transformation, donc de production du savoir.

> Par les recherches fondamentales et appliquées et par la pensée novatrice et critique de ses membres, elle constitue un pôle créateur et inspirateur indispensable à l'autonomie et à la bonne santé de la société; par la somme de connaissances et la quantité de données de toutes sortes qu'elle accumule et conserve, elle est pour la société une mémoire indispensable au maintien du savoir collectif, de la continuité historique et de la civilisation elle-même; par la formation des savants et des professionnels requis pour la bonne marche des organisations socio-économiques et politiques, elle garantit la disponibilité des expertises nécessaires au progrès de la collectivité (8.99) (e.1)...

Aujourd'hui la recherche en tant qu'activité de production n'a que peu de chose à voir avec ce qu'elle était, par exemple, au début du siècle, lorsqu'elle s'est progressivement autonomisée comme activité dans la pratique universitaire. Elle a pris une ampleur considérable, requiert des outils sophistiqués et des instruments très complexes, fait appel à des modes de financement élaborés et à long terme, exige une organisation de type quasi-industriel avec ce que cela comporte de planification, d'actions concertées, de moyens techniques et de division du travail. Une telle organisation du travail entre en contradiction avec une conception de la recherche basée sur l'intuition, la spontanéité, le travail inventif du chercheur, sur l'imprévu et l'accessoire dans la démarche de recherche, considérés comme nécessaire à la production du savoir.

> La première question qu'il faut se poser, c'est s'il est possible de planifier la recherche et, si oui, quel sens il convient de donner à cette expression. On ne connaît pas encore de recette pour faire des découvertes. La recherche est essentiellement une aventure dont l'issue est non seulement incertaine, mais inconnue. La bonne recherche, elle, atteint, dans la plupart des cas un but autre que celui qu'elle se proposait au départ. C'est ainsi que la science prolifère. On ne dit pas de la recherche qu'elle est efficace, mais qu'elle est féconde (5.55) (e.1).

Toutefois les enjeux de la recherche sont tels que se pose aussi la question du contrôle du processus de production de la recherche universitaire. Ce contrôle opère selon des procédés identiques à ceux qui ont été signalés au sujet de l'activité d'enseignement et sert aux fins d'augmenter la productivité et le rendement du processus de travail : spécification et classification des tâches, comptabilisation et quantification des unités du processus de production. Pour ce faire, il faut parceliser le travail de recherche et attribuer une cote à chacune des unités de tâches, en fixant des seuils de rentabilité et des taux de productivité. Ainsi l'activité de recherche est décomposée : le nombre de subventions accordées, l'utilisation qui en est faite, le nombre de publications, la participation à des comités de revues scientifiques, les communications scientifiques dans des congrès de sociétés savantes, le nombre de thèses supervisées, l'encadrement (10.30) (b.3), etc. La recherche est devenue une marchandise; toute production de marchandise est un processus qui se construit autour des notions de rendement, d'efficacité et de productivité.

Interprétation. À l'égard de la pratique des universitaires québécois, nous avons opéré une lecture du corpus de données qui articule les activités de recherche-enseignement par rapport à la contradiction théorie-pratique d'une part et d'autre part à la contradiction production-reproduction. Une fois le matériel décomposé, il importe de le recomposer pour voir les modalités par lesquelles se construisent les significations et les connaissances qu'il recèle.

Partons pour ce faire de l'articulation des activités de recherche-enseignement. Nous avons déjà noté que la recherche et l'enseignement sont des moyens d'appropriation des contraintes matérielles liées à la contradiction fondamentale théorie-pratique. En tant que tels, la recherche comme l'enseignement s'intègrent au processus général du travail et aux caractéristiques qui marquent ce processus dans les sociétés capitalistes. Ils participent de ce fait au mouvement qui instaure une division technique et sociale du travail entre les tâches reliées à la conception et les tâches qui ont trait à l'exécution. Par là même, le travail intellectuel se construit selon une dimension positive, celle qui participe des notions de réflexion, création et conception. En fait cette signification ne peut être vécue que si la division du travail entre intellectuels et manuels ne fait pas l'objet d'une analyse historique et est, en conséquence, accepté naturellement; ainsi l'université devient ce « lieu réservé » qui instaure la pratique universitaire en marge des rapports sociaux de la formation sociale québécoise.

C'est aussi à cette dichotomie et à son dédoublement au sein même du travail universitaire qu'on doit la séparation des activités de recherche et d'enseignement, par l'autonomisation progressive de la première par rapport à la seconde. Nous avons vu que cette autonomisation progressive de l'activité de recherche correspond à celle des tâches de conception, l'activité d'enseignement étant graduellement reléguée à des tâches d'application. Ainsi s'esquisse dans sa forme première une articulation des activités de recherche-enseignement dont la dominante est exercée par l'activité de recherche. Dès lors, la pratique universitaire apparaît dans une sorte de rupture par rapport à ses éléments constitutifs, dont l'activité de recherche s'avère la force motrice, parce que seule ouverte sur la création et la transformation, donc la production de savoir. Présupposée et naturalisée par le fait qu'elle apparaît indiscutable, cette division du travail universitaire équivaut à une appropriation de sens dans la mesure où l'agent personnifie le problème; ce faisant, il défend sa propre position dans la division sociale du travail et dans les rapports sociaux qui lui sont inhérents. De son côté, l'activité d'enseignement renvoie aux contraintes sociales signifiées par les tâches d'application. Deux formes historiques de résolution de cette contradiction structurent alors la pratique : dans un cas, enseignement et recherche sont dichotomisés jusqu'à leur séparation totale, en complète juxtaposition au sein et hors de l'institution universitaire. Dans l'autre cas, recherche et enseignement forment une unité et se complètent l'un l'autre, l'activité de recherche exerçant toutefois la dominante; une certaine lecture de l'histoire fournit ici une légitimation à cette forme de rapports entre recherche et enseignement. Mais dans les deux cas, l'appropriation est individuelle et sert d'abord à justifier une position : critique des contraintes liées à l'application et exaltation des tâches reliées à la création et à l'innovation.

Les activités de recherche-enseignement contribuent à structurer la pratique universitaire selon une autre dimension, celle de la contradiction production-reproduction. En effet, nous avons pu voir que recherche et enseignement constituent aussi des moyens qui autorisent une forme d'appropriation des contraintes matérielles liées à la production-reproduction qui est une spécification en même temps qu'une explicitation de la contradiction fondamentale théorie-pratique. À cet égard, l'activité d'enseignement, dans le discours des universitaires québécois, s'articule selon deux axes particuliers; d'une part, selon l'axe formation-éducation et, d'autre part, selon l'axe apprentissage. La notion de formation-éducation instaure la pratique intellectuelle selon les aspects essentiellement reproductifs de l'activité d'enseignement. Cette notion s'inscrit en opposition à celle d'instruction dans la mesure où celle-ci renvoie à une spécialisation technique en vue de l'occupation d'un poste sur le marché du travail. Ce faisant, l'enseignement, conçu dans la perspective de la formation-éducation, devient une activité vouée à la transmission de la culture, des valeurs et du développement de l'esprit. Cette forme d'appropriation équivaut à un détournement de sens dans la mesure où seule la tradition légitime la démarche et définit ce qu'il faut transmettre; dans ces conditions, la connaissance correspond à une reproduction de la culture légitime. Par ailleurs, associée à la notion d'apprentissage, l'activité d'enseignement s'instaure, au niveau de la pratique universitaire, par rapport aux aspects plus spécifiquement productifs de cette pratique. Redéfinissant le cadre général des relations professeurs-étudiants, l'enseignement s'inscrit dans un processus de production dans lequel la connaissance correspond davantage à un travail de production de l'apprentissage, sinon du savoir. Quant à l'enseignement, cette démarche apparaît plutôt à l'état d'émergence. À cet égard, la pratique des universitaires québécois prend la forme d'un type de pratique particulière, axée sur la reproduction de la tradition, sans doute dominante à une époque antérieure, mais subsistant comme résidu au moment considéré.

C'est véritablement sous l'angle de l'activité de recherche que la pratique universitaire est connotée comme travail de production et donc comme activité de transformation. L'activité de recherche correspond à un travail productif selon deux axes qui se renvoient l'un à l'autre. D'abord en tant que forme « supérieure » de l'activité humaine, la recherche ressort du génie inventif et créateur de la nature humaine. Dans l'approche de la réalité et dans le mouvement qui pousse à la connaissance du monde, elle a permis, en raison de sa nature même, la substitution du doute méthodique au dogmatisme jusqu'alors prédominant, ouvrant ainsi la voie, par la poursuite libre de la vérité, à une perception neuve de la réalité et à la production de connaissances nouvelles. La recherche, en ce sens, constitue une activité qui s'avère féconde quand elle aboutit à une transformation des connaissances sur le monde et l'univers. Ensuite, la recherche s'inscrit en tant qu'activité éminemment autonome, nécessitant la plus grande marge de manœuvre et la plus grande liberté possible pour l'agent qui s'y adonne. Ainsi correspond-elle à une forme d'appropriation de sens, appropriation qui trouve sa pleine signification par la liberté accordée au chercheur dans le contexte de la société libérale; liberté qui signifie surtout échapper aux contraintes liées aux tâches d'application. Cette personnification de l'activité de production permet en outre de poser le problème de la qualité de la recherche sur une base purement individuelle et, par extension, morale; une recherche médiocre est avant tout attribuable au niveau insuffisant du chercheur. Appropriation du sens et, d'une certaine façon, mythification de la connaissance, naturalisée et jamais restituée dans son contexte historique, mais plutôt donnée comme produit du pur surgissement de l'acte libre, donc du sujet.

La pratique universitaire inscrit ainsi les activités de recherche-enseignement dans un processus de travail par rapport à une articulation spécifique des dimensions production-reproduction. Tout processus de travail soulève implicitement sinon explicitement la question du contrôle du processus. Poser le problème du contrôle du processus de travail renvoie moins, dans le discours des universitaires québécois, à la question du qui contrôle — nous sommes à l'ère de la participation, comme on le verra plus loin; ce problème renvoie plutôt au fait que le processus de production des activités universitaires, en s'intégrant davantage au dispositif productif des sociétés capitalistes, se complexifie et accentue ainsi les contraintes et contradictions qui lui sont propres. Les activités universitaires étant désormais considérées comme un ensemble s'inscrivant dans un processus en déroulement, cela implique que soient posées d'une manière ou d'une autre des questions de coût, de rendement, d'efficacité et de productivité du travail de production. Ainsi graduellement, de production (ou de reproduction) qu'elles étaient, les activités universitaires deviennent marchandises; les marchandises sont produites, mais elles doivent aussi être vendues et au meilleur prix possible. Le contrôle du processus de production opère par la dichotomisation, la séparation et la quantification de chacune des composantes des activités universitaires; seules des méthodes et des procédures qui répondent aux canons les plus éprouvés du discours scientifique permettent de légitimer une telle démarche. Car celle-ci correspond en quelque sorte à la mort du sens : le travail devient marchandise.

Ainsi se révèle comme idéologique le discours des intellectuels québécois sur leur métier. Il constitue en effet une forme de connaissance-méconnaissance de leur propre pratique en même temps qu'il signifie de diverses façons la pratique intellectuelle vécue. L'activité de recherche, dominante, se construit à partir d'une production symbolique qui renvoie à création, innovation, liberté et qui concourt de la part de l'agent à produire sa propre reconnaissance comme sujet dans la formation sociale; ce qui signifie précisément que l'agent se voit attribuer, en même temps que sa qualité de sujet et au moyen de cette qualité, son pouvoir de décision et sa position dans les rapports sociaux. L'activité d'enseignement, dominée, apparaît dans le cadre de cette analyse comme le support, sinon le négatif, de l'activité de recherche : application bien davantage que conception, elle ne s'inscrit qu'exceptionnellement dans l'axe de la production. Considérées sous l'angle d'un processus de travail, les deux activités sont investies d'une autre production symbolique (rendement, productivité, etc.) qui les instaure dans l'ordre de la marchandise. Ainsi prennent forme des types de pratiques différentes voire contraires, hiérarchisées par une dominante et présentes au même moment dans le discours des universitaires québécois.

Le modèle professionnel et l'exercice du métier d'universitaire

Dans un premier temps de l'analyse, nous nous sommes attaché à procéder à un décodage des rapports multiples que le discours universitaire construit au sujet des activités de recherche-enseignement, donc de la pratique universitaire. Il s'agit ici, dans un deuxième temps de l'analyse, de voir comment un matériau plus spécifiquement symbolique opère dans le discours par le biais de traces et de marques et contribue de la sorte à produire une forme de pratique. Ce matériau symbolique concerne ce que nous avons par ailleurs appelé le modèle professionnel. L'hypothèse avancée a trait à la prégnance de ce modèle dans l'exercice du métier d'universitaire au Québec; cela renvoie de surcroît à l'importance des professions dans les rapports sociaux et dans l'organisation du travail non seulement à une étape antérieure de la société québécoise mais encore à la période considérée. C'est dans ce cadre que l'hypothèse a été avancée.

Les universitaires québécois et la symbolique professionnelle

Le discours des universitaires québécois est multiple dans les dimensions et les configurations dans lesquelles il se déploie. Nous avons vu la multiplicité des thèmes qui jouent dans l'articulation de la pratique intellectuelle, laquelle repose sur un ensemble de signifiants portant sur l'enseignement et la recherche. Il s'agit maintenant de prendre en compte la spécificité de la symbolique professionnelle comme effet de renforcement de l'articulation des éléments qui composent la pratique; car la signification de celle-ci peut prendre une dimension particulière à cet égard. On doit donc viser à cerner le travail effectif réalisé par la symbolique professionnelle dans le discours au niveau de la lecture du texte. Par conséquent, on en recherche le sens, et les connaissances qui la fondent, non dans le contenu des textes eux-mêmes, mais dans les opérations que le discours effectue à travers son contenu. Cette symbolique professionnelle a essentiellement pour support matériel les conditions de travail des professeurs et plus généralement l'ensemble des questions qui ont trait à l'exercice proprement dit du métier.

Le discours des intellectuels parle abondamment du métier d'universitiare. Cette démarche est à relier à une conception du métier qui fait appel à des éléments plus spécifiquement symboliques et qui renvoie à la pratique idéologique des universitaires québécois. La prégnance de ce modèle renvoie à la façon dont les universités québécoises se sont historiquement constituées : pendant une longue période, le corps professoral a été composé de professionnels en exercice qui quittaient leur pratique dominante pour venir donner quelques heures de cours chaque semaine à l'université. Puis, peu à peu, le métier d'universitaire s'est autonomisé, se constituant en tant que tel : ainsi le professorat universitaire devient un métier selon la pleine attribution du terme où l'on peut désormais faire carrière. Ce métier s'est constitué dans la foulée et selon la logique qui préside à l'organisation des professions libérales puisque, pour une bonne part, il en était issu, principalement à travers les trois facultés professionnelles qui sont à la base de l'université québécoise. En conséquence, quand les universitaires signifient leur métier, c'est d'abord en rapport avec le modèle des professions libérales. L'autonomie progressive du métier d'universitaire ouvre la voie à son instauration en profession. Le procédé se construit à partir d'une production symbolique qui s'articule autour des notions de liberté, d'autonomie et de responsabilité.

> Personnellement, je pense que c'est cette seconde opinion qu'il nous faut adopter. Principalement parce que je considère que la profession d'universitaire est une profession, une profession libérale, et parmi les plus autonomes. Cette liberté et cette autonomie exigent par ailleurs de l'universitaire une énorme responsabilité qui a aussi des manifestations sociales. Mais permettez-moi de dire un mot sur ce que j'entends par responsabilité sociale de l'universitaire. À mon avis, cette responsabilité sociale de l'universitaire consiste essentiellement en la formation des esprits, en commençant par le sien propre, pour aboutir à l'esprit des étudiants qui viennent à l'université pour acquérir une faculté autonome de raisonnement. Le reste, si important soit-il, demeure, à mon avis, complémentaire (3.22) (b.1).

L'universitaire exerce un métier qui revêt les caractéristiques d'une profession et qui, pour ce faire, se structure autour des notions déjà mentionnées de liberté, d'autonomie et de responsabilité. La profession d'universitaire correspond à la formation des esprits, celui du professeur d'abord, puis celui de l'étudiant par la suite, formation des esprits dont on a vu par ailleurs à quel type de pratique discursive ce discours renvoie. C'est donc dire que « le professeur est celui qui sait (SP.10) (b.3) ». Les professeurs étant la composante principale de l'université, ils doivent se situer au cœur du processus de décision, au centre du pouvoir dans l'institution universitaire. À eux appartient la tâche de concevoir les grandes orientations de l'institution et de définir l'avenir de l'université. Il faut noter que tout cela repose sur des présupposés :

l'identification aux professions libérales et, en corollaire, la défense d'une position dans les rapports sociaux[4].

Revenons à cette idée de responsabilité, associée aux notions de liberté et d'autonomie de l'universitaire-professionnel. Il importe de préciser cette image de la responsabilité du professeur. Celle-ci se construit sur l'axe des rapports et des relations de travail d'une part et sur celui des conditions de travail de l'autre. Profession libérale, le métier d'universitaire n'en comporte pas moins une spécificité propre, et qui constitue en quelque sorte une rupture par rapport au modèle professionnel classique : les universitaires sont des salariés, alors que le professionnel est son propre patron. Comment dans ce cas concilier la question de la responsabilité professionnelle avec le problème du rapport employeur-employé ? Comment alors faire en sorte que les droits et devoirs de l'employé d'un côté et les responsabilités des professeurs n'engendrent pas d'inconciliables conflits ?

> La situation qui nous est faite, en effet, est celle d'employés d'une université et, à travers elle, du gouvernement québécois. Mais si l'employé a des devoirs envers son patron, le professeur a aussi des responsabilités envers l'étudiant et, à travers lui, envers la société que représente le gouvernement. C'est ainsi que la question de la charge professorale transcende le pur rapport employeur-employé pour rejoindre le palier de la responsabilité professionnelle, aussi bien individuelle que collective (10.8) (b.2).

La réponse réside donc dans une dichotomisation de la fonction entre professeur et employé et dans une appropriation des contraintes résultant de cette opposition au profit de la seule responsabilité professionnelle. Ainsi la question de la responsabilité professionnelle domine le rapport employeur-employé, au nom précisément de l'étudiant envers lequel le professeur a des responsabilités qui deviennent des obligations qu'on ne peut identifier à celles de simples employés : la responsabilité professionnelle prime les droits du salarié, lesquels ne sont pas signifiés dans le texte sinon sous forme de revendications salariales. On ne parle que des devoirs de l'employé envers son patron. Une autre façon de signifier la responsabilité professionnelle, mais cette fois envers l'employeur.

La responsabilité du professeur soulève aussi la question des conditions de travail. L'autonomie universitaire, laquelle fonde l'exercice du métier de professeur, requiert pour que la responsabilité soit pleinement assumée liberté intellectuelle, liberté de mouvement et esprit d'initiative, sans lesquels les créateurs de nouvelles connaissances et ceux qui sont voués à la formation des étudiants ne sauraient remplir leur fonction. Ce n'est pas là un privilège professionnel, mais une condition pour exercer adéquatement ce métier. D'où la nécessité d'un climat de sérieux, de calme pour pouvoir travailler dans la sérénité et la paix, requises pour accomplir un travail intellectuel. Avec en corollaire une mise en garde contre ce qui pourrait venir bouleverser ce climat de quiétude : l'exploitation des rapports de force et l'introduction des méthodes de lutte sociale incompatibles avec une attitude professionnelle. À l'association des professeurs, donc, de défendre le statut des professeurs et leurs conditions de travail.

> ... sous peine de porter atteinte à la liberté de mouvement qui semble souhaitable à ce niveau. Une quantification trop rigide des tâches paraît être difficilement compatible avec la vocation même de l'universitaire authentique; une très large autonomie doit être laissée aux spécialistes de chacune des disciplines; de plus un contrôle étroit sur les activités para-universitaires pourrait être néfaste à l'esprit d'initiative des hommes de science que nous sommes censés être (7.11) (b.1).

C'est pourquoi la syndicalisation et les techniques d'action syndicale apparaissent incompatibles non seulement avec le climat de calme nécessaire au travail intellectuel mais avec la conception même de l'universitaire dont la liberté intellectuelle s'avère inconciliable avec des formes d'action collective. Le problème des conditions de travail des professeurs qui prennent la forme de revendications professionnelles doit être contrôlé et acheminé vers les canaux institutionnels prévus à cette fin. Le pouvoir des professeurs s'exerce professionnellement, sur la base de leur compétence respective notamment, à travers les mécanismes de participation mis en place à l'université. Ils possèdent les moyens nécessaires pour faire entendre leur point de vue : « par leur association étroite au gouvernement de l'université, ils sont en quelque sorte leurs propres employeurs (8.104) (e.1) ». Ainsi l'idée de lutte est évacuée et ne doit jamais dépasser le cadre des pressions; la discussion est possible avec les administrateurs d'université qui sont d'anciens professeurs et qui comprennent les problèmes de ceux-ci. Alors prend forme l'idée d'une communauté universitaire partageant des intérêts communs dans l'accomplissement d'une tâche et vouée à l'avancement de la science et au développement du savoir. L'image de communauté ne se limite pas à la seule institution universitaire; elle possède aussi une connotation professionnelle au sens de disciplinaire laquelle regroupe les spécialistes d'une même discipline dans un champ scientifique donné aux fins de promouvoir leurs intérêts. De cette façon l'aménagement de l'organisation du travail s'effectue d'une manière harmonieuse et souple, en faisant une large place à la participation et la consultation des principaux intéressés, les professeurs.

Nous sommes donc là en présence d'une formation discursive particulière qui produit des discours se construisant à partir d'une production symbolique laquelle génère les traits distinctifs dont on vient de faire état : le métier d'universitaire s'instaure en profession, constituant ainsi des relations et des conditions de travail spécifiques. Cependant le discours des universitaires québécois à cet égard se déploie selon d'autres dimensions qu'il convient d'aborder maintenant. En effet, le symbole de l'autonomie du professeur et la notion de responsabilité individuelle qui lui est inhérente font problème dès lors qu'on aborde la question sous l'angle de l'opérationnalisation de l'aménagement du travail universitaire. Comment alors concilier cette idée de l'autonomie-responsabilité individuelle avec l'organisation d'un travail qui se complexifie immensément, du savoir qui se fractionne toujours davantage, des spécialisations qui deviennent de plus en plus poussées et étroites, des tâches administratives qui accaparent toujours plus ? La notion d'un universitaire libre, autonome et responsable est-elle compatible avec l'organisation matérielle du travail intellectuel et des tâches multiples qui lui sont inhérentes ? L'universitaire peut-il à lui seul incarner et assumer individuellement et professionnellement l'ensemble des tâches sans du coup risquer de compromettre la qualité professionnelle de ses services ?

Poursuivre l'universalité des connaissances dans l'unité de la science, former des cadres intermédiaires de plus en plus nombreux et de plus en plus diversifiés ne peuvent être qu'une responsabilité collective qui s'exerce à l'intérieur d'un travail collectif (SP.9) (b.3). »

Les professeurs d'université devraient apprendre à exercer leur profession d'universitaire de façon beaucoup plus collective. Et c'est peut-être là, à mon avis, la clef de tout le problème (SP.19) (d.2). »

À mon avis, même la liberté universitaire doit être entendue comme devant s'exercer de façon collective. Pour autant qu'un groupe de professeurs donné est responsable collectivement d'un programme d'étude et d'un enseignement, il doit avoir la pleine liberté de s'acquitter de sa tâche selon les impératifs de sa compétence professionnelle propre (SP.24) (d.2). »

Ainsi, d'individuelle qu'élle était, la responsabilité devient collective quant à l'organisation du travail et à l'aménagement des tâches. C'est au nom du respect de la « compétence professionnelle » de chacun, et par extension d'une façon d'exercer professionnellement le métier que l'idée de travail collectif est avancée. D'une certaine manière, cette signification est à rapprocher de la notion de communauté partageant les mêmes intérêts qu'elle se trouve à spécifier. Il convient de sauvegarder la notion même de services professionnels par un aménagement du travail tel qu'il permette d'éviter l'éparpillement et la dilution du professionnalisme de l'universitaire : « Cette notion fort répandue selon laquélle les meilleurs enseignants sont en même temps les meilleurs chercheurs, les meilleurs administrateurs, les meilleurs auteurs et les meilleurs experts-conseils est particulièrement pernicieuse (8.96) (e.1). »

L'organisation du travail collectif s'articule autour des notions de responsabilité et d'autonomie. Elle repose sur trois postulats. D'abord, la profession d'universitaire s'exerce collectivement : les individus se complètent, travaillent en collaboration, chacun selon sa compétence propre. Ensuite les niveaux de responsabilité sont clairement établis et les décisions se prennent à l'échelon le plus bas possible. Enfin, l'identification des professeurs à leur université signifie que n'appartient à personne d'autre qu'à eux-mêmes la responsabilité de contribuer au progrès de l'enseignement et de la recherche et, par là même, de leur propre pratique.

Il faut toutefois souligner un glissement de sens dans le discours qui traite de l'organisation du travail collectif. Il est perceptible que, à un moment donné, on passe de considérations générales sur la responsabilité collective, sur la spécificité disciplinaire et individuelle, à des propos concernant l'évaluation de la tâche, voire l'amélioration du rendement dans l'exercice de ce travail collectif; cela se fait sous couvert de la prise en compte de l'autonomie et des particularités propres à un travail professionnel. « À ce point de vue, l'idée de l'organisation d'un travail collectif comme correctif à apporter à l'amélioration du rendement d'un personnel enseignant universitaire me paraît fascinante ou, en tout cas, originale (10.93) (d.1). » Le discours qui a pour objet les tâches professionnelles des universitaires se construit selon deux axes qui ne renvoient pas forcément à des choses complémentaires, comme on peut le voir. On note en effet que le discours se structure selon un système d'oppositions qui dresse constamment l'aspect technique de la comptabilisation des charges, l'établissement de normes et l'uniformisation des tâches à l'encontre d'un objectif avoué visant à l'utilisation optimale des ressources du corps professoral; l'efficacité de cette utilisation optimale requérant alors qu'on tienne compte des cas d'espèces, de l'autonomie, de l'esprit de créativité et de la libre entreprise. Ce qui aboutit, en fin de compte, à stériliser toute tentative de généralisation, au nom de la spécificité et de l'autonomie des cas d'espèces. Qui plus est, ce discours productiviste — qui en fait vise à construire des modèles théoriques de rendement et de productivité quant à l'organisation du travail collectif — parle d'un lieu, celui de la science, et inscrit sa légitimité dans sa propre forme scientifique, comme nous avons pu le voir par ailleurs.

Ce qui se dégage de ces constatations, c'est que le processus de l'enseignement est très complexe et, par conséquent, il y aurait danger à suivre une politique qui tend à uniformiser les tâches des professeurs pour raison de simplicité ou d'économie. Finalement, dans la mesure où il est désirable de modifier la répartition des charges des professeurs, il est essentiel qu'on tienne compte du rapport de l'utilité marginale sur le coût de chaque activité (10.58) (b.2).

Des textes qui traitent du travail para-universitaire, c'est-à-dire principalement de la recherche commanditée, recèlent un système d'oppositions qui structure le discours d'une façon analogue et dont les ressorts renvoient vraisemblablement à des formations discursives contraires. Le travail para-universitaire s'inscrit dans la logique d'une forme de pratique marchande; la consultation s'avère en effet une activité fort lucrative pour les universitaires qui a comme principale fonction d'assurer des revenus supplémentaires. Toutefois c'est au nom de la responsabilité et de la compétence professionnelle qu'on justifie une telle pratique, assez courante d'ailleurs dans le milieu universitaire québécois.

> Les TPU présentent le double aspect de leur complémentarité à l'égard du travail universitaire et de la responsabilité des professeurs envers le bien public (8.65) (c.1). »

> ... la recherche commanditée est souvent source d'un enrichissement professionnel considérable. Dans ces disciplines, il faut garder contact avec l'objet étudié, c'est-à-dire avec la réalité économico-sociale (8.20) (b.3).

Dans un tel contexte, l'exercice du métier d'universitaire change d'une forme de pratique professionnelle qu'il est et qu'il demeure à bien des égards en une forme de pratique marchande : le métier s'instaure alors comme marchandise à vendre : « Pour bon nombre de professeurs, l'université est l'entreprise qui achète leurs services professionnels pour les vendre aux étudiants; c'est pour eux un lieu de travail, un emploi (4.16) (b.2). »

CONCLUSION

Nous sommes parti d'une hypothèse qui a trait à la prégnance du modèle professionnel dans la pratique des universitaires québécois. Par la suite nous avons opéré une lecture du corpus de données qui permette de voir comment le métier d'universitaire s'instaure, par un jeu symbolique spécifique, en profession; nous avons enfin tenté de retracer l'opérativité de cette symbolique professionnelle dans le travail et la pratique intellectuelle. Cette symbolique professionnelle, avons-nous affirmé, ne peut se construire au seul niveau des signifiants, mais de ce que le discours opère par le biais de son contenu; elle joue comme effet de renforcement sur l'articulation des éléments qui composent la pratique. Il faut donc tenter de s'expliquer là-dessus.

Rappelons dans un premier temps comment s'est constitué le métier d'universitaire au Québec. Construite autour des trois facultés traditionnelles à caractère professionnel (médecine, droit, théologie), l'université comptait un nombre restreint de professeurs de carrière. L'organisation du travail était telle que, par l'intermédiaire des corporations professionnelles correspondantes, des professionnels en exercice (médecins, avocats, etc.) venaient à l'université donner quelques heures de cours chaque semaine dans le domaine de leur spécialité. Ce faisant, ils quittaient leur propre pratique dominante pour assurer la reproduction de leur corps professionnel. Par la suite, le professorat universitaire s'est progressivement autonomisé et est devenu un métier où l'on pouvait désormais faire carrière; de sorte que, parmi les premiers universitaires de métier dans les universités québécoises, se trouvaient un nombre important d'anciens professionnels devenus professeurs d'université, qui ont transposé dans leur nouveau métier des schémas importés de leur pratique antérieure. C'est donc sur cette base matérielle que s'est constitué le métier d'universitaire; et le discours universitaire a d'abord puisé dans le modèle professionnel pour signifier la pratique des universitaires.

Dénoté par une sémantique humaniste, voire biologique, le discours intellectuel instaure le métier d'universitaire en profession à partir d'une production symbolique qui se construit autour des notions-clefs de liberté, d'autonomie et de responsabilité. Ce procédé constitue une forme d'appropriation des contraintes matérielles liées à l'exercice du métier d'universitaire, qui équivaut d'une certaine façon à une évacuation de celles-ci : en effet, le discours ne parle jamais du métier dans ses conditions réelles d'existence et de transformation, mais en parle plutôt comme s'il était situé dans un espace social tel que, par un effet non identifié, donc naturalisé, il adviendrait dans l'immédiateté de la conscience et de la pratique; il s'offrirait comme tel de par la seule volonté, abstraite, du producteur du travail. Cette formation symbolique accentue la propre reconnaissance de l'agent comme sujet dans la formation sociale québécoise; ce qui signifie que l'agent revêt en sa qualité même de sujet un pouvoir de décision et une position particulière dans les rapports sociaux. Cette position dans les rapports sociaux correspond à celle qu'occupe la petite bourgeoisie des professions libérales; cela se fait par identification et assimilation des schémas qui président à l'aménagement du travail dans ces professions et aux rapports sociaux qui leur sont inhérents. Par là, on est mieux à même de voir comment opère l'idéologie dominante dans la société québécoise : ainsi, alors même que le discours constate ce qui dans l'exercice du métier d'universitaire constitue une rupture par rapport au modèle professionnel classique, à savoir le statut de salarié des universitaires, il n'en continue pas moins de signifier le métier comme une profession, en occultant ce fait bien précis. C'est pourquoi, au niveau de la pratique discursive, l'agent produit les conditions symboliques d'un exercice professionnel du métier, en construisant un discours sur la négation des contradictions qui génèrent sa propre pratique. Il signifie ainsi sa pratique universitaire, laquelle toutefois n'est pas l'objet d'une connaissance et d'une analyse du processus de travail qui la produit comme telle : il s'agit plutôt d'un travail spécifiquement symbolique qui opère à travers le contenu des textes et qui provoque une articulation nouvelle des traits distinctifs qui organisent le discours. Cette symbolique professionnelle joue de façon identique au niveau des conditions de travail : comme ils sont les seuls experts de leur métier, il appartient aux universitaires de définir les conditions de travail requises pour l'exercice de leur métier à travers les mécanismes institutionnels de participation prévus à cette fin.

La question se pose donc de savoir comment les formations discursives qui engendrent le discours concret sur le métier d'universitaire s'interpénètrent et s'articulent pour donner naissance aux textes qui constituent le corpus. On peut lire et constater l'opérativité de la symbolique professionnelle dans les textes qui constituent le métier d'universitaire en forme de pratique marchande. Nous avons vu auparavant comment se constitue cette forme de pratique marchande par le biais du contrôle du processus de production du travail intellectuel. De même nous avons constaté comment les idées de liberté, d'autonomie et de responsabilité produisent, dans des conditions particulières, une conception de l'exercice collectif du métier. Mais lors même que le discours marchand instaure la pratique universitaire dans l'aire du rendement et de la productivité, il procède pour ce faire en empruntant la forme du discours scientifique, c'est-à-dire en légitimant sa démarche par le biais de la compétence professionnelle des spécialistes de ce type de connaissances. Qui plus est, il construit cette pratique autour de l'autonomie individuelle et de la responsabilité disciplinaire, s'interdisant du coup toute possibilité de généralisation dans l'analyse du processus de production du travail universitaire; ce faisant, il rend sa démarche dite scientifique inopérante parce qu'elle devient alors incapable de construire des modèles susceptibles d'être appliqués en raison même des cas d'espèces. On se trouve donc en présence de deux formations discursives contraires dont l'une, le modèle professionnel, est dominante; cette symbolique professionnelle se révèle opératoire à même le contenu et la forme du discours marchand.

André TURMEL.

Notes

[1] Marcel FOURNIER, Louis MAHEU, *et al.*, « le champ scientifique québécois », *Sociologie et Sociétés*, 7, 1, 1975, 119-132; Yves LAMARCHE, « Le champ intellectuel et la structure de ses positions : l'exemple de la Société Royale du Canada », *Sociologie et Sociétés*, 7, 1, 1975, 143-154; Marcel FOURNIER, « L'institutionnalisation des sciences sociales au Québec », *Sociologie et Sociétés*, 5, 1, 1973, 27-57.

[2] Gilles-Gaston GRANGER, « Science, philosophie et idéologie », *Uit Tijdschrift Voor Filosofie*, 29, 4, décembre 1967, 771-780.

[3] Le matériel documentaire analysé est constitué par la revue *Forum universitaire*, publiée entre avril 1967 et octobre 1973 par l'association des professeurs de l'université Laval, au rythme de deux numéros par année; en 1969, sera publié un numéro spécial, résultat d'un colloque de la FAPUQ. Donc au total 13 numéros, comportant 1 217 pages de texte. *Forum universitaire* est une revue spécialisée, s'adressant à un public spécialisé. Elle ne traite que des questions concernant l'université, l'exercice du métier d'universitaire, les ob-

jectifs et les politiques de l'enseignement et de la recherche, enfin tout ce qui se rattache plus ou moins directement à ces questions. Quoique publiée par l'APUL, la revue n'est pas ouverte aux seuls professeurs de l'université Laval. Des professeurs des autres universités, y compris des universités anglophones, peuvent y publier. Dans une large mesure, le contenu de *Forum universitaire* est le produit de colloques organisés deux fois l'an par l'association professionnelle sur des thèmes qui concernent la pratique du métier d'universitaire ou, plus globalement, l'ensemble des activités universitaires. Au cours de ces colloques, des professeurs étaient invités à présenter des communications sur un aspect particulier du thème retenu; d'autres devaient commenter ces communications; enfin les discussions avec les participants au colloque étaient enregistrées sur magnétophone et retranscrites. Les numéros étaient complétés par les essais soit soumis au comité de rédaction par des professeurs, soit suscités par le comité de rédaction auprès de certains professeurs. *(Interprétation des chiffres et des lettres contenus dans les parenthèses qui suivent les textes cités : à l'intérieur de la 1ʳᵉ parenthèse, le premier chiffre renvoie au numéro de la revue* Forum universitaire, *le second aux pages; à l'intérieur de la seconde parenthèse, la lettre b dit qu'il s'agit d'une communication, c d''un commentaire, d d'une discussion et e d'un essai tandis que le chiffre 1 qui suit cette lettre indique qu'un professeur en est l'auteur, 2 un cadre de l'association, 3 un directeur de département, de laboratoire ou d'un centre de recherche.)*

[4] Cette identification aux professions libérales opère à partir d'un matériau proprement symbolique; elle n'exclut pas le fait que les universitaires soient des salariés, ou qu'ils ne soient pas au sens strict des professionnels : « En effet, la caractéristique fondamentale de notre statut de salariés à l'université est celle du professeur et non celle d'un professionnel donné. Nous sommes engagés par l'université à titre de professeurs et non pas à titre de médecins, ingénieurs, avocats, économistes ou sociologues. La compétence en droit, en médecine ou en sciences sociales est une qualification requise pour pouvoir exercer la profession de professeur d'université. En effet, l'avocat qui est professeur à l'université n'exerce pas la profession d'avocat. Il exerce la profession d'enseignant au niveau universitaire. Il n'est pas nécessaire qu'il soit membre du barreau pour enseigner le droit (SP.74) (b.3). »

NOTE SUR L'IDÉOLOGIE DE LA CENTRALE DES SYNDICATS DÉMOCRATIQUES 1972-1979

L A Centrale des syndicats démocratiques (la C. S. D.) a été fondée en juin 1972. Il est donc beaucoup trop tôt pour tenter d'écrire l'histoire de son idéologie. Celle-ci est en effet, aujourd'hui encore, largement influencée par la pensée et surtout par les critiques que ses fondateurs formulèrent à l'égard de la Confédération des syndicats nationaux (la C. S. N.) lors de la scission de 1972; encore qu'elle se soit précisée en fonction, notamment, des exigences reliées à l'action des syndicats qui lui sont affiliés.

Pourquoi la C. S. D. ?

Le texte intitulé « Le testament des trois D[1] », soumis au Congrès de fondation de la Centrale des syndicats démocratiques en juin 1972, permet de faire le point sur les principales raisons invoquées par les dirigeants de la C. S. D., pour justifier la fondation de cette nouvelle centrale syndicale au Québec.

Deux thèmes majeurs s'en dégagent qui concluent, l'un et l'autre, que la C. S. N. est dans une impasse non pas à cause de sa combativité, mais en raison (*a*) « du type de lutte qu'elle a mené (et de) la confusion idéologique qui a entouré ces luttes[2] »; (*b*) d'un phénomène de bureaucratisation interne qui est allé s'aggravant et qui eu pour effet de limiter la consultation de la base et surtout « les *possibilités* d'un contrôle permanent du sommet par la base, c'est-à-dire par les syndicats[3] ».

Les « Pères » fondateurs de la C. S. D. n'ont jamais contesté les efforts de la C. S. N. en vue de syndiquer les travailleurs de la fonction publique, ceux de l'enseignement ou même les professionnels salariés (le syndicalisme de cadres); ils y voient au contraire « un autre signe non équivoque de cette volonté de la C. S. N. d'être une force dynamique dans notre milieu[4] ». La première de leur critique s'adresse, en fait, au service d'action politique de la C. S. N. et vise, d'une façon plus large, la politisation de la C. S. N. symbolisée par l'adoption du deuxième front et qui atteindra son apogée « avec la publication du document *Ne comptons que sur nos propres moyens*, aboutissement naturel et logique des objectifs idéologiques et politiques de la faction gravitant autour du Conseil central de Montréal et relayée par des têtes de pont, et des commandos d'activistes dans toutes les instances constitutives du mouvement et dans les structures régionales et professionnelles (conseils centraux et fédérations)[5] ».

Il importe, dans la mesure du possible, que les choses soient claires : jamais les trois D n'ont nié que la C. S. N. ait mené une action politique, ni même la nécessité de cette action : « Depuis sa fondation la C. S. N. a toujours mené une action politique. Par son action elle a toujours visé à l'organisation d'ensemble de la vie économique et sociale, elle a toujours voulu être un agent de transformation de la société[6]. » Ils contesteront, par contre, l'intervention du service d'action politique qui, selon eux, a eu pour effet de « politiser au maximum l'action syndicale... au lieu de syndicaliser au maximum la lutte ouvrière[7] ». À cette occasion transparaît néanmoins une autre conception de l'action syndicale qui sera précisément celle de la C. S. D. : « Dans son principe, la C. S. N. doit toujours être un instrument d'opposition au pouvoir quel qu'il soit, mais elle est aussi un instrument de négociation au service des travailleurs. On y adhère d'abord pour utiliser sa force de frappe pour acquérir des avantages sociaux, des garanties de salaires, d'emploi, des conditions de travail, des représentations syndicales dans l'entreprise et auprès de l'État[8]. »

Le second volet de cette polémique importe tout autant si ce n'est plus que le premier; il porte sur ce que nous avons appelé la contestation de « la bureaucratisation » interne de la C. S. N. Son président « assume, avec l'aide d'une élite technocratique, l'ensemble des pouvoirs... étouffant ainsi la percée des leaders naturels venant des entrailles mêmes du mouvement[9] ».

Conclusion : « La C. S. N. est devenue une sorte de force motrice qui conditionne les membres et entraîne généralement les corps affiliés à accepter les orientations qui sont soumises ainsi que les campagnes à faire[10]. »

L'on s'en ira donc parce que la C. S. N. n'est plus démocratique, tel est le maître argument. Quelques lignes de ce « Manifeste » invitent pourtant à faire preuve de plus de perspicacité : « Elle (la C. S. N.) n'a pas voulu admettre que les cols bleus avaient été traumatisés par leurs confrères du secteur public. Elle n'a pas voulu reconnaître que la coexistence des deux secteurs devrait être fondée sur la reconnaissance formelle de la différence dans la nature des problèmes qui les confrontent et par conséquent de la nécessité d'une approche différente dans la recherche de solutions à ces problèmes et dans la stratégie d'action[11]. » Ainsi se dessine, selon nous, l'enjeu véritable de cette scission syndicale. Elle oppose deux types de syndicalisme, deux conceptions de l'action syndicale, avant d'opposer les uns aux autres des dirigeants syndicaux.

La C. S. D. d'aujourd'hui, une référence soutenue et constante au vécu ouvrier

Un texte, publié en 1975, et qui s'intitule *les Principes et les Objectifs de la C. S. D.*[12], permet de faire le point sur l'idéologie de cette centrale syndicale. Y sont rappelés ces deux engagements de la C. S. D. : bâtir une centrale syndicale dont les travailleurs sont « les véritables propriétaires », ne pas être et ne pas devenir un parti politique. « La C. S. D. affirme que son action s'exerce contre tout exploiteur de la classe ouvrière, y compris l'État, y compris les agitateurs et tout acabit, sans participer à l'action des partis politiques et sans agir comme organisme populaire qui veut conquérir le pouvoir politique[13]. »

Une référence à la « culture ouvrière québécoise », soit au vécu et aux valeurs que vivent quotidiennement les travailleurs, domine ce texte. Cette même référence engage de plus une dénonciation des inégalités « de richesse, de connaissance, de liberté, de pouvoir », que génère la société industrielle, et le rappel de certains droits fondamentaux tels que les droits « au travail, à la rémunération, à la compétence professionnelle, à la santé sur les lieux du travail, à l'égalité dans l'entreprise[14] ».

S'amorce aussi dans ce texte une analyse critique du fonctionnement du système économique : « Pour stimuler la croissance économique, l'État ne peut plus se contenter d'utiliser les moyens conventionnels tels les allégements fiscaux et le renforcement des dépenses publiques, car la persistance de l'inflation et l'accroissement des chômeurs démontrent jusqu'à quel point le fonctionnement de l'économie est déréglé. Constatant ce phénomène, la C. S. D. affirme que l'entreprise privée ne peut plus être le principal agent économique sur qui les travailleurs peuvent compter pour relancer l'économie à un taux de croissance normal, leur procurant ainsi les conditions pour satisfaire leurs droits fondamentaux[15]. » Dans son premier manifeste, publié en 1975[16], la C. S. D. préconise, comme remède à cette situation, que l'État intervienne d'une façon plus directe afin de stimuler le développement économique et de combattre le chômage, même au prix de la persistance d'un certain niveau d'inflation : « L'État se doit de prendre des initiatives nouvelles qui doivent, d'une part, reposer sur une politique globale d'entreprises publiques et, d'autre part, s'orienter plus résolument dans le développement de transformation des ressources naturelles[17]. »

Cette même référence au vécu des travailleurs est également à l'origine d'une série de dossiers que la C. S. D. a rédigés sur les principales questions auxquelles sont confrontés les syndiqués qu'elle représente[18]. C'est encore à l'occasion de la rédaction de ces dossiers, que certains qualifieront de « techniques », que se manifestent les préoccupations majeures de la C. S. D. et que s'affirme au jour le jour son idéologie.

Bernard SOLASSE.

Notes

[1] *Testament des 3 D*, document soumis au Congrès de fondation de la Centrale des syndicats démocratiques, le 8 juin 1972. Nous nous référons dans ce texte à la version de ce document publiée par le Département des relations industrielles, Faculté des sciences sociales, université Laval, *Histoire du syndicalisme au Canada*, 331 pages, ronéotypé, pp. 285-310.

[2] *Idem*, p. 287.

[3] *Idem*, p. 300.

[4] *Idem*, p. 290.

[5] *Idem*, p. 292.

[6] *Idem*, pp. 296-297.

[7] *Idem*, p. 293.

[8] *Idem*, p. 297.

[9] *Idem*, p. 303.

[10] *Idem*, p. 304.

[11] *Idem*, p. 301.

[12] *Les Principes et les Objectifs de la C. S. D.*, C. S. D., 30 pages, ronéotypé, 1975.

[13] *Idem*, pp. 1 et 2.

[14] *Idem*, p. 11.

[15] *Ibidem*.

[16] *1er Manifeste pour un changement radical des structures sociales au Québec*, C. S. D., mai 1975, 39 pages.

[17] *Idem*, p. 8.

[18] Outre le *1er Manifeste* de la C. S. D., l'on citera (*a*) *la Réorganisation des méthodes de travail dans l'entreprise*, 4e Congrès de la C. S. D., juin 1979, 31 pages; (*b*) *la Réorganisation des méthodes de travail*, C. S. D., décembre 1979, 56 pages.

COLLABORATEURS

Claude BEAUCHAMP, Département de sociologie, université Laval.

Jules DUCHASTEL, Département de sociologie, Université du Québec à Montréal.

Micheline DUMONT-JOHNSON, Département d'histoire, Université de Sherbrooke.

Gilles DUSSAULT, Département des relations industrielles, université Laval.

Roger LEVASSEUR, Département de sciences humaines, Université du Québec à Trois-Rivières.

Gilles PRONOVOST, Département de récréologie, Université du Québec à Trois-Rivières.

Bernard SOLASSE, Département de sociologie, université Laval.

André TURMEL, Département de sociologie, université Laval.

INDEX ONOMASTIQUE